U0142505

公共政策辭典

吳 定 編著

編著者簡歷

吳　定

台灣省雲林縣褒忠鄉新湖村人，1942年生。

學歷：

1. 國立政治大學政治學系法學士
2. 國立政治大學公共行政研究所碩士
3. 美國南加州大學公共行政碩士
4. 美國紐約州立大學公共行政博士

經歷：

1. 國立政治大學公共行政學系教授兼主任
2. 國立政治大學公共行政研究所教授兼所長
3. 政大附設空中行政專科學校行政科主任
4. 國立政治大學法學院代理院長
5. 政大公共行政暨企業管理教育中心主任
6. 政大附設公務人員教育中心主任
7. 政大空中行專「機關管理」、「公務管理」、「公共政策」主講人
8. 國立空中大學「行政學」、「公務管理」、「公共政策」主講人、學科召集人
9. 考試院公務人員高普考試、特種考試、升等考試之典試委員、命題委員、閱卷委員、審查委員、口試委員、分組召集人
10. 中國行政學會理事長

著作：

1. 行政效率測量標準與方法之研究（政大公共行政研究所碩士論文，1969年）

2. An Analysis of the New York State Position Classification System（SUNY at Albany, 1978年）

3. 機關管理（台北：華視中華出版社，1979年出版，1985年改寫版）

4. 公共行政論叢（台北：天一圖書公司，1984年初版，1999年增訂六版）

5. 組織發展理論與技術（台北：天一圖書公司，1984年初版，2001年五版）

6. 行政學（台北：教育部空中教學委員會，1985年，與張潤書、繆全吉、彭文賢合編著）

7. 組織行為：管理的觀點（台北：天一圖書公司，1985年初版，1987年再版，1991年修訂版，與陳錦德、黃靖武合譯）

8. 公務管理（台北：華視中華出版社，1989年初版，1992年修訂版，1996年新編版）

9. 行政學（上）（下）（台北：國立空中大學，1989年出版，與張潤書、陳德禹合編著）

10. 公共政策（台北：華視文化事業公司，1991年出版，1993年修訂版，1994年新編版，1999年改編版）

11. 公共政策個案集（主編）（台北：國立政治大學公共行政暨企業管理教育中心1991年）

12. 行政學（一）（二）（台北：國立空中大學，1994年初版，1995年修訂版，1996年修訂三版，1999年修訂四版，與張潤書、陳德禹、賴維堯合編著）

13. 行政與政策論文集（主編）（台北：國立政治大學公共行政暨企業管理教育中心，1995年初版）

14. 公共政策辭典（台北：五南圖書公司，1997年初版、2003年增訂再版，2005年增訂三版，2013年增訂四版）

15. 政策管理（台北：聯經出版社，2003年初版）

16. 公共政策（台北：國立空中大學，2003年初版）

17. 組織發展應用技術（台北：智勝文化事業公司，2005年初版，與鄭勝分及李盈盈合著）

18. 行政學（上）（下）（台北：國立空中大學，2006年初版，2007年修訂再版，與張潤書、陳德禹、賴維堯、許立一合編著）

19. 公共政策（台北：五南圖書公司，2008年初版）

20. 行政學析論（台北：五南圖書公司，2009年初版，共二十人合著）

增訂四版序

　　自時序進入21世紀以來，受到全球化浪潮、科技進步、環境快速變遷等因素衝擊的影響，各種科學知識的科際整合性質越來越明顯，公共政策專科也不例外。由於它是一門科際性的學科，故除涉及人文社會科學的學科，如政治學、行政學、社會學、經濟學、企業管理學、心理學等外，甚至還觸及自然科學的許多專業領域。但是本辭典從一開始就只能針對與公共政策較相關及較重要的專有名詞選擇性的收錄，遂因此雖然經過兩次的增補修訂，發現仍大有遺珠之憾，尤其是在許多廣受關心的公共議題方面。因此經過數年後，決定再勉力予以修訂。

　　此次增補修訂的詞目超過一百條，約三萬餘字。因此修訂後，本書共計收錄將近一千二百條詞目，合約四十二萬餘字。本版次特別針對當前各方所關注的議題予以增補，例如在全球治理的組織方面，收錄了聯合國、世界銀行集團、國際貨幣基金組織、世界衛生組織等；在危機管理方面，增加了豬玀灣事件、古巴飛彈危機、危機處理、風險管理等；在環境議題方面，增加了三哩島事故、車諾比核電廠事故、福島核電廠事故、全球暖化、永續發展等；在政策行銷方面，增補的名詞包括內外部行銷、行銷策略、差異行銷、無差異行銷、利基行銷、一對一行銷、整合的行銷等；在商議式民主方面，收錄者包括商議式民調法、公民會議、公民陪審團等；在政策分析技術方面，則有魚骨圖法、決策矩陣法等；其他尚包括跨域治理及行政組織與管理重要名詞的增補。

　　筆者編著本辭典的主要目的是有系統的整理、解釋公共政策相關名詞（參考有關的書籍及網路資訊），免去讀者親自一一查詢之苦，

因此它可以做為相關科系研習者及機關組織實務人員的工具書。另外，最近幾年來，各大學相關系所的研究所入學考試，以及國家考試相關類科試題，常出現要求考生解釋公共政策英文名詞的題目，本書既已作中英文名詞對照，且對各名詞做了較適當的解釋，故本書應可做為考生朋友備考的重要參考書。

　　本書第四版的修訂工作拖延甚久，荷蒙考試委員　俊英兄多次敦促修訂，以及五南圖書公司副總編輯劉靜芬女士一再的催促及協助，始能順利完成，特此致謝！本人深知本書內容掛一漏萬，不足及錯誤之處所在多有，尚請同好海涵指正是幸！

吳　定

敬序於木柵指南山下

2013年9月

增訂三版序

　　由於公共政策是一門科際性的學科，涉及許多不同學科的專業知識與理論，是以在各相關學科知識不斷擴增後，公共政策領域的相關名詞也就持續的增加。而本書在前面兩個版次中，未及收錄的重要名詞，乃特別趁再版餘書售罄的機會，再予修訂。

　　此次三版的增訂，一共增加一百多個名詞，並對若干原有名詞增補其內容，計二萬六千字左右。因此，本書總計收錄一千個以上的相關名詞，約三十九萬字。對於各名詞的釋義，多參考國內外學者專家相關論著之見解轉化而成。基於辭典特性，無法一一引註出處，謹此致意。在此次增訂過程中，政大公共行政系碩士生房新祐、江黛靈、杜昱潔、陳慧棻等同學，協助蒐集及處理資料，特此致謝。至於內容缺失部分，自當由本人負責，敬請方家不吝指正！

吳　定

謹序於國立政治大學公共行政系

2005年9月

增訂再版序

本書自1998年年初印行以來，因為它具有工具書的性質，故謬承學術界及實務界同好厚愛參考，迄今已印刷五次。唯鑑於初版時間稍嫌倉促，致有甚多公共政策研究相關名詞未能收錄其中，且近年來又有許多大家耳熟能詳的有關名詞廣受重視，本人爰決定勉力予以增訂再版，以符讀者抬愛及因應實際所需。

本次增修重點除修正原版內容及文字錯誤之處、更新部分資料外，最主要的是增列約一百五十個名詞，使全書收錄名詞達九百多個，計三十六萬餘字。唯即使如此增訂，仍難免有遺珠之憾。蓋公共政策乃是一門涉及多元學科的專業，故理論上本書應收錄各相關學科的重要名詞，然實際上既不可能也沒有必要，是以僅選擇若干較重要者加以闡釋，其餘只好容後俟機增補。

此次增訂再版，承蒙政大公共行政系多位博士研究生，包括傅岳邦、謝俊義、劉昭博、吳宗憲、曾冠球等，及碩士張榮發協助蒐集資料；碩士研究生王懷德幫忙處理資料，特別在此表達謝意。另外，對於五南圖書公司的費心協助再版事宜，亦致上誠摯的謝意。最後，書中若有錯誤疏失，自應歸責於本人。謹請讀者方家不吝賜正，本人當虛心受教，並於日後盡力修補！

吳　定

敬序於國立政治大學公共行政學系

2003年2月

序　言

　　與其他社會科學學科比較而言，公共政策（public policy）是一門新興的專業，雖然它的實務與人類政府組織的歷史一樣久遠。如果將Daniel Lerner與H. D. Lasswell兩人於1951年合編的《政策科學：範圍與方法的最近發展》（*Policy Sciences: Recent Developments in Scope and Method*）一書，視為公共政策研究的里程碑，則對公共政策、政策科學、政策分析等進行系統性研究的歷史，大約是五十幾年。至於國內學術界與實務界真正重視並深入研究公共政策理論與實務，則始自二十多年前。首先是國立中興大學於1977年成立公共行政暨政策研究所（於1982年改名公共政策研究所），其後各大學院校相關系所陸續開設公共政策相關課程；此一段時間，行政院研究發展考核委員會在此方面亦著力甚多；而後政府訓練機構紛紛將「公共政策」排入訓練課程；公務人員高等考試、教育部公費留學考試、行政院社會科學人才培育計畫等，均多次增列「政策分析」、「行政規劃」、或「公共政策」類科。洎至目前，「公共政策」除已成為學術研究專業外，實務界已將它列為若干公務人員高普考試類科的必考科目，及職前與在職訓練的共同或專業科目，如高普考試錄取人員基礎訓練及委任公務人員晉升薦任官等訓練等。由此可見，公共政策專業已受到國內學術界與實務界共同的重視，並廣泛的予以研究與應用。

　　筆者自1979年於國立政治大學公共行政研究所碩士班開設「公共政策研究」科目後，鑑於國內學者所使用的教材、該專業所涉及的理論、概念、方法、個案等，均以外文著作（尤其是英文）為主，每個人對於各相關專有名詞的認知與解釋不盡相同，且散見各專著或論文，常造成研究者與學習者的困擾，因而屢思將公共政策相關名詞

加以系統性的整理並解釋，編印成書，供有志研究同好參考。唯因教學、研究及俗務纏身，難以如願。適得機於1996年8月1日起休假研究一年，乃得有較充裕時間完成此項心願。在此一年間，筆者曾前往美國加州大學柏克萊分校、史坦福大學、南加州大學、中國大陸數大學蒐集相關資料，經過整理後，選擇與公共政策較有關聯的專有名詞近千個，予以篩檢，最後留用並解釋者將近八百個。本書原欲以「公共政策名詞簡釋」命名，後經過多人建議，並鑑於國內在此專業尚無類似著作出現，乃決定以「公共政策辭典」（Public Policy Dictionary）名之。然筆者自知距離真正「辭典」的理想尚很遠，唯有冀望未來繼續修正補強，庶幾名實相符。

對於本辭典之編撰，茲有下列數點須予敘明者：

一、由於公共政策是一門科際性（interdisciplinary）專業，故涉及甚多其他學科的專有名詞，但限於諸多因素，僅能選取較重要且較相關者予以納入。

二、書內各名詞解釋之所以詳簡不一、長短不等，除資料取材因素外，亦考慮該詞的重要性與通用性。另者，筆者將所有名詞依其性質及出現較頻繁等因素，分別歸入公共政策本質、政策規劃、政策合法化、政策執行、政策評估等五篇內，但並不表示該名詞僅適用於該篇所涉及的內涵。

三、本書全文共二十九萬餘字，係由筆者獨立完成，包括自資料蒐集、名詞解釋、乃至全文的每一個字均由筆者一一鍵入電腦在內。故受到個人時間及學養等方面的限制，若干名詞的解釋或有與眾不同、不盡周全、不夠詳細與錯誤之處，尚祈方家不吝教正。

四、本書中英文參考書目均僅列較重要且較近的著作書籍，而將中外文期刊中的相關論著排除在外，主要原因為該等專文為數眾多，所占篇幅過鉅所致。

五、公共政策係一門尚在發展中的專業，故相關的概念與名詞仍在不斷的推陳出新中，甚多相關名詞本書第一版或是先暫時割愛，或是來不及收錄，只好俟再版時，再予增列解釋。

　　筆者自忖本書內容尚不夠充實，本不敢匆忙付梓，唯考慮若採取「理性廣博決策途徑」（rational-comprehensive decision-making ap-proach），俟資料蒐集齊全，內容十分充足後，再行出版，則恐怕永無印行之日。遂不揣翦陋，決定先行出版後，再作必要的增刪修改。是以本書缺失必所在多有，尚祈士林先進海涵賜教。本書之出版，謹聊表個人對公共政策專業研究略盡棉薄之意，至於公共政策研究同好或實務界朋友，若能因此稍有助益，則筆者深感榮幸，於願足矣。最後，感謝五南圖書公司董事長楊榮川先生毫不猶豫的慨允協助出版，謹此致謝！

吳　定

謹序於國立政治大學公共行政學系

1997年12月

目　錄

第一篇 公共政策本質
The Nature of Public Policy

Act-Deontology Theory
行動義務論

行動義務論乃是倫理學上的一種理論，指在某些情況下，在數項競爭性的倫理原則中，進行選擇，以從事某項行動。其形式之一是「直覺主義」（intuitionism），該主義認為，一般人在採取行動前，通常必須服膺數項倫理原則，但是有時候它們彼此間是互相衝突的，因此每個人必須就個案考慮，就那一個原則是「直覺性對的」（intuitively right）進行選擇。在實務上，很多政策規劃者及政策分析人員在考慮倫理問題時，的確常會想到這個名詞，可是這個理論並未指出從事原則選擇的指導綱領。同時在倫理上，「直覺性」常容易被個人偏好、自我利益、政治壓力或其他因素所壓制。因此他們就容易強調其他不同的理論，例如經濟學家強調效率；律師強調正義；政策規劃人員強調公正性或環境主義；政策分析人員則強調功利性的成本利益分析途徑等。（參閱Act-Utilitarianism Theory）

Act-Utilitarianism Theory
行動功利主義論

行動功利主義論為倫理學理論之一，亦為目的論（teleological theory）之一。它主張任何行動只有當它可以為最大多數的人帶來最大數量的「幸福」（happiness）時，才是「對的」（right）行動，而不論其分配的方式是好還是壞。因此決策者在選擇替選方案時，便須考慮方案是否能夠產生最大數量的「淨幸福」（net happiness）。

所以，它是成本利益分析途徑的理論基礎。但是批評者認為，此種理論很難界定何謂幸福；為最大多數人追求最大幸福的理論何在；快樂和痛苦的不公平分配問題如何解決；很難比較人們的相對幸福；以及對於「原則」的同意，允許太多的例外等。（參閱Act-Deonteology Theory, Teleological Theory）

Administration
行政

行政指政府機關或公共團體的組織和人員，透過政策運作過程（包括政策問題認定、政策規劃、政策合法化、政策執行、政策評估等），採取各種管理方法（包括計畫、組織、指揮、協調、管制等），處理與公眾有關的事務，完成政府機關任務與使命的所有活動。由此一定義可知，行政並非只是指政府行政部門所管轄的事務而已，而是指政府各公務機關（包括行政、立

法、司法、考試、監察等部門）推動政務所採取的一切作為。簡單的說，行政就是政府各部門各機關政務的推動。眾所周知，政府機關在推動政務時，必定會涉及機關的組織原則、型態等基本問題，這些問題是政府各機關各部門都會面臨的共同問題，而不只是行政部門各機關的問題。再如人事行政所涉及的問題，包括公務人員的選用、銓敘、薪俸、考績、升遷、福利、退休、撫卹、保障、養老等，也都是各類型政府機關都會碰到的問題。至於為達到機關組織目標而採取的各種管理方法及措施，更是各類型政府機關都必須關注的共同問題。

行政是政府各部門推動各項活動的基礎，也是將政府政策轉變成行動的工具。政府機關在推動各項政策時，常受到其他機關的掣肘。其他影響行政運作的重要因素還有利益團體、政黨、行政法規、輿論、民意機關、不明確的政策目標等。（參閱Public Administration）

Administrative Accountability
行政課責

行政課責指公務人員對執行公務時所涉及之相關行為所應負之責任而言，通常會包括行政責任、民事責任、刑事責任。若因處理公務經確定有違法或疏失之責任時，可能遭到申戒、記過、減俸、降級、撤職等處分。（參閱Political Accountability）

Administrative Adjudication
行政裁定

行政裁定指由行政機關所執行的一種準司法程序，目的在確保人民因政府機關執法引起糾紛時，人民在實質權利與程序權利方面能夠獲得保護。其主要精神在保障人民或公司團體不致受到政府機關因濫權或違法而蒙受損害。因此當人民或公司團體因某機關之不當措施而受懲處時，有權利向該機關要求舉行聽證會。一般來說，聽證會的形式是相當正式的，並類似於無陪審團、具審判方式、民事法庭的審判過程。該一行政行動的當事人（即被告）有權被及時告知聽證會舉行的時間、地點以及所受行政處分的事由。雖然聽證會的進行不像司法審判程序那樣的嚴格，但行政處分書仍然必須寫明被控的事實、主管機關、及所違反之法令規章的條文等。在聽證會上被告有權利提出書面或口頭的辯詞、進行證人交叉詢問、及提出反駁證據等。機關的聽證官或裁判官必須仔細的記錄聽證會過程的相關事項，並作出公正的裁決。就我國情形而論，此種

行政裁定的主體就是各機關的「訴願委員會」，他們對人民向行政機關所提出的訴願案件，所作出的決定就是「行政裁決」。（參閱Administration）

Administrative Discretion
行政裁量

行政裁量指行政機關和行政人員在相關法令規章所賦予的權限範圍內，於處理各種行政事務時，可以本諸自由心證的原則，作某種的行政決定。例如社會福利機關賦予工作人員權限，對低收入戶的補助，可以在15,000元至22,000元間視情況給予。而究竟要補助多少，就由工作人員透過行政裁量而決定。為了預防行政人員濫用行政裁量權，因而妨害人民的權益，於是又設計「標準作業程序」（standard operating procedures）作為牽制的工具。但過於強調遵守標準作業程序，又容易產生「僵化」及「目標錯置」（goal displacement）的弊端。是以行政人員的自由裁量權應當多大？始終是一個爭論不休的課題。（參閱Goal Displacement, Standard Operating Procedures）

Administrative Distance
行政距離

行政距離指自公共政策產生的那一點開始至該政策付諸實施的那一點為止之間的「空間」（space）。行政距離可能很長，也可能很短；可能是社會性的，也可能是心理性的；可能是結構性的，也可能是非正式性的。但是不論情況如何，政策制定完畢後距離執行的時間越長，在執行過程中可能發生的問題及不確定性就越多。正如同溝通一樣，行政距離對於一個機關履行其功能的能力，具有很大的影響。Walter Williams在《社會政策分析與研究》（*Social Policy Analysis and Research*, 1971）一書中，曾於討論從政策完成到執行的冗長過程狀況時指出，在上層政策領域作了主要的決定與下層執行領域最後提供服務之間，有太多的行政組織的層級，會進行干預的行動。其結果是政策的原來意圖可能被改變了；究竟誰應負責政策的執行，也變得不明確了。（參閱Policy Implementation）

Administrative Effectiveness
行政效能

決策品質的好壞及行政績效的高低，與公共政策是否適當運作息息相

關。一般來說，行政績效包含行政效率與行政效能兩者的綜合評量狀況。行政效能指目標達成的程度，注重「品質」層面，亦即目標達成程度愈高，則行政效能就愈高。行政效能通常須考慮是否「作對的事情」，同時也須評量政策執行後，民眾對政府的滿意度如何、對政府的向心力及支持度的提高程度如何、及是否提高國家的聲望如何等。（參閱Administrative Efficiency, Effectiveness）

Administrative Efficiency
行政效率

公共政策運作必須考慮行政績效的問題，而行政績效通常包含行政效率與行政效能兩者的綜合評量狀況。行政效率指產出（output）與投入（input）之間的比較情況，注重「數量」層面，亦即如果以愈小的投入獲得愈大的產出，則行政效率就愈高。進一步言之，行政效率所考慮的是能否以最少的經費、最少的人力、最少的時間「把事情作對」。值得注意的是，行政效率與行政效能兩者可能產生矛盾的現象：為了追求行政效率，必須以最少人力且省錢、快速的把事情作完，但卻可能因此「偷工減料」而犧牲了行政效能；反過來說，為了強調行政效能，可能必須

「慢工出細活」，延長工期，或為提高品質而追加預算，而不符行政效率的要求。（參閱Administrative Effectiveness, Efficiency）

Administrative Inertia
行政怠惰

行政怠惰指一個行政機關對於社會大眾或團體的某一項行政行動的訴求，缺乏行動或回應。行政怠惰的存在，被認為是在解決問題的過程中，欠缺進步的象徵。此一名詞主要是應用於當行政機關對於外界的刺激，例如要求政府採取某一項行動或尋求政府注意某件事時，該機關的反應遲緩或根本不加理會的情況。此種情形相當普遍，因為行政機關有時會因過度僵化或缺乏能力，以致無法迅速的回應民眾需求，或替他們解決問題。目前行政怠惰是民眾對政府詬病的一個重要部分，因為民眾對政府的服務要求越來越多，而對服務品質的要求也越來越高。行政怠惰的主要原因包括行政機關缺乏支持、權力、及服務對象；行政機關內部發生衝突；與行政機關缺乏問題解決的相關資訊等。由於行政怠惰嚴重影響政府形象與人民權益，故政府常會發動「行政革新」以改善怠惰的情況。（參閱Administrative Renovation）

Administrative Neutrality
行政中立

行政中立指政府機關中的公務人員（事務官），在推動各項政策及行政活動的過程中，應保持客觀、無偏的中立立場，不受政黨、派系、民意代表、利益團體、上司等之操縱、支配與關說的影響。同時，公務人員的身分、工作權益等應受到保障，不受政權更替的影響；但相對的，公務人員參加政黨、政治活動及競選等，也必須受到一定的限制。行政中立的真正意義事實上與「政治中立」（political neutrality）的意思是一樣的。我國的「公務人員行政中立法」在2009年6月18日完成立法，並由總統公布施行。

公務人員為保持行政中立，應遵守以下的原則處理公務：一、依法行政原則：即應依據憲法及法律相關規定，忠實執行各項政策。二、人民至上原則：應以全民福祉及國家利益為依歸，袪除偏私及壓力，切實推動福國利民的行政活動。三、專業倫理原則：即應秉持專業技術及良知處理各項行政問題。（參閱Administrative Accountability）

Administrative Procedure Act of 1946
美國1946年行政程序法

美國國會於1946年通過「行政程序法」，規定各政府機關在制定及執行各項行政規章時，必須遵循某些特定的程序。此項法律最主要的內容包括：1.要求制定行政規章時，應事先公告周知。2.規定讓民眾有機會在制定行政規章過程中，以口頭或書面方式提供意見。3.規定所有新的行政規章均必須在「聯邦登錄處」（Federal Register）印行。4.規定在行政規章發布、修正、或廢止的過程中，必須讓民眾有向該相關機關提出申訴的機會。5.建立行政行動的司法審核標準。

此項行政程序法乃是對政策制定時，因為行政裁量權擴充所作的一種反應，其目的在防止政策執行過程中行政權力的濫用。它為各政府機關內部行政程序建立了廣泛的司法審核與規範的標準；並重視被各機關行動所影響的私人權益，保障不被機關所侵害。此法最主要的影響是為美國聯邦各行政機關的法規制定及執行，在程序上予以正式的規定。在我國，學術界及實務界人士曾呼籲儘早制定行政程序法，但是直到1999年1月底才由立法院通過，於2月3日由總統公布，並自2001年1月1日起

正式施行。（參閱Sunshine Laws）

Administrative Reform
行政改革

　　行政改革的意義大致上與行政革新相若。不過某些國家或地區喜歡使用「行政改革」一詞，例如中共和許多開發中國家，而在我國則通常使用「行政革新」一詞。如果單就字面觀之，「改革」所涉及的層面似乎較「革新」要來得廣泛而且深入。行政改革的順利進行有賴適當「策略」（strategy）的選擇。一般來說，行政改革策略至少包含以下四大變項：1.目標（goal）：即改革究竟是為了達到什麼樣的結果，必須明確的界定。2.範圍（scope）：即改革的對象為何？究竟只是針對行政方面的缺失進行改革，還是要把改革的範圍擴及政府體制、政治、經濟、社會結構方面的改革調整？3.途徑（approach）：即究竟要採取廣博性途徑（comprehensive approach）的作法，全面加以推動，以求改革對象能在短期間作激烈且立竿見影的改變；或是採取漸進性途徑（incremental approach）的作法，選擇改革重點，逐步性的推動，以求改革對象在較長時間幅度內，作點滴累積式的改變。4.方式（means）：即改革的

推動者究竟要由新設立的中央行政改革機構負責，還是由既有的行政機關負責。行政改革策略的選擇深受三大項因素的影響：第一、環境因素：包括政治、社會、經濟、文化等因素的情況如何。第二、時機（timing）：即當時政治、經濟、社會情況的綜合展現如何。第三、領導情況：即最高領導者的地位、聲望、權力，是否處於有利的領導狀況？（參閱Administrative Renovation）

Administrative Renovation
行政革新

　　行政革新與「行政改革」（administrative reform）、「行政創新」（administrative innovation）及「行政現代化」（administrative modernization）等名詞可說詞異而意同。簡言之，行政革新指政府機關利用和平漸進的手段，採取適當的革新途徑，經由個人及團體從事有計畫的努力，一則將行政上的缺失及陳腐，予以改進創新，並對原有的優良制度、方法、態度等加以發揚光大；另則將適合環境需要的新制度、新觀念、新方法及程序、新作風等，引入政府機關的運作系統。目的在提高行政績效（包括行政效率及行政效能）、加強為民服務、建立政府良好

形象、提升國家競爭力。依此定義引申，行政革新具有以下幾項要點：

1. 行政革新是採取和平漸進的手段，從事必要的改革，而非採取暴力流血的手段，進行恐怖的革命。
2. 行政革新的精義為「革故鼎新」，即將過去不合理及不合時宜的事物予以革除，並引介適合機關需要的新觀念、新作法、新技術等。
3. 行政革新工作的推動，並非只是公務員的責任，而是全體國民共同的責任。
4. 行政革新的目的在提高行政績效、福國利民、提高國家競爭力。

行政革新的努力重點為：1.革新行政設備。2.革新行政制度。3.革新行政運作。4.革新行政觀念。5.革新行政研究。一般人認為，「革新」必先「革心」，因此包括「革心」在內的「革新行政觀念」應是行政革新成敗的主要關鍵。（參閱Administrative Reform）

Administrative Rules
行政規章

行政規章乃是指導政府機關組織作決定及設定工作程序的主要工具。行政機關之所以具有制定行政規章的權力，乃是經由立法機關授權的緣故。當一般行政業務涉及需要有正式的規則或標準作業程序以資遵循時，就必須制定行政規章。行政規章提供了行政機關在法定權限下處理業務的標準。如果一位首長制定了一項規章，他就等於是一位政策制定者。行政規章可以是正式的，也可以是非正式的。正式的行政規章制定涉及以類似司法程序的正式公聽會程序進行；而非正式的行政規章制定則以「告知與評斷」的程序進行，並且是行政機關所從事的非正式決策程序的一部分。（參閱Standard Operating Procedures）

Administration State
行政國

行政國一詞被行政學者用來形容在政府職能擴張、人民依賴政府日深的時代潮流下，行政部門具有舉足輕重地位的術語。強調行政國的來臨，不是說立法與司法部門就從此不重要了，而是說行政的組織與運作特別的重要，並顯現出現代政府以下的多項事實：「行政機關眾多，公務員人數龐大，預算經費驚人，行政人員具政策影響力，國家目的之達成與問題之解決必須借助行政活動等」。此一行政權力擴張的事實，乃是全球各國共通的現象，它深深影響政府的本質，連帶也使國家憲政制度的權責安排，發生了微妙的變化。（參閱New

Public Administration）

Agency
機構

　　就美國情況而言，機構指負有主要政策責任及執行管制性功能的政府單位。它在地位上較「內閣」（Cabinet）的部（department）爲低，不過有時它的預算要比一個部來得大。機構可以分成輔助性的（爲其他政府機構服務者）、爲特定對象服務性的（如爲特定經濟性的或社會性的團體服務）、或獨立性的（在非內閣層次之「部」的一部分時）。較爲大家所熟知的機構如「環境保護總署」（the Environmental Protection Agency）、「總務局」（the General Services Administration）、「全國勞工關係委員會」（the National Labor Relations Board）、及「美國新聞總署」（the United States Information Agency）等。各機構在結構、名稱、及責任等方面具有很大的差異，例如其名稱包括委員會（board, commission）、基金會（foundation）、局（administration）等。各機構在執行其任務時，面臨各種不同的問題及不同的服務對象。有時候因爲該機構非常重要，其首長便被包含在總統的內閣會議中。在少數的情況下，

機構甚至會升格爲「部」，例如「住宅與都市發展部」（the Department of Housing and Urban Development）及「交通部」（the Department of Transportation）等。有些機構是執行對內服務的工作，如總務局；有些則是執行對外的事務，如「美國太空總署」（the National Aeronautics and Space Administration）等。（參閱Department）

American Society for Public Administration
美國公共行政學會

　　美國公共行政學會成立於1939年12月，爲全國性（事實上包括甚多外國會員）、非營利性的專業及學術性組織。其宗旨爲交換、發展、及傳播公共行政的相關資訊、促進公共管理品質的提升、增進行政學之教學與實務之成就。具體言之，成立的目標有三：1.推動具有效能、效率、人性、可信等特色之公共服務，以改善人類生活品質。2.促使學會成爲領先群倫且朝氣蓬勃的組織。3.強化學會服務會員的能力，達成並維護學會全方位的組織活力。

　　該學會會員眾多，截至2005年12月爲止，約爲28,000人。主要包括以下的成員：1.實務界：聯邦、州、地方政府、都市、鄉鎮等各級各式政府機關的

公務人員，及企業主管、與民間意見領袖等。2.學術界：大學教師、研究機構人員、學生。3.外國行政學術界及實務界人士。

　美國公共行政學會的會務內容包括：1.發行學術期刊，每二個月發行一期《公共行政評論》（*Public Administration Review*）。2.舉辦每年一次的全國大會（National Conference）。3.從事教育、研究及進行專題計畫研究。該學會總部設於美國首都華盛頓。地址爲：1120 G Street, N.W. Suite 700, Washington, D.C., 20005, U.S.A.。

　美國公共行政學會會員眾多，各有專長及興趣，因此特別成立十六個小組進行吸收會員與舉辦活動。此十六小組名稱如下：

1. 少數族群行政人員小組大會（Conference on Minority Public Administrator Section）。

2. 全國青年專才論壇（National Young Professionals Form）。

3. 預算與管理財務小組（Section on Budgeting and Financial Management）。

4. 刑事行政小組（Section on Criminal Justice Administration）。

5. 政府與企業小組（Section on Government and Business）。

6. 人力資源行政小組（Section on Human Resoueces Administration）。

7. 府際行政與管理小組（Section on Intergovernmental Administration and Management）。

8. 國際與比較行政小組（Section on International and Comparative Administration）。

9. 管理科學與政策分析小組（Section on Management Science and Policy Analysis）。

10. 國家安全與國防行政小組（Section on National Security and Defense Administration）。

11. 自然資源與環境行政小組（Section on Natrual Resources and Environmental Administration ）。

12. 人事行政與勞動關係小組（Section on Personnel Administration and Labor Relations）。

13. 專業發展小組（Section for Professional Development）。

14. 公共行政教育小組（Section on Public Administration Education）。

15. 政府科技小組（Section on Science and Technology in Government）。

16. 婦女參與公共事務小組（Section for Women in Public Affairs）。

　美國公共行政學會爲獎勵行政學界與實務界人士，爲行政學所作的傑出

貢獻，特設置五種學術獎，每年頒發一次。此五種學術獎為：

1. 瓦爾多獎（Dwight Waldo Award）：屬於終身貢獻獎性質，頒給望重士林的行政學界人士。

2. 莫雪獎（William E. Mosher & Frederick C. Mosher Award）：屬於學術界最佳論文獎。

3. 布朗羅獎（Louis Brownlow Award）：為最佳書評或最佳短文獎。

4. 布奇費德獎（Laverne Burchfield Award）：為最佳書評或最佳短文獎。

5. 狄馬克獎（Marshall E. Dimark Award）：為先驅性論文獎。

Analytical Hierarchy Process
分析層級程序法

分析層級程序法簡稱AHP，為美國作業研究（operations research）專家Thomas L. Saaty於1971年所提出的一套決策模式，目的在解決「結構不良的問題」（ill-structured problems）。當決策人員面對結構不良的決策問題時，由於常受到心智能力、時間、資源等因素的限制，無法獲得充分的資訊以供決策需要，尤其是在面臨複雜程度較高或較引人爭議的問題時，其間錯綜複雜的因素更難以判斷，在此種高度風險及不確定情況下，便可以利用分析層級程序法，蒐集必要的資訊，正確評估各相關因素間重要程度，作成有效的決策。

Thomas L. Saaty於1971年時是在美國國防部擔任規劃的工作，次年為美國國家科學基金會進行產業別電力配額之研究。1973年為蘇丹主持該國運輸系統之專案研究，使他創用的分析層級程序法更為精緻。1974年至1978年間，他在美國武器管制及裁軍局從事恐怖主義方面的分析，同時為許多國際機構進行資源分配的研究。1978年後，他和同僚更將該種方法發揚光大。隨後分析層級程序法就受到各領域學者普遍的重視，並發現此種方法在決策上具有極大的實用價值。

在實際應用時，分析層級程序法可以使複雜的系統簡化為簡明因素的層級系統，並且匯集學者專家及實際參與決策者的意見，以名目尺度（norminal scale）執行因素間的成偶比對（pairwise comparison）。在比對之後，建立比對矩陣，並求出特徵向量（eigenvector），以該向量代表層級中某一層次中各因素間的優先順序（priority）。求出矩陣的特徵向量後，再求出其中最大特徵值，藉以評定比對矩陣一致性的強弱，評定的結果就可以作

為決策資訊取捨再評估的參考指標。

分析層級程序法應用範圍極為廣泛，通常可應用於以下的決策問題：

1. 建立優先順序（setting priority）。
2. 產生替選方案（generating a set of alternatives）。
3. 選擇最佳政策方案（choosing a best policy alternative）。
4. 決定需求（determining requirements）。
5. 分配資源（allocating resources）。
6. 預測結果——風險評量（predicting outcomes-risk assessment）。
7. 衡量績效（measuring performance）。
8. 系統設計（system design）。
9. 確保系統穩定性（ensuring system stability）。
10. 最佳化（optimization）。
11. 規劃（planning）。
12. 衝突解決（conflict resolution）。

分析層級程序法可以應用於選擇方案時，求算各方案之相對權重的問題，也可以應用在某個特定大目標下，各個績效評估準則相對重要性的求算問題；或在某個評估準則下，較小評估準則間的相對重要性之求算問題。

Antitrust Policy
反托拉斯政策

反托拉斯政策一向是西方國家重大經濟政策之一，它所要規範的是企業界的反托拉斯行為，包含獨占、合併及聯合行為等。不過，對於反托拉斯政策的主張，不同學派的看法不同，例如傳統學派（哈佛學派）強烈支持反獨占政策，在顧及規模經濟與技術進步的情形下，主張進行結構性的矯正；對於自然獨占，則主張必須關心獨占定價所帶來的配置不效率問題。而芝加哥學派則認為，在獨占方面，廠商規模會擴大，乃是因為它提供較為人喜愛的產品、價格的緣故，因此廠商不應該因獨占而受到懲罰。在執行反獨占政策時，必須以不傷害規模較大而具有效率的廠商的競爭力為原則。（參閱Economic Policy）

Assessment Center
評鑑中心法

評鑑中心法（Assessment Center）又稱為管理評估中心法（management assessment center），此概念起源自1930年代，但直到1956年左右，才真正蓬勃發展。若以1956年為界，評鑑中心法的演進歷史分成探索期與成長期。探索期起源於1930年代，當時德

國軍方基於戰爭的需要，以此方法甄選所需的軍官，因紙筆測驗的功能有限，乃採取多種測量方法，觀察並記錄人員在各種複雜情境中的行為反應。英國的軍官徵選委員會（British War Office Selection Boards）受到啟示，利用模擬的社會情境測驗軍中人員的社會技能，英國文官徵選委員會（Civil Selection Board）後來把它應用在徵選公務人員方面。成長期則於1956年，美國電話電報公司（American Telephone & Telegraph, AT&T）正式將評鑑中心法應用於「管理進展研究」（Management Progress Study）計畫中，結果相當成功。

評鑑中心法係指一套標準化的行為評鑑過程，即在標準化的條件下，藉由各種不同的測量技術，使參與者表現工作所需的技能，其測量結果可做為訓練、發展、考選及升遷的參考。易言之，此種方法是經由工作分析，將某一標的職位所需的能力、技能，及個人特性等確認清楚，然後設計或選擇數種測驗或模擬演習，讓受評人實際參與，並由多位訓練有素的評鑑員評鑑受評人的實際行為表現，以評鑑受評人具備那些能力、技能及個人特性，最後透過共同討論或某種統計方法，得出每位受評人的總評報告，以提供訓練、發展、考核及升遷參考。（參閱Organization Development）

Authority
職權

職權一般通稱「權威」，指某一個管理職位所具有的正式權力。每一個管理職位都有它固定的權力，以對管轄範圍內的人、財、事、物、時、空六大要素作最佳之組合運用。任何人如果取得該管理職位，例如取得科長職位，就可以經由職位的階級及頭銜而取得該項權力。因此職權的擁有與否，與在組織中的職位有關，而與個人本身所具的特性無關。職權的大小、強弱等因素，對於公共政策的運作狀況影響極大。不過我們可以擴大解釋，任何一個機關組織中的每個職位都有它一定的職權，而不是只有「管理」職位才擁有職權。

另外，一般行政學者及社會學者常將authority稱為權威，事實上它的意思與職權是一樣的。對於權威的研究最有名的是Max Weber，他認為一個人之所以能夠實質上領導或影響他人，主要是因為他具有「合法」的權威基礎。權威的合法基礎來自於三方面：第一、傳統的權威（traditional authority），它盛行於農業社會。傳統權威的取得乃是基於繼承關係或是基於對傳統歷史文化的信仰，例如某人根據「父傳

子」或「兄終弟及」的習俗而取得權威。第二、超人的權威（charismatic authority），盛行於過渡型社會。超人權威的取得乃是依據個人所擁有的群眾魅力，他們否定傳統權威的合法性，而以「救世主」的姿態獲得信眾幾乎毫不懷疑的支持、擁護、與忠誠，一般革命家所擁有的權威即屬於此類。第三、法定理性的權威（legal-rational authority），盛行於工業社會。法定理性權威的取得乃是基於正式法令規章或合法的制度所規定的，具有某項職位就擁有其法定理性的權威，一旦離開該職位，則權威亦隨之不存在。Max Weber 的「理想型官僚體系」（the ideal type of bureaucracy）就是建立在法定理性權威基礎上的一種組織型態。（參閱 Authority Fragmentation）

Authority Fragmentation
權責分散化

權責分散化指政策或計畫的規劃、執行、評估，或整個政策的運作過程，分由不同的機關組織負責，因而形成權責分散、事權不統一、責任不明確的情況，使政策無法順利的運作。例如青年就業輔導以及醫療衛生服務計畫的推動，因為分由若干機關或機構共同去負責推動，以致效果不彰。俗云：

「三個和尚抬水沒水喝」可以說是權責分散化的最佳寫照。以美國情況為例，由於社會福利計畫相當龐大，並且因為國會作政治性的考慮，以致分由十幾個部門執行，結果弊病叢生，問題極多，執行績效不佳。（參閱 Authority, Policy Implementation）

Bar Charts
條型圖

條型圖乃是甘特圖（Gantt Chart）的另一種名稱。可參閱甘特圖的說明。條型圖就是將所欲執行的工作，劃分成若干單元後，依每一單元的進度，個別畫一條與時間互相配合的水平長條，將所有個別的長條整合在一起，就形成了條型圖，然後根據圖中所示，嚴格控制每一工作單元的執行進度，如果發現有落後現象，應即從事修正調整，務期整項工作能夠如期完成。（參閱 Gantt Chart）

Behavioral Science
行為科學

行為科學一詞是由美國芝加哥大學的一批教授於1949年左右所倡用的，當時美國福特基金會（Ford Foundation）撥鉅款供該校教授從事名為「個

人行為與人群關係」（Individual Behavior and Human Relation）的研究計畫，他們將此研究計畫簡稱為「行為科學」，從此之後，此一名詞與學科乃告流行。簡單的說，行為科學就是應用文化人類學、社會學、心理學、以及實驗方法等，對人類行為從事有系統的觀察、研究、分析，以獲得有關人的行為法則。

行為科學包含以下數項內涵：1.它是以科學方法研究人類行為問題的科學。2.它是運用某些自然科學的研究方法以研究社會現象與社會事實的科學。3.它是一種多學科性的（multidisciplinary）學科。4.它的目的在建立社會科學中能夠共同使用的「一般理論」（general theory）。5.它是以驗證（verification）的方法進行有關問題研究的學問。6.它有時與行為研究途徑 behavioral study approach通用。（參閱Behavioral Study Approach）

Behavioral Study Approach
行為研究途徑

行為研究途徑乃是運用科學方法分析、解釋、預測個人態度及行為、社會事實、現象與政務運作的一種途徑。它指建構與驗證有關人為結構及運作的科學理論及假設，並以數量化及操作化的方式，由行為層面從事資料蒐集、分析、解釋、與預測。例如，運用此途徑可以探討選民的投票行為、消費者的消費行為等。行為研究途徑在1930年代至1970年代最為盛行，並且在1960年代前曾經成為社會科學界的研究主流。一般人認為，「行為科學」（behavioral science）是一種方法論（methodology），而行為研究途徑就是行為科學的應用。（參閱Behavioral Science）

Black Box
黑箱

黑箱也稱為「黑盒子」，指系統理論（systems theory）中的「轉換」（throughput）部分。許多人常以黑箱形容政府機關（政治系統）在將外在環境的投入因素轉換成決策或行動的過程中，未能公開實際運作狀況，因而給人一種神祕、消極、被動、不敢公開的負面印象。事實上，我們不妨把它看成是一種「中立性」的概念。即政府機關在將各項投入因素加以研究，決定作為或不作為，以及如何作為時，通常需時甚久，並且涉及許多不同的機關及人員，不可能向提出要求的當事人隨時說明，報告進度。故大家看不到裡面的實際運作狀況，乃是可以理解的。不

過，我們認爲，對於重大的議題，在政府機關處理的運作過程中，仍應視實際需要適度公開其過程及內容，以免引起民眾不必要的誤會，藉以增加政策或行動的執行力。（參閱Political System Theory, Systems Theory）

Build-Own-Operate, B.O.O
興建—擁有—營運

依我國「促進民間參與公共建設法」第八條第一項第六款規定：「爲配合國家政策，由民間機構投資興建，擁有所有權，並自爲營運或委託第三人營運。」亦即，BOO案爲經政府核准，由民間企業自行出資興建、營運，並具所有權的一種作法，可以說公共服務民營化的一種方式，例如大型民營電廠的設立。（參閱B.O.T.; B.T.O.; R.O.T.）

Build-Transfer-Operate, B.T.O
興建—移轉—營運

依我國「促進民間參與公共建設法」第八條第一項第二款規定：「由民間機構投資興建完成後，政府無償取得所有權，並委託該民間機構營運；營運期間屆滿後，營運權歸還給政府。」及第三款：「由民間機構投資興建完成後，政府一次或分期給付建設經費以取得所有權，並委託該民間機構營運；營運期間屆滿後，營運權歸還政府。」亦即，BTO案爲民間籌資興建後將所有權移轉予政府，並由民間營運至營運期間屆滿後交由政府繼續經營。（參閱B.O.T; B.O.O.; R.O.T）

Build-Operate-Transfer (B.O.T.)
興建、營運與移轉

「興建、營運與移轉」簡稱爲B.O.T.。世界各國在面臨必須從事大量公共建設，而政府財力短絀的情況下，乃採取民營化的作法以資因應，鼓勵民間參與公共建設，民間參與的一個重要方式就是這種「興建、營運與移轉」的作法。它是由私人企業或國際財團與政府機關簽訂合約，由這些企業或國際財團自行準備資金，興建某項公共建設，如高速鐵路、捷運系統等，或開發某項產業，如興辦大型休閒遊樂園區等；在興建完成後，由政府機關給予營運特許權；而經過一段相當時間（若干年）的營運後，再把整個產權及經營權移轉給政府。透過此種方式，政府可以借重民間的資金參與公共建設，以減少資金不足的壓力。而民間企業因獲得特許經營權的回饋，可達到創造利潤的目的，可說是一種互蒙其利的作法。對國家經濟發展、社會進步、及人民生活水

準的提升，均極有助益。台灣高速鐵路的建造方式就是採取此種BOT的方式，已在1997年年底公開招標成功，由台灣高鐵公司負責興建與營運，已於公元2007年3月正式完工營運。（參閱Privatization）

Bureaucracy
官僚體系

官僚體系指一種經過特殊設計具有結構與程序的政府或社會組織形式，藉以促進績效以追求既定組織的目標。德國社會學家Max Weber在觀察人類的社會組織運作後，提出了著名的「理想型的官僚體系」（the Ideal Type of Bureaucracy）之主張。他認為，官僚體系的主要特徵包括一定的控制幅度、專業化的分工、層級節制、強調正式的規則與程序、及決策過程的中立化與非人情化。不論是政府部門或是私人部門，官僚體系都是最主要的形式。就公共政策的層面而言，官僚體系是公共政策從制定、執行、以至評估之運作過程的主要機制。（參閱Agency, Department）

Business System
企業系統

野中郁次郎（Nonaka Ikujiro）與竹內弘高（Takeuchi Hirotaka）在《知識創造的公司》（*The Knowledge-Creating Company*, 1995）一書中，提出應將傳統組織轉型為適合知識創造的「超連結組織」（hypertext organization），其中間的一層是企業系統層，負責正常與例行的作業工作。（參閱Knowledge-creation Project, Project Team）

Butterfly Effect
蝴蝶效應

這是一句隱喻式的用語，意思是說，有一群蝴蝶在台灣展翅飛翔，其影響所及，可能會使遙遠的美國氣候發生變化，釀成颶風侵襲。它對主政者制定政策為民服務及一般人的為人處事，均具有極大的意涵，並且與我國日常的許多用語及概念具有異曲同工之妙，值得大家惕勵，例如：「小不忍則亂大謀」、「牽一髮而動全身」、「星星之火可以燎原」、「因小失大」等。（參閱Systems Theory）

Captive Agency
被擄獲的機關

　　被擄獲的機關指某一個行政機關所管轄的標的人口，常會組成各種利益團體，一方面向該機關爭取權益，一方面在必要的情況下，支持該機關的作法，設法為該機關爭取更多的資源，以維持該機關的繼續存在，避免被裁撤。在此種相互利用、相得益彰的情況下，行政機關遂為利益團體所控制，亦即變成了利益團體的俘虜，不得不儘量回應利益團體的需求。此種情形在美國的獨立管制委員會最為常見，例如美國鐵路管制委員會就被認為是一個被相關利益團體所擄獲的機關。嚴格言之，台灣目前尚未有此類「被擄獲機關」的存在，但與此類似的弊端則有「利益輸送」、「官商勾結」等情事。（參閱 Associated Population）

Case Study
個案研究法

　　個案研究法乃是在研究過程中，由研究人員參與觀察的一種形式。它強調以田野調查為基礎，對某一個案的各種現象加以分析。個案研究的假定是，研究人員可以藉由了解特殊群體在其所處環境的動機、價值觀、信念、及利益，而研究機關組織或政策計畫的運作梗概。個案研究法的核心是要對特殊環境的行為幅度，作系統性、客觀性、與分析性的田野記錄。個案研究做為一種研究方法，重點放在某一個案的研究人員及被觀察者的主觀經驗方面。此種研究方法可以使研究人員對被研究對象及其行動，建立並維持第一手的接觸。個案研究的主要缺點如下：1.如何從個案研究結果作「類推」的問題。2.研究人員個人的認知與記憶可能會使研究結果產生偏見的問題。3.研究人員的出現可能會影響個案參與者的行為及活動的問題。一般來說，採取定性研究法及調查研究法，可能可以避免個案研究法中觀察技術所帶來的問題。

　　個案研究法係對真實生活中之當前現象進行研究分析的一種方法，特別適用於在現象與系絡之關係不甚清楚，需要就多種資料來源加以追索探討的情況。進一步言之，如果要探討某一項政策或事件或問題為何發生，以及如何發生，而又無法或不願意利用操控方法去影響行為事件的進行時，應用個案研究法進行分析研究，將可避免人為操控的弊端，並可透過深度描述與分析的方式，掌握事實真相。個案研究法最被批評的是無法對其他個案作「類推」（generalization），不過有學者認為，這項批評並不公平，因為個案研

究所作的是理論的擴充及類推，可以說是分析上的類推（analytic generalization），而非計算其次數頻率，作統計上的類推。在公共政策研究方面，個案研究法是一個普遍被使用的研究途徑。（參閱Data Analysis, Data Collection）

Centralization
集權

　　就政治層面而言，集權指國家的大權集中於中央政府，而非分散於地方政府。就行政層面而言，集權指政府機關的決策大權集中於上級機關，下級機關權力有限，幾乎事事仰賴上級機關作決定。集權與分權的概念正好相對，兩者孰優孰劣，長久以來一直是一個爭論的課題。基本上來說，如果以行政權行使的性質和範圍爲劃分的標準，行政機關可以分成集權制與分權制兩種類型。所謂集權制可從兩方面加以了解：1.一個機關的事權由本機關自行負責處理，不另外設置或授權下級機關或派出機關處理者，爲集權制。2.凡下級機關或派出機關處理事務必須完全秉承中央或中樞機關之意志者，亦爲集權制。

　　集權制的主要優點如下：1.政令統一、標準一致，可避免紛亂之弊。2.力量集中，可以統籌全局。3.運用自如，

容易應付急變，統籌靈活，可收截長補短之效。集權制的主要缺點則爲：1.行政措施常只見整體而忽視部分，失卻因地制宜之功效。2.各級機關層級節制過嚴，一切聽命行事，態度消極，失卻自動自發的積極精神，且公文往返費時費事，容易貽誤事機。3.集權制容易造成頭重腳輕的情況，基礎不穩，且易形成機關專斷或個人獨裁。4.地方利益和需要常被忽視，地方事業易趨於凋敝。

　　鑑於集權制與分權制各有其優缺點，也各有其應用價值，須視各種環境需要而定，因此在採行集權制時，應把握以下的原則：1.行政事務的劃分，應以獲得有效的利益爲原則。2.掌控行政活動的程度，應以不傷害下級的責任心爲原則。3.行政權的行使應以民主主義爲基礎。4.行政區域的劃分應以適中爲原則。5.行政手續的釐訂，應以簡化爲原則。（參閱Decentralization）

Chain of Command
指揮鍊

　　指揮鍊指一個機關內的權威（權力）由一個層級流向另一個層級的路線。它意味著在層級節制體系中居於較高層級者，對居於較低層級者擁有指揮監督的權力。例如部長往下指揮司處長、司處長往下指揮科長、科長往下

指揮科員等。而政策制定過程也就深受此種指揮鍊的影響，誰有說最後一句話（批核）的權力（Who can say the final word），誰就是這一項政策方案所涉及指揮體系的最後決策者。為了確保行政機關能夠適當的運作，就透過指揮鍊在層級節制體系的各層級及所有工作人員中，建立一系列的共同義務。

指揮鍊是官僚體系的一項基本組織樣式，透過它，在政策運作過程中所涉及的人們，才知道他們權力和職權的適當範圍為何。基本上，在複雜的官僚體系中，為協調為數眾多的工作人員和機關單位，指揮鍊的設計是不可或缺的。如果違反指揮鍊的原則，也就是違反了一個適當組織體系所應有的基本要求。簡言之，指揮鍊的設計，主要是為確保命令和決策能夠從機關的一個層級，適當的傳遞到另一個層級的運作，亦即由上而下的正常運作。（參閱Authority）

Chaos Theory
混沌理論

1970年代中期，政治學家Richard Mckelvey在前人的基礎上，首先證明多數決的結果，只存在於完全不穩定的狀態之中的所謂「混沌理論」；依照Mckelvey的看法，如果任何議程的設定都可能的話（也就是議程主導權未定的前提），政策運作過程的任何一點都可以成為多數決的產出，也就是說沒有一點的勝利集合是空集合。混沌理論所強調的是非均衡思考的觀點，宏觀的結構樣態，質化研究的重要性，及因果的非線性關係等論點。在這個世界中，萬事萬物看起來似乎毫無章法、混沌一片，什麼事情都可能隨機發生，令人難以預測。但是在混亂無序的各種情境下，冥冥之中還是會演化出一種亂中有序的生存及運作法則。（參閱Critical Theory）

Check and Balance
制衡原理

制衡原理乃是民主國家設計政府體制時所根據的一種原理。以美國情況為例，在三權分立的原則下，政府權力分別由行政、立法、司法三個部門掌管，彼此互相獨立、互相牽制，因而達成權力的平衡狀態。此種原理的應用主要在預防任何一個部門的權力過大，或甚至變成獨裁的部門。事實上，制衡的情形不只是存在於行政、立法、司法三個部門，它也存在於國會兩院的運作，以及聯邦政府與州政府之間的運作。就我國情形而論，行政、立法、司法、考試、監察五權的分立，雖說

是爲了分工合作，但也具有相互制衡的意涵。制衡原理雖有其正面的意義存在，不過也有相互牽制、影響政務推動績效的弊端。（參閱Separation of Power）

Chief Knowledge Officer
首席知識主管

　　一般而言，組織中知識管理的參與人員包括首席的知識主管、知識專案的經理人、知識管理的專責員工與以知識工作爲主的專家、員工。首席知識主管的角色職務包括知識的管理與組織學習的協助，其主要工作爲：

1. 倡導或宣揚知識，並從中學習。
2. 設計、執行及監督行政機關的知識架構，包括其圖書館、人員、電腦的知識網路、研究中心，及以知識爲導向的結構。
3. 管理與外界資訊及知識提供者的關係，並與他們談判相關的合約。
4. 爲知識在創造與使用的過程提供關鍵要素；如有必要，也需要協助改善此些過程。
5. 設計與執行行政機關的知識整理策略。此些方法明白列舉出資訊或是知識的關鍵項目，使行政機關便於討論、製作目前知識庫存的分布圖，或是未來知識分布的模式。

6. 藉由傳統的財務分析衡量及管理知識的價值。
7. 管理組織的專業知識經理人，爲他們培養團隊的觀念，建立專業的標準，並爲他們進行生涯規劃。
8. 領導知識策略的發展，將行政機關資源分配給最需要管理的知識領域及發展過程中。

　　首席知識主管的所有職責中，有三項特別重要：建立知識文化、建立知識管理的結構，及在財務上能有所回收。成爲一個首席知識主管的條件爲：

1. 具備某知識領域豐富的管理經驗，包括創造、傳播以及應用相關的知識。
2. 熟悉以知識爲導向的組織及科技工具（如圖書館以群組軟體等等）。
3. 展現與個人專業直接相關的、高度的博學能力。
4. 能夠適應這工作主要的運作過程（最好具備實際經驗）。（參閱 Knowledge Officer, Knowledge Worker）

Civil Service
文官制度

　　文官制度通常係指政府機關組織所採用的管理事務官或稱常任文官的一種

人事體制。美國的文官制度的建立，始自1883年國會所通過的文官法（the Pendleton Act），該法規定政府機關的事務官必須依考試成績錄用，並依工作表現論升遷。當年並特別成立文官委員會（Civil Service Commission），以推動文官制度，該委員會一直到1978年卡特總統（President Jimmy Carter）進行文官改革時才取消。不過當時建立文官制度所揭櫫的功績制（merit system）精神，則迄今仍屹立不搖。我國的文官制度也曾歷經多次的改革，例如現行的簡薦委制度與職位分類的兩制合一制度，就是在1987年以後實施的。由於文官是政策執行的主體，而文官執行政策意願的高低，深受文官制度健全與否的影響，所以文官制度也是影響政策能否有效執行的一項因素。（參閱 Policy Implementers）

Civil Society
公民社會

公民社會為超越政府組織的廣大範圍之私人結合，係在公共領域中以集體行動表達他們的利益、熱情及理念、交換資訊、達到共同目標、向國家提出需求，及要求國家官員負責的公民所形成之正式和非正式團體。若依照黑格爾（Hegel）的定義，公民社會乃是每個公民為實現自我的利益，而借助普遍的制度，揚棄了自我的個別性與自然性。（參閱 Macro-level, Meso-level, Micro-level）

Clientele
服務對象

服務對象（企業界稱為顧客）指任何一個政府機關所提供服務或實施管制的接受者，可能是個人型態，也可能是集體型態，或可能指某一個特定地區。在許多情況下，服務對象為影響政府機關的政策，常組成各種的團體，以發揮較大的影響力。此些團體如果財力充足、具有相當聲望及地位、及對政府機關運作相當熟悉，則對政府機關的政策取向，具有極大的形塑作用。服務對象與提供服務的政府機關間的關係，有各種不同的情況。例如一般社會服務與醫療補助的服務對象，和政府有關機關間的關係乃是「依賴性」的。因為如果政府機關不提供福利或補助，則服務對象即無法獲得預期的利益。但是有時候情形正好相反，例如美國食品及藥物管理局（Food and Drug Administration）之所以成立，部分原因是為了對製藥廠商進行必要的管制，是以如果製藥工業不發達，可能該局就喪失存在的理由。另外，該局的另一服務對象是用藥

大眾，因此該局常面臨保護用藥大眾與管制製藥廠商如何兼籌並顧的難題。

由於政府有關機關對某些特定服務對象提供服務，所以彼此間就建立了互依互賴的共生關係。一旦政府機關的地位、權限、預算、政策等受到不利挑戰時，服務對象往往會有組織的為該機關辯護，對民意機關或民選的行政首長進行遊說或施加壓力。故整體而言，服務對象所組成的團體，在政府機關的政治環境中占有相當重要的一部分。（參閱Associated Population, Captive Agency）

Closed System
封閉系統

一般系統理論（systems theory）學者通常將系統分成兩大類：如果系統不與外界環境發生互動關係，就稱為封閉系統；反之，如果系統的運作受到外在環境影響，就稱為開放系統（open system）。論者認為，沒有生命的物體，如機械、建築物等，可以說是封閉系統。不過嚴格來說，世界上幾乎沒有一樣東西是封閉系統，因為即使是機械或建築物，仍然會受到日曬雨淋的影響而老舊破損。此亦即傳統管理學派學者將組織視為封閉系統，未充分考慮組織與環境的互動關係，提出機械觀的管理

主張，而受到相當大的批評之原因。（參閱Open System, Systems Theory）

Cognate Agencies
同質機關

同質機關指涉及提供公共政策、計畫、或方案，以解決廣泛的、非特殊性問題的一群政府機關（機構）。此名詞應用於數個政府機關爭取某些特定方案，以解決政府機關所面臨問題的情況下。同質機關爭取方案主辦權，主要是因為這些機關任務或職權重疊之故。以我國情形來說，有關河川管理事務，因為分工的關係，涉及農業、經濟、水利、環保等政府機關的權責，因此解決問題的方案必須由相關機關共同提出並密切配合執行，才能收到預期效果。一般來說，同質機關所涉及的問題基本上是全國性的問題，例如都市衰落問題、地下水污染問題、及有毒廢棄物處理問題等，此些問題均需擬定方案並撥付經費才能解決之。應用同質機關途徑解決問題的優點是可以透過多元方案的共同努力，群策群力，而收到較單一機關執行相關方案要更為成功的結果。其缺點則為同質機關間因為權責分享而爭取附有經費的方案，而導致本位主義，各自為政、備多力分的不良結果。（參閱Authority Fragmentation）

Collective Goods
集體財

集體財指主要係由公共部門提供，具有消費上的「非敵對性」（nonrivalry），及所有權上的「非排他性」（nonexcludability）之財貨，亦即該財貨為大家所共享與為大家所共有。同時，基本上，集體財是難以分割使用的，所以集體財也具有「不可分割性」（indivisibility），例如空氣、國防、外交、治安等。因此，集體財也就是公共財（public goods）。（參閱Private Goods, Public Goods）

Combination
結合化

野中郁次郎（Nonaka Ikujiro）與竹內弘高（Takeuchi Hirotaka）在《知識創造的公司》（*The Knowledge-Creating Company*, 1995）一書中認為，知識轉換的四種模式為社會化（socialization）、外顯化（externalization）、結合化（combination）、內在化（internalization）。結合化是將觀念加以系統化而形成知識體系的過程。此種模式的知識轉換牽涉到結合化不同的外顯知識體系。個人透過文件、會議、電話交談或電腦化的溝通體系交換並結合知識。經由分類、增加與結合來重新組合既有的資訊，並將既有的知識加以分類以產生新的知識。在企業系絡中，結合化模式最常見於中階經理人將企業願景、觀念或產品概念分為細目並加以操作化。透過建立編碼資訊與知識的體系，中階經理人在新觀念的創造上扮演了重要的角色。藉由結合化，可創造出原型與新原件技術等「系統性知識」（systemic knowledge）。（參閱Externalization, Internalization, Socialization）

Command
命令式

命令式為決策者（包括個人和團體）作決策的一種方式。以命令的方式從事政策制定，通常存在於層級節制結構的機關組織。決策者具有命令的權力，部分原因來自於工作說明書本身所規定的職權（authority）。而職權乃是賦予在層級節制體系中據有某一職位者的權力，此種層級節制的組織結構，明白的界定上司與部屬間的關係、管理階層與作業階層的關係等。藉行使命令權而制定的政策，不但影響政策制定機關內的其他人，也影響政策本身的性質。決策者伴隨命令權的行使，通常會採取某種獎懲、升職或降級、或其他方

式，以強化其影響力，因為這些方式基本上是與命令有關的要素。雖然一般人認為命令式的決策型態，是軍事組織或專制政治體系的一種特徵，但是事實上它也存在於層級節制與官僚結構的組織中。（參閱Bureaucracy, Chain of Command）

Communitarianism
社群主義

社群主義指某一個社區（community）內的成員基於自主、積極、負責的公共關懷精神，對公共事務的處理，貢獻個人的腦力、智力、時間、及資源等；並對該社群懷有共存共榮的想法。成員不僅重視個人的人性尊嚴，也強調人類存在的社會文化面向。簡言之，社群主義中的成員能夠將個人的「自由」、人際間的「合作」、與彼此「平等對待」三者結合成一個整體。因此，社群主義中的公民必須基於「公共性」（the public）的認知，同時擁有「自主性」、「友誼」、「判斷力」的修養與能力。

論者以為，社群主義源於對兩種主義的反動：一為反對國家中心主義（state centralism）以過度重視國家忽視人民參與重要性的方式，從事公共政策的運作；另一為反對市場個人主義（market individualism）特別重視追求個體私益的個人主義。為彌補此二主義的缺失，社群主義之提倡實有其必要，藉以加強社區成員相互協助的責任感與社區的道德意識，避免成為日益疏離的現代人。社群主義強調傳統家庭或鄰里關係價值的重要性，主張社會關係的凝聚性乃是解決公共問題的先決條件。社群主義具有以下數項特質：1.成員擁有共同的生活空間。2.成員具有共同歷史文化感。3.成員具有高度的社會凝聚感。4.成員願意主動積極參與政策運作過程。

一般人認為，社群主義的倡導與落實，應可喚起並協助各個領域、及各地方社群的成員，一起關心公共事務，在各種公共問題的解決及公眾需求的滿足上，建立共同的「願景」（shared vision）。不過，欲實踐此項由「社區意識」與「公民資格」所結合而成的社群主義，乃是一項長期性的浩大工程，必須透過長期性的政治社會化及社會文化改造運動，才能夠收到良好的效果。在二十與二十一世紀交替之際，許多國家的領導人，例如美國的柯林頓總統（President Bill Clinton）及我國的李登輝總統，均曾不約而同的重視社群主義的實踐，希望國人建立堅實的社區精神，共同建設社區，謀求社區的健全發展。（參閱Citizen Participation）

Community Forum Approach
社區討論途徑

社區討論途徑（也稱社區論壇途徑）為鼓勵公民參與政策運作過程的一種途徑，即由相關政府機關或政策分析人員召開社區討論會，社區居民可在會上表達大家對某一個政策議題或政策方案的看法、主張。此種作法一方面可收到某種程度的集思廣益之效；另一方面使標的人口具有政策參與感，因而減少未來政策執行的阻力。為了擴大社區討論會的實質效果，應當鼓勵具有代表性與影響力的社區居民踴躍參加會議。事實上，採行社區討論途徑，也就是「社群主義」（communitarianism）的實現。（參閱Citizen Participation, Communitarianism）

Community Organizations
社區組織

社區組織指生活在某一個行政區、特殊地理空間、或跨數個行政區域的成員，基於某種特別的目的而組成的組織體，例如鄰里守望相助組織、某某社區管理委員會等。此類社區組織如果組織健全，並且能夠有效的運作，對於公共政策制定與執行的運作過程，將極有助益，當可減輕政府機關的負擔。

（參閱Communitarianism）

Comparative Case Study
比較個案研究法

由於實證論或詮釋論的研究各有所偏，論者遂提出「比較個案研究法」作為可供選擇的研究途徑。該法乃要求研究者更積極地涉入「定質」與「定量」的兩種研究傳統，俾能於知識社群裡發揮交叉輔助（cross-fertilization）之功效。因為採用比較個案研究法，研究者對研究過程中的特定關係之界定將更趨嚴謹，並提供研究者立即的替代性解釋，兼可免於名詞界定上礙於特定系絡的限制，以致無法供他種情境援引之遺憾。重點在於比較個案研究設計，係為一調和實證論與詮釋論研究旨趣的理想架構。（參閱Case Study, Comparative Study Approach）

Comparative Public Policy
比較公共政策

比較公共政策指研究、分析、比較不同的政府如何及為何尋求某項特殊作為與不作為的方案？以及此些方案執行的後果有何差異？彼此能否互相學習到什麼？因此比較公共政策具有以下幾項要點：1.分析、研究、比較不同政府的

政策運作狀況，包括不同國家的政府及國內不同層級與同層級的政府。2.比較分析的重點置於不同政府如何及爲何制定某一項政策？彼此對同樣政策的執行結果有何不同？理由爲何等。3.政策是指政府機關所決定的特殊作爲或不作爲方案。

比較公共政策的研究，自1970年代後，受到政策界學者普遍的重視，主要理由如下：1.單純從事比較政治研究，難以了解政府運作的眞相。2.比較公共政策研究對比較政治研究具有補充的作用。3.比較公共政策研究具有實用的意涵。4.比較公共政策研究可以累積相關的知識，充實政策科學的學術內涵。5.科際性知識的普遍應用，助長了比較公共政策研究的發展。（參閱Comparative Study Approach, Public Policy）

Comparative Study Approach
比較研究途徑

比較研究途徑指在同一個理論架構或研究架構下，檢驗不同的政策、計畫、情況或個案，並進行比較分析、歸納、整合，以得出某種結論的研究途徑。透過比較研究途徑，對於不同國家、政府、機關而言，就相同或相似的政策方案運作狀況，可以收到「他山之石可以攻玉」的效果。（參閱Comparative Public Policy）

Competence
能力

能力指一個人以最高度專業化的方式，執行某一項任務的才能。它涉及將已經具備的適當專業技能（經由專業訓練或經驗方式取得），應用於政策目標的達成。能力也同時涉及勤勞、理性、及關心行動的結果如何。當然，一個人是否具有能力，有時候很難判斷。另外，究竟可以應用何種標準判定一個人是否已發揮應有的能力去執行任務？客觀標準何在？明顯的，大家都期望涉及政策制定、執行、與評估者，都應當具有高度的能力，才能圓滿達成任務。而高度能力的具備，除了一部分爲天生特質外，就必須依靠不斷的在職訓練。（參閱Policy Implementers）

Conceptual Framework
概念架構

簡單的說，概念（concept）是一種心智建構，亦即一個人對於某一種事實、現象、或物體，將它們的某些共同特質予以抽象化，並賦予一個名詞，此名詞即是概念。例如在公共政策方

面，大家所熟知的「政策」、「標的人口」、「政策分析」等，都是屬於一種概念。概念是人類獲取知識及相互溝通的工具，如果兩個人在溝通時談到：「民主國家的政策制定過程相當複雜」這句話，則兩個人必須同時具有共同的「民主國家」、「政策制定」、「過程」、「複雜」四個概念，才能繼續進行溝通。而對於某一種事實或現象的研究，以一個概念作為基礎，加上幾個相關的概念構成一組概念，而形成一套系統化的體系，就成為一個概念架構。此項概念架構是一個研究人員有系統研究某一項問題的根據，從架構中各變項間的因果關係或互動關係，當可求知某一項理論、假設、假定、推測的研究結果。對於各項公共政策論題的研究，也常常借助概念架構的建立，通常稱它為「研究架構」，而各種政策研究模式，事實上就是「研究架構」。例如George Edwards III的「政策執行力模式」，或是Thomas B. Smith的「政策執行力模式」等。（參閱Model）

Conservatism
保守主義

　　一般言之，保守主義指某人或團體表現出傾向於維持社會及政府的穩定，而不願作改革或改變的態度。保守主義通常代表一種接受並防衛目前價值的意識型態。它對下面的基本假定表示懷疑：人類平等、改革的智慧及需要、多數人的智慧、與即使社會秩序安全已受威脅，仍然主張自由平等。保守主義的信念與態度將焦點置於政府角色的有限性上面，它主張保護私人財產權、反對社會福利立法、反對大眾擴張對政府運作過程的控制等。美國1980年代的政治保守主義以共和黨為代表，他們主張財政保守主義、強壯的國防、減少政府在社會福利方面的支出、對私部門放鬆管制等。（參閱Conservative Policies）

Conservative Policy
保守派政策

　　就美國情況而言，保守派政策指涉及傾向支持促進企業經營者利益的政策。一般來說，共和黨比較主張制訂此類型的政策。（參閱Liberal Policy）

Content Analysis
內容分析法

　　內容分析法原來是對大眾傳播內容作客觀且系統的量化分析，並加以描述解釋的一種研究方法或途徑，因為所傳播的內容是關於意見交流的行為，所

以內容分析法也就是分析研究意見交流記錄的方法。目前此種研究方法已經廣泛的應用到整個社會科學與行為科學的領域。廣義的說，內容分析法指以系統性及客觀性的方式，確定各項訊息（message）之特徵，而進行推理的任何技術。它是資料分析的一種方法，也是觀察法的一種。就資料分析而言，研究人員可就檔案、信件、日記、報章論述、會議記錄、工作記錄等之內容，進行系統性的分析。就觀察法之一種而言，指研究人員並不直接觀察當事人的行為，或詢問他們某行為的狀況，而是就人們溝通後所產生的資料，詢問其有關的問題，亦即以溝通的內容作為推論的基礎。例如著名的John Naisbit在《大趨勢：轉變我們生活的十大新方向》（*Megatrends: Ten New Directions Tra-nsforming Our Lives*, 1984）一書中，即透過分析美國的經濟、政治、社會現狀，而預測未來的新趨勢與新方向。（參閱Data Collection）

Contingency Theory
權變理論

就組織與管理理論而言，權變理論指不同的機關組織必須按照它本身的特殊狀況，採用不同的組織與管理理論。換言之，組織與管理理論之有效性，因人、因時、因地、因事而不同，並無所謂最佳的理論或方法（One best way）存在。因此行政人員在採用管理技術或設計機關結構時，應當要因人、因時、因地、因事制宜。就一般常識來說，所謂權變者，乃是通權達變的意思，亦即所謂「見人講人話，見鬼講鬼話，出門看天色，進門看臉色之意」。作任何事情都必須視情況而定，公共問題的處理及公共政策的制定亦不例外，並沒有一套可放諸四海皆準的作法，應依各種情況進行綜合判斷後，採取最適合「情勢」需要的決定。

權變理論強調以下幾個要點：

1. 否定「兩極」論（polarization）：即否定傳統理論學者與行為學派學者各自主張其組織與管理理論的「唯一最佳性」，認為兩者均可適用於不同的環境情況。

2. 主張彈性運用組織理論與管理方法（flexibility）：即採取「如果——就」（if-then）的原則，視情況應用不同的組織理論與管理方法。

3. 同時注重效率（efficiency）與效能（effectiveness）。

4. 強調殊途同歸性（equifinality）即只要運用得當，不同的方法都可以達到相同的目的，也就是「條條道路通羅馬」的意思。（參閱Scientific Man-agement）

Control
控制

　　控制指一個人、團體、或機關行使職權、管制、監督、限制、命令等方式，操控公共政策制定、執行與評估的權力。一般而言，控制是政策制定過程中一項相當重要的成分。機關或人員可以透過不同的方法進行控制，例如採取非強制性的技術：只對政策作宣示就預期可獲得利害關係人的順服；再如設定自願性標準、進行調停與仲裁、利用公眾壓力、由涉及的機關進行教育宣導等。其他控制方式包括檢查、核照、簽約、徵稅、官方指示、非正式程序、與制裁等。由於政策制定過程具有「公共性」，並且在規劃與執行階段，所涉及的服務對象複雜多元，所以最有效的控制方法，不一定能夠獲得最好的結果。大致言之，公共政策的制定與執行，最好使受負面影響的人減到最低限度，因此只有在極端情況下，才採取比較嚴厲的控制手段。同時應注意的是，政府機關如果缺乏控制的能力，必將使政策執行遭遇極大的困難。（參閱Policy Compliance）

Conversion Process
轉換過程

　　轉換過程指在政治系統理論中，政府機關或人員將投入要素，包括需要（demands）與支持（support），透過政府機關內部的各種運作機制，進行研究、分析、溝通、協調，把投入部分加以轉換，最後得到某項產出（即作為或不作為政策）的過程。由於此段轉換過程相當複雜、參與的機關及人員甚多，時間冗長、過程難以充分透明公開，所以一般人就把它稱為「黑箱」（blackbox）。（參閱Blackbox, Political System Theory, Systems Theory）

Coproduction
合產

　　簡言之，合產指政府部門與民間部門的個人或團體共同進行政府服務或財貨的生產。依此定義，民營化（privatization）乃是合產的一種方式。合產是1970年代以後，在美國興起的一項概念，目的在解決民眾不斷要求政府部門提供大量的服務，同時又要求提供高品質的服務，但是政府部門卻面臨財政資源不足的困境，希望藉由政府機關與民眾的攜手合作，提升政府各項建設與服務的品質與數量，並減輕政府部門的

財政負擔。

合產的進行，可以採取以下的方式爲之：1.合資方式，例如有關停車場的興建，可由政府提供土地，民間團體提供興建資金。將來營運後的收入由雙方共同分享。2.特許方式，例如欲在可供航行的河道上開放觀光船舶營運，可由政府核發經營執照，讓民間業者經營，而政府向民間業者收取許可年費。3.委託經營方式，例如由政府興建休閒遊樂設施，然後交由民間業者經營，其收入由政府部門與民間業者按照某種比例分配。基本上，合產的概念與作法具有以下五項特性：1.合產是在鼓勵民眾的參與而非對民眾需求的回應。2.合產目的在增進正面價值而非負面價值。3.合產強調雙方相互合作而非屈從順服。4.合產著重主動的而非被動的參與。5.合產的基本成員最好爲團體而非個人。（參閱Privatization）

Corporatism
統合主義

統合主義乃是指一種利益表達的系統，在此系統中的每個構成部分，被組合成爲各個具有獨特性、強制性、規範性、非競爭性、層級節制性、及功能分化的少數類別（團體）。此些構成部分被國家所認可特許，並予以保障，故可享有利益的獨占性代表。但是相對的，各個社會利益團體在選擇國家政治領導人、表達各種政治需求、表現政治支持等方面，必須受政府相關機關的監督及約束。一般言之，統合主義主要是透過聯盟或聯合性組織的設計與操控，而整合衝突的階級利益。統合主義在政治、經濟、公共政策方面的主張如下：

1. 發展高度集中式的利益代表組織，設定爲數有限的聯合組織，在政治、社會、或經濟部門享有近乎獨占式的代表性或代表權，此些代表性的利益具有特權或受國家特殊保護，因此必須遵守特定的行爲規範。

2. 政府賦予此些利益代表團體參與政策制定的特殊地位，並藉此建立政府與利益代表組織間的聯繫關係。

3. 在政府主導下，以社會合力關係（social partnership）的精神，協調全國主要的利益代表組織，制定具高度社會共識性的公共政策。

統合主義也相當重視國家自主性（autonomy），認爲國家會透過中央集權的官僚體系，設法整合社會上各個階級的利益。經由管制性政策或誘因性政策的制定，如進口管制政策、獎勵出口的租稅減免政策等，而促進國家的總體發展。

Council of Economic Advisers
美國經濟顧問委員會

美國經濟顧問委員會是由三位顧問組成，隸屬於總統辦公室，對總統就國家經濟方面的重大事項，提供諮詢與建議的組織體。此一委員會由國會依1946年就業法（the Employment Act of 1946）設立，目的在提出措施，以維持美國大眾的就業、生產、及購買力。美國經濟顧問委員會的三位委員均由總統提名卓越的經濟學家，經參議院同意後任命，任期並不固定。委員定期與總統商議時下發生的重大經濟問題。其最主要的功能之一乃是為總統準備每年一次向國會所作的經濟報告，此項報告具體指明美國的經濟現況、提請國會考慮的因應既有經濟問題之政策與方案。（參閱Economic Policy）

Creative Chaos
創造性混沌

野中郁次郎（Nonaka Ikujiro）與竹內弘高（Takeuchi Hirotaka）在《知識創造的公司》（*The Knowledge-Creating Company*, 1995）一書中認為，如果組織對外在環境的訊號採取開放的態度，便能利用此些訊號的曖昧不明、重複或雜音來改善自身的知識體系。當刻意將波動（fluctuation）引入一個組織時，組織成員將面對例行公事、習慣或認知體系的瓦解，此稱為創造性的混沌，可以增加組織內部的張力，使組織成員專注於界定問題與解決問題的情況。此種方法與資訊處理的模式恰成強烈對比。資訊的處理視問題為已知，而僅用一套既定的解決問題的順序結合並處理相關的資訊以尋求解答。（參閱Knowledge Creation）

Cross-Sectional Approach
橫斷面研究途徑

此為自然科學與社會科學的一種研究途徑。通常研究人員在設計研究方案或執行研究過程時，依研究的時間可區分為橫斷面的研究及縱貫面的研究。所謂橫斷面研究係指在某特定的時間點上，僅針對同一母體進行一次資料蒐集，例如戶口普查就是一個簡單的例子。或者在同一時間對接受某方案實施之不同性質的樣本加以調查研究，以了解他們的差異性。與縱貫研究途徑相較，橫斷面研究途徑通常包含較多的樣本，但研究變項較少。其優點為費時少、花費也少，而缺點是無法了解接受方案處置者及整個方案的脈絡及前後的變化狀況。（參閱Longitudinal Approach）

Decentralization
分權

就政治層面而言，分權指一個國家的政府將權力分散於內部的各個下屬政府組織，例如聯邦國家將權力分散給各個邦，而非集中於聯邦的中央政府，如美國、加拿大、及德國等國家。就行政層面而言，分權指行政機關組織具有以下情況的權力配置：1.政府為完成一定任務或使命，特設置不同的上下層級機關，如中央機關、中間機關、基層機關，或中樞機關與派出機關，使各機關在其權責範圍內，能夠獨立自主的處理事務者，為分權制的類型。2.各機關為適應各地區的特殊需要，分別在各地成立或設置之機關，並具有獨立的法律人格，有處理其相關事務的全權，且不受上級機關之指揮與監督者，為分權制的類型。

分權制的主要優點如下：1.下級自動自發，符合民主政治的精神，具有鼓勵下級積極奮發的作用。2.因分權分工，可避免上級專斷及個人獨裁。3.分級治事，分層負責，可使各機關及人員實事求是，充分發展本身的事業。但是分權制也具有一些與生俱來的缺點：1.過度分權會傷害行政的統一，如分工但不合作，將造成機關支離破碎、地方割據稱雄的情況。2.行政權力分散過甚，上級受制於下級，不易完成應有的使命；下級因人力與財力不足，也不易達成固有的任務。3.各機關彼此分立，如無上級統一監督，可能引起衝突與對立，在地方更容易為特殊勢力或利益團體所操縱把持，違背真正的民主精神。（參閱Centralization）

Deductive Approach
演繹途徑

就公共政策研究而言，演繹途徑指政策分析人員從某些「假定」前提，演繹出某些政策的樣式和關係，可能會產生何種結果。例如，馬克思（Karl Marx）的信徒可能會基於以下的命題而作政策性的推論：社會永遠基於擁有和不擁有生產工具，而分成若干社會階級，因而進一步辯論，政府的政策只不過是經濟階級主導者的利益表示而已。於是有人可能接著演繹出：目前西方民主國家所實施的許多社會福利計畫，只不過是為了要消弭廣大人民的不滿而已。

有些反對政府不斷擴充成長者，也是基於對公共政策的類似演繹方式。他們所設定的演繹前提例如：所有的行政人員都想擴充計畫的規模；所有的政治人物都想控制財務資源，以確保能夠獲得連任；所有國民都有贊成擴充政府支

出計畫以獲得利益，但又反對增加稅負以支持此些計畫的傾向。類似的前提已被許多人用來解釋爲什麼在一個民主多元的國家，政府機關組織會越來越龐大、赤字會越來越高、通貨膨脹會越來越厲害等情況。演繹途徑的概念可比擬爲「蜘蛛結網」的作法。（參閱Deductive Causal Analysis, Inductive Approach）

Deductive Causal Analysis
演繹因果分析

演繹因果分析指以經驗或各種實證資料檢視爲基礎，決定影響各種公共政策之因素的一種方法。此種分析方法是以可加以確證和可加以觀察的前提，去演繹出公共政策的結果如何。它所著重的是分析某些可能對政策具有影響的因素，是否的確對政策的結果產生影響。

進行演繹因果分析之前，需先清楚的界定有關政策影響或變遷之結論或建議所涉及的變數。此類分析非常仰賴於對因果關係的因素，作嚴格的測量。同時，如果對前提和假設的驗證不夠充分的話，則此項分析方法便無效。演繹因果分析已經廣泛的應用於政策分析方面。舉例來說，Jeffrey Pressman及Aaron Wildavsky兩人曾經研究過1960年代美國加州奧克蘭的政策執行情形，發現到由於缺乏合理的方法，去通知政策運作過程所涉及的主要參與者，因此政策未能獲得社區的支持。而正是因爲未能獲得標的人口的支持，所以政策就無法成功的執行。（參閱Deductive Approach）

Democratic Administration
民主行政

在1970年代美國「新公共行政」（New Public Administration）浪潮的衝擊下，公共行政學者及實務人員對以往公共行政的本質、價值觀、研究方向與方法等，進行深入的反省，其重要結果之一就是提出「民主行政」的概念。民主行政的主張者強調：1.公共行政的本質不只是在追求管理效率的達成，更應考慮政治民主、經濟平等、資源合理分配、與社會公平正義倫理的實踐。公共行政及公共政策的運作，應將其使命及價值定位於促進民主政治、實現公共利益、堅持社會公平正義、及形塑民主行政文化等面向。2.民主行政理念能否落實，端賴公共行政及公共政策是否具有及時與充分的回應性？是否能促使民眾積極主動的參與？是否能透過政府與民眾的結合，共同解決社會上的重大問題？

民主行政理念與傳統效率行政觀的最大不同點在於前者強調行政或政策運作,不論在程序上、或權力實施上,均應符合「民主」的原則,並同時考慮相關的政治因素,而非純粹基於效率原則,完全以機關本身為主要考量,甚至假民主之名,而行集權獨裁之實。因此,在政策運作過程中,主政者應設法鼓勵民眾積極參與政策制定、政策執行、及政策評估的工作。(參閱New Public Administration)

Deonotological Theories
義務論

一般而言,規範性的道德義務理論可以分成兩類,一類稱為目的論(teleological theories),另一類稱為義務論。義務論所關心的是「過程」(process)問題,此理論學者主張判定一項行動或行為是對還是錯,主要是根據此項行動或行為的本質,而不管它所產生的結果如何。義務論者相信,一項行動或行為在道德上可以是正確的,即使它無法產生「好」(good)多於「壞」(evil)的最大平衡狀況。義務論分成以規則(rule)為基礎的義務論及以行動(act)為基礎的義務論兩種。前者稱為規則義務論(Rule Deontological theories),後者稱為行動義務論(Act Deontological Theories)。簡單的說,規則義務論運用倫理原則設定各種指導個人行為的規則;而行動義務論則是個人運用倫理原則依不同情況作決定。(參閱Teleological Theories)

Department
部

部通常是指具有廣泛政治責任的中央政府內主要行政單位。就美國情況而論,在聯邦政府層次,一些主要的部構成了總統的內閣。就我國情形而言,行政院是由許多部、會、局、處、署所構成的,但是只有部和兩個委員會(僑務委員會及蒙藏委員會)的首長,以及若干位不管部會政務委員,才是構成行政院院會(亦即所謂內閣)的主體。一般言之,一個部的成立與存在,乃表示某一個專業領域的事務,已受到足夠的關心及注意,需要政府成立部門,給予經費,採取行動,解決相關的各項問題。因此,在我國常有若干「會」或「署」希望能夠升格為部。(參閱Agency, Bureaucracy)

Dependency Theory
依賴理論

依賴理論主要是對於發展理論的一

種反擊，於1970年代由第三世界（主要是拉丁美洲國家）學者所提出，但獲得許多歐美反發展論者的支持。此理論結合民族本位、左派、反實證主義的觀點，對第二次世界大戰後新興國家的政治、經濟、社會發展狀況，提出他們的看法。以往的發展理論學者，主要係從實證主義觀點，列舉社會變遷發展的指標，對開發中國家與已開發國家進行評估比較，然後指出開發中國家在那些指標上落後多少，並建議學習、急起直追。結果導致開發中國家本土文化消逝、社會價值體系混淆、政治動盪不安、貧富相差懸殊，處處形成依賴已開發國家的情況，諸如政治、經濟、學術、文化、技術等層面的依賴，使新興國家淪為另一種型態的殖民地。因此，依賴理論學者認為發展論者的主張，無疑是在灌輸開發中國家一切以歐美等已開發國家為榜樣，處處學習它們，處處依賴它們。依賴理論學者乃主張重新檢討思考過去的發展理論，加以必要的修正，必須重視開發中國家本身的歷史文化因素、國家與人民的真正需要、及本土化的適當變遷型態。同時，開發中國家應設法拒絕外資，擺脫對已開發國家的依賴。（參閱Developed Countries, Developing Countries）

Developed Countries
已開發國家

　　一般比較政治和比較行政學者，通常就世界各國在政治、經濟、社會等方面的發展程度，分成已開發國家、開發中國家、與未開發國家三類進行研究。雖然有關分類的標準，迄有爭論，亦難有一致的共識，不過一般是以國民所得高低、教育平均水準如何、政治安定與否、人民生活素質如何等項目做為評估的指標。一般來說，已經工業化的國家，例如美國、英國、法國、德國、日本、加拿大、以色列等，均被認為是已開發國家。（參閱Dependency Theory, Developing Countries）

Developing Countries
開發中國家

　　按照比較政治與比較行政學者的分類方式，世界各國依其政治、經濟、社會的發展狀況，可以分成已開發、開發中及未開發國家三類。開發中國家通常是指經濟發展中度、政治及社會變遷相當快速的國家，因此世界上除少數國民所得偏低、社會發展極度落後的國家，如柬埔寨、孟加拉與若干亞拉非洲國家外，大多數的國家都屬於開發中國家，如我國、韓國、印尼、菲律賓、巴

西、智利、阿根廷等。（參閱Dependency Theory, Developed Countries）

Development Administration
發展行政

發展行政與「行政發展」（administrative development）意義不同，行政發展泛指政府普通行政機關能力的發展狀況，與「行政革新」「行政現代化」意思差不多。而發展行政則指一個國家的普通行政機關有沒有能力配合國家經濟或其他方面的發展，即行政機關有否執行發展政策的能力。「發展行政」的建立，繫於「行政發展」能否建立。發展行政的主要含意如下：1.政府機關應有適當能力制定並推動政策方案，進而逐現國家的發展目標。2.政府應強化行政能力，以完成各項發展方案，並採取有效措施，例如提升教育水準，以發展人力素質。自1980年代以後，各國政府均非常重視公共政策過程的研究，因為它可與「發展行政」相輔相成，共謀國家之進步與繁榮。（參閱Administrative Renovation）

Discretion
自由裁量權

自由裁量權指自己可以作決定的能力，或在別人控制之外，基於本身判斷可採取行動的能力。在政策制定過程中與執行法規過程中，自由裁量權必然會牽涉在裡面。由於目前科技高度發展且複雜，政府所需處理的國內外事務既繁且多，而政策或法規又常具抽象性與原則性，因此行政人員在執行法規時，必須透過自由裁量權的運用，才能順利推動。例如，在龐雜的農業、交通、衛生、教育、福利、環保、國防、賦稅、建設等層面，所有涉及的行政人員每天必須要以自由裁量的方式，決定事務的處理方法。值得注意的是，行政人員在執行政策時，到底應當具有多大自由度的裁量權，一直是一個爭論的課題，因為自由裁量權太大或太小，均可能產生弊端。為了防止行政人員擁有過多的裁量權，機關組織乃制定了各種標準作業程序（standard operating procedures）加以規範。但是行政人員嚴格遵守標準作業程序，使用極少自由裁量權的結果，卻產生目標錯置（goal displacement），無法達到行政目的的結果。（參閱Goal Displacement, Standard Operating Procedures）

Distributive Policy
分配性政策

分配性政策指政府機關將利益、

金錢、服務或成本、義務等分配給不同的標的人口去享受或承擔的政策。此種類型的政策基本上是一種「非零和賽局」（non-zero-sum game）的政策，因為此類型政策的制定與執行，並不構成一方之所得，乃是建立在他方之所失的基礎上。政府機關在制定此類政策時，主要考慮的是如何滿足不同標的人口之不同需求，使利益或成本的分配比較適當而已，所以它所受到的抗拒比較輕微。各種社會福利政策、衛生醫療服務政策等皆屬於分配性政策。（參閱Non-Zero Sum Game Policies）

Division of Labor
分工

簡言之，分工指機關單位與個人依照專門領域別、專長、權力運用等原則，被指派負責不同的工作，在分工合作的精神下，共同完成機關組織的使命，達成既定的目標。機關組織進行縱向分工後，就形成層級節制體系，稱為「層級化」；進行橫向分工後，就產生若干平行的業務單位和幕僚單位，稱為分部化（departmentalization）。（參閱Authority Fragmentation）

Due Process
正當程序

一般而論，正當程序是指當一個人被控告犯罪時，他所應享有的程序上的權利。不過，正當程序也指實質上的權利，例如美國憲法第十四修正案就規定，非經法律正當程序，聯邦及州政府不得剝奪任何人的生命、自由或財產權。正當程序的強調主要是為了限制政府官員的不當作法。它最先來自於刑法的規定，不過現在已經廣泛的擴及一般的行政活動。正當程序大致上可分成兩類：實質的正當程序（substantive due process）與程序的正當程序（procedural due process）。前者主要指行政與立法部門所制定的法律及行政活動，不得超越政府的管轄範圍、不得獨斷獨行、不得不合理；後者指政府機關處理事務所應用的各種程序，必須公正合理，不能偏頗不公，更不能「為達目的不擇手段」。（參閱Informal Procedure）

Easton, David
伊斯頓

伊斯頓是國際知名的政治學者，1917年出生於加拿大的多倫多市。1939年及1943年分別在多倫多大學

取得學士學位和碩士學位。1947年獲得美國哈佛大學博士學位，時年三十歲。畢業後即應聘前往芝加哥大學任教。1968年獲選爲美國政治學會會長，任期一年。接著被選爲國際社會科學資訊委員會主席，任期二年。他也是美國國家科學院院士，及擔任《行爲科學》、《倫理》、《政治學方法論》、《青年與社會》等雜誌的編輯。此外，他還是許多著名學會的會員。

伊斯頓的著作非常豐富，學術論文散見於各著名雜誌期刊，而專著則以下面這些最爲大家所推崇：《政治系統：政治學狀況的探究》（*Political Systems: An Inquiry Into the State of Political Science*）、《政治分析的架構》（*A Framework of Political Analysis*）、《政治生活的系統分析》（*A Systems Analysis of Political Life*）、與Jack Dennis合著《兒童在政治系統：政治合法性的起源》（*Children in Political System: Origins of Political Legitimacy*）、及編著《政治理論的種類》（*Varieties of Political Theory*）等。

伊斯頓最爲大家所津津樂道的是在1957年於《世界政治》期刊發表〈政治系統分析的途徑〉（An Approach to the Analysis of Political Systems）一文，提出了著名的「政治系統理論」（Political System Theory）的初步模式，亦即「投入－轉換－產出－回饋」的模式。此初步模式經過1965年後相繼出版《政治分析的架構》及《政治生活的系統分析》二書加以修正充實，終於定型，而他也因此被公認爲政治系統理論的創用者。他在1968年就任美國政治學會會長時，曾提出「政治科學的新革命」的演說，在此篇演說中，他接受了「後行爲主義」（postbehavioralism）。整體而言，伊斯頓對政治理論的主要貢獻在於：1.對美國政治科學的發展提出主張與批評。2.提出政治系統理論架構及系統理論的經驗分析。一般人認爲，伊斯頓的政治系統理論提供了研究公共政策運作過程一個非常有用的途徑。（參閱 Political System Theory）

Electronic Government
電子化政府

電子化政府指政府機關運用資訊傳播科技（Information Communication Technology），透過各種電子傳輸系統，結合政府與人民，以形成公共事務與公眾互動的政府。它透過不同資訊服務設施（包括電話語音、網際網路、行動電話設備），對機關、企業及

民眾，在其方便的時間、地點及方式下，提供自動化之服務。基本上，經由電子化政府的運作，一方面可提高行政績效；另一方面亦可滿足民眾的需求。

時序進入二十一世紀後，資訊科技的運用使管理產生了改變，甚至改變了組織層級體制本身，特別是電腦的運用，使得各種類型的訊息與資料，蒐集與傳輸費用低廉，並且可轉換為有效的資訊，進而允許管理的分權化。由於資訊可以同時在許多不同地方取得，大眾通訊可透過電子方式行之，甚至某些類型的公務員可以使用電腦而在家上班，因此，辦公處所及其管理必然發生變化。在未來，電子化政府應當會比現在以文書為基礎的政府，能達到更公平、更能回應顧客需求及更有績效的境界。（參閱Community Networks）

Empiricism
實證論

實證論也稱為經驗論。實證論所主張的科學，依J. Habermas在1988年所著《社會科學的邏輯》（*On the Logic of the Social Science*）一書中指出的，是一種「實證的─分析的科學」（empirical-analytical sciences）。實證論者藉著提供經由統計方式而控制人類生活的技術知識，而滿足人類的各種需求。此一類型的知識可以說是建立在經驗統一性的知識基礎上，它所關注的是技術性的控制，希望藉由律則性假設的檢驗，而說明因果關係的狀況。

Entrepreneurial Government
企業型政府

簡言之，企業型政府指能夠採取企業界的新精神、新作風、新思想、新措施，有效運用資源，提高行政績效（包括行政效率與行政效能）的政府機關。

近年來企業型政府的理念受到世界各國普遍的重視，主要是受到1992年David Osborne與Ted Gaebler兩人在《新政府運動：企業精神正如何轉化公共部門》（*Reinventing Government: How the Entrepreneurial Spirit is Transforming the Public Sector*）一書的影響。依據他們兩人的看法，企業型政府的特徵可歸納為以下數項：1.觸媒性的政府（catalytic government）。2.社區為主的政府（community-owned government）。3.競爭性的政府（competitive government）。4.任務驅策的政府（mission-driven government）。5.結果驅策的政府（results-driven government）。6.顧客驅策的政

府（customer-driven government）。
7.具企業精神的政府（enterprising government）。8.預測性的政府（anticipatory government）。9.分權性的政府（decentralized government）。10.市場導向的政府（market-oriented government）。（參閱Administrative Renovation, Reginnering）

Ethics
倫理學

倫理學指研究個人與其他人交往關係中，從事特殊道德選擇的一種學問。一般言之，倫理指指導一個人與他人交往關係的價值觀或標準。它涉及一個人在對錯或好壞行為方面，對其他人應具有的義務觀。有時候，在一些專業性社團中，會以書面的方式，訂下該社團成員應當遵守的倫理信條，例如醫師公會、律師公會、公共行政學會等。

因為政府的行動涉及到公共託付的問題，所以在制定公共政策時，倫理是很重要的一項考量要素。政府和行政機關的活動必須要以公共利益為依歸，因此對行政官員來說，最重要的問題是，究竟應遵循什麼樣的倫理道德標準。一些常見的不合倫理的標準包括利益衝突、性騷擾或性別歧視、假公濟私等。（參閱Administrative Ethics）

Executive Branch
行政部門

行政部門主要是相對於政府的其他部門而言，以美國三權分立的政府來說，行政部門有別於立法部門和司法部門。就我國五權分立的政府來看，行政部門有別於立法部門、司法部門、考試部門及監察部門。各國政府的行政部門都是政府各項政策或計畫的主要規劃者及推動者。我國的行政部門包括自總統以下的各級行政機關。行政部門既為推動國家政務、為民服務的主要機制，便必須設官分職，各有所司，分科辦事，履行功能。而各行政部門的首長動態，也就備受大家的注意。（參閱Agency, Department）

Explicit Knowledge
外顯知識

組織中的知識種類繁多，其中有比較有結構、比較明確的知識，稱為外顯知識，又稱為外延知識，是可用言語表達的、可以教授的、使用中可以觀察到的、可以圖示的、簡單的、有文件歸檔的，是有關過去的事件或事物的知識，為彼時彼地、「無系絡」（context-free）中量化的活動所產生的超越時空的通則性知識，可以用文字

與數字來表達，也易於藉由具體的資料、科學公式、編纂的程序或普遍性的原則來溝通與分享（參閱Knowledge, Tacit Knowledge）。

Externality
外部性

簡言之，外部性指因為將成本強加於並非方案標的的個人或團體所產生的影響。詳細的說，外部性指任何一種行動的結果（不論是生產或是消費行為），對某一個並不完全同意其行動者，造成有價值性的影響（包括成本或利益）。最普通的負面外部性例子是私人公司行號在生產活動過程中，製造出不為大家所歡迎的空氣污染及水污染。又如在公共場所吸菸的癮君子吞雲吐霧，卻污染了大家共同擁有的空氣，而被迫吸二手菸。當然，外部性也有可能是正面的，例如有的人將住家附近的草地及花叢，修剪得非常整齊漂亮，使路過的行人賞心悅目，心神愉快；又如私人興辦學校對就學者及國家人才的培育，具有極大的貢獻。由於私部門往往為了生產有利自己的私人財貨（private goods），而製造了許多不利於個人與社會的「外部性」，造成所謂「市場失靈」（market failure）現象，所以政府有關機關不得不採取各種政策，特別是管制性政策，以規範他們的行動，並保障一般人民與社會的福祉。（參閱Market Failure）

Externalization
外顯化

野中郁次郎（Nonaka Ikujiro）與竹內弘高（Takeuchi Hirotaka）在《知識創造的公司》（The Knowledge-Creating Company, 1995）一書中認為，知識轉換的四種模式為社會化（socialization）、外顯化（externalization）、結合化（combination）、內在化（internalization）。外顯化是將內隱知識明白表達為外顯觀念的過程。在此微妙的知識創造過程中，內隱知識透過隱喻、類比、觀念、假定或模式表達出來。當我們試圖將意象觀念化時，通常會將其精髓訴諸語言，書寫是將內隱知識轉換為能以言語表達的知識的一種行為。它最常見於觀念創造的過程中，並由會談或集體省思發端。常用以創造觀念的方法之一是結合演繹與歸納兩種途徑。當我們無法經由演繹與歸納等分析途徑適切表達一個意象時，就必須利用非分析的途徑。這也就是為什麼外顯化通常被迫使用隱喻與（或）類比的原因。隱喻是不同事物的兩種思考，由單一的字或辭彙所支撐，而這些

字或辭彙的意義取決於它們之間的互動。隱喻所隱含的矛盾可以透過減少未知並強調兩件不同事物間的類比找到和諧。藉由外顯化，可創造出「概念性知識」（conceptual knowledge）。（參閱Combination, Internalization, Socialization）

Factual Premise
事實前提

根據H. A. Simon（1878年諾貝爾經濟學獎得主）的說法，一般人或機關組織的工作人員在作決策或決定之前，通常會面臨兩項前提的分析及確定，一項是事實前提，另一項是價值前提（value premise）。事實前提指某一項問題或某一種現象，客觀存在的狀況，它不應涉及主觀價值、是非善惡的判斷問題。例如當高速公路發生連環大車禍，警察人員到場處理時，首先要了解車禍現場的狀況到底有多嚴重，馬上指揮進行現場錄影存證，並立即展開救援工作，確認多少人傷亡？多少車輛損毀等。當這些事實前提確定後，才能妥當的進行價值判斷，包括車禍發生的可能原因、肇事責任歸屬、人財損失有多嚴重等問題。是以事實前提如果不正確，其後所作的價值判斷，即可能發生嚴重的錯誤，進而形成錯誤的決策或決定。（參閱Value Premise）

Federalism
聯邦主義

聯邦主義指對於兩層或兩層以上的政府，進行權力劃分的一種政府制度，美國就是一個典型的代表國家，其他尚有加拿大、澳洲、巴西、瑞士、墨西哥等國。在美國，依權力的行使，而劃分成中央政府（聯邦政府）及五十個州政府。就某些政策領域而言，聯邦政府與州政府均具有行使的權力，稱為同時擁有權（concurrent powers），例如租稅權與教育權等。廣義的說，聯邦制度有兩種型態：一為單一制（a unitary system），政府權力集中於中央政府；另一為邦聯制（a confederation），各組成分子基本上保有它們的主權。（參閱Decentralization）

Feedback
回饋

廣義的說，回饋指任何一項政策、計畫、方案執行之後所產生結果的資訊，透過內部控制程序，做為調整政策執行的參考依據。從系統理論的觀點來說，回饋是它的一項不可或缺的要素。系統將投入轉化成產出後，必須經

由回饋作用，將環境對產出的反應，做為再投入的要素，重新運作，如此才能確保系統的永續存在。事實上，回饋的概念可以應用於管理的每一個層面，如領導、溝通、激勵等。（參閱Political System Theory, Systems Theory）

First Minnowbrook Conference
第一次明諾布魯克會議

1968年9月正當美國公共行政徘徊在何去何從的十字路口時，由Dwight Waldo（1913-2000）資助在紐約州Syracuse University 的明諾布魯克會議中心（Minnowbrook Conference Center）召集了33位年輕的公共行政學者（Waldo本人未參加會議），舉行學術研討會。主要在討論公共行政所面臨的問題，及未來應發展的方向，是為第一次明諾布魯克會議。研討會結束後，由Frank Marini 將研討成果彙編成「邁向新公共行政：明諾布魯克的觀點」（Toward A New Public Administration: The Minnowbrook Perspective）一書。由於他們的許多觀點與傳統公共行政研究的觀點不同，故自稱（一般人也認為）所提倡的是「新公共行政」（New Public Administration）。新公共行政論點的提出，對後來幾十年公共行政研究的發展影響相當深遠。新公

共行政的主要觀點包括：1.主張趨向研究公共行政相關的議題；2.主張後實證邏輯論（positivism）；3.主張適應動盪不安的環境；4.主張建構新的組織型態；5.主張發展以服務對象為重心的組織。（參閱Second Minnowbrook Conference）

Formal Organization
正式組織

正式組織自古以來就一直存在，它指一群人為達到共同目的、經由權責分配、層級節制建構而成的完整有機體。它隨時空及環境改變而自謀調整，而且人員彼此間建立一種團體意識。例如政府組織、企業組織、非營利組織等。一般而言，組織是由具有專業分工的一群人員為所同意的目標，經由權責分配，而對人員所作的人事安排與工作配合，而人事安排與工作配合的歸依所在就是組織結構。組織結構是「組織各部門及各層級之間所建立的一種相互關係的樣式」，換言之，組織結構是「正式的法規、運作的政策、工作的程序、控制的過程、報酬的安排及導引成員行為相關措施之設計。」組織結構最具體的展現就是「組織圖」（organizational chart）。一般認為，正式組織包含以下五個次級系統：1.目

標及價值次級系統（goals and values subsystem）；2.技術次級系統（technical subsystem）；3.結構次級系統（structural subsystem）；4.管理次級系統（managerial subsystem）；5.心理社會次級系統（psychosocial subsystem）。正式組織結構的分化有二方面：1. 水平的分化（horizontal differentiation）又稱為「分部化」或「部門化」（departmentalization）；2.垂直的分化（vertical differentiation），又稱為「層級節制」或「層級化」（hierarchy）。水平分化指正式組織依據各項分工的原則，將組織分成許多平行的部門，各有專司，負責不同的業務，如第一科、第二科、第三科、人事、會計室等。垂直分化以層級節制體系為代表，其分化標準是：個人對組織活動所具權力的大小、責任的程度及所監督或管轄的部屬數目。垂直分化依個人工作職位的高低產生寬廣度，職位越高的工作，寬廣度越廣。公共政策的運作過程，包括規劃、合法化、執行與評估等事項，主要就是透過政府正式的行政組織（如各部會、各級政府組織）而進行的。（參閱Informal Organization, Virtual Organization）

Frames of Reference
參考架構

「參考架構」泛指一個人決策原則之假定，此一假定包括決策者必須先確定選擇使用何種資訊及知識所根據的各種標準。參考架構基本上包括四項主要內容：1.個人的認識論（epistemology）。2.個人對探究問題所採取的方法論（methodology）。3.個人的專業知識（professional knowledge）。4.個人的普通知識（common sense）。透過參考架構的形成，可以提供決策者一個指導行動的概念體系（conceptual system）、模式（models）、理論（theories）及認知圖示（cognitive maps）。

因此，一個決策者在選擇「應用」某項知識，或「不應用」某項知識時，大多是經由已存在其腦海中的「參考架構」所決定。而知識生產者決定選擇哪一項研究題目，及使用何項方法進行探究，也大多取決於個人的「參考架構」。（參閱Conceptual Framework）

Fringe Benefit
福利

福利通常被認為是工作人員所獲得整體待遇的一部分，因此也被稱為

「附加利益」，亦即除了薪資或工資之外的待遇。福利既然是一種附加的利益，因此範圍相當廣泛。例如政策執行機關為激勵執行人員努力工作，特別提供交通補助費、伙食補助費、績效獎金等，均可以算是福利措施。我國目前公務員的福利項目包括：住宅輔購福利互助、急難貸款、生活津貼、日常生活必需品供應、文康活動、膳食津貼、及消費合作等。（參閱Civil Service, Policy Implementers）

Functional Process Theory
功能過程論

　　功能過程論是研究政策制定的一種途徑，主要是指政策規劃人員就公共政策問題透過功能與過程分析的方式，發展替選方案所需要的資訊，以解決該政策問題。該理論被應用於顯示在政策制定過程各階段所發生的作決定程序之範圍，換言之，該理論的核心是企圖了解決策者在各項政策制定功能活動中，到底遭遇哪些不同因素的影響。在政策制定過程的每一個階段，均可利用功能過程途徑發現許多明顯的問題，而此些問題又可做為分析每一階段的活動與程序。一般人認為，功能過程論是美國政治學家拉斯威爾（Harold D. Lasswell）所倡用的一種研究架構，

他應用該理論去確定政策運作過程中所發生的功能活動。依據他的看法，政策運作過程中的功能活動如下：情報（intelligence）、推薦（recommendation）、診治（prescription）、創新（innovation）、應用（application）、評鑑（appraisal）、與終止（termination）。（參閱Policy Making, Structural-Functional Analysis）

Futures Research
未來研究

　　未來研究指研究人員從事各種努力，嘗試發展系統性的方法，以確定未來的各種替選方案及其可能後果，或設法去縮小時間的估計，使最後的決策既實際又可行。（參閱Forecasting）

Gallup Poll
蓋洛普民意調查

　　1934年2月美國蓋洛普博士（Dr. George H. Gallup）採取科學的技術，對政治及社會問題，進行全國性的民意調查。1935年10月，蓋洛普博士更進一步創立了美國民意調查學會（American Institute of Public Opinion），也就是通稱的蓋洛普民意調查基金會，將民意調查予以科學化、學術化，並且

將調查結果公諸於世，建立社會的信心，目前它是世界上最有名的民意調查機構之一。它在世界許多國家設有分支機構，協助各該國從事政策取向的民意調查。例如在中華民國的台灣，該調查基金會也設有分支機構。（參與Opinion Survey）

Gantt Chart
甘特圖

甘特圖也稱為條型圖（Bar Chart），是美國法蘭克福（Frankford）兵工廠顧問甘特（Henry L. Gantt）於1912年所倡用。此種圖形是以時間為橫軸，在縱軸上逐項列計工作項目，並且按照工作時間的長短，以線條加以表示，藉以掌握控制工作進度與日程的一種管制圖表。甘特圖的最大優點是簡單明瞭，容易繪製及應用，所以一直到現在，仍然是一項廣被接受及應用的管制圖表。但是它的主要缺點是無法表明各項工作之間的相互關係，與先後的順序關係。在執行公共政策時，執行人員可以使用甘特圖去管制各項工作的進度，以確保政策能夠如期準確的執行完成。（參閱Bar Chart）

Global Governance
全球治理

在「聯合國的全球治理委員會」（the United Nations' Commission on Global Governance）對全球治理作如下的界定：管理涉及全球性事務的個人與制度，是公共與私人等諸多方式的總和，它是經由吸納衝突或多元利益，以及採取合作行動的持續過程。它包括以正式制度與體制獲得治理對象的順服，及以非正式方式安排治理對象的利益。全球治理正趨向優質治理（good governance），優質治理的價值與作法是與時俱進的，在過去強調控制及集權，「大政府」可能是政府統治的重要價值，但是今日在民主政治國家，似乎已朝向民主自由分權與小政府的治理模式；如同「世界銀行」（World Bank）在1991年所指出的：優質治理主要牽涉到提供關鍵的公共財，特別是使市場運作能更有效率的規範與修正市場失靈的現象；同時，優質治理意味著建立免於政府干預的市場。（參閱Globalization, kyoto protocol）

Goal Displacement
目標錯置

目標錯置的概念是由美國芝加哥

大學教授莫頓（Robert Merton）所提出的。意思是說任何機關組織的工作人員遵守法令規章及工作程序，原只是達成為民服務或為顧客服務之目的的手段而已，但是工作人員卻常把手段當成目的本身，只是一味嚴格遵守法令規章的規定，只求個人不致違法或不當圖利他人就好，而不管有否達成為民服務的目標，這是行政組織工作人員常發生的一種病態。

事實上，法律之內亦有人情，在許多情況下，行政人員於法律容許的範圍內，可以積極主動的採取權宜措施，為民眾解決問題，而沒有必要拘泥法令規章條文，一成不變，招致民怨。就實務觀察後可以發現，許多公共政策無法有效執行，乃是執行人員犯了「目標錯置」的弊端所致。因此，為使政策順利執行，相關人員對業務的處理從事適當的自由裁量，乃是必要的。（參閱Discretion）

Government Failure
政府失靈

政府失靈指政府為解決市場失靈（market failure）所產生的各種問題，乃採取各式各樣的政策工具與干預行動，以補救市場失靈的缺失，但是由於政府在制度上、結構上、及運作上，具有許多先天性的缺陷，因此並無法充分達到預定的目的，而造成政府失靈的狀況。引申言之，在一個完全競爭的市場經濟情況下，通常可以透過個人與集體選擇的方式生產和分配財貨，而大多數的個人選擇，可以透過自由競爭市場或其他自願的交換行為獲得需求的滿足。然而有些需求並無法透過市場運作獲得滿足，因而產生市場失靈狀況，促使政府不得不進行干預，此亦即政府制定並執行政策的重要原因。但是受到種種原因的限制，政府仍然無法達成有效的資源生產與分配，於是產生政府失靈的現象。一般來說，造成政府失靈的主要原因如下：

1. 直接民主所造成的問題

長久以來，直接民主（direct democracy）一直存在難以解決的問題，選舉的結果雖然可以為特定政策提供明確的選擇方向，但是多數決制度卻面臨功能性問題：沒有任何一種投票制度既公平又能一致不變。例如投票的困境（the paradox of voting）只能對政策提供模糊的指示；投票的結果無法充分代表整體投票者的意見；因為投票是多數人將成本集中在少數人身上，而產生所謂「多數暴政」（Tyranny by the majority）的情況；及社會中少數者的偏好強度無法由投票中顯示，使少數者必須忍受無效率的社會選擇等。

2. 代議政府所造成的問題

　　民主制度下的代議政府係透過選舉而產生各級行政首長、民意代表、司法官等。此些民選公職人員的主要任務是制定與執行公共政策，爲人民謀取最大福利。然而這些人員可能受到本身利益、時間、與財務限制等因素的影響，產生所謂「競租」（rent-seeking）的行爲，於是會制定不必要或不合理的政策，造成資源浪費與社會不公正的現象，例如「肉桶立法」（pork-barrel legislation）或「滾木立法」（logrolling legislation）即然。

3. 機關供給財貨所造成的問題

　　政府機關爲因應市場失靈問題，必須提供各種公共財，諸如國防、外交、治安等，稱爲機關供給（bureau-cratic supply），但是因爲預算受到民意機關的控制、預算支用未受有效監督、機關功能未發揮效率性、行政人員能力不足、本位主義濃厚等原因，也使政府無法適當提供人民所需要的財貨。

4. 分權政府所造成的問題

　　目前絕大多數國家都採取分權（decentralization）與權力制衡（check and balance）的制度，於是政府不同部門間，如行政、立法、司法部門間，以及機關彼此間、中央與地方政府間，均有了分權的設計。此種設計固

然有其優點，但卻因此可能造成遷延時日、貽誤事機的結果，並產生資源分散、政策不易執行、監測困難等問題。

　　總之，政府以政策工具介入市場運作以解決市場失靈問題，但是因爲受到各種難以克服因素的影響，許多問題並無法解決，因而造成政府失靈的情形。（參閱Market Failure, Policy Failure）

Government Reinvention
政府再造

　　政府再造的構想大致上是以1978年美國的稅制改革及1979年英國首相柴契爾夫人勝選後爲其濫觴，繼而在1980年代延伸擴張。它係以「新右派」的「市場經濟」爲經，以「管理主義」、「新公共管理」爲緯，透過「標竿學習」的方式，萃取成效卓著的案例經驗，借用成功的企業精神與經營技術，重新調整政府組織結構、建構適當的行政文化、公務人力、權責歸屬、獎懲制度、及目標任務等層面，希望藉此活化文官體系，大幅提高行政績效、強化治理能力，促成行政組織澈底轉型，實現政府增進公共利益、服務民眾的目標。（參閱Administrative Reform）

Great Depression
美國經濟大蕭條

美國經濟大蕭條是指美國於1930年代所發生的經濟蕭條狀況。當時的情形是：失業率極高、通貨膨脹非常厲害、經濟極端不景氣。許多人將經濟大蕭條歸因於政府採取自由放任經濟政策、財政政策技巧與效能不佳的結果。從而凱恩斯（John Maynard Keynes）的經濟學理論大行其道，認為政府再不能任由「一隻看不見的手」（An invisible hand）操控市場的經濟活動，而必須採取政策工具設法強化與穩定自由市場經濟。於是當時的羅斯福總統（President Franklin D. Roosevelt）提出「新政」（New Deal）的口號，推動一連串復甦經濟、增加就業機會、降低失業率與通貨膨脹率的政策措施，並網羅許多學有專精的學者專家參與規劃或主持很多方案的執行，成效極為顯著。（參閱New Deal）

Gross National Product
國民生產毛額

國民生產毛額指一個國家每年所生產的貨品與服務之貨幣性價值，此項價值尚未扣除可歸類於貶值的數目。

Group Think
集思廣益

集思廣益指一群人或一個團體的成員，在解決問題的過程中，因為能夠採取開放參與的作法，所以參與者可以知無不言、言無不盡的貢獻己見，而在大家坦承交換意見、從事腦激盪、相互修正看法後，最後將可獲得積極、正面、良好的結果。它與「團體盲思」（groupthink）的概念不同。（參閱Groupthink）

Groupthink
團體盲思

政策分析人員及決策者應特別防範一個決策團體或智囊團發生所謂「團體盲思」的現象。團體盲思指某一個團體因為具有高度的凝聚力，非常強調團結一致的重要性，因此在討論問題時，壓抑了個人獨立思考及判斷的能力，迫使個人放棄批判及提出不同意見的機會，最後使團體產生錯誤或不當的決策。此種團體盲思運作的結果，極可能使政策方案遭到無法順利合法化或執行失敗的命運。古今中外因為「團體盲思」而經驗到的慘痛經驗非常多，例如美國在1961年協助古巴游擊隊登陸古巴，欲推翻卡斯楚政權而失敗的例

子，就是顯例之一。

依據Irving L. Janis的說法，當一個團體出現以下症候時，就可能會發生團體盲思的現象，必須事先加以預防：

1. 團體充滿無懈可擊的幻想。
2. 成員對團體的不愉快及不確定資料予以合理化。
3. 堅信團體本身的道德信念。
4. 具有競爭對手衰弱、愚笨可惡的刻板印象。
5. 對持不同意見的成員施以壓力，迫其順從團體的意見。
6. 成員自我檢查與團體意見的一致性，將自己的疑慮及反對意見的重要性，予以極小化。
7. 成員具有全體一致的幻想，認為彼此意見相去不遠。
8. 成員具有自我委任的防衛心態，不願聽取別人對團體的批評，見不得別人對團體的任何騷擾。（參閱Group Think）

Halo Effect
月暈效果

係指評估者常常會根據被評估者本身的某項特質，而推斷被評估者的整體評價。例如，一班學生會以單一特質，例如老師教課是否熱誠，而評估該老師整體上表現好或不好。是以，一位沉默寡言，學識淵博的老師，可能會因為他的熱誠不夠，而得到極差的評價。研究指出，當某項特質模糊不清、模稜兩可、或具有道德上的寓意、或評估者的經驗太少時，最容易產生月暈效果。此種月暈效果也可能會使政策評估產生錯誤的狀況，因為評估者可能會囿以單一或少數指標的偏見，而評斷該政策的成敗。（參閱Hawthorne Effect）

Hawthorne Effect
霍桑效應

一般言之，霍桑效應指某人或某一群人在察覺到別人正在注意或協助他們時，他們的行為將採取較原來更正面更有利的回應方式，此為新古典管理學派（neoclassicists）所觀察到的事實及主張。此名詞之由來，源自於霍桑試驗（Hawthorne Experime-nts）。該試驗是1927年至1932年間由哈佛大學教授Elton Mayo及Fritz Roethlisberger在芝加哥市附近的西方電器公司（West Electric Company）霍桑工廠（Haw-thorne Plant）所進行的。他們的研究發現，因為工人的人格受到尊重、對相關事項給予參與權，而導致生產力大增。因此，新古典學派學者認為心理因

素與社會因素所得的報償，是工人增加生產力的重要原因。此種霍桑效應對於政策評估的實施及結果可能會造成某種程度的影響，因為某政策如果被評估為執行成功，不見得是政策完美無缺，而可能是執行人員因為特別受重視，特別努力工作，而使政策執行獲得短暫的良好績效。不過，此種情況卻可以啟發行政首長應特別關心、鼓勵執行人員，使政策執行能夠順利成功。（參閱Halo Effect, Policy Implementers）

Head Start Program
啟智方案

啓智方案也稱為啓蒙方案，1964年，美國的「向貧窮宣戰」（War on Poverty）計畫由詹森總統（President Lyndon Johnson）提出並大力推動，認為只要能提出全面性有效的計畫，就能對貧窮者的生活作顯著的改善，啓智方案因而成為當時美國社會政策立法的重要項目。該方案的理論基礎是假定：如果能對發育時期的兒童給予特別的訓練，則他們在認知與感性的學習方面之潛能，將可充分的發揮出來。因為此種訓練對窮人特別有幫助，所以被認為是一項向貧窮宣戰的計畫。計畫提出後旋即獲得全國各界的支持，於是立即推動一億美元的全國性抗貧計畫，預期可使

五十萬孩童受惠。1964年年底方案開始推動時，只是對孩童實施六至八周的訓練，由各地學校、教會、或地方機構負責執行，後來曾擴大實施規模，推動全年性的訓練計畫。大致言之，該方案獲得國會、地方團體、家長、教育機構的強力支持。到底該方案的實施績效如何？1968年8月，負責推動該方案的「經濟機會局」（Office of Economic Opportunity）與芝加哥大學及「西屋學習公司」（Westinghouse Learning Corporation）共同進行啓智方案的執行評估工作。評估報告於1969年6月正式對外公布，認為該方案的長期效果並不彰顯，參與啓智方案的學童與未參與者在求學課業中的表現並無顯著不同，而參與全年訓練計畫的學童則在認知發展上略占優勢。此項研究報告引起各界廣泛的討論，有的質疑評估的正確性，有的則認為評估正確，因此應停止該方案。但是不論如何，當時的尼克森總統（President Richard Nixon）仍大力推動該項啓智方案，因為基本上，一般人認為「大社會計畫」中的啓智方案，算起來是比較成功的方案。（參閱Great Society）

Historical Institutionalism
歷史制度論

　　新制度論依研究途徑的不同可分爲「理性選擇制度論」（Rational Choice Institutionalism）、「社會學制度論」（Sociological Institutionalism）與「歷史制度論」（Historical Institutionalism）。歷史制度論的起源，是針對多元論者忽視了制度因素會因爲偏差不公造成政治社會團體在競逐中的權力不對稱關係，以及針對結構功能論過度偏重文化心理因素與偏重功能而非結構面，所形成的反思。注重結構與權力是本途徑的兩大先決要項，制度的定義兼容了前兩種途徑的某些要素；制度的範圍包括了那些鑲嵌在政治與經濟組織結構中的正式與非正式的程序、規則、慣例、規範、習俗，也包括了做爲影響吾人認知詮釋目標利益、自我認同、手段方法之媒介過濾機制的那些政治規則、政府政策、溝通渠道、語書符碼、道德圭臬、認知圖譜或策略性邏輯，此二層面定義中，前者是典型的結構與權力觀點，後者則是近年來本途徑呼應社會科學中日漸重視行爲者主觀詮釋的能動性，而加入了建構主義成分後的趨勢，故行爲者偏好乃是內生於制度中。Hall與Taylor歸納實證研究後坦承，歷史制度論陣營內其實包含了兩類

取向殊異的途徑。一類是在外生性偏好、效用極大化、工具理性、策略性互動、制度的角色各方面都與理性選擇極爲近似的「計算式」途徑（calculus approach），另一類是在內生性偏好、有限理性、制度的認知與規範作用各方面都與社會學制度論如出一轍的「文化式」途徑（cultural approach）。（參閱Rational Choice Institutionalism, Sociological Institutionalism）

Hollow-out State
空洞化國家

　　空洞化國家也稱爲「權力核心消褪國家」，指政府機關依賴其他部門（公司企業、非營利機構或政府部門），協同參與提供公共服務的生產，政府將政策的落實執行交付給有生產能力的「第三者」（the third party），僅保留整合功能系統負責協調、監督與評估契約。空洞化國家的主要任務是在安排網絡運作，而非實現傳統層級節制政府的任務，治理透過多樣化的政策工具執行任務，這些工具包括：契約、準市場、以及由政府領航而非親自操槳的政府，空洞化國家是以契約網絡做爲服務傳遞的工具，而政府所提供的服務未必是由政府官員所主導。（參閱Entrepreneurial Government, Privatization）

Hyperglobalist Thesis
超全球化學派

　　一般而言，學術界對於全球化的觀點可歸納爲「新馬克思主義學派」（Neo-Marxists）或「新左學派」（Neo-Left）、「新自由學派」（Neo-Liberals）、「轉化學派」（Transformationalist Thesis）與「懷疑學派」（Skeptical Thesis）等四大學派。儘管新左派與新自由派對全球化的價值評斷截然相反，但兩派卻一致認同全球化的巨大「威力」及必然趨勢，所以兩派也合稱爲「超全球化學派」（Hyperglobalist Thesis）或極端全球化學派。（參閱Neo-Marxists, Skeptical Thesis）

Ideology
意識型態

　　意識型態指一個社會或一個政治團體辯護其行爲所提出的組合性信條、信仰、主張、和意圖。例如共產社會的意識型態就強調堅持共產主義；而西方許多自由民主國家則以資本主義爲其意識型態。意識型態這項因素在政策制定過程中，占有相當重要的地位，因爲不論是決策團體或是決策個人，常常在意識型態的導引下，作了最後的決定，儘管該項決定實際上並非是最適當的決定。（參閱Policy Makers, Policy Making）

Identity Crisis
認同危機

　　「公共行政」此一社會學科的研究領域，自威爾遜（Woodrow Wilson）於1887年發表「行政學研究」一文以來，發展迄今，一直處於定位模糊不明的狀態，其定義眾說紛紜，學者從不同的觀點界定並論述公共行政，至少包含了政治、管理、公共政策、政府範圍、整合等五種觀點。而不同的觀點下的界定並無明顯的共識，行政學的典範、研究範圍與發展主題也一再的轉變。瓦爾多（Dwight Waldo）於1968年在《公共行政理論範圍》一書中，提出公共行政的「認同危機」時指出：行政學的性質與範圍，研究方法與教學已發生問題。多數與此有關的公共行政重要理論問題迄今仍處在危機中。此種認同危機的概念，事實上並不限於學科的認同上，它已擴及到各領域的應用，例如對國家、政府、政策、政治人物的認同危機等。（參閱Blacksburg Manifesto）

Inductive Analysis
歸納分析

　　歸納分析指分析的樣式、主題、種類等來自於所蒐集到的資料，分析的結果係藉由資料而產生，而非在資料蒐集與分析之前就加以決定。分析人員尋找資料的自然變化情形，政策評估人員在研究方案的自然變化情形時，會特別注意方案過程的變化情形，及方案參與者對方案的回應方式。簡言之，政策分析人員在採取科學方法，將各種資料加以蒐集、歸納、整合、綜合性的分析後，才作出最後的決定。（參閱Inductive Approach）

Inductive Approach
歸納途徑

　　就公共政策研究而言，歸納途徑指政策分析人員對公共政策運作情況所作的預測，主要是觀察某一個公共政策論題所涉及不同利益者之互動情形所作的推論，亦即就某一個政策論題廣泛蒐集資料分析後所作的推論。依此途徑，政策並非眞正依據某一套特定的目的而制定的，因爲目的是可以在永不休止的衝突、議價、及協商後，予以修改的。這也就是林布隆（Charles E. Lindblom）主張漸進決策途徑的理由之一。採行此

種歸納途徑者，經由各種實務的觀察結果發現，由於某些團體明顯的比其他團體要強而有力，所以政策的形成就會偏向有利一方所主張的目標。不過，力量本身並非是不變的常數，因此某些似乎居於優勢的團體，可能會有失勢的時候，而居於劣勢者則可能會漸漸得勢，於是政策的目標取向亦隨之有所不同。由此觀之，不同的政治結構、事件、及其他因素，均會嚴重影響團體互動的進行，也就會產生不同的政策。在某一個時空情況下，社會福利計畫可能是一個國家社會繁榮的表達方式；但是在另一個時空情況下，則可能是來自於貧窮者基於本身「權力」所訴求的結果。歸納途徑的應用過程可用「蜜蜂採蜜」的方式做爲比擬。（參閱Deductive Approach, Inductive Analysis）

Informal Organization
非正式組織

　　非正式組織的概念及重要性，是1930年代霍桑研究（The Hawthorne Studies）的主要發現之一，它也被形容爲「小圈圈」、「死黨」。是指在正式機關組織中，工作人員因各種相同或類似因素，而自然結合而成的非權力關係團體，其目的在維持或達成共同的目標。相同因素如同學、同鄉、同宗、同

信仰、同利害、同個性等。非正式組織具有以下的特性：1.順乎自然結合；2.互動行為頻繁；3.設身處地為成員著想；4.彼此社會距離短；5.互動具民主取向；6.經由影響力領導；7.團體壓力大；8.具高度凝聚力。非正式組織產生的主要原因為：1.為滿足友誼的需要；2.為追求認同及被承認的需要；3.為取得團體保護的需要；4.為謀求前途發展的需要；5.為相互協助的需要。非正式組織對機關而言，具有正功能與負功能，其正功能為：1.可滿足成員特殊欲望；2.可滿足成員社會欲望；3.可增進意見溝通；4.具有社會控制作用；5.可分擔正式組織主管的責任；6.可彌補正式命令之不足；7.可做為員工挫折行為或遭遇困難時之發洩通道；8.可矯正不當管理措施。其負功能則為：1.反對變革，阻礙進步；2.成員角色衝突，行為失常；3.傳播謠言，滋生事端；4.順適作用，阻礙成員個性發展。各級主管如何妥慎運用非正式組織，使之成為建設性動力呢？其作法包括：1.重視人群關係，發展共同目標；2.了解造成非正式組織原因，增進團體合作意識；3.定期輪調，調整工作權責4.圍堵非正式組織、遷調主要份子；5.建立申訴及建議制度；6.從事符合人性需要的領導及管理。（參閱Formal Organization）

Informal Procedure
非正式程序

非正式程序泛指行政人員在不管法律限制的情況下，作決定的一種過程。它涉及對於作些什麼與如何去作的問題，不受法律明顯限制時，作決定的情形。允許行政人員作決策時，擁有相當彈性的自由裁量之使用，就是非正式程序的一個主要例子。行政規章制定是一種正式程序；而行政裁決就是一種非正式程序。行政裁決可以透過非正式的方式，在不受程序的限制下，自由的作成裁定。不過，如果對行政裁決的過程限制越嚴，它的程序就越正式化。一般而言，非正式程序在行政決定方面應用得相當普遍，因為大部分的行政事務可能必須以非正式的方式加以處理，例如綜合所得稅漏報之後的補繳裁決即然。（參閱Administrative Adjudication, Standard Operating Procedures）

Information Asymmetry
資訊不對稱

指相對於生產者（包括銷售者）而言，消費者沒有足夠的訊息與專業知識，判斷產品或服務的數量及品質是否合理，因此消費者在議價過程中，與生產者相比，處於相當不公平及不合理的

地位。換言之,生產者可能會收費過高或提供低劣品質之財貨或服務,使消費者蒙受損失。在此種情況下,市場競爭無法公平合理的充分運作,也就是市場產生失靈的現象,政府採取政策工具,適度介入乃是理所當然的事。(參閱Market Failure)

Innovation
創新

依據熊彼得(L. A. Schumpeter)的看法,創新乃是意味著不一樣的事物(Innovation is something different)。此種創新物可能是許多人共同的創作,同時可能會因為採用一些新的發明或發現而導致相關人員行為或行動的改變;它會產生新的行為、新的習慣、及新的相互期待,從而導致人們角色認知,甚至整個制度結構的改變。總之,創新是指產生一些以前從未有過的事物。由此觀之,行政革新或多或少帶有創新的意味,但是並非所有的創新都是革新,因為革新所涉及的層面較創新要來得深廣。(參閱Administrative Renovation)

Institutional Study Approach
制度研究途徑

制度研究途徑也稱為機關研究途徑,指研究公共政策運作過程時(包括問題分析、方案規劃、方案合法化、方案執行、方案評估),採取從制度的角度切入,藉由探討政府機關結構、特性、權責狀況、機關彼此關係的安排、實際運作狀況等層面,而深入了解影響公共政策運作的重要因素,並作適當的因應。(參閱Institutionalism, Structural-Functional Anal-ysis)

Institutionalism
制度論

制度論者認為,制度乃是一套正式或非正式的理念與規範,做為一個社會或系統成員的認知及文化的上層架構,並且形塑了某些特定的誘因及限制,規範了社會各行為者,如個人、團體、機關、組織等的互動方式。同時,在制度的制約下,社會或系統成員必須遵守一定的規範,以取得行為的合法性及伴隨而來的資源,以進行各種形式的交易與互動。

制度論的主要起源有二:一為組織社會學,另一為古典經濟學。組織社會學研究制度環境如何影響組織的結

構，組織內部如何形塑成員的價值觀念，組織成員如何透過價值觀念而維繫在一起，及組織如何因遵守制度規範而取得合法性，及伴隨而來的訊息、資源與支持。古典經濟學則重視經濟成長過程的研究，認為應從制度所隱含的文化系絡去研究社會現象，透過技術、衝突、變革等驅力及各種社會限制，以理性的方式，增進社會公共服務的提供。

制度論所隱含的一些價值觀，如平等、參與、官僚自主性、歷史因素等，常影響政策的制定過程，諸如問題的選擇、議程的設定、政策參與者的互動、政策工具的使用、及政策的執行等。（參閱New Institutionalism）

Instrumental Rationality
工具理性

工具理性是法蘭克福學派批判理論的一項重要概念，一般認為，它的最重要淵源是20世紀初德國社會學家韋伯（Max Weber）所提出的理性（rationality）觀點。根據他的說法，理性可以分成兩種：一為價值理性（value rationality），主張一切行為具有無條件的價值，強調以純正的動機，及選擇正確的手段去實現自己期望達到的目的，而不管最後的結果為何。二為工具

理性，認為行動只是由功利動機所驅使，行動藉助理性思考而達到自己需要的預期目的。行動純粹從效果最大化的角度去考慮，而不論人類的情感及精神價值為何。由以上的說明可大致了解，價值理性主要係從是非、善惡、好壞、對錯的角度，去思考及判斷某件事應不應該作、可不可以作、值不值得作；工具理性則是從所採取的「手段」（工具），能否達到效用最大化、能否達成目的著眼，而不管行為的動機為何，換言之，為了達到目的，有時可以不擇手段。因此，有些人就利用工具理性來辯護他們的不法行為。工具理性也稱為「效用理性」或「效率理性」。一個人如果在從事理性思考並作決策時，同時將價值理性與工具理性考慮在內的話，則此種理性便是「實質理性」（substantive Rationality）。（參閱Legal Rationality）

Internalization
內在化

野中郁次郎（Nonaka Ikujiro）與竹內弘高（Takeuchi Hirotaka）在《知識創造的公司》（*The Knowledge-Creating Company*, 1995）一書中認為，知識轉換的四種模式為社會化（socialization）、外顯化（externalization）、結合化（combination）、內在化（internalization）。內在化是將外顯知識轉換為內隱知識的過程。它與「作中學」（learning by doing）密切相關。以口語故事傳達知識，或將其製作成文件手冊，均有助於外顯知識轉換成內隱知識。再者，文件或手冊有利於外顯知識的傳遞，使第三者能夠間接地經歷他人的經驗。藉由內在化，可創造出專案管理、製造過程、新產品使用及政策執行等「操作性知識」（operational knowledge）。（參閱Combination, Externalization, Socialization）

International Monetary Fund
國際貨幣基金組織

國際貨幣基金組織簡稱IMF，於1945年12月27日成立，為聯合國所贊助的全球治理組織，亦為世界兩大金融機構之一，另一個為世界銀行（World Bank），截至2011年底為止，有183個成員國。其主要職責是在監察貨幣匯率及各國貿易情況、提供技術及資金協助，確保全球金融制度正常運作；其總部設在美國華盛頓。中華民國是該組織創始國之一，在1945年12月27日至1980年4月16日止的這段時間行使代表權。1980年4月17日，國際貨幣基金組織正式將中國的代表權轉移給在中國大陸的中華人民共和國。國際貨幣基金組織透過以下三種方式履行其職責：1.監督：監督國際貨幣體系及成員國的政策，並追蹤各地的經濟與金融情況，在必要時提出警告。2.貸款：向有國際收支困難的國家貸款。3.技術援助及培訓：幫助成員國發展健全的制度及經濟政策工具。（參閱Global Governance）

Interpretivism
詮釋論

此為相對於「實證論」的方法論專有名詞。蓋實證論乃著重於檢驗命題，並設法尋求其他案例的類推解釋；而詮釋論乃強調個例性的解釋。倘以「因果關係」與「因果機制」做為說明，詮釋主義者較能發揮釐探因果機制的功效，進而在尋求政策解答之際，遂可避免非預期後果，並能克服執行上可能面臨的困境。在效度議題上，由於詮釋主義者偏好以「深度描述」進行研究，故研究旨趣上乃追求「忠實的」（faithful），而與實證論者因採用「修正過的統計邏輯」而偏好「典型的」（typical）效度標準大相逕庭。（參閱Empiricism）

Issue Management
議題管理

　　所謂議題，依據希斯與納爾遜（Heath & Nelson）的看法是：在事實、價值或政治上引起爭議的問題。斐伯（Vibbert）將議題發展過程分為四個階段：界定、正當化、兩極化與確認立場。而一般社會大眾，尤其是傳播媒體最關心的階段，大概是議題成為對立的兩極化階段。因此，政府在從事議題管理時，通常希望問題不要發展成為議題，或者發展成為議題時不要進入對立的兩極化階段，因為一旦議題進入兩極化階段，機關組織就會被迫採取危機處理的措施。（參閱Agenda Setting）

Knowledge
知識

　　知識是知識經濟、知識管理的核心概念，它是一種流動性質的綜合概念，其中包括結構化的經驗、價值、文字化的資訊，及專家獨特的見解，為新經驗的評估、整合與資訊等提供架構。知識可貴的原因之一，在於它比數據或資訊都更接近「行動」。知識的特點為：

1. 知識與信仰、承諾有關。知識關係著某一種特定的立場、看法或意圖。

2. 知識與行動有關，知識通常具有某種目的。

3. 知識與意義有關，它是特殊系絡性與關聯性的。（參閱Knowledge Economy, Knowledge Management）

Knowledge Base
知識庫

　　野中郁次郎（Nonaka Ikujiro）與竹內弘高（Takeuchi Hirotaka）在《知識創造的公司》（*The Knowledge-Creating Company*, 1995）一書中，提出應將傳統組織轉型為適合知識創造的「超連結組織」（hypertext organization），其最下層是知識庫層，負責將另兩層所創造出來的知識重新分類與系絡化。這一層並非是實際存在的組織實體，而是包含於企業願景、組織文化或科技當中。（參閱Business System, Knowledge-creation Project, Project Team）

Knowledge Conversion
知識轉換

　　野中郁次郎（Nonaka Ikujiro）與竹內弘高（Takeuchi Hirotaka）在《知識創造的公司》（*The Knowledge-Creating Company*, 1995）一書中認

為，組織知識的創造來自於內隱知識與外顯知識的相互轉換，其類型為社會化（socialization）、外顯化（externalization）、結合化（combination）、內在化（internalization）四種。（參閱Knowledge Creation）

Knowledge Creation
知識創造

野中郁次郎（Nonaka Ikujiro）與竹內弘高（Takeuchi Hirotaka）在《知識創造的公司》（*The Knowledge-Creating Company*, 1995）一書中認為，知識創造能促使組織不斷的創新與發展，而組織知識的創造來自於內隱知識與外顯知識的相互轉換，共可創造出同感性知識（sympathized knowledge）、觀念性知識（conceptual knowledge）、系統性知識（systemic knowledge）、及操作性知識（operational knowledge）四種。（參閱Knowledge Conversion）

Knowledge-creating Crew
知識創造團隊

知識創造團隊一詞用來泛指組織內所有參與知識創造的個人之組合，知識創造型團隊包括「知識實務人員」

（knowledge practitioners）、「知識工程師」（knowledge engineers）與「知識主管」（knowledge officers）。（參閱Knowledge Engineer Knowledge Officer, Knowledge Practitioner）

Knowledge-creation Project
知識創造專案

知識創造專案是協助組織進行知識創造的專案。野中郁次郎（Nonaka Ikujiro）與竹內弘高（Takeuchi Hirotaka）在《知識創造的公司》（*The Knowledge-Creating Company*, 1995）一書中，提出七項可供實務界設計組織知識創造專案的指導原則：
1. 創造知識願景。
2. 發展知識團隊。
3. 建立第一線高密度互動的場域。
4. 重視新產品的研發過程。
5. 採用由中而上而下的管理。
6. 組織結構轉換為超連結組織。
7. 建構連結外在世界的知識網絡。
（參閱Business System, Know-ledge Base, Project Team）

Knowledge Economy
知識經濟

人類的經濟活動型態歷經了數個階段的變遷，從最早的「勞動經濟」、「技術經濟」轉型為「資訊經濟」，進而邁向現階段的「知識經濟」型態。簡言之，知識經濟就是以知識管理為核心的經濟型態，「經濟合作暨發展組織」（Organization of Economic Cooperation and Development, OECD）認為知識經濟乃是建立在「知識與資訊的生產、分配及使用」之上的經濟。（參閱Knowledge, Knowledge Management）

Knowledge Management
知識管理

知識管理就是以組織中知識的產生、轉換、創造與分享為主的管理流程及方式，亦即將組織中的各類生活知識作有系統的整理、排比、儲存、運用與擴散，並適時將正確的知識傳給需要的成員，以協助成員採取正確行動來增進組織績效的持續性過程。此過程包括知識的創造、確認、蒐集、分類儲存、分享存取、使用改進與淘汰等步驟。（參閱Knowledge, Knowledge Economy）

Knowledge Engineer
知識工程師

知識創造型團隊包括「知識實務人員」（knowledge practitioners）、「知識工程師」與「知識主管」（knowledge officers）。知識工程師負責將內隱與外顯知識相互轉換，並促進四種知識轉換模式的運作。知識工程師也領導知識轉換，他們促進四種知識轉換，並在將內隱知識與觀點轉換成外顯知識與觀點時，留下最深刻的痕跡。（參閱Knowledge Officer, Knowledge Practitioner）

Knowledge Officer
知識主管

知識創造型團隊包括「知識實務人員」（knowledge practitioners）、「知識工程師」（knowledge engineers）與「知識主管」（knowledge officers）。知識主管負責管理企業層次的整體組織創造過程，通常是公司的高層或資深主管。他們所扮演的角色是管理整個組織知識創造的過程。知識主管的另外一個主要角色是，建立界定組織價值體系的知識願景。這個價值體系評估、確認與決定組織所創知識的品質。知識主管應具備以下的能力（楊子

江、王美音譯，民86：216）：

1. 明白表達知識願景，給予知識創造團員方向感。

2. 對專案成員溝通願景及願景賴以築基的組織文化。

3. 根據組織標準確認所創知識的品質。

4. 正確選擇專案領導人。

5. 藉由設立高標準的挑戰目標而在專案小組中創造混沌。

6. 與小組成員互動並激發投入的技巧。

7. 引導與管理整個組織知識創造過程的能力。（參閱Knowledge Engineer, Knowledge Practitioner）

Knowledge Operator
知識操作員

知識創造型團隊包括「知識實務人員」（knowledge practitioners）、「知識工程師」（knowledge engineers）與「知識主管」（knowledge officers）。知識實務人員負責累積和產生內隱與外顯知識。他們包括接觸內隱知識的「知識操作員」以及外顯知識的「知識專家」（knowledge specialist）。知識操作員累積並生產以經驗為主的豐富內隱知識。他們大都是第一線的員工與直線主管，也因此最接近組織的真實面。此團體的成員包括與市場客戶互動的銷售組織、生產線上的技術工人及主管、熟練的工匠、直線主管及其他作業人員。（參閱Knowledge Specialist）

Knowledge Practitioner
知識實務人員

知識創造型團隊包括「知識實務人員」、「知識工程師」（knowledge engineers）與「知識主管」（knowledge officers）。知識實務人員負責累積及產生內隱與外顯知識。他們包括接觸內隱知識的「知識操作員」（knowledge operator）以及外顯知識的「知識專家」（knowledge specialist）。（參閱Knowledge Engineer, Knowledge Officer）

Knowledge Specialist
知識專家

知識創造型團隊包括「知識實務人員」（knowledge practitioners）、「知識工程師」（knowledge engineers）與「知識主管」（knowledge officers）。知識實務人員負責累積和產生內隱與外顯知識。他們包括接觸內隱知識的「知識操作員」（knowledge operator）以及外顯知識的「知識專家」。與知識操作員同屬一層級的知識專家經由親身體驗累積、生產和更新知識。不同的是，知識專家所處理的是有結構的、可以電腦傳遞與儲存的技術、科學以及其他可量化的數據等外顯知識。此團體的成員包括研發部的科學家、設計工程師、軟體工程師、銷售工程師、策略規劃人員、財務、人事、法律與行銷研究等部門的幕僚作業人員。（參閱Knowledge Operator）

Knowledge Worker
知識工作者

一般而言，組織中知識管理的參與人員包括首席的知識主管、知識專案的經理人、知識管理的專責員工與以知識工作為主的專家、員工。上述四類人均可稱為「知識工作者」，亦即能夠解析、應用資訊，創造並提供具有價值的方案與建議的人員。（參閱Chief Knowledge Officer, Knowledge-creating Crew）

Kyoto Protocol
京都議定書

全球暖化的問題在20世紀末葉引起了全世界普遍的重視，於是1995年聯合國會員成立了「聯合國氣候變遷綱要公約締約國大會」，每年開會一次。1997年第三次大會在日本京都召開，通過了目的在限制已開發國家溫室氣體排放量，以抑制全球暖化的「京都議定書」，有效日期至2012年止。該議定書規定，到2012年時，所有已開發國家二氧化碳等六種溫室氣體的排放量，要比1990年減少5.2%。京都議定書遲至2005年2月16日才正式生效。由於京都議定書未具真正的法律制裁效力，且氣體排放量大國各懷鬼胎，未遵守減量約定，因此執行績效不彰。只能寄望後京都議定書時代，由綱要公約締約國大會所通過的新規範來約束各國了。（參閱Global Warming）

Laissez Faire
自由放任

自由放任的主要意思是：「政府盡量不干預個人或社會的經濟事務」。亞當史密斯（Adam Smith）被認為是自由放任主義的先驅者，他在1776年的名著「國富論」（The Wealth of Nation）中對自由放任的主張加以辯護，近代芝加哥學派經濟學家亦主張此說。他們認為，政府只需維持秩序及法律、實現與人民的約定、保護私人企業並保衛國家免於他國的侵略，以提供全

國人民一個公平競爭的環境。在此條件下，它允許個人或私人企業之間從事競爭，而企業所發揮的功能，完全決定於市場機制，沒有任何限制，只需遵守自然經濟法律即可。（參閱Economic Policy）

Lasswell, Harold D.
拉斯威爾

拉斯威爾為美國著名的公共政策研究學者，尤其是在政策科學方面的研究更是卓越，有人因此甚至稱他為「政策科學研究之父」。他於1951年與賴納（Daniel Lerner）合編《政策科學：範圍與方法之最近發展》（*Policy Sciences: Recent Developments in Scope and Method*）一書，為公共政策研究樹立一個新的里程碑。

其實，拉斯威爾早在1936年就著有政策相關的書，書名為《政治：誰得到什麼，何時，如何》（*Politics: Who get What, When, How*）。後來在1950年他曾與A. Kaplan合著《權力與社會》（*Power and Society*）一書。1963年所發表的《決定過程：功能分析的七項類別》（*The Decision Process: Seven Categories of Functional Analysis*）一文頗為大家所稱道。此外，拉斯威爾還在1971年出版了《政策科學預覽》（*A Pre-View of Policy Sciences*）。

Leading Indicators
領先指標

領先指標指某一種情境發生變化之前，通常會出現的一些統計數字。例如某一項經濟活動在增加其活動規模時，通常股票的價格會先上揚，因此股票價格的上揚，就是經濟活動熱絡的領先指標。領先指標的變化情況，常常成為制定或修改某項經濟政策的原因。（參閱Policy Environment）

Legal Monopoly
合法獨占

指公共部門某些業務的運作及所提供的服務，經由法令規章的規定，由特定的機構負責運作，並且不需要面對市場競爭的考驗，因為各項業務的價值，均是經由預算程序而非市場交易所決定的。同時政府主要的收入來源是經由課稅方式所取得，因此其可以稱作是一種「合法的獨占」。即使近年來政府也採取收費方式籌措部分財源，但其基本上仍是以固定價格提供社會大眾所需的各項服務。公營事業機構提供獨占性的財貨或服務即然。（參閱Natural Monopoly）

Legal Rationality
法律理性

　　理性是感性（perception）的相對概念，都是一種意識。理性可說是「客觀分析，理智推理」，感性則可說是「主觀判斷，感情用事」。理性指人類能夠運用來對各種事物進行合理判斷的能力，通常是指人們在經過審愼思考後，透過邏輯推理方法而推導出結論的一種思考方式。理性基本上是一種具有參照性的意識，也就是說，在思考時，會以某種事物，例如自我、他人、某件事、某項知識等做爲比較參考的對象，然後作出判斷、結論。所以理性並非是絕對性的，而是比較性、相對性的。基此，法律理性指判斷者主要是從法令規章、正當程序、標準作業程序等法定面向，進行審愼思考，判斷某事或某人行爲，是否符合法律層面的相關規定，而在思考時，會以相同或類似的案例做爲判斷的參考對象，是以法律理性所講求的是該案例是否「合法」，而不管人情因素及價値判斷問題。（參閱Instrumental Rationality）

Lerner, Daniel
賴納

　　賴納爲美國公共政策學者，與另一位美國學者拉斯威爾（H. D. Lasswell）於1951年合編《政策科學：範圍與方法之最近發展》（*Policy Sciences: Recent Developments in Scope and Method*），被認爲是目前公共政策研究蓬勃發展的一項里程碑。

Liberal Policy
自由派政策

　　就美國情況而言，自由派政策涉及傾向保護消費者及弱勢族群利益的政策。通常民主黨比較主張制訂此類型的政策。（參閱Conservative Policy）

Lindblom, Charles, E.
林布隆

　　林布隆是國際知名的公共政策學者，於1917年出生於美國加州。1937年畢業於史坦福大學，主修經濟學及政治學。1945年獲得芝加哥大學的經濟學博士學位。自1939年即在明尼蘇達大學經濟系任教，於1946年轉往耶魯大學任教迄今。1954學年度擔任行爲科學高級研究中心研究員，1960學年度擔任Guggenheim機構研究員。1963及1964學年度出任美國駐印度大使館經濟參事，並兼美國國際開發總署駐印度辦事處主任。1968及1969學年度擔

任耶魯大學社會科學院院長，1972及
1973學年度任政治系主任，1975學年
度擔任美國比較經濟學會會長。1980
至1981年擔任美國政治學會會長時，
曾經應邀於1981年8月初前來我國訪
問，並發表多場專題演講，8月10日在
台北市金華街國立政治大學公共行政及
企業管理教育中心，應中國行政學會邀
請，發表演講；翌日又應中國政治學會
邀請發表演講。筆者等並曾陪同其拜會
我國當時的內政部長邱創煥先生，以
進一步了解我國的社會福利及人口政
策。

　　林布隆教授的著作相當豐富，茲舉
其較重要者如下：

1. 與Robert A. Dahl合著《政治、經
   濟、與福利》（*Politics, Economics
   and Welfare*. New York: Harper &
   Brothers, 1953 & 1976）。

2. 〈政策分析〉（Policy Analysis，載
   於*American Economic Review*, Vol.
   48, June 1958）。

3. 〈漸進調適科學〉（The Science of
   Muddling Through，載於*Public Ad-
   ministration Review*, Vol. 19, No. 2,
   1959）。

4. 與David Braybrooke合著《決定的
   策略：政策評估乃是一種社會過
   程》（*A Strategy of Decision: Policy
   Evaluation as a Social Process*. New

York: The Free Press, 1963）。

5. 《民主的智慧：經由相互調整作成
   決定》（*The Intelligence of Democ-
   racy: Decision Making Through Mu-
   tual Adjustment*. New York: The Free
   Press, 1965）。

6. 與Edward J. Woodhouse合著《政
   策制定過程》（*The Policy-Making
   Process*. Englewood Cliffs, N.J.:
   The Prentice-Hall, Inc., 1968, 1980,
   1993）。

7. 《政治與市場：世界政治經濟系
   統》（*Politics and Markets: The
   World's Political-Economic Sys-
   tems*. New York: Basic Books Inc.,
   1977）。

8. 與David k. Cohen合著《有用的知
   識：社會科學與社會問題的解決》
   （*Usable Knowledge: Social Science
   and Social Problem Solving*. Yale
   University Press, 1979）。

9. 〈仍需漸進調適，尚未完成〉（Still
   Muddling, Not Yet Through, 載於
   Public Administration Review, Vol.
   39, No. 6, 1979）。

　　林布隆教授在公共政策方面的最
主要貢獻就是提出「漸進決策途徑」
（Incremental decision-making appro-
ach）。根據他的說法，在一個民主多
元的社會，政策或計畫的制定，都是經

由黨派、利益團體彼此間互相議價、協
商之後的妥協結果，大家對該結果可以
說「雖不滿意但可以接受」。既然政策
或計畫是經由大家相互讓步調適而成
的，因此新的政策或計畫通常只是舊政
策或計畫的漸進修改而已，不會作很
大的變動。雖然有很多人批評他的主
張，不過他仍然認為漸進決策途徑是最
合乎民主國家政策制定的實況。（參
閱Incremental Decision-making Ap-
proach）

Linking Pin
連針人

此概念係由Rensis Likert所創用。
當相關機構整合、溝通不良或存在不必
要的衝突時，組織可以選擇某一衝突雙
方皆可信賴且身居雙方要衝的人物，扮
演居間「連鎖」的角色，以協助整合與
協調衝突的雙方。連針人須了解兩相關
部門的運作及彼此工作的重疊部分，並
且保持部門間資訊的流通，進而使不同
的機構或組織人員能朝向協同與一致
性，提升工作績效。

此外，就管理層面而言，機關組
織內的各級主管均是「連針人」，每個
人都是上下兩個團體的承上啟下、穿針
引線的關鍵人物，因為他是上一個團體
的部屬，也是下一個團體的上司，例如

司長是部長與司長這個團體的下屬，但
卻是司長與科長這個團體的上司。這些
主管因為扮演承上啟下及溝通協調同儕
的角色，因此就共同形塑了這個機關的
組織文化。（參閱Organizational Cul-
ture）

Logical Positivism
邏輯實證論

就學理而言，公共問題究竟是客觀
存在的事實，或是主觀理解的詮釋，不
同學派間存有極大的爭辯。持邏輯實證
論世界觀者認為，宇宙萬物是一客觀實
存的現象，世界是獨立於心靈之外而存
在的客體。因此，問題的建構是一種發
現，而不是一種創造或發明，雖然公共
問題的認定相當具有主觀性，基本上它
是一種客觀存在的事實。因此，邏輯實
證論強調「價值中立」（value-free）
的觀點，與反對價值中立觀的後實證邏
輯論不同。（參閱New Public Admin-
istration, Postpositivism）

Longitudinal Approach
縱貫面研究途徑

它是自然科學與社會科學的一種
研究途徑。研究人員通常在設計研究方
案或執行研究過程時，會依研究的時間

而區分為橫斷面的研究和縱貫面的研究。所謂縱貫面研究係指在不同時間點上，針對同一母體進行多次或長時間的資料蒐集，以探討在方案的執行前後，母體隨時間經過而產生的改變情形，例如對同一母體接受家庭計畫方案執行後的定期性評估。它又可以區分為：趨勢研究（trend studies）、世代研究（cohort studies）及固定樣本研究（panel studies）。與橫斷研究途徑相較，縱貫研究途徑通常包含的樣本較少，但研究變項較多。其優點是可以跨時間階段的蒐集資料，來了解及描述過程的狀況，而缺點則是所費成本較高、所需時間較長，所需人力較多。（參閱Cross-sectional Studies）

Lowi, Theodore J.
羅威

羅威為美國政治及公共政策學者，他在1964年曾發表〈美國企業與公共政策：政治理論的個案研究〉（American Business and Public Policy: Case Studies in Political Theory）一文。另外，他在1966年發表〈分配、管制、重分配：政府的功能〉（Distribution, Regulation, Redistribution: The Functions of Government）專文，將公共政策分成分配性政策、管制性政策、重分配性政策三種類型，一直為公共政策研究者引用參考。

Macroeconomics
總體經濟學

總體經濟學簡單的說，就是研究總體經濟活動過程及其影響的學問，例如研究「國民生產毛額」（Gross National Product）即是。國內外的許多經濟政策常常是基於總體經濟學相關論題的研究結果而制定的。（參閱Microeconomics）

Macro-level
宏觀層次

考森（Alan Cawson）在研究統合主義——所謂「一個利益代理的系統。在這個系統中，所有的組成單位都被組織起來，成為有一定數目的、單一的、強迫性的、非競爭性的、有高下之分的範疇，其受國家的承認或許可。在它們的相對範疇內，國家賦予它們一個有關的代表性的壟斷特權，以交換國家對它們選擇領袖與計算需求及援助的控制權」的內涵時，以「行動者的層次」為標準提出了宏觀、中觀（meso）與微觀（micro）三個研究層次，宏觀層次的研究對象為國家整

體與「公民社會」（Civil Society）的互動關係。（參閱Civil Society, Meso-level, Micro-level）

Management Science
管理科學

　　管理科學主要是指第二次世界大戰以後，經濟學家、統計學家、系統分析人員、管理人員、決策人員，應用經濟學原理、統計分析方法、計量方法、作業研究方法與技術，從事決策與管理的一種系統性知識。管理科學學者所強調的及所使用的技術，基本上是計量的，例如成本利益分析法、決策樹法、等候線理論、線性規劃法等。它與科學管理（scientific management）的意義不一樣，但是管理科學的基本精神與理念，還是來自於科學管理。（參閱Scientific Management）

Marginal Utility Theory
邊際效用理論

　　經濟學家應用在貨幣上的邊際效用理論是指，對某一個人來說，額外每一塊錢的所得，其價值將稍微小於前面得到的一塊錢。例如，已經賺得十萬元的人，他另外增加的五千元所得，其價值將遠小於只賺得一萬元，而另外再賺

得之五千元，或者一個原來沒有任何所得的個人，所賺得的五千元。簡單的說，它呈現出邊際效用遞減的情形。（參閱Pareto Principle）

Market Failure
市場失靈

　　傳統自由經濟學者認為，一個社會中財貨或服務的生產者與消費者間的自願性供需關係，可以構成完全的競爭性經濟市場，生產者追求利益極大化，而消費者追求效用極大化。基於此種假定，藉著供需關係可以使市場內的經濟活動，達到所謂「巴瑞圖效率」（Pareto Efficiency）的狀態，沒有任何人的效用或利潤受到損失，資源配置獲得最佳效率，價格像一隻看不見的手（an invisible hand）主導市場內的經濟活動。但是在現實世界中，因為受到許多因素的影響，使市場無法成為完全競爭的自由市場、市場無法達到供需關係及資源配置的理想狀態，乃產生市場失靈的問題。因而促成政府介入資源分配的過程，提供財貨或服務，規範市場的運作，保障和促進資源分配過程之公平、公正。大致言之，造成市場失靈的主要原因有以下數端：

1. 公共財的提供問題

　　公共財（public goods）係相對於

私有財（private goods）而言。公共財在本質上具有非排他性（unexcludability），即原則上任何人均得使用，不可將某些人排除在外；非對立性（non-rivalry），即任何人不因與他人共同消費財貨或服務，而降低或減少其品質；擁擠性（congestibility），即由於使用財貨或服務的人數增加，因而導致消費的社會成本跟著增加；不可分割性（indivisibility），即財貨無法分割成小單位，供給個人使用。此類公共財如國防、外交、治安、清新空氣、清澈水源等，一般企業界或私人通常不願意或不可能提供此類公共財，必須由政府予以提供。

2. 外部性所造成的問題

外部性（externality）指某一個經濟主體的經濟行為影響了其他個體的效益或成本的現象。外部性的結果可能是正面的，也可能是負面的。前者如私人興建房屋出售的結果，對無殼族及社會具有正面的效用。後者如私人工廠排放廢水及廢氣，使附近居民與社會造成損失的情況。如果經濟行為產生的社會效益超過私人利益，稱為外部經濟（external economy）；如果經濟行為造成社會效益低於私人利益，社會成本高於私人成本的情況，稱為外部不經濟（external diseconomy）。一旦產生外部不經濟情形，而受害者未能在市場上

向施害者求償時，便產生市場失靈情形，此時政府便須以政策工具介入市場的運作。

3. 自然獨占所造成的問題

在市場上，某些產品因為生產者擴大規模，使平均成本持續下降，因此具有規模報酬遞增的行業，在規模愈大，平均成本愈低的情況下，遂透過市場競爭，逼迫小廠離開該種行業，最後形成獨占情形，此稱為自然獨占（natural monopoly）。因為此種情形扭曲了資源配置的效率，所以政府必須進行干預。

4. 資訊不對稱所造成的問題

資訊不對稱（information asymmetry）指消費者沒有足夠的訊息與專業知識，判斷產品或所接受服務的數量及品質是否合理，因此消費者在議價的過程中，與生產者相比，處於不公平及不合理的地位。換言之，生產者可能會收費過高或提供低劣品質之財貨或服務，使消費者蒙受損失。在此情況下，市場競爭既無法提供市場機能充分運作的法則，政府的適度介入便是理所當然的事。（參閱Externalities, Government Failure）

Material Policy
物質性政策

物質性政策指提供具體的資源或實質的權力給受惠者，或相反的，對標的人口給予具體實質的不利處分。（參閱 Symbolic Policy）

Marxism
馬克思理論

馬克思最基本的假定是經濟決定論（economic determinism），認為人類主要的動機是經濟取向。馬克思指出：「並非人的意識決定他們的存在，而是社會的存在決定了他們的意識」。並且，馬克思認為一切社會皆是由兩個基本的部分所組成：底層建築（foundation）及上層建築（super-structure），底層的建築皆是物質的，上層的建築則是由社會中一切非物質的體系所組成。進一步言之，馬克思將經濟分成兩項基本要素：生產工具以及生產關係，生產工具的擁有者處於經濟上最有利的位置，成為最具影響力的社會團體，宰制著整個社會。藉由控制底層的建築，上層的建築如價值、意識型態、政府、教育、法律、宗教等等，統治者乃得以持續支配並保持其統治地位。（參閱 Neo-Marxists）

Meso-level
中觀層次

考森（Alan Cawson）在研究統合主義——所謂「一個利益代理的系統。在這個系統中，所有的組成單位都被組織起來，成為有一定數目的、單一的、強迫性的、非競爭性的、有高下之分的範疇，其受國家的承認或許可。在它們的相對範疇內，國家賦予它們一個有關的代表性的壟斷特權，以交換國家對它們選擇領袖與計算需求及援助的控制權」的內涵時，以「行動者的層次」為標準提出了宏觀（macro）、中觀與微觀（micro）三個研究層次，中觀層次的研究對象為政府「部門」（department）與社會團體的互動關係。（參閱 Civil Society, Macro-level, Micro-level）

Meta-policymaking
後設決策

後設決策指除了解釋決策之外，也應致力於改善決策過程本身。基本上，政策分析人員就是實務者，他應以此觀點了解世界，此種不同的世界觀可以幫助分析人員致力於改善決策的品質與暢順決策的過程。（參閱 Meta-analysis）

Microeconomics
個體經濟學

個體經濟學指研究特殊經濟單位或某個經濟系統的一個特別部分之經濟活動狀況，例如研究個人、家庭、或公司的個別狀況，或他們彼此之間的關係。個體經濟學相關論題的研究結果，常常成爲政府機關制定某項特殊公共政策的理由。（參閱Macroeconomics）

Micro-level
微觀層次

考森（Alan Cawson）在研究統合主義——所謂「一個利益代理的系統。在這個系統中，所有的組成單位都被組織起來，成爲有一定數目的、單一的、強迫性的、非競爭性的、有高下之分的範疇，其受國家的承認或許可。在它們的相對範疇內，國家賦予它們一個有關的代表性的壟斷特權，以交換國家對它們選擇領袖與計算需求及援助的控制權」的內涵時，以「行動者的層次」爲標準提出了宏觀（macro）、中觀（meso）與微觀三個研究層次，微觀層次的研究對象爲個別行動者在政策中所扮演的角色與發揮的功能。（參閱Civil Society, Macro-level, Meso-

level）

Modernization
現代化

簡言之，現代化指人類及其創造物隨著時空環境的變化，而不斷改變其本質的過程。例如，行政現代化就是指不斷調整與行政有關的各項變項，使政府機關的相關作爲適應現代時空環境下，人類維持合理生活品質的變遷過程。在現代化理論的「傳統——現代」分析架構中，論及現代化社會與現代化個人的特性，基本上是根據西方社會演化的歷程及方向反射出來的，認爲在「現代社會性」（societal modernity）方面具有以下的特質：工業化、都市化、教育水準較高、傳播事業發達、小家庭取代大家庭、社會流動快速、職業分工精細、自願性團體多、司法體系獨立、政治較爲民主自由等。在「個人現代性」（individual modernity）方面則具有以下的特質：心胸開放接受新事物、勇於表示意見、具有民主容忍風度、作事有計畫、注重時間與效率、信賴科學、不盲從迷信、重視個人尊嚴、崇尚公平合理分配、用人唯才、尊重典章制度等。基本上，「現代化」是一種不斷變化的過程；而「現代性」則是變化之後的狀況。（參閱Innovation）

Moral Hazard
道德危機

　　係指一種保險業中常見的現象，乃由於保險業者與投保人之間不完全監控（imperfect monitoring）的問題所產生的，亦即投保人在投保之後，因為承保單位無法盯著投保人的一舉一動，投保人就會放膽去作與契約目的相違背的事，因而提高事故發生的危險性，因此，保險便成了一種反面的誘因。這種問題又有兩方面的意義，其一，投保人對自己應注意的事項放鬆不注意；其二，投保人對於自己過去不敢作的事會去作。（參閱Administrative Ethics）

Morphological Analysis
形態學的分析

　　形態學的分析指試圖有系統確定可達成某一目的之所有方法的技術。途徑之一是建立一張所有可能變項的清單，以方便對每一個變項及整體作有效的檢視。（參閱Conceptual Framework）

National Performance Review
全國績效評估

　　一般簡稱為NPR。1992年美國前總統柯林頓就任之後，即指派前副總統高爾主持「全國績效評估委員會」，針對聯邦政府實施績效評估計畫。其實施背景是由下面三個面向的因素所主導的：(1)行政中心論的復甦；(2)企業型政府理念的影響；(3)突破政府所面臨的財政及競爭力降低等困境。其內容是以企業型政府的特質為基礎，揭示四大原則做為政府再造的行動方向，分別為：(1)刪減法規、簡化程序；(2)顧客至上，民眾優先；(3)授能員工、追求成果；(4)撙節成本、提高效能。在「全國績效評估」的引領之下，強調以結果為導向的績效管理，促使政府不斷推動與績效管理相關的改進措施。（參閱Performance Management）

Natural Monopoly
自然獨占

　　在市場上，某些產品（例如石化產品）因為生產者擴大規模，使平均成本持續下降，因此具有規模報酬遞增的行業，在規模愈大，平均成本愈低的情況下，遂透過市場競爭，逼迫小廠商離開該種行業，最後形成獨占情形，此稱

為自然獨占。因為此種情形扭曲了資源分配的效率，同時可能使消費者蒙受不利的對待，例如提高售價、降低品質等，而形成市場失靈的現象，所以政府必須採取政策工具，進行干預，避免發生自然獨占的情事。（參閱Market Failure）

Neo-Liberals
新自由學派

　　一般而言，學術界對於全球化的觀點可歸納為「新馬克思主義學派」（Neo-Marxists）或「新左學派」（Neo-Left）、「新自由學派」（Neo-Liberals）、「轉化學派」（Transformationalist Thesis）與「懷疑學派」（Skeptical Thesis）等四大學派。新自由學派的主要代表人物是大前研一（K. Ohmae）與格里德（W. Grieder）。他們認為全球化主要是指全球經濟和市場的整合，其結果不一定是零和賽局，而是世界資源的優化組合，絕大多數國家在全球化過程中都將得到長遠的比較利益，全球化是人類進步的先驅，因為它正在促使全球市場及全球競爭一體化的出現，貿易全球化的結果是「雙贏」。其次，全球化下的資訊流動是跨國界、無階級的。（參閱Neo-Marxists, Skeptlcal Thest, Transformationalist Thesis）

Neo-Marxists
新馬克思主義學派

　　一般言之，學術界對於全球化的觀點可歸納為「新馬克思主義學派」（Neo-Marxists）或「新左學派」（Neo-Left）、「新自由學派」（Neo-Liberals）、「轉化學派」（Transformationalist Thesis）與「懷疑學派」（Skeptical Thesis）等四大學派。新馬克思主義學派或新左學派的主要代表人物為艾敏（S. Amin）、卡里尼可斯（A. Callinicos）與吉爾（S. Gill），其主要觀點是將全球化等同於帝國主義化、西化與中世紀主義。他們認為今日的全球化是代表了反動的全球帝國主義及資本主義的勝利，其結果必然是不公正、不公平的兩極分化，而國家和政府已經淪為國際壟斷資本的「代理人」。目前的「政治全球化」被視為企圖恢復古代的帝國系統，模糊國家與領土的概念，由一種文化與宗教（如羅馬天主教）、或一種政治制度（如中國古代的中央集權）來統治一個大區域，甚至統治全球國家。（參閱Neo-Liberals, Skeptical Thesis, Transformationalist Thesis）

Network Management
網絡管理

政策網絡逐漸受到重視，探討這方面的文獻正蓬勃發展，很清楚的，在網絡環境成功運作所需的能力不同於管理單一組織所需的能力。網絡管理重視的是使核心公共活動加速，目前網絡管理最大困境在於如何尋求知識基礎，等同於官僚體制管理的層級節制典範。在未來，傳統官僚組織管理及網絡管理勢將成為行政理論的兩大趨勢，為了改善網絡管理的知識，必須積極大力的發展管理者在這方面所需要的能力。（參閱 Policy Network）

New Deal
新政

「新政」乃是1930年代美國發生經濟大蕭條（The Great Depression of the）時，羅斯福總統（President Franklin Roosevelt）所提出的一系列救濟的措施。此些措施主要是在公共建設、抗貧、降低失業率、照顧老年兒童的衛生醫療服務等方面。新政的推動網羅了許多學有專精的學者專家參與各項政策方案的規劃與執行工作。同時，聯邦政府藉著經費補助及技術援助，增強了對州政府的控制力。聯邦政府與州政府共同合作推動以下的方案：民眾救助、就業輔導、兒童福利、國民住宅、都市更新、公路建造、及職業教育等。（參閱 Great Depression）

New Federalism
新聯邦主義

新聯邦主義泛指削減聯邦政府的權力和責任，而將權力和責任回歸州政府與地方政府的一種主張。此名詞最先是由尼克森總統（President Richard Nixon）所倡用，他利用此名詞形容他所推動的「一般稅收分享計畫」（General Revenue Sharing），該計畫允許聯邦政府、州政府與地方政府共同分享全國的稅收，而不附加諸多限制。到了雷根總統（President Ronald Reagan）時期，他利用新聯邦主義形容一系列的提案，要求聯邦政府減少對國內相關政策方案或計畫的介入，而鼓勵州及市政府本身應負起較大的政策方案責任。其作法包括將許多原來分門別類的補助計畫予以簡併，成為若干大型的補助方案，並宣告「一般稅收分享計畫」終止。（參閱 Federalism）

New Institutional Economics
新制度經濟學

不同於社會學途徑所主張制度大於部分的總和（集體性途徑），新制度經濟學傾向將個人利益的理性回應集合成集體的行動（個體原子觀點）。除此之外，相對於將制度視爲既成的命題，新制度經濟學則將制度視爲理性、外因形成的（exogenous），而規則則是社會互動的適當形式，其基本特徵是市場與交換關係的集中性，所有現象都可以被解釋爲基於契約協調所產生的交易成本，例如員工被視爲代理人的角色，而僱傭者則被視爲委託人；沿用個體經濟學對於個人行爲的一般假定，使用交易做爲分析的基本單元，透過制度的建立以減少不確定性與增加穩定性，同時減少交易成本。（參閱New Institutionalism）

New Institutionalism
新制度主義

新制度主義也稱新制度論，係對於行爲主義的一種反應，認爲行爲主義者視「機構」僅爲個人層次特質的集合，而忽略它對社會系統及社會機構持續性的意義，因此無法詮釋社會科學的眞相。新制度主義企圖以新的觀點去解釋制度性的安排（institutional arrangements）是如何的影響、塑造、調和社會的抉擇。對於正式組織的發展，它的看法和理性組織模式的看法不同。它認爲組織常透過強制性（coercive）、模仿性（mimetic）及規範性（normative）的機制，謀求符合制度環境的規範，因此強調符號（symbols）、迷思（myths）、儀式（rituals）、典禮（ceremonies）及其他社會合法性的文化因素，而排斥理性主義。（參閱Institutionalism）

New Public Management
新公共管理

自1980年代以來，由於政府規模龐大，造成財政極大的負擔，而出現不可治理性的危機，使得人民對政府的信任度明顯下降。基此，許多國家的政府在警覺其嚴重性後，紛紛提出以企業家精神，推動政府再造工作。在這一波的行政改革浪潮中，大半皆以建立「小而能」政府爲目標，主張政府如欲達到增進行政績效的目的，應當積極從事以下七項工作：(1)注重特定執行結果而非運作過程；(2)妥善運用市場機制以提供民眾更佳的服務；(3)關注顧客的滿意度；(4)政府扮演領航者的角色，無須事必躬親；(5)積極推動法規

的鬆綁工作；(6)授權給每一個員工，以期充分發揮創意；(7)組織文化應朝向彈性、創新、具有解決問題能力及企業精神發展。根據上述內容可知，新公共管理主要是藉由公共行政「內部經濟化」，以提昇體系內的企業精神及企業化管理，進而達成公共行政的最終使命。（參閱Public Management）

New Public Service
新公共服務

新公共服務是由Robert Denhardt 與Janet Vinzant Denhardt（2000年）夫妻兩人率先提出的，藉由比較傳統的公共行政、新公共管理與新公共服務，他們提出不同論點，他們認為，新公共服務運動是基於新民主精神、社區主義與公民社會，而組織人文主義與論述理論。也以「新公共服務」為題主張政府應該以「服務」（serving）取代「導航」（steering），強調民主行政、市民社會的重要性。「新公共服務」具有下列意涵：

1. 以「服務」取代「導航」：政府的重要角色是在協助公民匯聚並迎合共享的利益，而非僅止於控制或引導新方向。
2. 公共利益不是產品，政府應著力於建構集體式公共利益之分享觀，而不急

於個別選擇之快速解答。
3. 策略性思考，民主行動。符合公共需求的政策與方案，可以透過集體努力與合作過程更有效與更負責的完成。
4. 服務公民，而非僅止於討好選民；公僕不能只回應顧客需求，應關注市民間之誠信與和諧關係。
5. 課責並不容易。公僕應該注意更多遠甚於市場情況，他們應該重視法令與憲法，社區價值，政治規範，專業標準與公民利益。
6. 不僅以生產力多寡評價人的能力，更須透過長期的協力過程與相互尊重之共享式領導的公共組織及網絡參與，以獲得更大的成功。
7. 將公民主義及公共服務的價值置於企業精神之上，公共利益才比較可能被公僕及公民所提升。（參閱Public Management）

NIMBY
鄰避情結

NIMBY乃是Not In My Back Yard 的簡寫。鄰避情結是一種「不要建在我家後院」的心理情結與政策訴求，其主要內涵為：1.它是一種全面性的拒絕被認為有害於生存權與環境權的公共設施或企業建設的態度，不論是垃圾掩埋

場、垃圾焚化爐、火力發電廠、石化工廠、核能發電廠等，均在被利害關係人拒絕之列。2.鄰避態度及行爲的產生，基本上是環境主義（environmentalism）意識抬頭與環保人士（environmentalist）主張的結果，他們強調應以環境價值做爲是否興建公共設施，或允許私人企業投資大型建設的標準。3.鄰避態度的產生及後續行動的發展，不必具有任何技術面的、經濟面的、或行政面的理性知識，基本上它是情緒性的、價值判斷的反應。因此，就公共政策運作而言，它是一項具有相當負面影響的因素，它所產生的各種問題均非常棘手，也非常難以處理。事實上，鄰避情節的確已成爲世界各國政府在公共政策方面揮之不去的夢魘。因此，在政策制定過程中，如何加強與利害關係人的溝通、對話、及減低鄰避情結的阻擾，乃是政策分析人員、決策者、相關人員應特別努力的課題。（參閱Environmental Feasibility, Environmental Impact Assessment）

Non-profit Organization
非營利組織

　　非營利組織也稱爲第三部門，相對於政府組織的第一部門，及私人企業的第二部門而言。維基百科對於非營利

組織的定義爲：「不是以營利爲目的的組織，它的目標通常是支持或處理個人關心或者公眾關注的議題或事件，因此其所涉及的領域非常廣，從藝術、慈善、教育、政治、宗教、學術、環保等等，分別擔任起彌補社會需求與政府供給間的落差。」而我國營利事業所得稅法第四條第十三點提及，非營利組織爲各種教育、文化、公益、慈善機構或團體，合於民法總則公益社團及財團之組織。公益社團以人之集合爲特點，財團組織則以財產之集合爲特點，二者皆爲謀求全體社員非經濟性之公共利益或社會大眾之公共利益之組織。有人指出：「非營利組織設立之目的非在獲取財務上之利潤，且其盈餘不得分配給其成員或其他私人，並具有獨立、公正、民間性質之組織或團體」；另外、有人將非營利組織定義爲：「具有正式結構的民間組織，是由許多志願人士所組成的自我管理團體，組織之目的係爲公共利益，而非爲自身之成員提供服務」；還有人從經營目的界定非營利組織爲「具備法人資格，以公共服務爲使命，享有免稅待遇，不以營利爲目的。組織之盈餘不分配給內部成員，並具有民間獨立性質之組織」。（參閱Formal Organization, Interest Group）

Non-zero-sum Game Policies
非零和賽局型政策

　　非零和賽局型政策係相對於零和賽局型政策（zero-sum game policies）而言，指政策的制定並非建立在一方之所得，乃是他方之所失的基礎上，因此政策制定後，利害關係者可能會皆有所得，或皆有所失，只是得失的程度不一樣而已。在公共政策的分類上，分配性政策及自我管制性政策屬於此種非零和賽局型。正因為此種類型的政策並非是他方之所得即是他方之所失的情況，因此在制定及執行的過程中，抗拒的阻力較零和賽局型者為小。（參閱Distributive Policies, Self- regulative Policies, Zero-sum Game Policies）

Office Automation
辦公室自動化

　　自1980年代以後，「辦公室自動化」一詞，已經成為家喻戶曉的名詞。世界各國的公私機關組織，無不設法投入大量人力、物力、時間，發展辦公室自動化的計畫。就公共政策的制定、執行與評估而言，辦公室自動化的推動更有其意義及重要性。以我國目前的情形而論，政府為提高國家競爭力，正在大力的推動「電子化政府」，因此辦公室自動化的角色就越來越重要。

　　王安電腦公司將辦公室自動化界定為：「辦公室人員運用現代科技管理知識和技術傳輸資訊。其作業內容除了包括傳統的數字性資料處理之外，還包括文字、圖形、影像、語音等其他各類非數字性資料的處理與運用。並且透過本地和整體通訊網路加速資訊的互通。同時無論在硬體設備的選擇或軟體程式系統的設計上，都必須考慮人體工學和人性因素，以增進工作的效率和資訊產品的品質。」綜合大家的看法，辦公室自動化是指應用現代科學管理知識與技術，透過各種自動化的機器設備，採取整合的方式，迅速有效的處理和應用辦公室的各類資訊，以增進工作績效和品質的一套運作體系。

　　辦公室自動化的內涵非常廣泛，不過通常由六大科技理念所組成：
1.對數字化資訊從事資料處理。
2.對文字化資訊從事文件處理。
3.對口語化資訊從事音訊處理。
4.對圖表化資訊從事影像處理。
5.對互通化資訊透過通訊網路處理。
6.對人性化資訊以考慮人性因素處理。

　　辦公室自動化的主要功用如下：
1.可提升工作績效。2.可減少執行業務的直接投資。3.可提高工作的有效性。

4.可提高工作的成就感。辦公室自動化乃是推動「電子化政府」的先決條件。（參閱Decision Support System, Electronic Government, Management Information System）

Old Institutionalism
舊制度論

　　新制度論主要是對1950年代與1960年代行為主義所產生的反動，行為主義的出現主要是為了修正第二次世界大戰前社會科學對於舊制度論所強調的主權、合法性與正式制度的研究途徑，行為主義以個人的行為與特質為主要的解釋變數，政治行動產出被視為個人行動的集合。然而，行為主義過度忽視制度在解釋政治產出的角色，James G. March與Johan Olsen於是呼籲我們重新尋找制度的重要性，反駁人類理性是限制或有限的論點，人類行動是為了滿足與實現深植於文化、社會經濟與政治領域特殊系絡的期望。（參閱New Institutionalism）

Open System
開放系統

　　一般系統理論（systems theory）學者依照系統是否與外在環境發生互動關係，而將系統分成開放系統與封閉系統（closed system）兩類。開放系統是指一個系統的運作深受其外在環境因素影響，從外界接受投入因素，經過內部的轉換過程，然後再向外界輸出某種產品，並經由回饋機制，將外界的反應重新輸入系統內，進行必要的修正。例如，各種動植物及政治社會組織，都是開放系統。由此可知，開放系統通常具有以下九項特性：1.能源輸入（the importation of energy）。2.轉換過程（the through-put）。3.產出（the output）。4.系統為事件之循環（system as cycles of events）。5.防止衰退（負能趨疲）（negative entropy）。6.資訊投入、負向回饋與修正過程（information input, negative feedback, and the coding process）。7.自我穩定與動態均衡（the steady state and dynamic homeostasis）。8.分化（differentiation）。9.殊途同歸性（equifinality）。（參閱Closed System, Systems Theory）

Operational Definition
操作性定義

　　操作性定義指將一個問題以可以使研究人員加以確認與衡量其組成部分的方式，所作的敘述。就公共政策領域而

言，欲解決一個政策問題，必須對該問題給予操作性的定義。而一項有效的操作性定義應符合以下的條件：

1. 以清晰的詞句敘述相關的概念。
2. 同時注意定性與定量的衡量方法。
3. 將溢出效果計算在內。
4. 儘可能使用原始資料。
5. 使用蒐集自被研究分析單位的資料。
6. 對被研究單位所作的結論必須有效。
7. 避免就團體資料作個人特性的猜測。
8. 針對真正的社會與政治單位設計政策。（參閱Operationalize）

Operationalize
操作化

操作化指為了一致性的緣故，對某一個名詞或問題予以更詳細更明確的界定。因此，一項操作化的定義必須要具有足夠的精確性，使所有使用該程序者均能得到同樣的結果。例如，「衡量項目」（measures）一詞就是「標準」（criteria）這個名詞的操作化。也就是說，如果要了解標準的符合程度，就必須利用若干與該標準有關的衡量項目去衡量它。（參閱Operational Definition）

Opportunity Costs
機會成本

機會成本指因為選擇某一項政策或計畫，而失去選擇其他政策或計畫可能獲利的機會，因此它也被稱為替代性成本（alternative cost）。例如在選擇了某項社會福利政策後，受到固定資源的限制，便失去選擇國民住宅政策的機會，而說不定選擇國民住宅政策所獲的利益要大於社會福利政策，此種因選擇結果所造成的利益損失，就是機會成本。基本上，這是作決策時對數個替選方案之「抵換」（trade-off）的考慮結果。（參閱Trade-Off）

Organizational Change
組織變革

組織變革指組織受到外在環境的衝擊後，配合內在環境的需要，調整其內部的若干狀況，以維持本身的均衡，進而達到組織生存與發展目的的調整過程。組織變革也就是為了滿足組織與個人目的、應用技術使組織從一種狀態轉換為另一種狀態的過程。組織經過變革後可獲得如下的利益：1.使運作更為有效。2.達成平衡的成長。3.能保持合時性。4.能更具彈性。是以組織變革的涵義頗為廣泛，凡是意圖使組織從一種舊

狀態轉變爲另一種新狀態所作的努力均屬之。不過，此些努力，有的經過精心設計、深思熟慮；有的則只是臨時起意、未經妥愼規劃。前者因爲是一項預先計畫的變革措施，希望解決組織所面臨的問題，並增進整體組織系統的效能以適應未來的需要，所以被稱爲「計畫性變革」（Planned change）。二十世紀末葉世界各國爲因應國內外環境急劇變化，而從事各種政府再造的工程，包括組織結構、任務權責、人員進退的調整等，就是組織變革的實際例子。（參閱Organization Development）

Organizational Chart
組織圖

組織圖是描繪一個機關組織內部組織結構的圖形，自該圖形中，可以了解該組織由多少單位所組成，此些單位彼此間具有何種指揮與監督關係，各單位首長的職稱名銜爲何等。組織圖通常是一本機關組織簡介或機關手冊不可或缺的一部分。組織圖事實上就是一個機關組織正式結構的圖形展示。（參閱Bureaucracy）

Organization Development
組織發展

組織發展（Organization Development，簡稱OD）是一門興起於1940年代後半期的學科。由於它融匯各相關學科學者的專精知識，並提出公私部門機關組織適應現代社會環境快速變遷的因應技術，也就是所謂干預技術（interventions），相當符合時代及事實需要，所以七十餘年來，發展極爲快速。目前已成爲世界各國公共行政界、企業管理界及非營利組織管理方面，一門頗爲突出的學科。

組織發展是一項以行爲科學知識爲理論架構，以特殊行動方案與技術爲執行基礎，目的在維持、更新及改變人爲組織制度與人際關係、以增進個人與組織效能的計畫性努力。引申言之，組織發展至少包含三大要素：

一、組織發展以行爲科學的理論與技術爲基礎，是科學性的知識。它所涉及的理論包括人格理論、激勵理論、小團體理論、溝通理論、衝突理論、決策理論、管理理論、學習理論、社會變遷理論與組織行爲理論等。

組織發展所涉及的應用技術，稱爲干預技術，可大致歸爲以下數種類型：第一、訓練干預技術（training intervention）。第二、過程諮商法

（process consultation）。第三、整合干預技術（integrative intervention）。第四、資料蒐集回饋法（data collection feedback）。第五、社會技術變革干預技術（socio-technic change intervention）。第六、其他干預技術。

二、組織發展的目的在維持與更新組織，並增進個人與組織的效能。詳細的說，它的目的可大別為以下數項：第一、增進機關組織的健全與效能。第二、增進機關組織瞭解並解決本身內外在問題的能力。第三、達成機關組織特定的目標。第四、增進機關組織成員達成本身目標的能力。第五、促進個人與機關組織目標調和一致。第六、增進機關組織應付內外在變遷與內部腐化諸問題的能力。

三、組織發展所要維持或更新的主要對象是人為的組織制度及人際關係。包括一人的角色扮演與行為表現；二人間、三人間、一個群體內、群體與群體間的交互影響，乃至於更大更複雜組織制度的內部運作，諸如政府機關、企業公司及非營利組織的運作等。（參閱Assessment Center, Planned Change）

Paradigm
典範

典範指某種情勢或情況的一種樣式。此名詞之被廣泛使用，乃是受到Thomas Kuhn的著作《科學革命的結構》（*The Structure of Scientific Revolution*）之刺激所致。就個人層次而言，典範指某人對真實世界之某個方面的基本看法。例如，一個人可能認為「科學乃是知識的典範」，也就是說，科學是獲得知識應有的方法。就學術專業而言，典範指某一個專業社群的專業人員，例如公共政策學者與實務人員，對這個專業學科的研究範圍、研究主題、研究方法、研究取向等，所具有的共同看法。由此可知，典範的成立或修正，深受時間與空間因素的影響，亦即會隨著時間與空間的推移而改變。換言之，不同的時間和空間，就會產生不同的典範。（參閱Model）

Parochialism
本位主義

本位主義亦稱偏狹主義，指一個政府的各個機關或一個機關內部的各個單位，常常以本身的立場或利害狀況，做為決策或工作執行的主要考量因素。因此，缺乏與其他人或其他單位合作的意

願。他們如具有本位主義的觀念，就會將有利於己的資源、事務等控制在自己手上，而將不利於己的事務推到別人或別的單位去。一個單位內的成員如果都具有本位主義觀念，就該單位來說，也許是好的，因為大家可能團結合作，為該單位努力奮鬥。但是就上一層次的機關而言，則是相當不利的。因為如果每一個單位都只為自己好，而不管別人的需求，都不願意和別的單位配合，共赴事功，則該機關必將因為各單位四分五裂而績效不佳。舉例來說，在執行某項政策時，如果執行機關的本位主義過於濃厚，就會各行其道，無法對執行事項作充分的溝通及協調，因而影響政策的執行力。因此之故，一般行政學者總是把本位主義視為行政病態之一。（參閱Policy Implementation）

Path Dependency
路徑依賴

它是制度研究者所使用的概念。有學者認為，當一項制度被選擇之後，將產生不易變遷的情形。在此種情形下，只能夠對該制度進行邊緣性、漸進性的修改，而無法激進地移除。例如，美國在西進、國土擴張時期，選擇了鐵路（而非公路）做為主要交通系統；此項十八世紀初期的制度選擇，造成美國日後鐵路系統的蓬勃發展，以及公路運輸無可逆轉的相對弱勢。路徑依賴的產生主因在於沈澱成本（sunk cost）的存在。一項制度的確立，勢必將形塑行動者的策略取向，形成相當的既得利益者與逐利者；隨著時間過往，行動者投資於該項制度的成本將累積、增加，形成龐大的沈澱成本，如此，將造成改變（或替換）制度的機會成本過高，無法付諸實行，路徑依賴之情形亦隨之發生。（參閱Sunk Cost）

Planned Change
計畫性變革

指一項透過變革推動者（change agent）從事有計畫的努力，使組織朝向預期的方向改變，而增進組織效能的過程。計畫性變革的目的在增進機關組織的效能，但是它不一定涉及改變組織氣候（organizational climate），例如以電腦代替人工處理薪水的發放，的確可增進工作效率，然而，有關問題如何被解決、決策如何被作成及工作人員如何被對待等，可能並沒有任何改變。換言之，計畫性變革可能涉及組織氣候的改變，也可能不涉及組織氣候的改變。凡是涉及組織氣候的計畫性變革就是組織發展（OD）的研究範圍，因為組織發展的用意在使服務對象能

「感覺」到目前的狀況如何；使他們能夠解決所面臨的問題及發展可能的機會；與培養以後當環境及需求改變而引發新問題時，可自行解決的能力。由上述可知，組織變革、計畫性變革與組織發展三者間的關係，應當是具有包容性的，即計畫性變革涵蓋在組織變革內，而組織發展又涵蓋在計畫性變革內。當然，此種看法只是編著者個人的觀察，並非學者們已有定論。事實上，有關組織變革與組織發展兩者間的區別，仍然糾纏不清，有許多人乾脆將它們視為同義詞。（參閱Organization Development）

Policy
政策

政策一字來自希臘文、拉丁文、及梵文。希臘文和梵文的語根Polis（城、邦）加上Pur（城）演變成拉丁字Politia（邦），以後再演變成中古世紀的英文字Policia，此字的意思是「公共事務的處理」（the conduct of public affairs）或政府的管理（the administration of government），最後演變成今天所使用的Policy一字。政策指某項被接納或提議去達成某一情況或目標的行動方案。它可同時適用於政府機關、私人企業機構、及各種社會組織。就政府機關而言，政策的層次性最高，其次為計畫（plan），再其次為方案（program），接著為措施（measure），最後為行動（action）。（參閱Plan, Program, Public Policy）

Policy-Analytic Techniques
政策分析技術

指一位政策分析人員在分析政策運作過程各項問題時，可以使用的各種技術，目的在協助政策分析人員制訂、執行、評估政策，以解決政策相關問題。例如在分析政策問題時，可以使用魚骨圖法、腦力激盪法、焦點團體法等；在規劃政策方案時，可以使用成本利益分析法、成本效能分析法、決策樹法、線性規劃法、決策矩陣表等；在分析政策合法化時，可以使用政策論證法、政治可行性分析表等；分析政策執行力時，可以使用Kurt Lewin的「力場分析理論」（force-field theory）、優弱機威分析法（SWOT Analysis）、甘特圖（Gantt Chart）等；評估政策執行結果時可以使用成本利益分析法、成本效能分析法等。（參閱Policy Analysis）

Policy Contradiction
政策牴觸

荷蘭鹿特丹（Rotterdam）伊拉斯瑪斯（Erasmus）大學教授奇克特（Walter J. M. Kickert）在1997年所主編的《西歐的公共管理與行政改革》（*Public Management and Administrative Reform in Western Europe*）一書中，認為政府在行政改革的過程中，通常會產生許多公共政策的現象，其中之一為政策牴觸。政策牴觸指在一個特殊的計畫方案內或在一些計畫方案間追求衝突的目標。（參閱Administrative Reform）

Policy Dilemma
政策兩難

荷蘭鹿特丹（Rotterdam）伊拉斯瑪斯（Erasmus）大學教授奇克特（Walter J. M. Kickert）在1997年所主編的《西歐的公共管理與行政改革》（*Public Management and Administrative Reform in Western Europe*）一書中，認為政府在行政改革的過程中，通常會產生許多公共政策的現象，其中之一為政策兩難。行政改革的推動者所面臨的政策兩難狀況是：大部分的公共政策研究強調一項事實，即改革若要有效，須獲得最受改革影響的團體的同意。然而，許多直接受到改革影響的團體之間，經常是利益衝突而立場相左的，因此行政改革的推動者在施行政策時會受到此些團體不同的壓力與反彈，而導致政策兩難的情況。此時改革者必須針對這些團體間相異的觀點，進行協商以動員支持。（參閱Administrative Reform）

Policy Expert
政策專家

廣義來說，政策專家指具有政策專業知識與技術的人員，包括政策分析專家與政策評估專家二者，前者著重於政策執行前的規劃分析工作；後者則著重政策執行後的評估工作。不過大致上，大多數的專家同時具有兩者角色。所以我們可以說，政策專家所進行的工作不外乎政策分析與政策評估的事情，其目的是為了解決公共問題而研擬政策方案，及評量政策方案的成果。政策專家的一項特徵是「顧客取向」，亦即其分析評估的結果是為了服務某些特定的顧客，如政府機關或官員、民意代表、利益團體或一般民眾等。（參閱Policy Analyst）

Policy Failure
政策失靈

政策失靈指當公共問題發生，政府機關予以接納並轉變成政策問題，制定及執行政策以解決該問題後，經過評估的結果，發現有時問題不但未獲得解決反而變得更為嚴重；或是原來的問題未獲解決外，更產生許多新的問題，需要政府機關另行研擬政策設法解決。由此可知，許多人常有政策萬靈的迷思（myth），以為任何公共問題發生，只要政府機關透過政策工具就可迎刃而解，事實上並不盡然。政策失靈的原因很多，有源自政策問題特性及政策本身者；有源自政策運作過程參與者之因素者；亦有源自各種環境因素者，可謂不一而足。例如政策規劃過程及內容的不當、目標與目的界定不明、執行能力不足、政策環境發生變化等。基本上政策失靈與政策困窘（policy predicament）的意義差不多，均強調在許多情況下，政策並無法解決原本要解決的問題。（參閱Government Failure, Market Failure, Policy Predicament）

Policy Fashion
政策風尚

荷蘭鹿特丹（Rotterdam）伊拉斯瑪斯（Erasmus）大學教授奇克特（Walter J. M. Kickert）在1997年所主編的《西歐的公共管理與行政改革》（*Public Management and Administrative Reform in Western Europe*）一書中，認為政府在行政改革的過程中，通常會產生許多公共政策的現象，其中之一為政策風尚。由於行政改革被各國政府視為政策靈藥，故公部門的行政改革已蔚為風尚，任何政府均不能等閒視之，這種趨勢被稱為政策風尚。自1990年代以來，此種行政改革的政策風尚一直在世界各國盛行著，所使用的名稱包括行政改革、行政革新、行政現代化、政府再造等。（參閱Administrative Reform）

Policy Involving Collective Goods
涉及集體財的政策

涉及集體財的政策指提供每個人均可享受之不可分割的公共財的政策，例如國防、外交、治安、教育、交通、環保、水電、公共工程建設等政策的制定與執行。（參閱Policy Involving Private Goods）

Policy Involving Private Goods
涉及私有財的政策

涉及私有財的政策指提供給特定使用者或受惠者享用，但可在市場上獲得的財貨之政策，例如政府興建社會住宅和國家公園等政策；另外，政府對個人財產權相關事項所作的規範，也屬於涉及私有財的政策。（參閱Policy Involving Public Goods）

Policy Management
政策管理

廣義而言，政策管理指政策實務人員、研究者及一般社會大眾對政策議題具有興趣者，採取科學的、系統的及條理的管理知識和方法，以了解公共政策的相關概念與理論，有效管理政策運作過程中的各項活動，進而妥善處理相關的政策議題。其要點如下：(1)只要是公共政策運作過程的參與者、利害關係者、具有興趣者，均可以是政策管理者；(2)政策管理者原則上應利用各種學科的知識與技術，透過各種管理活動，參與政策運作過程；(3)政策管理的主要目的，在經由對政策運作過程內涵及系絡因素的了解，而妥善處理各種相關的政策議題。（參閱Policy Analyst）

Policy Panacea
政策靈藥

荷蘭鹿特丹（Rotterdam）伊拉斯瑪斯（Erasmus）大學教授奇克特（Walter J. M. Kickert）在1997年所主編的《西歐的公共管理與行政改革》（*Public Management and Administrative Reform in Western Europe*）一書中，認為政府在行政革新的過程中，通常會產生諸多公共政策的現象，其中之一為政策靈藥。對某些國家而言，公共行政改革（public administrative reform）被視為是一項普遍性的挽救措施，同時也是一種減低國家角色與轉換公、私部門界限的手段。因此，只要政府施政績效不彰，或民意支持度受到考驗時，往往便會祭出行政改革的政策靈藥以期度過危機。但由過去諸多行政改革的經驗顯示，此項政策靈藥其實常常失靈。（參閱Policy Failure）

Policy Perversity
政策僵化

荷蘭鹿特丹（Rotterdam）伊拉斯瑪斯（Erasmus）大學教授奇克特（Walter J. M. Kickert）在1997年所主編的《西歐的公共管理與行政改革》（*Public Management and Administra-*

tive Reform in Western Europe）一書中，認爲政府在行政改革的過程中，通常會產生許多公共政策的現象，其中之一爲政策僵化。所謂政策僵化指行政改革常會產生許多未意圖的、未預期的與有時不受人歡迎的結果。（參閱 Administrative Reform）

Policy Predicament
政策困窘

美國公共政策學者George Edwards III及Ira Sharkansky在1978年《政策困窘》（*The Policy Predicament*）一書中指出，公共政策的制定與執行是爲了解決各種問題，爲人民帶來期望的福祉，但是實際上並不盡然，政策常常會產生不願意看到的困境。他們明白的說，「一般人民從公共政策獲得了利益，但同時也付出了代價，而他們所付出的代價，常遠超過所獲得的利益。因爲他們除了必須直接負擔稅捐之外，還得承受來自於對政策因爲不正確認識與未切實執行所產生的失望、挫折、及生命或財產的損失。」我國的政策措施常常會造成「穀貴傷民，穀賤傷農」就是政策困窘的一個例證。（參閱Government Failure, Policy Failure）

Policy Process
政策運作過程

係指公共政策過程本身所涉及的理論、知識、議題、技術等問題的討論，屬於公共政策的「程序面」。就公共政策研究的「階段論」而言，政策運作過程包含以下五個階段之活動的探討：政策問題形成、政策規劃、政策合法化、政策執行、與政策評估。它所關切的是政策的形成過程爲何？政策形成過程中究竟有哪些行動者？這些行動者會採取哪些行動？對政策方案有何影響？政策如何被接納？如何才能有效執行？如何加以評估等。這些問題必須仰賴政治、行政與社會的量化及質化分析方法，運用決策者的直覺、洞察力與判斷力，始能有效的處理。（參閱Public Policy）

Policy Research
政策研究

政策研究指利用社會科學方法探討公共政策的問題，其與政策分析不同之處在於：其所關切的議題範圍較狹窄，僅限定於具體的社會問題或政府所操控的公共政策變項。政策研究的最後產物通常是關切政府所採取的某種行動，將會產生何種後果的因果關係模

式。其主要目標是：預測政府在政策變項上的改變究竟會產生何種衝擊？而其缺點在於如何將政策研究發現順利轉換爲政府行動。

政策研究指政策研究者應用各種正式的研究方法論，去探究各項政策問題，以預測政策結果的系統性知識。其研究重點置於探究造成社會問題發生之變項，與公共政策可操控變項之間的關係。政策研究所期望的成果，多少是想驗證如下的假設：如果政府機關實施X政策或方案，則將會產生Y的結果。舉例來說，一般學術研究常認爲犯罪產生之一項重要因素是家庭的道德教育不足。可是在目前政治制度下，民眾家庭生活所涉及的事務，絕大部分是落在政府合法管轄範圍之外的，因此政府對於家庭道德教育的培養工作，可說插不上手。是以政策研究者對於犯罪的研究方向，可能會將道德教育視爲一項「常數」，而將重心部分的放在政府能夠控制的項目上，例如對於犯罪者施以確定的、立即的及嚴厲的制裁懲罰。由此，政策研究者可能會作如下的預測：如果某一類型罪犯被逮捕的機率增加10%的話，則犯罪率就會降低百分之Z。政策研究與政策分析之最大差異在於，政策分析具有強烈的「顧客」取向，即爲決策者提供實際作決策所需要的資訊；而政策研究者則很少與決策人員有所關聯，他們通常將自己視爲學術專業領域的一分子，雖然他們也在乎研究成果會不會被決策者所引用，不過他們更關心的是，研究成果問世後，能否獲得學術界同僚的肯定。（參閱Policy Analysis）

Policy Sciences
政策科學

政策科學指研究公共政策運作所涉及的各種理論性、學術性、實務性的相關論題，而形成的一種系統性知識，因此其研究範圍相當廣泛，包括公共政策與政策分析的研究領域在內。基本上，它較偏重於理論及學術上的探討，而且可說是屬於客觀科學研究的範疇。政策分析是一個比較新的名詞，所以就有各種不同的解釋。不過大致上政策分析包含兩大意義：1.了解機關組織如何採取廣泛原則以解決問題的過程。2.了解機關組織如何將何種科學性及價值性的知識，應用於問題解決的過程。（參閱Policy Analysis）

Policy Slippage
政策滑移

荷蘭鹿特丹（Rotterdam）伊拉斯瑪斯（Erasmus）大學教授奇克特

（Walter J. M. Kickert）在1997年所主編的《西歐的公共管理與行政改革》（*Public Management and Administrative Reform in Western Europe*）一書中，認為政府在行政改革的過程中，通常會產生許多公共政策的現象，其中之一為政策滑移。政策滑移一方面表現於行政官員在改革過程前所展露的企圖心與其擬定的計畫方案間所產生的鴻溝；另一方面則表現於計畫方案與其結果或真實影響間的鴻溝。意即由於現實環境中的變數，行政改革的推動者不一定能將其改革的初衷落實於計畫方案的內容，而計畫方案的內容與執行結果也不見得一致。（參閱Administrative Reform）

Policy Stakeholders
政策利害關係人

指受到政策執行之正面或負面、直接或間接、有形或無形影響的所有相關人員。故嚴格來說，幾乎政府所推動的任何一項政策，全民都是利害關係人，只是影響程度有別，感受不同而已。例如政府採行調高房屋稅的政策，看起來似乎只有擁有房屋的人受到影響，其實不然，因為多繳交房屋稅之故，屋主的家人也會受到不利影響，而其他未擁有房屋者，則因享用屋主多

繳稅的結果，而成為獲益者。一般來說，一項政策的利害關係人雖然為數眾多，但只有少數覺得受到較顯著正負面影響者，才比較會積極參與政策的運作過程。（參閱Policy Process）

Policy Subsystem
政策次級系統

依據福利曼（Freeman, 1955）的看法，所謂政策次級系統係指在特定的公共政策領域中，所有參與者在決策過程所形成的互動模式。根據福利曼的觀點，社會分歧及社會團體所倡導的不同價值，導致國家專注於特定公共利益，而聯邦政府的行政與立法部門之多元決策方式，更反應了社會的功能專業化與利益分歧。因此行政機關、國會與政黨雖然是主要的權力中心，但議題的解決仍是由特定的行政機關、國會委員會與利益團體（俗稱為鐵三角）共同完成。（參閱Iron Triangles）

Political Accountability
政治課責

指一位民選的行政首長，如縣長、市長等，或政治任命的政務官，如各部會首長，對社會大眾與立法機關所應負的政治性及道義性責任。它

涉及當事人有否正確、快速回應社會大眾的需求，有否實踐當初的競選諾言，有否辜負選民付託（如處理重大災難事件是否稱職），平時言行操守是否符合社會期望等。控制政治課責的機制包括自行辭職、經由上級首長免職、被選民罷免、經由特別機關調查懲處，如彈劾等。決策之制訂及執行如有重大失誤，也應負起政治責任。簡言之，政治課責主要是涉及當事人的能力、操守、擔當的問題，而政治課責的結果，可能是留職及受刑事處分等，不過在大多數情況下，是以「辭職」收場。（參閱Administrative Accountability）

Political Party
政黨

政黨是由社會中一部分人所組成、訂有一定規範、可能與其他團體進行結盟的政治團體。不同於普通的利益團體，政黨最基本的目標在藉由獲取政治上的權力與政府職務，而達成其政治的目標。其特徵有四：1.政黨目標在藉由贏得政治職位而控制執政大權；2.政黨是組織化的團體，通常黨員擁有正式的黨證；3.政黨基本上有著廣泛的議題焦點，針對政府政策的主要領域而發；4.政黨基於共同政治偏好及相同意識型態認同而團結起來。一般來說，政黨可廣泛分為「執政黨」與「在野黨」兩大類。（參閱Interest Group）

Policy System
政策系統

政策系統指涉及政策制定過程的整套互相關聯的要素，包括各種政府機關組織、政黨、利益團體、民意代表、利害關係者、各種法令規章、及整個社會的價值觀等。政策系統的研究重點置於如何改進公共政策制定的過程，例如如何達成回應性、效率性、效能性、公正性的目標；另外還研究政策品質問題、行政人員的功能問題、政策如何獲得支持問題等。政策系統的基礎在探討社會價值分配的方法，因此必須強調多元的參與，亦即不同的政策運作參與者，在不同的政策領域應扮演其適當的角色。（參閱Policy Making）

Policy Types
政策類型

政策類型係指依據不同標準，對所有公共政策就其性質之差異，分成若干類型之意。由於每個人在進行分類時，使用不同的標準，所以直到目前為止，並沒有共識性的政策類型。例如有

的人按政府機關管轄性質的不同，將政策分成國防、外交、農業、教育、環保、水利、交通政策等；有的人則從另外層面加以分類，將政策分成象徵性政策與實質性政策、保守派政策與自由派政策等。不過，一般學者認為，美國學者Theodore Lowi及Robert Salisbury將公共政策簡單分成以下四種類型，簡單明瞭且甚具參考價值：1.分配性政策（distributive policies）。2.管制性政策（regulative policies）。3.重分配性政策（redistributive policies）。4.自我管制性政策（self-regulative policies）。（參閱Non-zero-sum Game Policies, Zero-sum Game Policies）

Postpositivism
後實證邏輯論

後實證邏輯論是自1960年代後，對實證邏輯論（positivism）所作的一項反動。它反對實證邏輯論過度偏重計量研究方法，及過分強調「價值中立觀」（value-neutrality）的主張。後邏輯實證論認為，社會科學家應關心社會問題的發生與解決，並且不應該太強調價值中立，相反的，應當基於他們的專業知識和道德良知，從事價值判斷並提供政策建議。同時，它還強調公共政策的運作，必須要充分考慮社會公平正義的原則。（參閱Logical Positivism, New Public Administration）

Practitioners
實務人員

實務人員指平日涉及政策、計畫、方案之規劃、執行、與評估工作的主管人員、監督人員及作決定的人員等。基本上，實務人員就是機關組織中，以個別方式與服務對象進行互動者。他們深知上述政策或方案的規範與相關面向，也了解它們的實際狀況，並知悉實務人員彼此間的充分合作，是政策或方案評估成功的關鍵，因為他們擁有極富價值的資訊及對政策或方案的洞察力。整體來說，實務人員、決策者、方案負責者是指揮與管理此類公共政策或計畫的最主要人員。（參閱Policy Implementers）

Pragmatism
務實主義

務實主義指認為以務實途徑去解決問題，將比應用意識型態途徑去解決公共問題要來得有效的一種信念。一位務實主義者，在解決政治性或社會性的問題時，他通常是從有限可行的實際解決方案中進行選擇。此種決策方式被認

為是一種例行性的作法，這是因為公共政策的制定本來就比較保守，而且視野也比較有限。務實的決策者最基本考慮的是，在政治現實情況下，政策方案的可行性如何。務實主義事實上也就是杜威（John Dewey）所稱的「工具性思考」（instrumental thinking），它被應用於思考以下的問題：一項問題的困難度與定義、所需要研究的範圍、政策方案是否值得採行等。總而言之，務實決策者決定性的考慮標準端為實際可行性（practical feasibility），而非追求不切實際的理想決策。（參閱Feasibility Study）

Principal-agent Theory
委託—代理理論

委託—代理理論的假定是，當一個人或一個以上的「委託人」（principal），僱用一個或一個以上的其他「代理人」（agent），授權其制定與授權人利益攸關的決策權責時，便發生了委託—代理關係。委託—代理理論主要討論「代理成本」（agent cost）的問題，其對人性的假定與公共選擇理論大致相同，人乃是理性而極端自利的個體，會致力於極大化自身的利益。因此當為委託人與代理人的委託代理契約關係成立之後，該理論假定代理人的自

利行為將連帶使授權人利益極大化。（參閱Transaction Cost）

Private Goods
私有財

私有財是與公共財（Public Goods）相對立的概念，指具有消費上的「敵對性」（rivalry），及在擁有上與使用上具有「排他性」（excludability）的財貨。一般而言，私有財只有擁有該財貨者或付費者方可使用。所謂敵對性也稱為「獨享性」，即當某個人在享用某項財貨時，其他人不能同時享用，例如某人穿著一件自己花錢購買的襯衫即然。所謂排他性指某人對於某財貨具有擁有權，可自由支配使用的方式，他人不得同時擁有該財貨。例如某人購買一雙皮鞋後，皮鞋即歸他所有，旁人不得主張同時擁有該雙皮鞋。一般言之，私有財可以透過市場機制提供。（參閱Policies Involving Private Goods, Public Goods）

Procedural Policy
程序性政策

政策的內涵如果依據執行後是否會產生實質性的東西來分的話，可分成實質性政策與程序性政策。程序性政策

指涉及如何作某件事，或何人將採取行動，例如如何緝捕罪犯、處理業務的程序如何、申請福利津貼的程序如何、申請僱用外籍看護的程序如何等。（參閱Substantive Policy）

Professional Politician
職業政客

在早期的公共政策研究發展過程中，於中世紀時期，由於都市文明的逐漸擴張及分化，乃創造了一個有利於專業知識發展的職業架構。當時各國的國王及王子紛紛招募各類型的政策專家，為他們提供決策所需的資訊及諮詢，特別是在戰爭、財政、法律等方面的議題。例如歐洲、印度、中國、日本、蒙古等地均頗為普遍。德國社會經濟學家韋伯（Max Weber）把這一批人稱為職業政客，也稱為「專業政客」，此與目前一般人所認為的「玩弄政治手腕以政客為職業者」之認知有所不同。（參閱Policy Analyst）

Project Management
專案管理

專案管理指一個機關組織為達成某項特定任務，或為進行長期發展計畫中的特殊工作，而自各單位調集人手編成任務小組，稱為專案小組，然後由首長將權力與責任授予專案管理人員，使他能夠全心全力執行專案計畫，圓滿達成預定的目標。由於專案小組來自不同單位，且專案工作具有相當急迫性與複雜性，所以專案管理人員必須具備非常卓越的管理技巧，才能勝任領導工作，不辱使命。一般言之，專案小組成立的時機為：1.因任務繁重性的需要。2.因工作特殊性的需要。3.因任務相關性的需要。（參閱Policy Implementation, Project Organization）

Public Administration
公共行政學

公共行政學又稱行政學，可以說是一門起步較晚但是發展快速的社會科學。它原來是附屬於已有兩千三百多年歷史的政治學領域內，直到1887年美國學者威爾遜（Woodraw Wilson）發表〈行政的研究〉（The Study of Administration）一文後，以研究政府機關組織及運作為主的公共行政學，才受到大家的重視。二十世紀初期，在工商企業界發展並成功應用的科學管理理論與技術，更增強了公共行政學蓬勃發展的動力。簡單來說，公共行政學就是對公共行政現象與事實，作有組織有計畫的科學研究所獲得的原理、法則、和

系統性的知識。因此，它具有以下的特色：1.它是方法的、工具性的知識。2.它是系統的、組織性的知識。3.它是實在的、客觀的知識。4.它是進步的、創新的知識。5.它是服務的、公共性的知識。（參閱Administration）

Public Administration Review
公共行政評論

　　《公共行政評論》為美國公共行政學會（The American Society for Public Administration）的機關刊物，每兩個月出版一期，除寄送美國公共行政學會會員外，並接受一般訂戶的訂閱，因此每一期的出版冊數均超過兩萬本。該刊的水準相當高，採取嚴格的審稿制度，並由國際知名的公共行政方面的學者，擔任編輯委員會委員。該刊的內容極為廣博，凡與公共行政相關的論著、書評、研究報告等均在歡迎之列，其中也刊登過不少有關公共政策方面的論著。（參閱American Society for Public Administration）

Public Choice Theory
公共選擇理論

　　公共選擇理論的奠基之父是於1986年獲得諾貝爾經濟學獎的美國學者布坎南（James Buchanan）。公共選擇理論可以簡單被界定為對於非市場決策的經濟性研究，或是「經濟學在政治學中的應用」。它所研究的主題是政治學的主題，例如國家理論、選擇規則、選民行為、黨派政治、官僚體制等，但是它所使用的卻是經濟學的方法。公共選擇理論對人性的假定是：一般人是一個自私的、理性的、效用最大化者。

　　做為一個獨立的研究領域而言，公共選擇理論的發展可以說是最近五十幾年以來的事。它是對於經濟學在某些方面所出現的問題及需要而作出的反應。首先是從1938年A. Bergson的論文開始，後經由K. J. Arrow之1951年著作的鼓舞，於是出現了一大批探索社會福利功能或社會選擇功能的各種文獻。其次，在二十世紀的四○年代及五○年代所出現的許多論文，研究各種市場失靈（market failure）問題，可說是以經濟學促進對公共選擇理論研究興趣的一項證明。這些研究主要是集中在探討當存在公共財（public goods）、外部性（externalities）、自然獨占（natural monopoly）及資訊不對稱（information asymmetry）時，如何進行有效條件的配置問題。

　　公共選擇理論從經濟學最根本的「經濟人」（economic man）假定入

手，把政治舞台看成是一個經濟學意義上的交易市場，從供給和需求兩個層面著手分析。政治產品（公共利益）的需求者是廣大的選民和納稅人，供給者則是政治人物、官僚和黨派。不論大家的活動是多麼的複雜和歧異，他們的行為都是遵循著共同的原則，那就是：效用最大化。也就是說，一個選民在投票前總是會在候選人名單中，選擇能夠為他帶來預期利益最大者投他一票。而一個政治人物或官員在作決策時，總是會對最能滿足自己利益（如金錢、地位、權力、名望等）的議案投以青睞，換言之，公共利益的實現對他來說可能只是手段而非目的。在西方經濟學界，公共選擇理論已被列入「新制度經濟學」（New Institutional Economics）的範疇，成為現代經濟制度分析的支柱之一。主要是因為公共選擇理論對不同制度下的非市場決策問題，具有深入的研究。尤其是，公共選擇理論注重探索不同民主制度下的公共選擇在結果上的差異，並研究不同的表決規則，如一致通過、多數決通過等，對決策「品質和數量」的影響。（參閱Market Failure）

Public Goods
公共財

公共財指一旦財貨製造後，某人對該財貨的消費，並不會減少其他人消費該財貨的數量，此種財貨即為公共財，例如國防、外交、空氣、電視收視等。公共財的概念與私有財（private goods）的概念正好相對。私有財的基本特性有二：敵對性（rivalry）與排他性（excludability）。公共財則具有以下四項特性：1.非敵對性（nonrivalry）：即當財貨的供給量在某一個水準之上時，超過一個以上的人可以同時自該財貨的消費，獲得利益，例如每一個國民都可自安全的國防獲得好處。2.非排他性（nonexcludability）：即在物理上或法律上，無法排除某人對該財貨的使用，例如公海的魚類可以在廣大的海洋中自由迴游，凡是漁民都有機會捕捉它們。3.擁擠性（congestion）：即當消費該財貨的人數增加到一定限度時，該財貨的供應水準便會下降，而增加消費的邊際社會成本（the marginal social cost of consumption），例如當少數人在一條可自由垂釣且漁產頗豐的溪流釣魚時，每人在短時間內就可滿載而歸，但是消息傳開後，釣魚者蜂擁而至，於是大家必須花更長的垂釣時間，才有收穫。4.不可分割性（indivisibility）：即財貨無法分割給個人使用，例如國防或外交的性質就無法分割。正是因為公共財具有這四項特性，所以一般市場不太可能或根本

不願意提供公共財，乃因此導致市場失靈（market failure）的狀況。而由於市場失靈，遂給予政府機關干預市場活動的正當理由。（參閱Market Failure, Private Goods, Quasi-Public Goods）

Public Interest
公共利益

公共利益指一個社區或國家的「集體善」（collective good）凌駕於個人的、狹窄的或特別利益群體的「善」。它主張利益應由某個政治體的大多數人所共享，其理念是，公共政策最後應促進每一個人的福利，而非只是少部分人的福利。基本上來說，公共利益的概念可以幫助我們了解公共政策運作的過程。它的社會價值觀概念，有助於我們回答下面的問題：某一項政策的目的是否值得去達成？不過，因為公共利益一詞無法精確的衡量，所以許多公共政策學者認為，在實際判斷公共政策是否值得採行時，公共利益的概念仍然是不夠充分的。例如，公共利益的確是大多數人的利益嗎？如果是，那麼如何知道大多數人想要什麼呢？公共利益應否基於妥協而獲得？大眾是否接受此種妥協的方式呢？公共利益是否經由理性方式獲得的？如果是，那麼是如何獲得的？公共利益和許多不同的私人利益一定會產生衝突嗎？公共利益是否有時候可能會和正義相衝突呢？政府是否應當永遠反應廣泛的公共利益呢？以上這些問題均不易準確的回答。除此之外，許多政策目的事實上也或多或少涉及公共利益，使公共利益的概念更不易釐清，包括充分的國防、世界和平、避免或減少通貨膨脹、清新的空氣與乾淨的水質等。（參閱Public Interest Group）

Public Interest Group
公益性團體

公益性團體指以促進公共利益的達成為主要目的而組成的團體。這些團體的服務對象有時候範圍很大，可能包括整個國家的人民，例如全國性的人權促進團體、環境保護團體、禁菸團體及消費者保護團體等；有的則有它的特定服務對象，例如特殊殘障保護團體及愛滋病預防團體等。在美國，最有名的公益性團體當推Ralph Nader's organizations和John Gardner's Common Cause。一般來說，一個國家或社會越開發，經濟越發達的話，公益性的團體就成立得越多。台灣地區自從1980年代後期以來，公益性團體越來越多，就是受到經濟蓬勃發展的影響。（參閱Interest Group）

Public Management
公共管理

　　公共管理是一項興起於1970年代後期及1980年代初期的專門研究領域，有關它的定義及定位，截至目前為止，仍然有所爭論。有人認為它是公共行政學門之中的一個次級學門；有人則認為它是獨立於公共行政之外的一個學門；有人更認為它可能是公共行政學門在「典範」（paradigm）上的一項轉變，亦即未來有可能會以公共管理一詞取代公共行政。不過，從公共管理專業在演進過程中所強調的研究重點來看，似乎可以把它視為屬於公共行政大學門中的次學門，而導致公共行政學門本身典範作了若干的轉變。

　　David G. Garson和E. Samuel Overman兩人於1983年在《美國的公共管理研究》（*Public Management Research in the United States*）一書對公共管理作如下的界定：公共管理乃是行政之一般層面的科際性研究，同時著重計畫、組織、與管制等管理功能，以及對人員、財務、物材、設備、資訊、與政治資源的管理。他們進一步指出，公共管理與公共行政具有以下的不同：

1. 公共管理涵蓋如計畫、組織、管制、與評估等一般管理功能，取代對社會價值、及對官僚體制與民主政治衝突的討論。

2. 公共管理偏好以經濟與效率為主的工具取向，取代公正、回應、及政治等特性的凸顯。

3. 公共管理在實務上焦點置於中階管理者，取代將焦點置於政治性及政策性菁英的觀點。

4. 公共管理傾向於將管理視為一般均可適用的技術，或至少設法減低公部門與私部門在管理上的差異，取代強調兩者間的管理差異。

5. 公共管理特別將焦點置於把機關組織的對外關係，如同組織內部運作以理性的方式加以處理，取代將焦點置於法規、制度及政治性的組織運作過程。

6. 公共管理與傳統的科學管理強烈的掛鉤，取代與政治學或社會學緊密的結合。

　　另外，J. Steven Ott, Albert C. Hyde及Jay M. Shafritz三人於1991年《公共管理：基本讀物》（*Public Management: The Essential Readings*）一書中，對公共管理則作以下的界定：公共管理是較大的公共行政學門之一個主要部分，其焦點置於將公共行政視為一個專業（profession），並將公共管理者（public manager）視為此專業的實務人員（practitioner）。公共管理的重點在研究能夠將理念與政策轉

化成行動方案之管理工具、技術、知識、與技能等。此些技術與才能包括職位分類制度、招募與選用程序、影響管理、預算分析與規劃、監督技能、長程或策略規劃、方案與組織評估、回饋與控制機制、契約管理、專案管理、與組織重組等。

由以上的說明可發現，公共管理似乎仍應視為公共行政的一部分，但是它的發展的確對傳統公共行政具有相當的啟發。是以Laurence E. Lynn, Jr.在1996年的《公共管理為藝術、科學與專業》（*Public Management As Art, Science, and Profession*）一書內，對過去十幾年的主要公共管理教科書作檢視後，提出以下四點觀察：1.傳統公共行政目前已將對於管理角色的明白關心與其有效的表現結合研究。2.雖然對於外界考慮事項的關心已有所改變，但是公共行政之內的公共管理，仍然關心組織內部人員、功能、與結構的管理問題，而這些問題也是傳統公共行政所關心者。3.對原始組織資料的分析與辯論，開始偏好採取描述、分類及綜合的方式。4.對各種問題的分析與辯論依據，主要是依賴經由文獻檢視及個案建構所獲得的資料。（參閱Public Administration, Public Policy）

Public Policy
公共政策

對於公共政策一詞的界定，學者們從不同角度給予不同的定義，例如David Easton認為，公共政策就是政府機關對社會價值作權威性的分配（authoritative allocation of values）；Thomas Dye則說公共政策指政府選擇作為或不作為的相關活動（Whatever governments choose to do or not to do）。綜合而言，公共政策指政府機關為解決某項公共問題或滿足公眾需求，決定作為或不作為，以及如何作為的相關活動。它包含數項要點：

1. 公共政策主要是由政府機關所制定的。
2. 公共政策包括政府機關對某項問題或需求，決定作為或不作為的所有相關活動。
3. 制定公共政策的主要目的在解決公共問題或滿足公眾需求。
4. 政府機關如決定作為，即以各種活動表示公共政策的內涵。諸如法律、行政命令、規章、方案、計畫、細則、服務、產品等。（參閱Policy）

Public-private Partnership
公私合夥

由於當前政府所面臨的環境是複雜的、動態的與多元的，所以必須採取新的治理形式。為此，學者乃發展出公私合夥的策略（也稱公私夥伴關係），以加強民間社會與國家機關共同治理的合作關係；公私合夥關係的形式開始於公私的互賴關係與共同的目標，其次是透過中間人或掮客等連鎖性機制的運作，而發展出合夥關係。由此看來，公私合夥成功的要件應該是互利互信、目標清楚、責任明確、分工確實，否則很容易產生衝突的狀況，而變成徒勞無功。（參閱Intergovernmental Partnership）

Qualitative Approach
定性研究途徑

定性研究途徑也稱為質的研究途徑，乃是一種產生描述性資料的研究途徑，相對於定量研究途徑（quantitative approach）而言。它源於現象學、符號互動學及人種方法論。注重人的主觀意識，當事人的內在觀點，自然情境的脈絡，以及理解人們解釋其經驗世界的過程。此種途徑必須將經由系統性描述複雜社會現象所得到的資料，化約到能被了解而有意義的概念架構中。故對於定性資料的蒐集與分析，是相當費時費事的。M. B. Miles及A. M. Huberman在《定性資料分析：擴充的資料來源書籍》（*Qualitative Data Analysis: An Expanded Sourcebook*, 1994）一書中，提出一套有系統及結構化的定性資料分析方法，以增加獲取社會關係及其原因之可證性（verifiability）與有效性（validity）。此套分析方法包括三部分：1.資料化約（data reduction）：包括原始資料選擇、簡化及轉換的工作，指針對研究架構的需要，記錄並摘要深度訪談、文獻探討與實地觀察法所蒐集到的資料。2.資料展示（data display）：指將所得資料集中納入組織化且具有意義的結構內，如圖表、網路、矩陣等，做為下一步分析或導出結論的參考。3.導出結論與確證（conclusion drawing and verification）：指在經過前述程序使結論逐漸浮現且趨明顯，但是仍需作檢證，於是研究人員在撰寫結論時，如有必要可再進行實地訪查或經由與同僚彼此辯論，而產生「交互主觀共識」（intersubjective consensus），以檢證所得的結論。（參閱Quantitative Approach）

Quantitative Approach
定量研究途徑

　　定量研究途徑也稱爲量的研究途徑，相對於「定性研究途徑」（Qualitative Approach）或「質的研究途徑」。定量研究途徑指運用數量方法蒐集資料、研究分析並觀察事物間的相互關係與互動狀況，進而從事推理及解釋。任何事物均具有質和量的層面，定量研究途徑就是從「量」的層面去觀察及分析事物。社會統計法可以說是行政學和政策科學應用最普遍的一種定量研究途徑，它在蒐集、整理與分析資料方面，擁有一套完整的方法。透過此種方法，不但可以利用統計數字，合理的描述某一種社會事實或現象，以及多項事象間的關係，並且可藉此統計數據推論局部性或整體性的關係。由於電腦功能的突飛猛進及電腦的大眾化，使得定量研究途徑的應用更受重視。定量研究途徑的主要特點是，它具有邏輯的嚴密性及可靠性，因此可作精確的推論。但是此種途徑可能會主觀的區隔「質」與「量」之間的關係，並且因過分強調量的重要性，而孤立的、局部的、片面的處理問題或事務，導致產生錯誤或偏差的結果。因此，定量研究途徑必須結合定性研究途徑應用，始能掌握事象的精髓。（參閱Qualitative Approach）

Quasi-Public Goods
準公共財

　　一般財貨及服務的提供與使用，如果依據排他性（exclusion）與敵對性（rival）兩項基本特性區分，可以分成三大類：私有財（private goods）、公共財（public goods）及準公共財（quasi-public goods）。所謂排他性指財貨及服務一經生產或提供，除非經提供者及使用者同意，否則可以排除或拒絕其他人使用，如在市場上所購買的貨品。所謂敵對性指財貨及服務在經過與其他人共同使用後，將會降低或減少其品質及數量，例如清新的空氣和乾淨的水。同時具備排他性與敵對性之財貨及服務，稱爲私有財。同時具備非排他性（excludability）及非敵對性（non-rivalry）之財貨及服務，稱爲公共財。而具備排他性與非敵對性之財貨及服務，如必須付費的有線電視服務；與具備非排他性及敵對性之財貨及服務，如空氣與水等，則稱爲準公共財。政府可制定各種政策，透過市場機制，鼓勵民間提供準公共財。（參閱Market Failure, Private Goods, Public Goods）

Rand Corporation
蘭德公司

　　蘭德公司是美國一個非常著名的私人研究機構，其總公司在洛杉磯附近。它原為美國空軍一個負責制定並執行「研究與發展」工作的部門，於1948年正式成立。蘭德公司雇用相當多學有專精的各方面人才，人數在一千人以上，另外還在著名大學與研究機構聘請七百多位顧問。該公司與許多政府機關關係良好，每年承接各方面的專案研究計畫，包括國防、外交、衛生、福利、醫療保健、交通運輸、教育、人力資源發展、住宅、環境保護等領域的問題。而研究結果被應用的比例相當高，所以它也就成為美國政府機關一個主要的「智庫」（think tank）。該公司成立五十多年來，共發表大約兩萬兩千篇的研究報告，其中70%屬於機密性質，成果相當輝煌。蘭德公司最為大家所推崇的是，它常會推出獨特的創新觀念或技術，供有關機關參酌採行，例如政策德菲法（Policy Delphi）與設計計畫預算制度（Planning-Programming-Budgeting System）即為顯例。（參閱Group Think, Policy Delphi）

Rational Choice Institutionalism
理性選擇制度論

　　新制度論依研究途徑的不同可分為「理性選擇制度論」（Rational Choice Institutionalism）、「社會學制度論」（Sociological Institutionalism）與「歷史制度論」（Historical Institutionalism）。理性選擇制度論來自William Riker, Kenneth Shepsle, Richard McCelvey, Barry Weingast等學者的論點。決策制度的作用，大體上是降低個體行為者間的交易成本，個體行為者在集體決策過程中的行為，並不完全反映其真正內在偏好，而是在制度規則下真實偏好與策略性行為的混合。個體行為者被視為是理性，具有內在一致的偏好序列，而其行為目標是追求偏好所對應之效用的極大化。至於理性與效用的定義基礎，則是尋求諸如物質、權力等具體政經資源的工具理性（instrumental rationality）。行為者的偏好是既定的，不受制度影響，亦即外生於制度的。

　　制度的定義與角色，乃是透過對行為選項範圍、資訊、不確定性的控制，做為行為者間在集體過程中互動的決策規則，使個體行為者就其既有的偏好序列，在與他人互動中即使無法作最

佳選擇，也能作次佳選擇。制度對於行為的解釋是功能性的解釋；制度的存在是因為滿足了行為者的特定需要。此種功能性觀點，也同時解釋了制度何以產生；由於行為者預期制度規則會造成一定的結果，滿足其需要，而且事實上發生的結果也的確如此，印證了先前的預期是正確的，所以可據此推測，制度的起源是由於行為者有意識、有目的地為滿足需要而在能控制外部環境條件下所設計創造出來的。不同制度間由於其滿足需要及效用的程度有異，於是彼此有競爭關係，競爭之下優勝劣敗的淘汰作用，就解釋了何以制度會有變遷。（參閱Historical Institutionalism, Sociological Institutionalism）

Redistributive Policy
重分配性政策

重分配性政策指政府機關將某一標的人口的利益、權力、財富、地位或成本、義務轉移給另一標的人口享受或負擔的政策。此類政策通常是在考慮各不同標的人口的實際狀況後所採取的。由於基本上它是一種「零和賽局」的政策類型，所以必然會引起受損失的一方極大的抗拒。例如綜合所得稅的累進稅率就屬之。嚴格來說，所有的租稅政策，如營業稅、證券交易稅等，都屬於

重分配性政策。政府常被迫在同時考慮「公共利益」及「社會正義」的兩難情況下，從事重分配性政策的制定，例如在考慮「發展經濟」與「縮短貧富差距」的矛盾情況下，制定各種重分配性政策。（參閱Zero-sum Game Policies）

Rehabilitate-Operate-Transfer, R.O.T
租賃—營運—移轉

依據我國「促進民間參與公共建設法」第八條第一項第四款規定：「由政府委託民間機構，或由民間機構向政府租賃現有設施，予以擴建、整建後並為營運；營運期間屆滿後，營運權歸還政府。」亦即，ROT案為民間籌資擴建或整建政府現有設施，並由民間營運至營運期間屆滿後將該建設所有權移交給政府。（參閱Build-Operate-Transfer）

Repeat Games
重複賽局

重複賽局指同樣結構的賽局重複多次，其中的每次賽局稱為「階段賽局」（stage games）。我們以著名的囚徒困境為例，如果每次判刑不是很重，那麼，兩個囚徒在刑滿釋放後再作

案，作案之後再判刑，釋放之後再作案，如此等等，他們之間進行的就是重複賽局。其中每次作案是一個階段賽局。

因為其他參與人過去行動的歷史是觀測得到的，一個參與人可以使自己在某個階段賽局的選擇依賴於其他參與人過去的行動歷史（如：如果你這次選擇了坦白，我下次將選擇坦白，如果你這次選擇了抵賴，我下次將選擇抵賴）。因此，重複賽局可能帶來一些「額外的」均衡結果，增加互動雙方合作的可能性，這些均衡結果在一次賽局中是從來不會出現的。（參閱Game Theory）

Research Approach
研究途徑

廣義的說，係指研究人員為探討問題癥結、了解問題本質、及處理問題面向所採用的分析性架構與操作性工具。分析性架構指對於定性研究途徑與定量研究途徑的取捨；操作性工具指對於各種具體可資應用之研究樣式的選擇，例如採取制度研究途徑、個案研究途徑、比較研究途徑、結構功能研究途徑、模式建構途徑等。（參閱Research Method）

Research Method
研究方法

研究方法與研究途徑的概念不同，一般人認為研究方法係指資料蒐集與分析的程序及技術，例如應用文獻探討法、問卷調查法、訪問法、參與觀察等方法，去蒐集有關研究主題的資料，其中後三種均屬第一手資料蒐集法；文獻探討法則為第二手資料蒐集法，是每一項研究都必須使用的方法。（參閱Research Approach）

Rule Deontology Theory
規則義務論

規則義務論為倫理性理論之一，將重點置於研究規則、權利、行動本身的對錯，而非研究結果（outcomes）的對錯，亦即強調對錯問題，而非利益或造成傷害問題。提倡此理論者之一為羅爾斯（John Rawls），他所提出的正義論（Theory of Justice），乃是基於弱勢者應能透過平等與公正管道，接近政府機關並獲得職位，而使個人的基本自由權及最大利益分配權獲得保障。此理論被批評為，在各種情況下，均須遵守道德原則，此有違現代社會的正常基礎，並且對政策所造成結果的相關問題

很少觸及。（參閱Rule Utilitarianism
Theory）

Rule of Thumb
摸索法

摸索法乃是經驗法則之一，亦即當
決策者面臨某一個問題解決情境時，並
不採取科學的方法，以及理性的計算方
式，去尋找解決問題的方案，而是採取
摸索錯誤的方法，先簡便的選擇一種方
法使用，如果不能發生作用，再採取
另外一種方法試看看，如此反覆的進
行，直到問題解決爲止。當然採用此種
摸索法有時可能要付出很大的代價，因
爲必須不斷的投入資源，反覆的進行摸
索，而最後還可能無法找到正確的方
法，也就沒有辦法解決問題。所以除非
是不得已，否則應當儘量避免採用摸索
法去解決問題。尤其是政府的許多政
策，常涉及相當龐大的人口及經費，
如果因爲採取摸索法而作出錯誤的決
策，勢將造成人民、社會、國家難以彌
補的損失，故不能不特別注意。（參閱
Scientific Management）

Rule Utilitarianism Theory
規則功利主義論

規則功利主義論爲倫理性理論

之一，它強調效用原則（principle of
utility）適用於規則而非適用於個人的
行動。它容許道德規則與效用原則並
存，在必要情況下，並得以效用原則辯
護不遵守道德規則的立場。它也容許個
人得因良好結果而不受道德規則的規
範，以及當數項制度化的規則互相衝突
時，可運用效用原則去決定要採用何項
道德規則。遺憾的是，此項理論並未深
入討論「集體財」（collective goods）
的相關問題。（參閱Rule Deontology
Theory）

Saturation Sampling
地毯式抽樣法

它是一種對所有利害關係人進行抽
樣調查的過程，包含以下數個階段。首
先，找出一組對某項政策抱持不同看法
與認知的個人或團體，進行面對面的接
觸或電話拜訪，並且請他們推薦另外的
利害關係人，而且必須對所討論的論證
或主張表示同意與否，並持續到沒有
新的利害關係人被推薦爲止。（參閱
Sample Survey）

Scientific Management
科學管理

科學管理乃是一項盛行於1900年

代至1940年代的組織與管理理論，它強調理性主義（rationalism）及效率（efficiency）；並經由建立法令規章及科學原則增加生產力（productivity）。科學管理也被稱為「泰勒主義」（Taylorism），因為它是由泰勒（Frederick W. Taylor）所奠基的。泰勒在1911年所出版的《科學管理的原則》（*Principles of Scientific Management*）一書，對科學管理的概念作了相當精要的描述。泰勒非常看不慣後工業社會所出現的無效率、資源浪費、及腐敗的現象，因此提出他的改進之道。他認為管理乃是一項真正的科學，生產力可以有系統的應用科學原則而獲得增進。雖然在這段時期，尚有其他人對科學管理作了貢獻，例如Frank Gilbreth, Lillian Gilbreth, Henry Gantt等人，但是人們一提起科學管理，幾乎就把它看成是泰勒的化身，因此泰勒就被稱為「科學管理之父」。

科學管理在實務應用上的中心理念是員工執行工作時必有「最佳方法」（one best way）存在。泰勒認為管理學者應當採取一系列的步驟，去設計並執行此項最佳工作方法，包括以科學方法代替「摸索法」（rule of thumb）去從事工作分析；以時間及動作研究（time and motion study）去增進員工的工作效率；以「差別計件工資法」

（a differential piece rate system）去激勵員工提高生產力等。科學管理就其為傳統正式組織與管理理論的一個支學派而言，在組織方面，主張狹小的控制幅度、集權、由上而下的層級節制權威體系。在管理方面，主張管理者的最大職責乃是要設法以最快速、最有效、最省力的工作方法，獲得最大的產出。

科學管理可以說是管理學者最早從事有系統的工作方法分析，及估量管理對生產力影響的努力之一。雖然科學管理未能成為廣博性的理論（comprehensive theory），但是它對於後續組織與管理理論的產生，卻具有極大的影響。科學管理備受學者批評為不夠完整周延，因為它忽視了生產過程中的人性因素、非正式組織的重要性、及環境因素的影響等。另外它也被批評過於重視效率及生產力最大化，而忽略了機關組織的其他目標。不過平實而論，在目前強調「權變理論」（the contingency theory）的情況下，科學管理理論的許多理念及主張，仍然有其適用性，機關組織可因人、因時、因地、因事的需要，適當採用科學管理原則與技術。同樣的，公共政策的制定、執行與評估，如欲有效運作並達成預期的目標，在許多層面必須採擷科學管理的精神、方法與技術，才能收到一定效果。（參閱Behavioral Science, Behavioral Study Approach, Rule of Thumb）

Second Minnowbrook Conference
第二次明諾布魯克會議

　　1987年美國公共行政學會（American Society for Public Administration）於波士頓舉行年會，一些曾參加1968年第一次明諾布魯克會議的學者商討後，決定次年（1988年）在紐約州的雪城大學召開第二次明諾布魯克會議，除邀請參加第一次會議的學者外，還邀請二十年來在公共行政領域著有貢獻的學者專家參加，與會者共68人。此次經費由雪城大學、堪薩斯大學及阿肯諾大學共同贊助。第二次明諾布魯克會議的主張，與第一次會議的基調及關心面向大致相同，例如均關心社會及所存在的問題；均對公共行政人能夠創造美好的未來表示樂觀；均重視公共行政實務人員與學界人士的真誠互動等。不過因相隔二十年，時空環境已有相當變化，所以兩者在若干方面的看法也有某些差異。例如第二次會議的成果更深入公共行政的核心價值；第二次會議及後續發展，已形成了一項全新的、多元共容的典範；第二次會議後，公共行政的學術發展，趨向「事事相關」（interconnectedness of everything）的思維模式，即公共行政實務運作與決策視野，應該採取複雜的思考模式，而非單純的線性因果關係模式。（參閱First Minnowbrook Conference）

Self-regulative Policy
自我管制性政策

　　自我管制性政策指政府機關對於某一標的人口的活動僅作原則性的規定或限制，而由該標的人口自行決定活動方式的政策。由於此類型政策通常不會以犧牲其他標的人口的利益做為代價，而且因為雖然它對該標的人口給予拘束或限制，但是它所受的拘束或限制型態，僅在增加利益的方式，而非減少取得利益的方式，所以此類型的政策屬於「非零和賽局」類型，比較不會引起抗拒。例如政府機關授權各出口同業公會，自行檢驗並管制出口商品的品質政策等。鑑於政府的事務越來越多，以及「公共事務民營化」、「經濟自由化」的浪潮不斷的衝擊，未來政府可能要逐漸減少「管制性政策」的制定而增加「自我管制性政策」的制定。（參閱Non-zero-sum Game Policies）

Separation of Power
權力分立

　　在一個實施三權分立的國家，權力分立指政府分成行政、立法、司法三個部門，各有權限，互相制衡。權力分立的設計可以確保在政府中，並非由同一批人進行法律的制定、執行與解釋。透過權力分立的安排，人民可對不同任期的政府公職人員，以不同的方法加以選任。同時，這些公職人員彼此互相獨立、互相牽制，維持權力的平衡，防止任何一個部門權力過分集中，導致獨裁的狀況。就公共政策層面而言，權力分立的結果常常會造成三個部門鬥爭的情況，因為政策運作所涉及的權威體系有時並不明確。為解決此類困難，美國法院已逐漸介入政策運作的過程，例如聯邦與州的最高法院具有司法審核權（judicial review），可宣布總統或州長的命令違憲而無效，或國會或州議會通過的法律違憲而無效即然。儘管有權力分立的設計，但實際上能夠遊走於行政與立法兩部門之實務者，已被證明是最有效的決策者。權力分立雖然可以防止權力過分集中，但也造成政策運作過程中，權責分散的結果。（參閱Authority Fragmentation, Check and Balance）

Simon, Herbert A.
賽蒙

　　賽蒙於1916年6月15日出生於美國威斯康辛州的米爾瓦基市（Milwaukee），於2001年2月8日去世，享年85歲。編著者本人曾於1969年與賽蒙有過書信來往，並蒙他於1969年3月26日寄贈「Efficiency in Government Through Systems Analysis, by Ronald N. McKean, 1958」一書。他在芝加哥大學政治系畢業時，年僅二十歲，並於1943年獲得該校政治學博士學位。他的研究興趣極為廣泛，包括經濟學、行政學、心理學、管理學、統計學、資訊科學等。賽蒙於1936年至1938年擔任芝加哥大學的助理研究員。1938年至1939年在「國際市經理協會」工作，擔任「公務管理與市政年鑑」助理編輯。1939年至1942年，賽蒙在加州大學柏克萊分校擔任行政學研究所研究員，並兼該所行政計量研究室的主任。1942年至1945年擔任伊利諾理工學院助理教授，1946年擔任該校政治及社會科學系主任。1948年擔任經濟合作總署的管理參議。1949年後任教於匹茲堡的卡內基梅隆大學，曾擔任企業管理系及企業管理研究所主任。

　　賽蒙於1978年10月16日獲得諾貝爾經濟學獎，使許多經濟學家頗感意

外，因爲嚴格來說，賽蒙並非經濟學家，而是行政管理科學方面的學者。不過瑞典科學院認爲賽蒙能夠把行政、決策及管理這三者成功的加以結合，透過科際整合的方式研究人類的組織行爲，極有價值；並因爲他對「經濟組織內決策過程的先驅性研究，提供了輝煌的貢獻」而獲獎。賽蒙在學術上爲大家所津津樂道的主張主要有三：一爲「滿意決策途徑」（satisficing decision-making approach）；二爲「組織平衡理論」（organizational equilibrium）；三爲「權威接受論」（acceptance theory of authority）。

賽蒙的著作相當豐富，比較重要者如下：

1. 與Clarence E. Ridley合著之《市政活動之評量》（*Measuring Municipal Activities*. Chicago: The International City Manager's Association, 1938）。

2. 與他人合著之《公共福利機構專業人員工作負荷之決定》（*Determining Work Loads for Professional Staff in a Public Welfare Agency*, Berkeley University of California, 1941）。

3. 《行政行爲》（*Administrative Behavior*, New York: MacMillan, 1947; 1997, 4th ed.）。

4. 與Donald W. Smithburg及Victor A. Thompson合著之《公共行政學》（*Public Administration*, New York: Alfred A. Knopf, 1950, 1995）。

5. 與G. Kozmetsky, H. Guetzkow及G. Tyndall合著之《主計部門組織之集權與分權》（*Centralization V. Decentralization in Organizing the Controller Department*, New York: the Controllership Foundation, 1954）。

6. 《人的模式》（*Models of Men*, New York: John Wiley, 1957）。

7. 與James G. March合著之《組織》（*Organization*, New York: John Wiley, 1958）。

8. 《管理決策的新科學》（*The New Science of Management Decision*, New York: Harper and Row, 1960）。

9. 《自動化的形式》（*The Shape of Automation*, New York: Harper and Row, 1965）。（參閱Satisficing Decision-making Approach）

Skeptical Thesis
懷疑學派

一般而言，學術界對於全球化的觀點可歸納爲「新馬克思主義學派」（Neo-Marxists）或「新左學派」（Neo-Left）、「新自由學派」（Neo-

Liberals）、「轉化學派」（Transfor-mationalist Thesis）與「懷疑學派」（Skeptical Thesis）等四大學派。懷疑學派的代表人物為赫斯特（P. Hirst）及湯普森（G. Thompson）。他們從經濟史的角度，認為二十世紀末的經濟全球化不是什麼新玩意，更不是史無前例的，目前的所謂全球化，充其量只是一種發達國家經濟之間的「國際化」（internationalization）而已。經濟區域化正在朝著逆全球化的方向發展，因為區域經濟日益走向排他、封閉與保護的道路。所以目前的區域化不是全球化的動力而是阻力。（參閱Transforma-tionalist Thesis）

Social Capital
社會資本

Robert Putnam將社會資本界定為社會組織的特徵；例如，信任、規範與網絡，這些社會組織特徵可以藉由促進合作的行動而改善社會的績效；J. S. Coleman認為社會資本包含組成社會結構的某些面向，以及在這些結構之內促進個人的某些行動，如同其他型式的資本（人員、財務、物資），社會資本具有生產力，使得某些無法達成的特定目的，有達到的可能性。不同於其他型式的資本，社會資本存在於個人之間的關係結構，它並非存在於個人，也不存在於物質的生產。社會資本是期望彼此相互合作的社會行動，使行動者願意開始產生合作，而社會資本所產生態度與規範如信任與互惠，乃形成了使社會從事集體行動的社會網絡。（參閱Policy Network）

Socialization
社會化

野中郁次郎（Nonaka Ikujiro）與竹內弘高（Takeuchi Hirotaka）在《知識創造的公司》（*The Knowledge-Creating Company*, 1995）一書中認為，知識轉換的四種模式為社會化（socialization）、外顯化（external-ization）、結合化（combination）、內在化（internalization）。社會化是藉由分享經驗從而達到創造內隱知識的過程，心智模式和技術性技巧的分享亦為同一類。個人可以不透過語言而自他人處得到內隱知識，學徒即是透過觀察、模仿與練習而非語言來學習大師的技藝。獲得內隱知識的關鍵在於經驗。缺少某種形式的共同經驗，一個人很難了解另一個人的思考過程。藉由社會化，可創造出共享的心智模式與技術性技巧的「同感性知識」（sym-pathized knowledge）或稱「共鳴性知

識」。（參閱Combination, External-
ization, Internalization）

Sociological Institutionalism
社會學制度論

　　新制度論依研究途徑的不同可分為
「理性選擇制度論」（Rational Choice
Institutionalism）、「社會學制度論」
（Sociological Institutionalism）與
「歷史制度論」（Historical Institu-
tionalism）。社會學制度論的起源來
自研究組織理論的學者，諸如John M.
Meyer, Brian Rowan, Herbert Simon,
James G. March, Johan P. Olsen等，對
以目的－手段式的工具理性邏輯來理解
組織現象，感到有所不足而提出的替代
性觀點。理性選擇制度論認為制度是一
種達成降低交易成本目的之手段，制度
是否得以創設與維繫，端視此手段成就
此目的之效率而定。但組織理論學者觀
察到現實世界中，公私部門的許多實際
組織形式與運作過程，在此方面的效率
都極低。況且任何個人與組織行為者的
理性都是Herbert Simon所謂在認知與
判斷能力上受限的「有限理性」（bou-
nded rationality），而組織要解決的問
題本身與解決問題的手段之間也往往毫
無因果關聯，這些顯然否定了工具理性
的解釋。社會學制度論對制度採取了極

為寬泛的定義，無論是正式的規則、程
序、規範，或是存在於組織內、外環境
中，為行為者提供了認知外在世界與
詮釋事物意義之架構的那些價值與信
念、符號系統、認知圖譜、道德圭臬等
足以引導人類行為者，都包括在「制
度」的範疇之內。而此些提供認知與
詮釋架構的要素，大體而言，與「文
化」的作用並無二致。在此定義下，制
度或組織便不必然遵循工具理性的模式
以達到效率的極大化，而是取決於其
與文化系統的契合程度。社會學途徑
的首要特色在於將社會文化因素納入
制度概念，制度的角色主要是對行為
者認知面的影響。於是，行為者的偏
好基本上由制度所形塑，並內生於制
度（endogenous to institution）。（參
閱Historical Institutionalism, Rational
Choice Institutionalism）

Social Pluralism
社會多元主義

　　社會多元主義指在一個社會中存
在著各種倫理性的、文化性的、政治性
的、社會性的、及經濟性的團體，它們
彼此間互相競爭，以爭取政府機關支持
的一種概念。因此，社會多元主義形容
一個政治系統中，權力廣泛的分散於各
個團體中，此些團體對於公共政策的

運作，具有不同程度的影響力。換言之，各種團體在公共政策的運作過程中，均有不同程度的發言權。一般言之，不同的政策議題會發展出不同的團體，設法去影響政策的制定。在社會多元主義的情況下，沒有一個團體可以單獨的主導公共政策的運作。此種社會多元主義的存在，乃是現代民主政治的主要特色之一。（參閱Democratic Administration）

Social Sciences
社會科學

社會科學指運用科學方法研究各種人類活動與社會事象的一群學科，諸如人類學、經濟學、政治學、歷史學、心理學、社會學、公共行政學、政策科學等。雖然社會科學運用科學方法從事各種問題的研究，有時候甚至採取自然科學的實驗方法，但是因為所涉及的主題是「人」與「社會事實或現象」，由於牽涉的變項太多，而且變化多端，不容易掌控，所以研究結果的準確度常受到質疑。一般人常把社會科學視為自然科學（natural sciences）的對立詞。（參閱Behavioral Science）

Span of Control
控制幅度

控制幅度指一個機關組織或單位的主管能夠有效掌握控制之部屬的數目，有人把它稱為「駕馭律」。一般人認為，如果主管的控制幅度過大，即無法有效的管理監督部屬。究竟一位主管的控制幅度應多大才恰當，迄無定論。大致言之，傳統管理學派的學者認為，主管的控制幅度不宜太大，最好以四人至五人為原則；行為管理學派的學者則認為，主管的控制幅度可擴大至二十至三十人；至於權變理論的學者則認為，主管的控制幅度不必固定在某一個數目上，須視各種情勢因素而定，諸如主管個人的領導能力及作風、部屬的能力及個性、工作性質及設備等。

傳統管理學者A. V. Graicunas主張主管的控制幅度不應超過六人，因為主管與部屬的關係非常複雜，包括上下、平行、個人與團體的關係等。因此，雖然部屬的數目以算術級數的情況增加，但是主管與部屬的關係卻呈現幾何級數增加的情況，他還特別以一個公式說明其間的關係。控制幅度與組織層級數具有密切的關係，控制幅度大所需的層級數即較少，因此組織會形成「平架式」的結構型態（flat organization）；反之，如果控制幅度小，所需

的層級數就較多，於是組織就會形成「高架式」的結構型態（tall organization）。（參閱Discretion）

State of the Union Message
美國國情咨文

美國國情咨文是指美國總統於每年一月底向國會聯席會議所提出的施政報告。此項報告涵蓋總統在內政外交方面的重大施政抱負及政策取向，如政治、外交、經濟、社會、教育、科學、交通、國防等方面的問題，因此通常會受到全世界各國普遍的關注。事實上，從國情咨文的內容，就可以看出當年度美國所面臨的各項重大問題，亦即所謂重大政策議題及其處理的優先順序。（參閱Policy Issues）

Spatial Theory
空間理論

空間理論是一種關於「距離」的理論，最早是源起於1929年，一位名為Harold Hotelling的經濟學者曾發表一篇關於廠商競爭穩定條件的論文；接著，該理論在1950年代，被政治學者Anthony Downs與Duncan Black分別應用於選舉及議會決策等民主政治重要議題的探索上。由於該理論從空間的概念，將複雜的決策問題簡化成距離的計算，因此受到政治學領域理性選擇學派的歡迎，舉凡憲政制衡、議會政治、政黨與選舉、官僚政治等，皆有重大且深遠的影響。（參閱Decision Making Theory）

Status Quo
現狀

status quo為拉丁字，意思為「事務的既定狀態」（the existing state of affairs），也就是「現狀」的意思。一般人對於現狀除非迫不得已，總是不太願意加以改變。一則害怕任何改變可能會失去目前的既得利益；二則任何改變現狀的作法一定會引起極大的不便，因此當事人會設法避免改變現狀；三則為人類對未來常懷有恐懼感，改變現狀會使未來充滿不確定性，故當事人會設法阻止任何改變現狀的作法。正因為這種情形，所以一個政策或計畫如果會大幅度改變現狀的話，不但在制定的過程會紛爭迭起，極不順暢，而且即使制定成功，也不易順利執行，這也是Charles E. Lindblom主張「漸進決策途徑」，反對「理性廣博決策途徑」的原因之一。（參閱Incremental Decision-making Approach）

Strategy
策略

　　策略指已經被證明可以有效協助決策者作較佳決策之概念（concepts）、命題（propositions）、及技術（techniques）。它包括如何設定目標，及在何種時間限制條件下，如何整合運用各種資源，採取何種手段去達成目標等要素在內。策略一詞源自古希臘字strategos，原意是指將軍用兵的技術（generalship）。《韋氏字典》則把策略界定爲：規劃與指導大規模軍事行動的科學（the science of planning and directing the large scale military operations）。到了1950年代以後，策略一詞才受到政府界及企業界廣泛的應用。一般言之，政策的位階高於策略，亦即策略是在政策的範疇下運作的。就政策制定而言，策略指處理政策制定手段與目的間不確定性、不適當資訊、黨派性及不可能性的一種手段。就行政領導而言，策略指對行政首長決定或對其他行動提供指引方向或焦點之一組有價值的前提。就企業管理而言，策略指創造一個獨特而有價值的競爭位置，與一套與眾不同的活動，並作明確的抉擇，以整合所有的活動。（參閱Tactics）

Structural-Functional Analysis
結構功能分析

　　結構功能分析爲第二次世界大戰後，廣爲社會科學學者使用的一種研究途徑。就政策層面而言，結構功能分析指政策分析人員從機關組織的結構面與功能面，探討公共政策的運作狀況。事實上，結構與功能是機關組織所以成立及續存的兩大主要成分，二者相輔相成，相互作用。結構可視爲組織的靜態面，功能則爲組織的動態面。因此，對於機關組織結構與功能的分析研究，的確可以了解公共政策的實際運作狀況。結構是指機關組織各部門及各層級間所建立的一種相互關係的模式，包括組織圖、職位說明書、正式的法令規章、運作的政策、工作的程序、控制的過程、報酬的安排及其他引導工作人員行爲的設計。功能是指任何有機體（包括組織體）爲求續存與完成特定目的所執行的一切相關活動。社會學家Talcott Parsons認爲，每一個社會系統爲求續存，均須履行以下的功能：樣式的維持（pattern maintenance）、目標的達成（goal attainment）、適應（adaptation）、及整合（integration）。至於現代政府的主要功能則有以下數端：1.保衛功能（protection）。2.輔助功能（assistance）。3.管制功能（reg-

ulation）。4.服務功能（service）。
（參閱Behavioral Study Approach,
Functional Process Theory）

Substantive Policy
實質性政策

實質性政策涉及政府將要進行的實
質性工作，會產生具體可見的產品，例
如興建造高速公路、闢建大型公園、
發放社會福利金、採購飛機戰艦等。
（參閱Procedure Policy）

Supply-side Policy
供給面政策

由於公共政策是政府對整個社會價
值作權威性的分配，因而社會上每一個
人的生活皆與國家機關的權威有關。然
而，學界對國家機關所扮演的角色卻存
有不同的解釋，這一方面與國家機關難
以明確定義有關；另一方面，又與國家
機關在不同時期對社會採取不同目標與
政策措施有關。以經濟政策為例，當自
由主義思潮處於巔峰時期，篤信市場機
能可以自動調節供需，因而主張限制國
家機關的干預範圍，傾向於採取放任
式的供給面政策。（參閱Demand-side
Policy）

Symbolic Policy
象徵性政策

象徵性政策涉及抽象或象徵性的
事務需求，例如要求和平、愛國、社會
正義、公共道德、保護地球、自由民主
等。此類政策的形成，雖然可能是執
政者基於施政理念而主動提出的，不
過，在大多數情況下，是由民間各相關
社團積極提倡、努力奔走，終底於成的
結果。（參閱Material Policy）

Synergy
綜效

綜效指組合若干部分的行動，使其
所獲的結果大於各部分單獨行動所獲結
果之總和。Synergetics最先是由Buck-
minster Fuller所提出來的，藉以描述一
個結構性的組織體，必較其組成部分為
強的特性。目前綜效這個概念已經被廣
泛的使用，它適用於凡是各種力量組合
起來，可以達成較個別力量所達成者為
大的情況。綜效就是所謂「團結力量
大」的證明。（參閱System）

System
系統

系統指由若干互動的變項或成分

所組成的結合體。每一個系統均包含若干支系統，各有其不同功能與目標，但支系統間均具有互相關聯性。例如一個人由各種器官所組成，如頭的系統、手的系統、心臟的系統等；又如一個部係由若干司、處、室的支系統所構成，而一個司又由若干個科的支系統所組成等。各個支系統間如果互依的關係相當正常，則整個大系統就能有效的運作。任何一個機關組織的情況也是這樣，其組成單位如果彼此間關係良好、協調合作，將較能有效的運作。此種整體之效益，超過各支系統效益之總和的觀念，稱爲「系統觀念」。（參閱 Synergy, Systems Theory）

Systems Theory
系統理論

系統理論是繼傳統管理理論與行爲管理理論之後，於1960年代被提出來整合前述兩個理論者，其後更進一步演變成權變理論的大行其道。系統理論學者認爲，對於系統運作所涉及的要素，包括投入（input）、轉換（thruput）、產出（output）、環境因素（environmental factors）、及回饋（feedback）等，如果能夠加以有系統的研究，將是分析、設計與控制各項行政活動的最好途徑，他們並且強調系統

途徑能夠建立各項活動的相互關係，並可經由回饋的方法而控制各項活動，使整個系統能夠有效的運作。

系統理論的基礎是一般系統理論，它是由貝特蘭菲（Ludwig Von Bertalanffy）於1938年的〈有機體的系統理論〉（The Systems Theory of Organism）一文中首先倡用的。後來，Kenneth E. Boulding 按照系統層次，將宇宙的系統分成九大層次；Talcott Parsons也採用功能主義和一般系統理論，並以開放系統研究社會結構；Fremont E. Kast與James E. Rosenzweig更將系統理論應用於組織與管理方面。一般學者通常依系統是否與外在環境發生互動關係，而將系統分成開放系統（open system）與封閉系統（closed system）兩類。前者指與外在環境互動的系統，如生物與社會系統等；後者指不與外在環境互動的系統，如物理和機械系統等。（參閱Closed System, Open System）

Tacit Knowledge
內隱知識

組織中的知識種類繁多，有的是個人經過時間累積而得的專長，此種專長通常無法以文字或語言表達，稱爲內隱知識，又稱爲默會知識，是無法言傳

的、無法教授的、未經言語表達的、使用時無法觀察到的、豐富的、複雜的、未經文件歸檔的。內隱知識是在此時此地的實際系絡中所產生的知識，具有「類比性質」（analog quality），是智者經過長時間經驗的累積，所形成的內部化知識，其精華是文件或是資料庫所無法重現的，此種知識蘊涵著豐富的時間歷練及學習成果，無法在人心之外完整地呈現出來，其一部分得自實習，而且只有部分是可溝通的。組織在整理此類豐富的、無法言傳的知識時，往往侷限於搜尋具備該種內隱知識的員工、為使用者提供指引、及鼓勵他們互動等範圍。因此內隱知識是極度個人的，與特殊系絡有關，難以形式化與溝通。（參閱Explicit Knowledge, Knowledge）

Technocratic Counsel
技術官僚諮詢

一般來說，為政府機關從事政策分析工作的人員，可能是政府機關內部的專業人員，也可能是外部的學者專家或顧問公司的顧問。在政府機關工作的專業人員，通稱技術官僚，他們在不同的工作領域，具有不同的專業知識及技術。例如在交通、工程、環保、衛生醫療、社會福利、地政、勞資關係、人力

資源等領域的專業工作者。由於他們在機關內職位不同（主管或非主管），及受到決策者信任程度的不同，使他們政策分析的結果，受到決策者不同程度的重視。如果分析結果只純粹提供決策者作決策的參考而已，稱為技術官僚諮詢；如果分析結果基本上成為決策者作決策的主要依據、稱為技術官僚指導（technocratic guidance）。（參閱 Policy Analyst）

Teleological Theories
目的論

目的論是規範性道德義務理論的兩種類型之一，另一種類型是義務論（Deontological Theories）。目的論所關心的是某一項行動或行為之結果的「良善」（goodness）問題。目的論者認為，某一項行動的道德價值乃是該項行動結果的函數，亦即如果結果不好，則其行動即屬不對。目的論所說的「行動結果」，可以從利己的觀點來看，也可以從利他的觀點來看，更可以從利普天下之人的觀點來看。為確定某件事是好是壞、是對是錯、應否去作，首先必須要從非道德的觀點確定什麼是好的，然後再確定該項行動能否帶來「好的」結果。普遍性的目的論有兩個理論最受重視：一個是行動功利主

義論（Act-Utilitarianism Theory）；另一個是規則功利主義論（Rule Utilitarianism）。（參閱Act-Utilitarianism Theory, Deontological Theories, Rule Utilitarianism）

The Revolving Door
旋轉門

公部門爲阻止公務人員在退休後的若干年內，接受與其職務有關的私人企業之聘僱，而在公、私部門間遊走，容易涉及不當的經濟利益問題，乃力求對利益衝突加以限制與迴避，試圖關起與私部門間的旋轉門。其目的一方面是促使行政人員依賴組織，並對組織忠誠；另一方面，則是藉此消除利用職位謀取私人利益的誘惑。我國公務人員服務法第十四條之一，即有旋轉門方面的規定（參閱Sunshine Laws）

The Third Way
第三條路

長久以來，做爲左派代表的社會民主主義者與右派代表的自由主義者對於國家的經濟機制、福利政策、社會管制、平等主義、充分就業等議題看法大異其趣。「第三條路」的政治路線係由英國社會學家、政治學家紀登斯（Anthony Giddens）在《第三條路》（*The Third Way*）一書中提出，試圖超越這類爭論，轉而建立一種中間偏左或中間偏右的意識型態，以因應全球化、個人主義、左右派修正主義、生態環保等新問題，其內涵價值爲：1.平等。2.對弱者的保護。3.強調自律（自主）的自由。4.無責任即無權利。5.無民主即無權威。6.普世性的多元主義。7.哲學上的保守主義。（參閱Globalization）

The Veil of Ignorance
無知之幕

由政治哲學家羅爾斯（J. Rawls）所提出，他假定一個人對於他未來究竟會成爲什麼樣的地位、種族、階級毫無所知，也不曉得未來會擁有什麼樣的財富、命運等，甚至也不知道他所屬團體的經濟、政治地位，及文明與文化的發展程度。依據Rawls的推論，人們往往選擇能與他人同享的平等權利，而不會去考慮經濟利益的得失。因爲在此一不確定情況下，每一個人都有可能不幸淪爲社會中的劣勢份子，所以他們希望能夠避免遭受他人的歧視，並設法提昇社會中最劣勢成員的條件與環境。這種設身處地爲他人與自己未來著想的結果，自然而然地促成了社會正義的實現。（參閱Equity）

Theory
理論

在科學領域中，科學一詞應用得相當普遍，對於公共政策的研究亦然，但不同學科的學者對它有不同的界定。例如有人認爲，「理論是任何用來解釋個別事象的原則」；另有人認爲，「理論是任何用來代表變項關係的法則」。目前比較爲大家所接受的看法是：理論是一組具有邏輯關係的假說或定律。大多數的科學理論，都有兩層以上的假說或定律。理論的上層假說或定律爲數較少，但涵蓋的範圍較廣；下層的假說或定律則爲數較多，但涵蓋的範圍較窄。一般而言，愈靠上層的假說或定律，愈不容易驗證其眞實性；靠下層的假說或定律，則較易進行直接的驗證。值得注意的是，科學理論永遠只能代表相對的眞理，而非代表絕對的眞理。大致而言，理論具有以下的主要功能：1.統合現有的知識。2.解釋已有的事象。3.預測未來的事象。4.指導研究的方向。（參閱Assumption, Hypothesis）

Third-Sector Organizations
第三部門組織

第三部門組織也就是一般所稱的非營利組織，例如各種環保性、慈善性、救濟性、文教性、道德性的組織。第三部門組織係相對於公部門（政府部門）及私部門（企業部門）而言，具有執行部分公私部門功能的作用，通常是以各種基金會的型態出現，其收入常受到免稅的優待。（參閱Non-profit Organization, Private Sector, Public Sector）

Three E Crisis
三E危機

目前是一個變動不居的時代，政府隨時會遭遇各種危機所帶來的問題，必須適當因應處理。除了外交及國防危機外，最受矚目的當屬所謂的「三E危機」。即經濟危機（Economy Crisis）、環境危機（Environment Crisis）及能源危機（Energy Crisis）。政府如欲妥善處理由這些危機所帶來的各種「自力救濟」問題，關心者自須對公共政策管理投注更多的心力。（參閱Public Problem）

Tragedy of the Commons
共同的悲劇

共同的悲劇（也稱公有地的悲劇）是Garrett Hardin在一篇文章中

所提出的一種概念（The Tragedy of the Commons, Science, Vol. 162, pp.1243~1248）。他引用下面「共同的悲劇」做為例子，說明公共財（public goods）與外部性（externality）之間的相關性。此概念對於政策分析人員及決策者在制定政策時，極富意義。此例子如下：

在一個村莊裡有一處公共牧場，每一個人都可以在這個牧場上任意放養牛群而不必付費，因為沒有人對這個牧場擁有財產權。但是這塊牧場所能夠供養的牛隻是有限的，只要任何人在他的牛隻當中，多放一隻牛，就會減少其他牛群吃草的機會，但是沒有任何人有權阻止別人這麼作。於是每個人在「自利」（self-interest）的驅使下，都會設法增加自己放養的牛群。最後的結果是，整個牧場的草被吃光而來不及再生，全部的牛群因而餓死，而村民的生計也因此斷送掉。

上面這個例子說明，任何公共財如果缺乏有效的管理，每個人便會儘量使用公共財而不管他個人的行為會帶來什麼樣的「外部性」問題，最後的結果往往是災難性的。諸如此類的問題，乃是政府各相關部門及人員應該竭智盡力，設法制定各種政策加以解決者。（參閱Externalities, Public Goods）

Transaction Cost
交易成本

交易成本是經濟學中的一個重要概念，是Coase在1937年所提出的。主要在說明交易的雙方如何在具有風險的交易中，保障本身的權益。交易是指技術或業務獨立的買賣雙方，基於自利的觀點，對本身所想要的產品或服務，在雙方均可接受的條件下，建立一種契約關係，並形成彼此交換條件的活動。而交易成本就是雙方在交易行為發生的過程中，因為蒐集相關資訊、協商相關條件及監督交易產品或服務所付出的各種成本。簡言之，交易成本也就是「處理成本」。依據公共管理研究者的看法，在委託者代理人理論（principal-agent theory）中，機關組織將業務委託外界處理或經營，機關組織是委託者，而同意受託提供產品或服務的對立組織體就是代理人。雙方在進行交易過程中所涉及的資訊蒐集、誤判協商、簽約、監督契約履行的各種相關成本就是交易成本，必須列入是否值得將業務委外辦理的考量中。（參閱Principal-agent Theory）

Transformationalist Thesis
轉化學派

　　一般而言，學術界對於全球化的觀點可歸納爲「新馬克思主義學派」（Neo-Marxists）或「新左學派」（Neo-Left）、「新自由學派」（Neo-Liberals）、「轉化學派」（Transformationalist Thesis）與「懷疑學派」（Skeptical Thesis）等四大學派。轉化學派的代表人物爲紀登斯（Anthony Giddens）、蕭特（J. A. Scholte）和卡斯提爾（M. Castells）。他們認爲全球化的強調，是推動社會、政治和經濟轉型的主要動力，並正在重組現代社會與世界秩序。跨國界的政府及社會正在對世界進行重大的調整，國際與國內、外交與內政的界線已經不再清晰，所謂「國內外相交事務」（intermestic affairs）已日益成爲一種新的領域，促使政治、經濟與社會的空間急遽擴大，成爲影響一個社會和社區發展的決定性力量。全球化正在產生一種強大的「轉化力量」（transformative force），導致世界秩序中的社會、經濟和制度產生「遞變」（shake-out）。（參閱Neo-Liberals, Neo-Marxists, Skeptical Thesis）

Trial and Error
嘗試錯誤法

　　它泛指一個人在處理一件新生事務時，因無前例可援，無成規可循，且對事務所得到的資訊有限，無法從事科學性的問題處理程序，進行有系統的研究分析，只得依據個人的經驗、常識及有限的資訊，沒有充分信心的作決策並加以執行。執行時如果發現錯誤，馬上謀求改進。此種嘗試錯誤的問題解決法，比較不科學，通常不適合於對重大議題的處理，例如到底要不要興建核能發電廠的議題，就不可以採取嘗試錯誤法來解決。（參閱Scientific Management）

Type of Policy Analysts
政策分析人員類型

　　政策分析人員指爲決策者提供與政策替選方案後果相關資訊的專業人員，他可能是機關組織內部的專業人員，也可能是機關組織外面之學者專家、研究人員、顧問等。美國加州柏克萊大學教授Arnold Meltsner認爲，如果按照政策分析人員對於分析技術與政治手段二者運用的嫻熟程度區分，可將他們分成四類：

1.技術家型（technicians）：此類人員

的分析技術能力較高，政治手段的掌控能力則較差。他們主張應將分析與政治二項因素分開，並追求「最佳政策」而非「最受歡迎政策」，他們常會忽略許多應考慮的因素。

2. 政客型（politicians）：此類人員的政治手段較高，而分析技術的掌控能力則較差。他們常汲汲於名利的追求，相當洞悉政策運作過程中各種微妙的政治因素，熱衷推銷其政策主張，所追求的是「最受歡迎的政策」而非「最佳的政策」。他們重視與「顧客」維持良好的工作關係，並深懂如何博其青睞及信任。

3. 企業家型（entrepreneurs）：此類人員不但具有高度分析技術的能力，也具有高度的政治藝術手腕，可以說是技術家型與政客型的結合。他們頗能兼顧公平分配與政策效率的原則，把握客觀與實用的分析標準。

4. 虛偽型（pretenders）：此類人員的分析技術能力與政治藝術手段均低，可謂是「招搖撞騙」的政策分析人員。（參閱Policy Analyst）

Ungovernability
不可治理性

當代政府治理社會的能力通常都受到相當大的限制，這是因為政府與民間社會存在著太多彼此相互依賴、相互支持或反對的互動網絡關係，政府治理社會如果不能掌握網絡特性，政府治理能力必然受到挑戰，從而出現不可治理性的病症。

隨著「後物質主義」的興起，不僅對於權威抱持懷疑態度，對於公共問題的解決也不採確定性及樂觀的看法。這些改變使得利益團體與國家機關所形成的共識遭受破壞。此外，國家角色的延伸，創造出許多受政策影響的利益團體，伴隨而生的是過多的需求加諸在決策者身上，致使決策過程充滿變化，無法正確預測。曾經是封閉的政策制定環境，逐漸被增加的遊說團體、專家、政策分析人員及國家官員所取代，國家逐漸被過多的需求加諸其上，形成負擔超載，終於產生「不可治理性」的現象。（參閱Policy Process）

United Nations
聯合國

聯合國是一個由主權國家組成的國際組織，世界上絕大多數國家都是會員國。它成立於1945年6月26日，由51個創始會員國中的50國（波蘭未出席）在美國舊金山簽定「聯合國憲章」。憲章於同年10月24日生效，成立後的第一次會員國大會直到1946年1

月10日才舉行，有51個會員國出席。在第二次世界大戰之前所存在的「國際聯盟」，被一般人認爲是聯合國的前身。聯合國號稱對所有接受及履行聯合國憲章義務的「熱愛和平之國家」開放，截至2010年爲止，聯合國共有192個會員國。聯合國總部設在美國紐約市，同時在瑞士日內瓦、奧地利維也納、肯亞奈諾比及其他地方，設有許多重要機構。聯合國可以說是在政治方面從事全球治理的一項機制。中華民國爲創始會員國，並爲五個永久常任理事國之一，但自1971年起，被中華人民共和國所取代。（參閱Global Governance）

Value Analysis
價值分析

價值分析指對於一項產品（方案或計畫）的每一個組成要素，及每一個要素的運作狀況進行系統性的分析，以確定每一個要素所產生的價值，是否大到足以辯護該要素所支付的成本。（參閱Values）

Value Premise
價值前提

H. A. Simon認爲，一般人或機關組織成員的決策過程，通常包含三項活動：情報活動、設計活動及抉擇活動。其中情報活動就是在建立某一個問題或現象的事實前提（factual premise），例如在蒐集資料後，發現經濟的確不景氣，青年失業率的確偏高，於是研究人員或決策者開始對事實前提進行價值判斷，究竟要如何改善經濟不景氣及失業率偏高問題？改善到何種程度才令人滿意？凡此均屬於建立價值前提的工作，也是設計方案活動的主要部分，決策者最後再根據價值前提，作出必要的決策。（參閱Factual Premise）

Values
價值觀

價值觀廣義的說，指一個人對於某一種事實、現象、物品、或人物，表現出個人喜愛偏好的程度。就公共政策層面而言，價值觀指在政策運作過程中所涉及的決策者與其他所有涉及的相關者，本身所擁有的偏好、欲求及目的。價值觀涉及一個人的政治承諾、個人偏好、組織目的、及政治取向。大致上來說，價值觀是決定政治行爲或政策制定行爲的主觀概念，因此它深深影響政策制定過程與政策內容。

決策者（包括行政官員與民意代表）在作決策時，通常會受到以下五

種價值觀的影響：1.機關組織的價值觀：偏好組織為生存而強化、擴充其計畫，並維護其特權。2.專業的價值觀：偏好各行各業所發展出來的主張。3.個人的價值觀：偏好個人為保護或促進本身物質的或財務上的利益、聲望及權位所持有的觀點。4.政策的價值觀：偏好基於公共利益而制定適當的政策之看法。5.意識型態的價值觀：偏好各種主義所堅持的信念。由此可知，政策制定目標可能只是反映制定過程參與者之內在與主觀的願望、與他們對現實世界之過去、現在、與未來的一種看法而已。（參閱Policy Makers）

Virtual Organization
虛擬組織

虛擬組織指不具有真實地理位置，而是藉由各類電信科技輔具建立溝通互動平台，而形成的各種團體、營利組織、非營利組織、教育機構、或其他類型的組合體。此類組織打破了傳統固定疆界的限制，所有參與者透過電信科技（如網際網路），為共同目標一起工作，彼此具有相互依賴的關係。在全球化浪潮及電信科技發展日新月異的衝擊下，此類組織越來越普遍，對人類生活的影響也越來越大，例如它可幫助企業及合夥人提升經濟競爭力；而在政府的

公共政策運作過程中，它也發揮一定的影響作用。（參閱Formal Organization）

Welfare Economics
福利經濟學

福利經濟學乃是經濟學理論的一個分支，它所關心的是不同經濟體制國家的社會「可欲性」（desirability）問題。此理論有助於政策分析人員區別，哪些是預期市場可以良好操作的環境，及哪些是市場無法產生期望結果的環境。（參閱Welfare State）

Welfare State
福利國家

福利國家乃是一種認為經由政府提供各種計畫，照顧人民需要為其基本義務之一的國家概念。福利國家的最澈底形式是一種為其社會成員提供從搖籃至墳墓之服務保障的「父權主義」（paternalism）。人性的欲求與人性需要是政府政策最主要的著眼點。社會福利國家乃是自由的與保護的政策方案主導的結果。雖然一般人認為福利國家的產生，特別與民主社會主義（democratic socialism）有關，但是基本上，今天所有的民主國家都提供重要的社會福利方

案，以消除人民對老弱殘障、鰥寡無依、生老病死的不安恐懼感。英國、丹麥、挪威、瑞典等國被認為是社會福利國家的代表。（參閱Welfare Economics）

Wildavsky, Aaron
衛達夫斯基

衛達夫斯基的中文姓名為魏雅儒，係美國人，出生於1930年，逝世於1993年，享年63歲。他曾經擔任過加州大學柏克萊分校公共政策研究所（the Graduate School of Public Policy）的所長，並曾於1991年到過台灣訪問，編著者等七人曾與他在台北國聯飯店見面討論公共政策議題。他是一位國際知名的公共行政及公共政策學者，他的成名作是1964年所出版的《預算過程的政治》（*The Politics of the Budgetary Process*）一書，對美國的預算制度及實際運作狀況作了極為深入的剖析。1988年他又出版《新預算過程的政治》（*The New Politics of the Budgetary Process*, Glenview, IL: Scott, Foresman），對美國當時的預算過程作相當生動寫實的探討，他反對諸如「設計計畫預算制度」（Planning Programming Budgeting System）的理性預算擬定，而主張漸進的（incre-

mental）預算程序。就公共政策研究方面而言，最為大家所稱道的是他在1973年與Jeffrey L. Pressman所合著的《執行：華盛頓的偉大期望如何在奧克蘭破碎》（*Implementation: How Great Expectations in Washington Are Dashed in Oakland*），此書於1984年修正後發行第三版。在本書中，他們探討何以美國聯邦政府立意甚佳並經過精心設計的有關都市發展、經濟發展、協助就業的方案，在加州奧克蘭市試驗執行，經過評估後，卻發現是一個失敗的案例。此書對公共政策執行與評估之理論及實務的探究，極具有意義。衛達夫斯基的另一本著作《向掌權者訴說真理：政策分析的藝術與技巧》（*Speaking Truth to Power: The Art and Craft of Policy Analysis*），同樣是膾炙人口。該書於1979年由作者自行出版，1987年修正後交由Transaction Publishers公司發行第二版，並於1996年以第五刷上市。在本書中，衛達夫斯基將公共政策自從1960年代以來的發展情形，作了簡明扼要的描述。他認為公共政策實務已逐漸趨向「政治化」（politicization），因為政策乃是在一種競爭性的且充滿各種社會關係的環境中所制定的。所以一位政策分析人員必須要同時具有藝術與技巧方面的技能，能作好政策的分析工作，並能說服決策者接納政策方案。他

的其他著作包括《同化與分離》（*As-similation and Separation*）、《總統領導的困境》（*Dilemmas of Presidential Leadership, with Richard Ellis*）、及《匠心獨具：學術性著作的組織》（*Craftways: On the Organization of Scholarly Work*）等，均由Transaction Publishers公司印行。

Wilson, Woodrow
威爾遜

威爾遜被公共行政界尊稱爲「行政學之父」，因爲他於1887年發表〈行政的研究〉（The Study of Administration）一文，使公共行政從政治學的領域中獨立出來成爲一門學科。他於1856年出生在美國喬治亞州的奧古斯塔城（Augusta），1875年就讀普林斯頓學院（Princeton College），畢業後，於1879年至1881年在維吉尼亞大學（University of Virginia）攻讀法律碩士。1883年至1885年在約翰霍普金斯大學（Johns Hopkins University）攻讀政治學博士。威爾遜取得博士學位後，前往Bryn Mawr College執教，講授比較行政制度。

1888年至1896年威爾遜應邀在約翰霍普金斯大學擔任行政學的兼任客座講座，並於1890年至1893年在普林斯頓大學講授類似的課程。威爾遜於1902年至1910年擔任普林斯頓大學校長；1910年至1913年擔任紐澤西州州長；1913年被選爲美國第28任總統，在位8年，於1924年逝世，享年68歲。

威爾遜的主要著作有以下八本：1.《國會政府》（*Congressional Government*, 1885）。2.《國家》（*The State*, 1889）。3.《分立與重合，1829～1889》（*Division and Reunion, 1829~1889*, 1893）。4.《老手與其他政治論文》（*An Old Master and Other Political Essays*, 1893）。5.《部分文獻與其他論文》（*Mere Literature and Other Essays*, 1896）。6.《華盛頓傳》（*George Washington*, 1896）。7.《美國人的歷史》（*A History of the American People*, 1902）。8.《美國憲法政府》（*Constitutional Government in th United States*, 1908）。

威爾遜傳諸永遠的大作〈行政的研究〉一文，係登載於1887年6月號的《政治學季刊》（*Political Science Quarterly*），1941年的該刊又重新登載一次。該文在定名爲「行政的研究」之前，曾經過兩次的改名，第一次稱爲〈行政的要點〉（Notes on Administration），後來又改爲〈政府的藝術〉（The Art of Government）。該文最大的貢獻是促使公共行政獨立成爲

一門學科，同時還提出以下幾個直到目前為止仍值得深思的問題：1.政治與行政分立問題。2.行政改革宜參酌他人長處而使之本土化問題。3.輿論應在行政實務中扮演何種角色問題。4.重視行政學研究問題。5.如何強化行政人員權責問題。（參閱Administration, Public Administration）

World Bank Group
世界銀行集團

世界銀行集團（縮寫WBG），是一個聯合國之下的國際組織，其總部在華盛頓哥倫比亞特區，它是一個非營利性的國際組織。起初的使命是幫助在第二次世界大戰中被破壞的國家的重建。目前的任務是資助國家克服窮困，聯合向發展中國家提供低息貸款、無息信貸及贈款。世界銀行集團由5個機構組成，分別是：國際復興開發銀行（IBRD）、國際開發協會（IDA、國際金融公司（IFC）、多邊投資擔保機構（MIGA、國際投資爭端解決中心（ICSID。）

其中，IBRD與IDA常被合稱為「世界銀行」。不過在非正式場合「世界銀行」一詞，也被作為世界銀行集團的簡稱。

世界銀行不是一般意義上的「銀行」，它是聯合國的專門機構之一，擁有186個成員國。雖然世界銀行的大多數成員國是發展中國家，卻受主要已發展國家的控制。世界銀行的工作經常受到非政府組織及學者的嚴厲批評，認為已發展國家施行有利於它們自己的經濟政策，並且常過快的、不正確的、在不適合的環境下，進行市場經濟改革，對發展中國家的經濟造成巨大的傷害。（參閱Global Governance）

World Health Organization
世界衛生組織

世界衛生組織是聯合國之下的一個世界性健康指揮及協調管理組織，可說是健康衛生方面全球治理的一項機制。它在領導全球性健康衛生事務的處理上，例如過去所發生的「嚴重急性呼吸道症候群」（Severe Acute Respiratory Syndrome, SARS）及H1N1新型流行性感冒之處理，均扮演相當重要且積極的角色。它的作法包括設立健康研究院及健康準則，及提供各國在執行、監測、評估健康工作所需的技術援助。由於台灣並非是聯合國的會員國，因此一直無法成為世界衛生組織的會員國，但在多方努力下，至少在2010年6月已成為「觀察員」，積極參與世界性健康衛生事務的處理。（參閱

Global Governance）

Zero-sum Game Policies
零和賽局型政策

　　零和賽局型政策係相對於非零和賽局型政策而言，指某一項政策的制定會導致一方之所得乃是他方之所失的狀況。在某一個特定的博奕局勢下，一方獲得勝利，就贏得全部的賭注（和），則另一方就輸去全部的賭注（零）。此種類型的政策常會使既得利益者失去已經到手的利益，因此必定會採取比較激烈的手段，反對政策的制定或執行。在一般公共政策類型中，管制性政策和重分配性政策屬於零和賽局型。在管制性政策中，既得利益者因為受到管制，會失去原有的利益，由「和」變成「零」的情況，如出入境管制、外匯管制、山防及海防管制等，因此會採取反抗的行動。在重分配性政策中，既得利益者因為財富、或權力、或地位被轉移給別人享受；或被轉嫁負擔成本、或義務，也變成由「和」到「零」的情況，所以當事人也會反抗。政府機關在制定此種類型政策時，應未雨綢繆，事先採取預防措施，防止發生激烈的抗爭活動。（參閱Non-zero-sum Game Policies, Redistributive Policies, Regulative Policies）

第二篇　政策規劃
Policy Formulation

Administrative Feasibility
行政可行性

行政可行性指政策分析人員在從事政策方案規劃時，研究負責推動該方案的行政機關是否具有足夠的能力承擔執行的工作而言。包括該機關的層級高低、權限大小、工作人員素質、管理方法與技術等。具體言之，行政可行性的分析變項包括以下數項：

1. 執行機關層次的高低。
2. 執行機關內部的結構情況。
3. 各級管理人員的情況。
4. 一般執行人員的素質情況。
5. 管理技術的應用情況。
6. 該機關與外部的聯繫情況，包括與上下及平行機關的關係如何。（參閱 Administrative Operability, Feasibility Study）

Administrative Man
行政人

行政人的概念是由1978年諾貝爾經濟學獎得主賽蒙（H. A. Simon）於其1947年的著作《行政行為》（*Administrative Behavior*, 1997 4th ed.）一書中所提出的，它相對於古典經濟學家所提出的「經濟人」（economic man）概念。賽蒙認為人類是行政人而非經濟人，亦即人類並非是純理性的動物。因為受到各種因素的限制，如個人能力、時間、體力、智力及機關組織各種條件的限制，所以一般人雖然嘗試達到理性的境界，但充其量他只是「意圖理性」（intendedly rational）而已，事實上無法達到完全理性的境界，因此賽蒙認為人類的理性是「有限理性」（bounded rationality）。既然只是「有限理性」，因此行政人並不追求作最佳的決策，而只追求作「滿意的」（satisficing）或「足夠好的」（good enough）決策，不像純理性的經濟人，追求「最佳的」（the best）決策。（參閱 Satisficing Decision-making Approach, Simon, Herbert A.）

Advantaged Group
優勢團體

優勢團體相對於弱勢團體而言，指在政治上擁有相當權力或地位、或具有相當影響力；在社會上受到較大尊重或重視、或較能組織動員群眾；在經濟上擁有較多金錢或資源的族群或團體，例如商會、工會、農會、漁會、消費者保護團體、環境保護團體、中上級收入者、財團等。此些團體因為有組織、有資源、較受政府機關重視，所以在政策運作過程中，如果積極參與的話，通常

可較弱勢團體獲得更多的權益。（參閱
Disadvantaged Group）

Advisory Councils
顧問會議

　　顧問會議指尋求影響政府政策運
作與各種特定行動的組織。就國內外政
府機關組織而言，每一個層級的機關組
織均可能成立顧問會議，視機關組織性
質、業務需要、及首長意圖等因素而
定。顧問會議可以提供非政府性質的
團體與個人，參與政策運作過程的機
會。會議的委員除官方代表外，常包括
學者專家、利益團體、工商界及受政策
影響者之代表等。基本上，顧問會議僅
能對決策者提供各種相關的建議，但建
議是否被採納，仍取決於決策者。換言
之，顧問會議僅負責提供建議，但不能
要求政府機關一定要採取何種行動。顧
問會議委員的任期不一定，視有關法
令規章之規定而定，通常是一年或三
年，期滿可續聘。不過專案性質的顧問
會議委員，任期可能直到專案完成後才
解聘。（參閱Group Think）

Advocacy Coalition
倡議聯盟

　　倡議聯盟指「政策次級體系內的

一組由公私部門的行動者所組成的結合
體」。行動者之所以聚集在一起，係為
追求共同的「信仰系統」（Belief System），包括人性特質及所欲達成的公
共事務。這種信仰系統或是意識型態非
常穩定，並且將整個聯盟緊密結合在一
起。為了達成共同的目標，倡議聯盟成
員參與決策時，會運用策略以影響預算
及國家機關的人事安排。（參閱Policy
Advocacy Coalition Framework）

Advocacy Coalition Framework
倡導聯盟架構

　　係薩伯提爾（Paul Sabatier）所提
出的一種相當特殊的整合模式，對政策
之信仰體系具相同主張者，倡議結成聯
盟以爭達成共同的目標。從該聯盟模式
所涵蓋的變項來看，無論在深度與廣度
上都是可圈可點，深度方面它涉及政策
變遷過程中行動者的信仰體系與價值觀
念變項，廣度方面則提出政策次級體系
的概念。因此，該模式的優點在於：
1. 以政治體系論為基礎，提出政策次級
　體系的主張，在當前政策執行模式中
　是特殊的看法。
2. 以菁英理論的實證與規範面向為基
　礎，提出政策菁英的信仰體系，可以
　深入掌握行動者的哲學基礎、政策立
　場與政策主張。

3. 以學習理論為基礎，提出政策取向的學習理論，為政策變遷提供更正確的方向，符合學習型社會的時代趨勢。（參閱Policy Advocacy Coalition Framework）

Advocacy Policy
提倡型政策

提倡型政策指承認政策制定乃是一種涉及嚴重判斷分歧的高度政治性過程，在此過程中，最可能的行動方案，可經由每個團體提出主張並從事辯論、競爭後獲得。亦即政策運作過程參與者各自提倡及擁護自己的主張，而經由政治性運作程序得到最後的勝負結論。（參閱Policy Argument）

A Fortiori Analysis
權衡分析

權衡分析為政策方案評估比較技術之一，指當政策分析人員進行各替選方案比較時，在直覺上認為甲案較乙案為佳，但是也知道乙案有產生較佳結果的可能性，因此可以儘量選擇對甲案有利的因素予以分析，並與乙案進行比較。如果最後發現甲案的確不如乙案，則證明乙案較佳而採納乙案。參閱（Policy Evaluation）

Agenda
議程

議程指由某一個政治性或政策性機關組織所提供的一系列必須考慮處理的事項。基本上，議程包括所有各層級政府單位對於需求、逼迫的結果，需要加以回應的一些項目。設法將一個公共問題擠進政府機關的議程，乃是政策運作過程的第一個步驟。就實務上來說，公共問題能否排進政府機關的議程予以討論，是相當具有政治性的，因為它會涉及有限資源的分配問題。在將公共問題排進議程的態度上，政府機關可能表現出主動、被動、鼓勵、不鼓勵等各種不同的態度。因此，各項公共問題彼此會競爭「受注意」的機會。而最後能否獲得機關的青睞，須視以下的因素而定：問題涉及者的本質、利益團體施壓的結果、問題的重要性如何、各項環境因素的影響程度、及機關本身的看法如何等。（參閱Agenda Setting）

Agenda Setting
議程設定

議程設定指一個政府機關決定是否將某一個公共問題予以接納並排入處理議程的過程。社會上每天所發生的公共問題非常多，它們會經由各種管道提

請社會及有關機關注意，希望能夠擠進
政府機關忙碌的處理議程內，例如透過
大眾傳播媒體、政黨、當事人代表、利
益團體、意見領袖、學者專家甚至示威
遊行等。不過，由於政府機關業務繁
忙，資源有限，在處理各種問題時，
必須按輕重緩急，排出處理的優先順
序。所以議程設定的過程相當富有政治
性，受到問題影響者除了要採取各種手
段讓政府機關接納該問題外，還必須與
其他已被政府機關接納的問題競爭排入
優先處理的程序。當然，如果該問題本
身具有緊急性、政治性、嚴重性，例如
某些重大的天災人禍事件，則可能不待
當事人提出要求，政府機關就會主動的
排入議程內，並立即設法予以解決。
（參閱Agenda）

Aggregation of Interests
利益匯聚

利益匯聚指有關機關、團體、有
組織的群眾將需求轉變成政策替選方案
的過程。從事利益匯聚的主體包括政
黨、利益團體、大眾傳播媒體、各政
府機關等，它們將利害關係人的各種
「需求」，予以合併後向有關的政府機
關反應，要求設法滿足。利益匯聚的
過程涉及如何結合各不同勢力的「價
值」以及如何建立共識等問題。它是政

治系統理論中的「投入」部分。匯聚利
益的作法依以下的因素而定：所涉及問
題的本質與範圍、可使用的資源、領
導方式、對民主政治或其他價值的信
念、競爭權力與利益之黨派或利益團體
的數目。因此利益匯聚涉及如何縮小政
治系統中的特殊需求之數目與範圍。
（參閱Lobbying）

Alternative
替選方案

替選方案也稱為備選方案，或稱
為可擇方案。它指由政策分析人員或
決策者所設計的一組具有共同政策目
標，但是卻互相排斥的選擇方案。亦即
各選擇方案都可以達到同樣的政策目
標，但是如果選擇其中一個方案，則其
他方案即被排除掉，不能再選用。俗語
所說「條條道路通羅馬」就是替選方案
的最佳例子，如果某人選擇其中一條路
來走，則其他的路就被排除了。由此可
知，替選方案必須是兩個以上可供選擇
的方案，而且是互相排斥的。（參閱
Policy Alternative）

Analogous Formulation
類比的規劃

類比的規劃為依據方案設計方式

而分之三種規劃之一，另外兩種規劃為「例行的規劃」（routine formulation）及「創新的規劃」（creative formulation）。類比的規劃指政策分析人員採取以過去類似問題的解決方法，做為解決目前公共問題之參考依據的規劃方式。例如政府環保機關在規劃空氣污染防治方案時，可以參考過去已制定完成的水污染防治方案，因為兩者在性質上是類似的，所以相關的規定，如管制標準、罰則等，大致上可以互相參考引用。（參閱Creative Formulation, Routine Formulation）

Anarchic Model
無政府式系統模式

一般而言，地震危機管理的非線性系統可分為機械式系統模式（mechanistic models）、無政府式系統模式（anarchic models）、重複式系統模式（redundancy models）、探究式系統模式（inquiry models）等四種模式。無政府式系統模式主張在不確定及模糊情境下，組織決策並不能透過仔細規劃而達成，而是受到組織成員的意志能力、時間、及外在環境改變的影響所限制。因此，在問題性的偏好、不明確技術及流動性參與的動態環境下，社群的目標是無法達成一致性的（參閱Inquiry Model, Mechanistic Model, Redundancy Model）。

American Enterprise Institute
美國企業研究所

該所為美國者名智庫之一。美國共和黨人很早就希望能　成立一個「共和黨的布魯金斯研究所」，以對抗布魯金斯研究所本身的偏見。這個夢想終於在1970年代末期實現，那就是美國企業研究所的成立。該所同時吸引了懷疑「大政府」的民主黨及共和黨人士。曾任該所總裁的William Baroody, Jr.區列該所與布魯金斯研究所的主要不同如下：那些傾向於向美國企業研究所這個星體移動者，會傾向先找尋市場的解方案；而移向另一個星體者，則傾向於尋找政府的解決方案。（參閱Brookings Institute）

Aspiration Level Decision Rule
期望水準決策原則

期望水準決策原則也稱為績效標準原則（standard of performance rule），為風險性（risk）自然情境下的一項決策技術。其作法是決策者事先決定利潤不得低於某一定標準，或是所要損失的成本不得高於某一定數額，然

後就各替選方案中，選擇可以達成該期望水準之最大機率的方案。（參閱 Maximun Likelihood Decision Rule）

Associated Population
關聯性人口

關聯性人口指接受政府機關組織所提供服務或協助的主要標的團體，亦即機關組織主要責任領域所認定的特定服務團體。在政治上，此類服務對象通常會對該機關組織採取支持的態度，與機關組織結合在一起，從而強化了該機關組織在政府中的合法性與權威。因此機關組織常熱衷於發展與此類團體間的關係，設法滿足其政策需求，以換取它們的支持，二者可謂相得益彰互蒙其利。以美國情形為例，民航駕駛員及由他們所組成的團體，就是民航委員會（Civil Aeronautics Board）的關聯性人口。以我國情形而言，所有的勞工及各行各業的工會，就是行政院勞工委員會的關聯性人口。由於關聯性人口是相關機關組織採取政策或行動之後的直接利害關係者，因此常常會設法影響機關組織，促其採取對他們有利的行動。（參閱Captive Agency）

Assumptional Analysis
假定分析法

假定分析法為政策問題認定所使用的一種方法，係意圖對政策問題的各種衝突假定，製造創造性綜合的一項技術，它主要是應用於處理不良結構的問題。詳細言之，假定性分析法的設計乃是為了克服政策分析的四項主要限制：1.政策分析常根據單一決策者在單一時間點已清晰排定的價值觀進行。2.政策分析常未能以系統的及明白的方式，考慮有關問題本質與解決方案之各種強烈的不同看法。3.許多機關組織的政策分析常在閉門造車的情況下進行，無法對問題的成因作深入的探討。4.做為評量問題及解決方案充分與否的標準，常只是處理表面上的特性，例如邏輯一致性問題，而非處理問題概念化之下的基本假定問題。假定性分析法的應用涉及五項連續性的階段：1.利害關係者的確認（stakeholders identification），即政策分析人員對政策利害關係者加以確認，並排出處理的優先順序。2.假定的呈現（assumption surfacing），即政策分析人員對解決問題的方案，就其假定一一的列出。3.假定的挑戰（assumption challenging），即政策分析人員以各種反假定比較並評估各替選方案及其所根

據的假定。4.假定的彙整（assumption pooling），即政策分析人員就假定對不同利害關係者之確定性與重要性，將各方案的重要假定予以彙整，並在協商交換取捨之後，排出優先順序。5.假定的綜合（assumption synthesis），即政策分析人員根據前述一套可被接受的假定，為問題創造或綜合出解決的方案。基本上，假定分析法的運作過程相當具有德菲法（Delphi）的特色，但其運作方式不如德菲法清晰明確。（參閱 Conventional Delphi, Policy Delphi）

Attentive Public
注意的大眾

注意的大眾指在一般社會大眾中，對政府各部門作些什麼及政策制定的活動如何，或多或少有所了解的一小部分人。注意的大眾通常對政府及其活動比較關心，並且設法獲取更多的資訊及接觸消息靈通人員，以協助他們了解政府活動的本質與影響。此項注意的大眾的觀念顯示，公共政策的運作不只是受到單一民意的影響；民意可以是有組織的或無組織的；可以是有力的或無力的；可以是有影響力的或無影響力的等。大致上來說，注意的大眾對政策的最後形成扮演相當重要的角色，因為他們對政府的活動及公共議題比一般人要

了解，並且會透過有力人士去影響政策運作，因此政府機關的政策分析人員與決策者，必須特別注意這群人的動向。（參閱 Public Opinion）

Benefit-Cost Ratio
益本比

益本比為成本利益分析法中的一項評估比較的指標，指將方案執行後所獲得的利益除以為執行方案所投入的所有成本，以觀其比率如何，如果比率大於一，表示此方案是賺錢的，如果沒有其他方案可以做為比較對象時，該單一方案可以考慮接受。進行成本與利益比較時，通常是以貨幣單位為衡量的根據。其意思與另一個名詞「本益比」（Cost-Benefit Ratio）一樣。（參閱 Cost-Benefit Analysis, Cost-Benefit Ratio）

Bounded Rationality
有限理性

有限理性相對於純粹理性（pure rationality）而言，是由1978年諾貝爾經濟學獎得主賽蒙（H. A. Simon）在1947年的《行政行為》（Administrative Behavior, 1997 4th ed.）一書中所提出的。他認為人類並非如古典經濟學

家所主張的是純理性的動物，是追求最佳決策的動物。因為人類不論是個人以獨自身分或是處於機關組織中作決策，都會受到各種因素的限制，使他無法以純粹理性的觀點，制定最佳的方案，而只能基於有限理性的考慮，制定滿意的或足夠好的決策。（參閱Administrative Man, Simon, Herbert A.）

Brainstorming
腦激盪法

腦激盪法是透過一群人有系統的互動，產生想法、目標及策略，以協助政策分析人員或決策者認定及概念化問題的一種方法。歐斯本（Alex Osborn）原先設計它做為強化創造力的一種工具，後來也應用於對問題的潛在答案產生大量的意見方面。腦激盪法涉及以下幾項簡單的作業程序：

1. 參加腦激盪作業的團體成員，必須依照調查研究中的問題本質而組成。簡單的說，參加者應當是對該特定問題情境具有深入了解者，也就是一般人所說的「專家」。

2. 意見激發與意見評估兩個程序必須嚴格分開，如果不予分開，則在意見激發階段，早熟的批評與辯論，可能會妨礙廣泛的團體討論，以致無法產生各種寶貴的意見。

3. 在意見激發階段，腦激盪活動的氣氛，必須儘量保持公開，並允許與會者知無不言，言無不盡。

4. 當第一階段的意見激發已經相當窮盡時，才可以進行第二階段的意見批評與辯論。

5. 在第二階段意見評估結束後，整個團體必須將各種意見列出優先順序，並且把它們整合成一項提案，此項提案應當包含問題的概念及潛在的解決方案。

腦激盪法是一項高度變動的程序，它可能涉及相當結構化的活動，也可能涉及非結構化的活動，視政策分析人員的目的及情勢所受的限制如何而定。通常相當非結構化的腦激盪活動發生在政府機關、及公共和私人的「智庫」（think tank）。他們在討論政策問題時，常常是非正式的和隨興式的，涉及不同學科或領域之「通才」與「專才」之間的互動。結構化的腦激盪活動，例如採用各種設計去協調團體成員的討論，並使討論圍繞著焦點進行。此些設計包括採取「持續決策研討會」（continuous decision seminars），此研討會可避免傳統委員會的限制氣氛，讓一群受到高度鼓舞的專家，可在若干年內時常見面討論。（參閱Conventional Delphi, Policy Delphi）

Branch approach of Decision Making
枝節決策途徑

林布隆（Charles E. Lindblom）在「漸進調適的科學」（The Science of Muddling Through, 1959）一文中，將「理性廣博決策途徑」（rational-comprehensive decision-making approach）稱為「根本決策途徑」（root approach of decision-making approach），而將「連續有限比較法」（the method of successive limited comparison）稱為「枝節決策途徑」（branch approach of decision-making approach）。此處所謂「連續有限比較法」，實際上就是「漸進決策途徑」。枝節途徑的作法是，從目前的狀況往前連續以小幅度的方式，一步一步的考慮、規劃、分析、比較各解決問題的替選方案。其基本要點是：1.對所須行動之價值目標的選擇及實證分析並不明顯區分，而是緊密糾纏考慮的。2.由於手段與目的並不明確分開考慮，故手段與目的之分析常常是不適當的或受限制的。3.「良好」政策的檢測標準基本上是各類政策分析人員直接同意該政策（無須同意它是達成同意目標的最適當手段）。4.分析是極受限制的：(1)重要的可能結果被忽略。(2)重要的潛在政策替選方案被忽略。(3)重要的被影響價值被忽略。5.因進行連續比較，故大大減低或消除對理論的依賴。（參閱Root Approach of Decision Making）

Break-Even Point
損益平衡點

損益平衡點指一個政策或計畫的全部收入與其全部成本相等的一點。在經濟學上來說，損益平衡點指一個公司正好獲得正常投資報酬率的一點。損益平衡點乃是研究人員從事「損益平衡分析」（break-even analysis）之後所得到的結果。在對政策方案進行成本利益分析時，必須注意損益平衡點的問題。（參閱Cost-Benefit Analysis）

Brookings Institute
布魯金斯研究所

布魯金斯研究所是美國著名智庫之一，長期以來是美國重要外交政策的主要規劃者。不過，該所研究人員不願別人說它是因自由派的智庫而享有盛名，並一再否認他們試圖設定國家重要政務項目的優先順序。然而，大家都知道，該所對1960年代的「貧窮之戰」（War on Poverty）、福利改革、國防、租稅等政策的制定，影響

力極大。美國紐約時報專欄作家及哈佛大學歷史撰寫小組的Leonard Silk 與 Mark Silk兩人，曾經描述該所是首都華盛頓地區「政策網絡」的中心。他們這樣形容：「相關人員在此處進行溝通工作：包括吃午飯，不論是該所自助餐廳的非正式吃飯，或是定期的星期五午餐會，工作人員及其客人，圍繞著橢圓形餐桌，熱烈討論這個星期所發生的重大事件：透過有酬或無酬的方式，在會議上對政府或企業提供顧問工作，在高深的研究案中提供建言，而時間久了之後，就做為進入政府部門工作之旋轉門的一種手段。」（參閱Think Tank）

Budget Constraint
預算限制

　　預算限制指個人或一個政府機關在決定如何花費其收入時，所受的限制。此項預算限制可預防個人或機關花費的數額比實際上的收入還多。（參閱 Planning Progromming Budgeting System）

Catastrophe Methodology
大幅變動方法論

　　大幅變動方法論是「外推預測法」（extrapolative forecasting）的一項預測政策方案的技術。它可透過特別的設計，由某變項之小幅變動，而預測另一變項巨大變動的趨勢。它涉及不連續過程的系統化研究，並以數學的方式加以表示。依據創始者法國數學家 Rene Thom的說法，它是一種研究自然界與社會中不連續事象之基本類型的方法論。此項方法論之主要假定及在公共政策上的應用，須注意以下幾點：

1. 不連續的過程（discontinuous processes）：許多物理的、生物的、及社會現象的運作過程，不僅是曲線性，也可能是突發的及不連續的。例如，某些政策論題有時依循輿論作平穩而漸進的改變，但是有時候卻可能突然作一百八十度的大轉變。

2. 系統整體性（systems as who-les）：社會系統整體的改變並非是其部分改變之總和，因此即使系統的各部分只作平穩而漸進的改變，整個系統也可能在結構上及特徵上作突然的大轉變。例如，輿論對主要重大政策論題可能突然發生極大分歧，造成政策利害關係者間的廣大辯論或對抗，而同時間公民個別的意見卻是逐漸演變的。

3. 大幅變動漸進延緩（incremental delay of catastrophe）：決策者為維持或建立大眾的支持，可能選擇與現行政策稍微不同的政策。漸進選擇涉及

將已採行的政策，與所有接近的替選方案作連續不斷的比較。決策者之所以欲延緩大幅變動，是因為受到以下因素的影響：(1)資訊不足。(2)分析時盛行採取直覺方式。(3)政治忠誠與承諾發生問題。(4)機關的老化。(5)歷史的先例。

4. 大幅政策變動（catastrophic policy change）：前項大幅的變動漸進延緩總是希望能夠堅持到最後一刻，但是到了某一個特定時間，決策者為了保持大眾對他的支持，可能被迫對政策作突然且不連續的重大改變。

目前大幅變動方法論在公共政策分析的應用，主要是在民意的分析方面。它提供我們了解不連續政策過程的概念及技術，然而，它不是理論而是一個方法論，因為它假定過去所觀察到的不連續的過程，未來將不規則的重複出現，而非藉由理論預測未來。（參閱 Extrapolative Forecasting）

Causal Modeling
因果關係製模法

因果關係製模法指政策分析人員根據相關的社會科學理論、實際工作經驗、及研究調查結果等，建立政策問題發生、政策目標或目的與政策內容的行為或條件間的假設（即確定自變項與依變項間關係的假設陳述），並透過驗證假設，而闡述政策相關問題的因果關係。因果關係模式的假設有三類：1.因果假設（the causal hypothesis）：即某項因素可能是影響政策方案所要修正的行為或條件的決定因素，例如失業問題嚴重可能是犯罪率提高的重要影響因素。2.干預假設（the intervention hypothesis）：即某特定干預政策方案與所要改善的行為或條件間的關係，例如對於出獄人施予職業訓練可能會減少累犯情況的發生。3.行動假設（the action hypothesis）：即強調某特定干預政策方案必會造成所要改正的行為或條件，例如強調對於出獄人的職業訓練課程，必定可以符合雇主的資格要求。（參閱 Problem Identification）

Chernobyl Nuclear Plant Accident
車諾比核電廠事故

1986年4月26日凌晨，前蘇聯烏克蘭普里比亞特附近的車諾比核能發電廠第四號反應爐發生爆炸，加上後續的爆炸，引發大火並散出大量高幅射物質到大氣層中，所釋放的幅射線劑量約廣島原子彈的400倍以上。受災的面積非常大，受影響的國家也非常多。此一事故被認為是人類歷史上最嚴重的核電廠事

故，它使世人對蘇聯核能發電的安全產生高度的懷疑，也減緩了各國一系列的核能工程之進度。據研究報告指出，此次事故導致56人死亡，成千上萬的人可能因暴露在高度幅射線物質下，以致罹患癌症而死亡。不過，後來有關當局表示，儘管反應爐周圍半徑30公里的疏散區及某些管制區還有些管制措施，但是大多數受影響的區域，已被認爲可以安全居住及從事經濟活動。（參閱Fukushima Nuclear Plant Accident, Three Mile Island Accident）

Citizen Advisory Committees
公民顧問委員會

公民顧問委員會爲公民參與政策運作過程的一種形式，即政府機關就某一項特殊政策領域，組成公民顧問委員會，邀請對該政策領域具有興趣或有專長、或深受其影響者參加，俾集思廣益與增進政策執行力。就實務而言，各級政府機關均可視實際業務需要，成立各種公民顧問委員會，以利公民參與政策的運作。此類委員會在某些政策領域，尤見其重要性與必要性，例如環境保護事務的處理即然。公民顧問委員會的存在，有其優點：一爲可收集思廣益之效；二爲可減少政策或計畫的執行阻力；三爲可表示政府具有民主行政的傾向。就理想性而言，公民顧問委員會應能提供對特殊議題具有興趣的公民，表達意見與觀點的機會，並能發揮影響力。以美國情形爲例，總統的國家石油委員會（National Petroleum Council）就是一個公民顧問委員會，它在提供原油與天然氣儲存資訊方面，的確能夠產生實質的影響。（參閱Citizen Participation, Community Forum Approach）

Citizen Conference
公民會議

此項技術爲實踐商議式民主理念的技術之一，也稱爲共識會議（Consensus Conference）。它可應用於界定公共議題及發生的原因、了解民眾的需求、及提出解決議題的方案。公民會議法起源於1980年代的丹麥，主要目的是要將一般民眾包含在政策商議的過程中，它意圖「補充」而非「取代」既有的民主決策方式。它也提供了會議的空間，使在政治上無組織的普通人，能夠集合起來對切身相關的議題，發出「知情」及「思考」後的聲音，以供決策者參考。一般來說，丹麥公民會議的實施方法是，由主辦單位公開隨機選取12至25位公民，在經過3至7天的背景了解、議題建構、小組討論及專家聽證之後，建立共識、公開發表結論並請相

關單位作出正式回應。近年來，台灣的學術界及實務界已多次應用公民會議法，處理許多公共政策議題，累積相當豐富的經驗。（參閱Deliberative Democracy）

Citizen Jury
公民陪審團

此項技術主要應用於設計及選擇解決問題不同替選方案方面。其目的在強化公民於討論公共政策事務時的理性及同理心（empathy）。公民陪審團的構想始自1971年Ned Crosby的博士論文，但其實際運作則由Jefferson Center於1993年1月所創用。該中心及其他非營利組織（NGO），在當時邀請全美各地隨機選取的24位公民，齊聚華府，在開會的第五天，討論聯邦預算問題。他們先後聽取了保守派及自由派作證者的發言後，參與者的任務是要設法平衡聯邦的預算。他們經過充分討論後，決定刪減聯邦440億美元的支出，但也以17票對7票，通過增稅770億美元，以將預算赤字控制在2000億美元之下。

陪審團團員應按議題立場不同比例抽出，例如前項陪審團員24人中有11位代表反對加稅者，有4位代表贊成者，其餘爲中立立場者，此與全國性民意調查結果的比例相符。

Jefferson Center 的經驗顯示，成功的公民陪審團運作應具以下的要素：

1. 陪審團應爲社區的縮影：即應依社區（地方性或全國性）的人口結構及特性，隨機選取具不同代表性的團員。
2. 在符合良好商議的要求下，團體儘可能擴大：根據Jefferson Center 的經驗，團體的成員以24人最爲恰當。
3. 高度品質的資訊：提供給團員的最佳資訊，乃是來自不同作證者所表示的觀點及意見，而非由主辦單位所提供的書面資料或不同觀點的綜合摘要。同時，要讓團員有充分的時間直接詢問作證者。
4. 高度品質的商議：爲確保高品質的商議過程，應由經過專業訓練的主持人（facilitator），負責掌控陪審程序的進行，設法讓團員可自由針對問題表達意見，並避免有人主導討論。另外，作證者應保留充分的時間以答覆團員所提出的問題。
5. 將主辦人員的偏見減至最低並避免受外人的操控：即陪審團團員應盡量不受主辦人員偏見的影響，包括不應受到主持人肢體語言的影響。同時，應確保團員能夠以自己的文字語言，撰寫他們的最後建議，並在公開發表之

前,可以檢視最後的建議。

6. 公平的議程與聽證會:應借助代表廣泛不同觀點之外部顧問委員會,協助公民陪審團設定議程及挑選作證者。

7. 給予充分的時間研究議題:理想上,陪審團運作進行的時間越久,團員越有充分的時間研究議題,但因考量各項因素,通常還是以一個星期為宜。(參閱Deliberative Democracy)

Citizen Participation
公民參與

主張公民參與理論者認為,公共政策乃是經由「多數原則」(majority rule)所制定的,多數原則的最佳表現方式就是選舉。他們又認為公民可以理性的按一人一票原則投票,並假定公民對於決策過程具有充分的資訊,且對於立法機關的決策中心擁有接近的管道。公民在各替選方案中及已經表明支持某方案的候選人中進行選擇。此理論進一步假定公民係基於「公益」的觀點而參與,並且可以參與整個公共政策制定的過程,公民除透過投票參與政策制定外,尚可經由民意調查、參加公聽會、說明會、協調會、溝通會、及規劃會等方式,表達他們對政策方案的看法及主張,做為決策者取捨的參考。

主張此理論者對於公民的品質及參與政治生活的意願,寄以極高的期望,並要求公民的人格結構能夠符合民主政治的價值及功能,能夠無所焦慮的參加政治活動,能夠對執政當局抱持健康的批判態度,能夠對政治具有高度的興趣並能夠充分的介入。但從政治實務來看,上面這些有關公民參與理論的假定,可以說是殘缺不全的。例如事實上很少人願意向「權威」挑戰、公民具有低度的容忍性、對政治不感興趣、投票率不高、參與並不踴躍等。

具體言之,在政策制定過程中,有效的公民參與會受到以下的限制:

1. 公民本身的限制
   (1)個人成本效益方面的考量如何。
   (2)接近決策者及資訊的管道如何。
   (3)接近決策過程的關鍵點如何。

2. 政策制定者的限制
   (1)決策者對公民參與目的的認知問題。
   (2)決策者與公民角色的合法性問題。
   (3)如何評估民意問題。

3. 制度設計上的限制
   (1)究竟誰應參與。
   (2)究竟應有多少人參與。
   (3)在政策制定過程中,公民參與究竟應如何整合。(參閱Citizen

Participation, Community Forum Approach）

Classificational Analysis
類別分析法

類別分析法為政策問題認定的一種方法，目的在澄清、界定與區分問題情境的概念。類別分析法主要是採取邏輯區分（logical division）與邏輯歸類（logical classification）兩種方式以了解問題。前者指在確定某一項大問題後，依邏輯推理的概念，把該問題再細分為若干次級的分類，以求對問題本質能有更深入的了解。例如政策分析人員可以將社會失業問題，區分成實質性失業與假性失業；短暫性失業與長期性失業等。後者指將許多個別的事件、情況或個人，依其性質組合成為若干較大類別，以利分析、研究及處理。例如研究人員可將社會上每天所發生的各種犯罪案件，依照性質的不同，歸類成竊盜罪犯、殺人罪犯、恐嚇罪犯、強暴罪犯等。（參閱Problem Identification）

Collective Rationality
集體理性

集體理性指兩個或兩個以上理性的人所組成的團體，各人基於自利的動機，並均具有決策發言權，而達成最後選擇的方式。（參閱Individual Rationality）

Community Networks
社區網絡

社區網路是以地理距離為基礎，透過電腦中介傳播（Computer-Mediated Communication, CMC），亦即透過電腦網際網路以促進人際關係的傳播，增加傳統地理社區民眾的參與，藉由電子參與擴大對地理社區的認同，進而促進社區的發展或轉型。近來有許多中央與地方政府機關舉辦「社區網絡論壇」，即是社區網絡理念的體現。（參閱Electronic Government）

Comparative Needs
比較性需求

比較性需求指個人或社群的狀況明顯低於某一比較團體之個人平均狀況，因而提出改善要求的需求，它相當於社會學中的相對剝奪概念（concept of relative deprivation）。例如鄉村兒童所接受的教育品質，遠低於都市兒童所接受的教育品質，因此提出改善鄉村兒童教育品質的要求。又如原來生活狀況不錯的農民，如果不與其他行業人士

比較，可能自己覺得情況尚屬不錯；但是在與生活狀況更好的工商業人士進行比較後，發現他們遠不如工商業人士，因而向政府提出縮短差距的需求，要求政府設法改善農民的生活品質，這也是一種比較性需求。（參閱 Felt Needs, Normative Needs）

Comprehensive Planning
全盤性規劃

全盤性規劃也稱為整體性規劃，指從宏觀角度對政策或計畫所涉及的所有面向，均加以詳細的分析研究，而擬定涵蓋面較廣、時間幅度較長、較具理想化的方案。Carl V. Patton及David S. Sawicki兩人在《政策分析與規劃的基本方法》（*Basic Methods of Policy Analysis and Planning*, 1993）一書中，認為古典的全盤性規劃具有以下的要素：

1. 儘可能採取各種方法，廣泛蒐集必要的資訊。
2. 儘可能詳盡的尋找可以解決問題的各項替選方案。
3. 準備一項全盤性計畫。
4. 具有不特定的服務對象：公共利益。
5. 其範疇具主題取向（subject-oriented），而非問題取向（problem-

oriented）。
6. 具相當長的時間幅度（通常在十年以上）。
7. 對於計畫的執行過程採「非政治性途徑」（apolitical approach）。（參閱Policy Formulation）

Conceptualization and Design Analysis
概念化與設計分析

概念化與設計分析是政策分析中一個考慮的部分，它指對於以下這些事項進行研究分析：1.方案或計畫所涉及的問題之廣度與場所。2.可用何種方法將各種概念加以操作化的界定。3.擬議當中的方案或計畫是否合適。（參閱Policy Analysis）

Conjecture
推測

推測乃是基於預測者主觀判斷對未來某種情況從事預測的一種方式。此種主觀的判斷可能是直覺性的，也就是利用預測者對事情具有較深入的了解、較有創造力的知識權力、或對政策利害關係者所知較詳，因而主張他對未來事件發生所作推測的可靠性。其次，此處所說的判斷是指利用過去、目前或未來的

經驗、目標、價值、意向等，而推測未來社會價值如何。例如預測者可能基於人類需要更多「閒暇」的看法，而預測行政機關公務員每周上班五天乃是必然會發生的事。以主觀性「推測」從事政策方案預測，其準確性有時當然會有問題，但在許多議題上，卻非採用此種預測方法不可。（參閱Intuitive Forecasting）

Consumer Analysis
消費者分析法

消費者分析法為社會工作者進行社會調查工作所常用的方法，就其應用於政策問題認定而言，它比較著重於一般民眾的需求評量（needs assessment），而非意見表達。其基本假定是：所有的政府機關均應了解民眾的需求，不過一般民眾往往很難清楚界定究竟需求什麼，也很難清楚表達他們的需求，及評量他們的需求強度。有鑑於此，Philip Kotler遂發展出三種評量民眾需求的方法：1.直接訪問法：即利用開放型與封閉型問卷，由受訪者直接表達他的需求為何。2.動機研究法（motivational research）：即由受過訓練的訪問員，對某些消費者或特定對象，進行深入的訪談，運用字的聯想（word association）、句子完成（sentence completion）、圖畫完成（picture completion）、及角色扮演（role playing）等方法，了解消費者或一般民眾的需求、動機與態度。3.標準答案法（prototype solution）：即由訪問員對受訪者提出某些可能的答案，由受訪者從中選擇答案，以了解其需求及問題癥結。（參閱Problem Identification）

Controlled Feedback
控制性回饋

控制性回饋乃是德菲法（包括政策德菲法）的一項原則，即在進行德菲作業時，主其事者要求參與者就所提供的問題，寫下自己的看法或答案，主其事者在收取所有參與者的看法或答案後，予以歸納、分析、整合，再將此些資料回饋給所有參與者，進行必要的修正，如此經過數回合的回饋後，作成團體決策，提供決策者選擇方案的參考。參與者的回饋方式及內容的修改方式，是在主其事者的控制之下進行的，故稱為控制性回饋。（參閱Conventional Delphi, Policy Delphi）

Conventional Delphi
傳統德菲法

德菲法（Delphi）係以古希臘阿

波羅神廟（太陽神廟）廟址德菲命名的。在1948年美國蘭德公司（Rand Corporation）的研究人員首先發展出德菲技術，後來逐漸爲政府部門及工商企業界採用爲預測的技術。此項技術原是爲軍事策略問題的預測而設計的，後來逐漸擴及教育、科技、運輸、交通、太空探測、住宅、預算及生活品質等方面問題的預測。另外，此技術原來著重於專家運用實證資料以支持其預測，到了1960年代，擴及對價值問題的預測。一般人以1960年代爲基準，分成傳統德菲法與政策德菲法，事實上後者乃是前者的擴大而已。

傳統德菲法主要是鑑於一般人利用委員會、專家討論及其他小組討論的方式去求得集思廣益的答案，結果並不理想，於是採取德菲法以避免小組溝通不良、爲少數人員把持、被迫順服別人意見、人格衝突、及造成敵對等弊端的發生。傳統德菲法的應用，強調以下五項基本原則：

1. 匿名（anonymity）原則：所有參與的專家學者以個別身分發表意見嚴格遵守匿名原則，不公開參與者的身分，以免受「盛名」的影響。

2. 複述（iteration）原則：由主持人蒐集參與者的意見並公布周知，反覆進行數回合，其間准許參與者在參酌他人意見後修正自己的判斷。

3. 控制性回饋（controlled feedback）原則：請參與者回答預先設計的問卷，並請他對集結起來的判斷論證作總體衡量。

4. 統計性團體回答（statistical group response）原則：對所有參與者的意見進行綜合判斷時，通常視其「中數」（median）、「離勢」（dispersion）及「次數分配」（frequency distribution）情況而定。

5. 專家共識（expert consensus）原則：此法的主要目的在形成專家共識的情況，而得出最後的結果。（參閱 Brainstorming, Policy Delphi）

Cooptation
吸納

吸納是決策者及政策分析人員運用來增進政策過程順利運作的一項策略。它指將政策利害關係者（尤其是標的人口）中的意見領袖納入政策規劃委員會、執行委員會、監督委員會、評估委員會、或顧問委員會等。就積極面言，吸納可以使政策利害關係者有機會參與政策運作過程，可收集思廣益之效，使政策運作較爲順暢；就消極面言，吸納可使採取反對立場的政策利害關係者得以表達不同看法，因此覺得受到尊重，而減少抗拒的行動。關於吸納

策略的應用，Philip Selznick於1947年所著TVA and the Grass Roots一書中有相當詳細的描述。此項吸納策略對執政黨而言，應當極具有意義，因爲在處理爭議較大的論題，尤其是政治性議題及重大經濟議題時，應當儘可能吸納反對黨的意見領袖，參與討論，尋求解決方案，以使方案能夠順利達成並較容易執行。（參閱Citizen Participation）

Correlational Analysis
相關分析法

相關分析法是預測政策方案之理論預測法的一種技術。一般而言，統計上的各種分布圖（scatter diagrams），不只顯示某種關係的型態，也顯示其關係的方向及強度。而我們所期望的並非在分布圖上看出其關係之方向及強度大略情況而已，而是希望能準確測量出其關係之方向及強度。通常有兩種方法可達此目的：其一爲決定係數（coefficient of determination），它是依變項受自變項影響的變動數量的總值或指標。其二爲相關係數（coefficient of correlation），亦即「決定係數」之平方根。相關係數之值由-1.0至+1.0不等，表示相關的方向是正的還是負的，以及相關強度如何。如果相關係數爲0，表示二者毫無關係。如果相關係數爲+1.0，

表示具有最大的正相關性，如果相關係數爲-1.0，則表示具有最大的負相關性。但是決定係數只以正號表示，其數值由0.0至1.0不等。（參閱Theoretical Forecasting）

Correlation and Causation
相關性與因果關係法

相關性與因果關係法爲政策問題認定途徑之一。蓋事情的發生通常不會是孤立的事件，常常與其他事情發生密切的關聯；另外，「有果必有因」，很多事情的發生一定有其原因。因此利用相關性與因果關係法，可以協助政策分析人員了解某項公共問題內部重要變項彼此間的相關性，及與其他問題間的相關性；並可進一步了解該問題所涉及的自變項（independent variables）、中介變項（intervening variables）、及依變項（dependent variables）是什麼，以及彼此間的運作關係如何等。因此，利用此種問題認定途徑，可以對公共問題的本質及癥結，具有比較清晰的認識。（參閱Problem Identification）

Council on Foreign Relations
外交關係協會

外交關係協會是影響美國政府外交

政策的最重要智庫。據政治學者Lester Milbraith的觀察，外交關係協會對美國政府的影響是那麼的普遍及深遠，以致於很難區別究竟是該協會的方案或是政府的方案。他說：「外交關係協會並非由政府資助，卻與政府那麼緊密的工作，以致很難區分究竟是由政府激發的行動，或是該協會自主性的行動。」當然，外交關係協會本身否認了他們曾對美國的外交政策行使任何的控制權。的確，他們的會章宣稱，該協會對外交政策問題不應採取任何立場，也沒有被授權去聲明或意味被授權去聲明協會對這些事情的看法。不過，政策的發動、共識的建立、及對政府的影響，其實並不需要該協會作任何正式的聲明，它的影響力就是那麼的巨大。（參閱Think Tank）

Counterintuitive
反直覺性

反直覺性指與某人直覺性的期望相反的作法。此名詞由美國麻省理工學院的Jay Forrester提出後而著稱，他在〈社會系統的反直覺性行為〉（The Counter-Intuitive Behavior of Social Systems）一文中指出，一般來說，社會經濟系統並無法按照人們所期望的方式加以回應，結果導致為解決某一問題所提出的方案，無法解決該問題，有時甚至使該問題更為惡化。舉例而言，為幫助貧困者而設計的住宅方案，由於將貧困者安頓集中在一個地方，使他們工作不方便，反而因此使他們受到更大的災難。再如公共汽車服務，因為收入虧損而決定提高票價，但此舉卻可能反而減少乘客，使公共汽車進一步的虧損。（參閱Intuitive Argument, Intuitive Forecasting）

Creative Formulation
創新的規劃

創新的規劃為依據方案設計方式而分之三種規劃之一，另外兩種為「例行的規劃」及「類比的規劃」。創新的規劃指政策分析人員採取突破慣例及創新性的方法，對於無前例可援的、複雜的公共問題，設計解決的方案。例如我國台灣地區與大陸地區人民互動問題的處理，就是採取創新性規劃方案的作法。在公共政策領域中，有許多議題因為屬於新生事務，所以必須以創新的、嘗試性的方式進行方案規劃。（參閱Analogous Formulation，Routine Formulation）

Crisis Management
危機管理

一般人認為，危機是一種「危險情況」，但也是一種「轉機或契機」。從公共政策的角度而言，危機指政府機關或社會在未預警的情況下，突然爆發某種情境或事件，它可能威脅到國家的生存發展，或帶給人民生命、財產的嚴重損失或其他不良後果，迫使決策者必須在極短時間內作成決策並採取行動，以使災害或損失降至最低的程度。例如以往發生的蘇聯車諾比（Chernobyl）核電廠爆炸事件、美國三哩島（Three Miles Island）核電廠輻射外洩事件、我國1980年代的高雄後勁地區居民反五輕設廠事件、1990年代台北縣貢寮鄉居民反台電核四廠興建事件，及2003年2月美伊戰爭危機等，均為著例。

危機的主要特性如下：1.具威脅性：即危機可能威脅到個人、團體、社會、機關組織、國家的目標、價值、或生存。2.具不確定性：即危機具有狀態不確定、影響不確定、及反應不確定三種特質，會影響決策的結果。3.具時間有限性：即危機發生後，決策者只有極短的時間可作反應，故可能影響決策品質。4.具雙面效果性：即危機固然是一種危險狀況，但是如果處理得宜，可能使以後的情況變得比以前更好。

危機管理指一種有計畫的、連續的及動態的管理危機的過程。亦即政府機關或組織針對潛在或當前的危機，於事前、事中或事後，利用科學方法，採取一連串的因應措施，包括組織、命令、控制、協調、計畫、激勵、溝通，以及為了因應危機的急迫性、威脅性和不確定性，藉由資訊回饋，不斷的修正與調整，以有效預防危機、處理危機及化解危機，甚至消弭危機於無形，使政府機關或組織能夠迅速回復正常的運作狀況。

有兩個名詞與危機管理相關但含意並不完全相同，應稍作說明。其一為「危機處理」（crisis transaction），它指危機發生後所採取的因應措施，著重事後的處理。亦即危機發生後，才針對危機情境，研訂有效執行策略，期消弭危機或減少損害。而危機管理則為危機的事前防範、事中及事後的處理等。其二為「風險管理」（risk management），它指採取各種管理方法，以減少風險的程度和損失。它和危機管理的意義相近，但偏重在企業管理的研究領域，且風險的威脅性、不確定性、及時間限制性不若危機管理的情況嚴重。（參閱Policy Problem）

Crisis Transaction
危機處理

基本上，危機處理是危機管理（crisis management）的一部分。一般而言，危機管理包含三部分：一、危機前的管理：危機預防；二、危機中的管理：危機處理；三、危機後的管理：危機學習。就政府部門的危機處理而言，危機處理指在危機事件發生後，政府相關部門、單位及人員，積極、迅速採取各種必要救災措施，使事件所造成的損害降低至最小的一切作為。政府機關處理危機的主要作法如下：1.啟動危機處理小組：由政府機關各相關單位以任務編組成立「危機處理小組」，由機關首長、單位主管及相關人員組成，當危機發生時，立即啟動運作機制，指揮中心即成為危機處理的決策中心，掌握黃金72小時的關鍵時刻，下達明確指令，以指導各機關的危機處理行動，並整合各方資源有效運用。2.設置發言人：發言人的職責是當危機發生時，代表政府機關說明危機事件的處理過程及後續發展狀況，他應當是官方單一的訊息傳播管道，避免由不同人員與大眾傳播媒體溝通時，造成訊息扭曲失誤的結果。故應指定適當發言人，主動與媒體聯繫，提供完整的事件資訊。3.強化危機監測系統：政府機關及人員必須具有敏銳的危機知覺，並能預測危機事件的可能發展，採行因應對策，作好公共關係。4.危機資源管理：危機發生時，救災單位及人員應將有限的資源作最有效的整合運用，將人力、財力、物力等資源有效的投入危機處理中。5.危機善後處理：危機發生後及時處理，可以使危害減至最低程度。此外，危機事件現場處理後，仍須妥慎處理後續事宜，如行政程序、爭議事項、法律問題、心理輔導等。（參閱Crisis Management）

Cross-boundary Governance
跨域治理

廣義來說，跨域治理包含兩個層面：一為跨管轄領域所涉及的問題；另一為跨專業領域所涉及的問題。就前者而言，跨域治理的範圍又可細分為四方面的網絡關係：1.跨部門治理關係，如台海兩岸議決，可能涉及國防、外交、經濟、教育、大陸委員會等各部會的權責；2.跨垂直政府治理關係如中央與地方政府共同執行教育、衛生或社會福利等政策；3.跨平行政府治理關係，包括直轄市政府間、直轄市與縣市政府間關係，如台北市與新北市共同整治淡水河的治理關係；4.跨政府與民間組織治理關係，如政府與民間共同興建重大

公共工程或舉辦大型活動等。就後者而言，係指某一項公共事務議題涉及不同領域的共同治理關係，例如有關如何因應全球暖化的問題，可能涉及多學科的專業知識，因此需要不同領域的專家學者的共同參與。所謂治理，也就是由議題所涉及的各方共同參與、統治、管理的意思。基本上，跨域治理的議題通常是比較複雜的、較難預測未來變化的、較難計算後果的、涉及甚多參與者的、需要參與者集思廣益的。所以，欲逐現跨域治理的理念，涉及的各造必須揚棄本位主義、建立協商機制、塑造夥伴關係、發揮整合功能、跨越專業藩籬、同心協力努力，始克爲功。（參閱 Intergovernmental Governance, Public-private Partnership）

Cross-Impact Analysis
交叉影響分析法

交叉影響分析法爲政策方案直覺預測法的一種，是美國蘭德公司（Rand Corporation）負責發展傳統德菲法（conventional Delphi）的同一批人員所發展出來的。它是一項基於相關事項發生與否，而對未來事件發生的機率，作主觀判斷的技術。其目的在確定哪些事件促成或妨礙其他相關事件的發生，它可以說是傳統德菲法的一項

補充。交叉影響分析法的基本工具爲「交叉影響矩陣」（cross-impact matrix），將各種潛在的相關事件均列成矩陣圖加以分析判斷。在分析時應作以下三方面的考慮：

1. 連結的方式（mode of linkage）：即某事件是否會影響另一事件的發生？如果會影響，其方向是正面的還是負面的？若屬於正面影響，稱爲「增強式」（the enhancing mode）；若屬於負面影響，則稱爲「阻礙式」（the inhibiting mode）。如果兩項事件無連結性，稱爲「非連結式」（the non-connected mode）。

2. 連結的強度（strength of linkage）：即事件連結的強度多大？是「增強式」？抑或「阻礙式」？如果事件連結強度大，即表示某事件的發生，將較有改變另一事件發生的可能。

3. 連結的消耗時間（elapsed time of linkage）：即兩連結事件發生之間所需要的時間（如數天、數周、數年、或數十年）。縱使事件具有強烈的連結關係，但是某事件影響另一事件的發生，也可能需要相當久的時間，例如改善社會風氣對於犯罪率降低的影響，就需要相當長久的時間。（參閱 Conventional Delphi, Intuitive Forecasting）

Data Analysis
資料分析

資料分析指就某研究問題所蒐集到的各種雜亂無章的資料，有系統有條理的予以分類、篩選、轉換、整理，使其具有判斷與研究參考價值之依據的過程。因此資料分析涉及在政策運作過程中，對各種資料及證據進行分類、比較、對照、評估。資料分析是否妥適？是否深入？是否周全？對能否制定有效的政策及確保政策目標的達成極有影響。政策分析人員在進行資料分析時，不但要作敘述性的分析，也要作推理性的分析，以利資料的進一步利用。（參閱Data Collection, Data Sources）

Data Collection
資料蒐集

資料蒐集指針對研究問題或研究假設中之特殊需要，透過各種科學的方法，如訪問法（interview）、問卷調查法（questionnaire）、觀察法（observation）、及文獻探討法（literature review）等，蒐集與記載可供進一步分析並有助問題解決的資料。在進行資料蒐集時，研究人員必須熟悉研究的問題，並應摒棄某些偏見，以避免蒐集到不適用或具有偏見的資料。正確的資料蒐集，應當充分檢視並符合下面的特性：完整性（completeness）、普遍性（comprehensibility）、一致性（consistency）、及可靠性（reliability）。但是正確的資料蒐集受到以下因素的影響：可用的時間、所欲驗證的理論、所欲檢視的變項、及研究人員可使用的資料來源等。（參閱Data Analysis, Data Sources）

Data Sources
資料來源

資料來源指有關某一方案、研究主題、及方案運作過程主要參與者之記錄、行動、報告、產品、觀察等的組合資料。資料來源包括靜態資料與動態資料兩類。前者如有關政策方案的書面性或文件性記錄、學術性論著、各種評論性專文等；後者如藉著採取訪問、問卷調查、觀察與親身參與等方式，而得到所需要的資料。（參閱Data Analysis, Data Collection）

Data Transformation
資料轉換法

資料轉換法是「趨勢外推法」（Trend extrapolation）的一項預測

技術。基本上，它是以最小平方法為基礎配合一個簡單直線等式以求趨勢的方法。該簡單直線等式為Yt = a + b（X），但是必須先將時間數列中的Y變項的值加以轉換。（參閱Extrapolative Forecasting）

Decision Agenda
決策議程

此為J. W. Kingdon在*Agendas, Alternatives, and Public Policies*, 1995一書中所創用的專有名詞。「決策議程」與「政府議程」是有所區別的，蓋政府議程是指政府官員對某種問題的重視，其可創發於任一問題、政治流，或檯面上的參與者；而決策議程則指政策問題及其擬議的解決方案已進入決策機關或決策者決策項目內，準備審慎進行抉擇的狀況，它著重於問題、政策建議，與政治可接受性三者的匯流，方可推升至政策議程之列，倘匯流不全則將減少進入政策議程之可能性。所謂的「完整匯流」，係指問題、政策，與政治三者有利狀況的結合，如新的政策措施配合適當的政治時機，並符合問題解決的要求，即為一例。然也有所謂「匯流不全」（partial couplings）的情形出現，如問題是找出了解答，卻缺乏政治氣氛的支持。若前述三者

匯流，則此一主題在決策議程上的地位，勢將無法撼動（參閱Institutional Agenda, Policy Window）。

Decision Analysis
決定分析

決定分析指結合系統分析與統計決定理論的若干層面，透過機率的應用而作決定的一種技術。此種涉及機率的技術可以協助政策分析人員建構決策樹（decision tree）。在此種技術下，一項「良好」決定的目標，就是要將獲得有利結果的機率，予以最大化。（參閱Policy Analysis）

Decision Criterion
決策標準

一般言之，無論政策方案最後是由行政首長、委員會或是立法機關所作成，基本上，決策的主體還是個人，亦即是透過個人意見表達而造成的結果。而個人在作決策時，常常會受到一些決策標準的影響。根據James Anderson的看法，一般行政官員及立法人員在作決策時，至少會受到以下六項標準的影響：1.價值觀（values）：價值觀指某人對某種事物、理念或價值的偏好程度，包括機關組織的價值

觀、專業的價值觀、個人的價值觀。2.政黨歸屬（party affiliation）：即依所屬政黨或派閥的政治主張、立場及信念等作決策。3.選區利益（constituency interest）：即依選區或服務地區民眾的利益，做為決策的考量標準。4.民意（public opinion）：即以大多數民意的取向，做為決策的依據。5.服從（deference）：即服從或順從其他人的政策主張而作決策。6.決策規則（decision rule）：即採取「摸索法」（rule of thumb）、「試誤法」（trial and error）、「援引先例」、「個案處理」等方式作決策。（參閱Decision Making）

Decision-making Interface
決策界面

決策界面係動態決策理論的一項研究主題，它介於決策案例與決策者之間。決策者透過決策介面下達有關動態決策案例的決策，根據動態決策環境的基本定義，決策者必須在一系列的時間點下達決策，而在每一次的決策以後，決策者也將接收決策介面所傳達的由政策問題模式所產生的模擬成果與其他相關的決策資訊，以做為下次決策的參考。（參閱Decision Paths）

Decision Making Theory
作決理論

作決理論也稱為決策理論，指處理獲得決議、結論、協議、或解決方案之過程的一套思想。作決理論涉及自數項不同方案中從事選擇，它所關心的是這些選擇是如何作成的。作決理論與決策制定（policy-making）理論不同，前者乃是採取廣泛的途徑，處理某一特定問題領域的論題；而後者則是對於某一行動方案，作成最後的結論。作決理論的模式相當多，一般言之，以下面這些較為大家所知曉：1.理性模式（the rational model）。2.官僚政治模式（bureaucratic politics model）。3.漸進模式（the incremental model）。4.混合掃瞄模式（the mixed scanning model）。5.滿意模式（the satisficing model）等。（參閱Policy Making）

Decision Matrix
決策矩陣法

通常在對所有替選方案一一進行分析研究後，就可開始評估比較到底那一個方案最值得採行？在此階段，政策分析人員可以運用的方法為「決策矩陣法」（decision matrix）。其步驟如下：一、羅列可能方案：將各種可能

的替選方案予以列出，並將每一方案的內容加以扼要說明。例如，台灣是否應該要設置賭博專區，方案甲為應該設置；方案乙為不應該設置。二、設定評估方案的準則與其相對重要性（權重，weight）：依據各種考量的因素，設定若干項評估方案優劣的決策準則，準則彼此間必須相互獨立或至少有獨立意義。同時透過討論，決定各準則的相對重要性（權重百分比），或也可由個別決策者決定各項準則的權重。三、根據各項準則，將每一方案在該準則上的得分予以記錄：採用1～10分的標準，若得1分，代表該方案在該準則上是屬於「非常不利」，若得10分則是「非常有利」。四、計算每個方案在所有準則上的加權後的總分並排定優先順序。五、推薦總分最高（或最低）的方案。（參閱Decision Tree）

Decision Package
決策包裹

亦稱為「決策套裝」，係指決策單位（decision unit）的主管人員針對決策單位所進行的目的與功能性的年度評估結果，其內容為：(1)決策單元所擬定的計畫內容與目標之說明；(2)決策單元所欲採取行動之分析；(3)上述行動之成本和效益分析；(4)執行決策計畫所需的人力與績效之分析。

更詳細的說，決策包裹來自於每年對決策單位的目的和功能的廣泛審查，這項審查所考量的包括若決策單位未獲得資金，會發生什麼事；如何提升其功能？是否可發展出較佳的成本效益比率？一旦完成審查，決策單位的運作就會依據其活動的重要性加以分類。決策包裹的順序會發展出整個組織活動的優先順位，而且可能會試著以提供資金的總額來協調機關對活動層次的選擇。對於不同決策包裹的運作、成本、效益等情形，都須向預算決策者進行概要報告。（參閱Policy Process）

Decision Paths
作決路徑

亦稱為「決策路徑」，作決路徑指在一項政策付諸執行以達成目標以前，所必須作成及澄清之決定的數目。簡言之，作決路徑乃是經過建構做為排出政策執行工作順序的一種手段，因此，它包含達成目標所必須的決定與非預期的決定；在執行過程中必須澄清的例行的、非例行的、與未預料到會發生的事項。如果其中的一個決定無法作成，則作決路徑就會被打斷，因而會妨害執行工作的進展及結果。由於一項方案通常會涉及非常多的參與者，所

以作決路徑就可能會相當的廣泛及複雜。（參閱Decision Making Theory）

Decision Points
作決點

作決點也稱爲決策點，指在政策執行過程中，影響一個方案從開始到結束之進展的一套特定論題領域。它是一項由Jeffrey Pressman及Aaron Wildavsky於1973年發展出來的概念，主要是指出在政策制定過程中，哪些是方案進一步發展所必須澄清的關鍵領域。作決點這個概念點出了執行公共政策所面臨的一些重要問題，例如每一個作決點都必須加以確定及討論；所有相關的決策者都必須徵詢他們的意見，以獲得預期的協議或共識的結果。各作決點如果發生衝突的情況，將會嚴重影響政策的運作過程。（參閱Decision Making Theory）

Decision Support System
決策支援系統

一般人認爲，1970年代以後，機關資訊管理邁入了決策支援系統時代。它指利用電腦系統處理機關的資訊，以支援主管人員針對「非結構化」問題，制定決策與執行決策的一套

體系。非結構化問題通常是指決策者不只一人、問題解決的目標頗爲分歧、解決問題的方案甚多、後果發生的機率無法預測的問題。

1971年美國學者史考特（Michael S. Scott）在所著〈管理決策系統〉（Management Decision System）一文中，首先提出「決策支援系統」的基本觀念後，許多學者跟著紛紛提出各種看法，尤其是1976年以後，論述者更眾。而大家對於決策支援系統的特性、內涵與作法等，也有了較一致的看法。基本上，決策支援系統擴大了管理資訊系統中所強調的管理科學模式的概念，企圖將決策分析的過程予以結構化，將資料的選取與數理模式的選取工作予以自動化。亦即期望當決策者陳述某一問題後，決策支援系統便能夠自動進行決策過程的分析工作，然後向決策者提出建議，指出應當採行的決策及其執行步驟。

決策支援系統具有三項基本組成要素：語言系統（language system）、知識系統（knowledge system）、及問題處理系統（problem processing system）。其基本特性有以下數項：
1. 能夠支援結構化的決策。
2. 能夠支援整個決策過程。
3. 對環境的變化具有彈性（fle-xibili-ty）、適應力（adaptability）、及迅

速回應（quick response）的能力。

4. 能夠提供充分的彈性使決策者可表達主觀的認定。

5. 能夠提供決策者使用「假如—如何」（if-what）權變關係的功能。（參閱Ill-structured Problems, Management Information System, Office Automation）

Decision Tree
決策樹法

決策樹法指政策分析人員利用「樹形圖」的方式，表明各項替選方案的風險性及其可能結果，計算每一項方案可能發生結果的「數學期望值」並且加以互相比較後，選擇預期利潤最高或預期損失最低的方案。決策樹法雖然基本上是計量的方法，但仍需利用主觀的判斷及客觀的資料，決定機率與個人的主觀偏好。此種決策技術可以協助個人與機關組織解決許多方案或計畫的選擇問題。決策樹法的主要步驟如下：

1. 繪製一張樹形圖，盡量列出各替選方案及所有可能發生的各種情況。

2. 確定每一種情況發生後，不同替選方案可能獲得的利潤、成本、價值或效用，此些後果應包括金錢的和非金錢的、有形的和無形的、預期的和非預期的部分。

3. 預測每一種情況發生的機率，通常是以0至1的不同程度加以表示。

4. 計算每一項替選方案的數學期望值，只要將不同情況預期獲利額乘以機率後，加總即得。

5. 選擇期望值最高的方案。

6. 如有兩個或兩個以上的方案，所得的期望值相當接近時，可以暫時不作決定，俟蒐集更多資訊，尋求更多意見，於情勢明朗後，才作決定。（參閱Operations Research）

Deliberative Democracy
商議式民主

商議式民主主要是採取各種社會對話的方式，如公聽會、社區論壇等，透過社會公民間的理性反思及公共判斷，共同思索重大公共議題的解決方案。亦即設法建構一種在各方皆有意願理解彼此價值、觀點及利益的前提下，共同尋找公共利益及各方均可接受的議題方案，並重新評估界定自己利益及觀點的可能性之機制，以求在解決問題的過程中，真正落實民主的基本價值。它強調多元參與、多元對話、多元溝通、多元辯論。也有人把它稱為「審議式民主」或「慎思明辨式民主」。（參閱Democratic Administration）

Demand-Side Policy
需求面政策

公共政策涉及政府對整個社會價值作具有權威性的分配，因而社會上每一個人的生活皆與國家機關的權威有關。然而，學界對國家機關所扮演的角色卻存有不同的解釋，原因是一方面國家機關難以明確界定義；另一方面是因為國家機關在不同時期可能會對社會採取不同的目標與政策措施。就經濟政策而言，當凱因斯學說盛行之後，論者深信，國家機關有責任創造較高的經濟成長以及維持市場秩序，因而主張考慮的重點，應偏向於介入生產與分配的需求面政策。（參閱Supply-side Policy）

Descriptive Decision Theory
描述性決定理論

描述性決定理論指一套描述「行動」之邏輯性的、一致性的命題。它所關心的主要是對以下事項作回溯性的分析：究竟發生什麼事情，哪些問題應當加以解決？解決問題的方案為何，方案執行後，造成什麼樣的差異？因此，政策分析人員在某項方案或行動付諸執行後，必須進行分析，以了解並敘述政策行動的原因與結果，其分析的目的在了解政策問題，而不在如何解決問題。

它和規範性決定理論（normative decision theory）是相對立的概念。（參閱 Normative Decision Theory）

Descriptive Policy Analysis
描述性政策分析

簡單的說，描述性政策分析指朝向創發、批判與溝通有關政策因果關係知識訴求的政策分析層面，其目的在經由政策對話與辯論，而促進個人政策學習及團體政策學習的能力。因為政策分析基本上是創造政策制定過程本身的知識，及在政策制定過程中創造各種知識的活動，所以對於活動所涉及的各項要素及其運作狀況，從事系統性的研究、分析、描述、解釋等，即為描述性政策分析的內涵，它與「診治性政策分析」（Prescriptive Policy Analysis）是相對立的概念。政策分析如果被稱為「描述性」，乃是指政策分析人員對於事實、處理情況、因果關係、分析結果等，僅作「實然性」的敘述，而不作應採取何項政策方案的推薦訴求。（參閱 Prescriptive Policy Analysis）

Disadvantaged Groups
弱勢團體

係相對於優勢團體（Advantaged

groups）而言，泛指在所有參與政策運作過程，包括政策制定、執行及評估活動的個人或團體中，在政治上、社會上、經濟上處於弱勢地位以致缺乏討價還價、結盟合作、動員群眾及影響政策走向的團體，例如少數民族、殘障者、低收入戶、單親家庭、同性戀團體等。一般而言，這些團體在政治上比較沒有地位，在社會上常受到歧視，在經濟上比較匱乏。（參閱Advantaged Group）

Discounting
折現

折現指將未來的貨幣價值減成為現在價值的一種過程。進行折現時必須使用貼現率（discount rate），貼現率也就是按照每一特殊個案而適當決定的利率（interest rate）。對於折現率的選擇，可從以下三方面加以考慮：1.私部門所使用的利率。2.國家的經濟預估成長率。3.政府所定的利率。（參閱Cost-Benefit Analysis）

Disjointed-incremental Theory
斷續漸進理論

斷續漸進理論由Charles C. Lindblom於1963年所提倡，可以說是對於他原來所提倡之漸進決策理論的一項補充。斷續漸進理論的要點如下：

1. 對於政策方案的分析僅限於與現行政策稍有差異者。其特徵為：(1)對邊際依賴的選擇（marginal-dependent choice），只就與現有政策具有漸進或邊際差異者加以比較及選擇。(2)對政策方案數目加以設限（restricted），只考慮少數幾個政策替選方案。(3)對每一政策方案可能發生結果的數目加以設限，對方案僅評估少數幾項可能發生的後果。

2. 將原來的問題轉化成一連串的問題。其特徵為：(1)對問題作「片段的（fragmental）分析與評價」。(2)對問題作「系列的（serial）分析與評價」。

3. 對政策方案的目的與手段作結合性的分析。其特徵為：(1)重建性的分析（reconstructive analysis），即依情況不斷重新界定問題。(2)強調「目的應隨政策調整」（adjustment of objectives to policies），即必要時，應調整目標或目的，以迎合方法或手段。（參閱Lindblom, Charles, E., Incremental Decision-making Approach）

Dominant Coalition
主導聯盟

　　一般而言，每一項公共議題、計畫或政策，通常都會涉及許多的利害關係者，對議題或政策各有不同的主張及立場。為使本身的主張或立場，能在多元參與者的競爭中脫穎而出，於是對議題或政策具相同或相似立場者，乃結成聯盟，參與「網絡治理」，共同追求目標的實現。因此，社會上就形成了許多「聯盟」。這些聯盟有的人多勢眾，資源豐富；有的聯盟則是人少勢弱，資源缺乏。而前者在政策參與的過程中，便取得主導地位，具備較大的發言權。此種主導聯盟掌控政策議題發展的情況，可能發生在政治、經濟、社會、文化等各層面的議題發展過程。（參閱Advocacy Coalition）

Economic Feasibility
經濟可行性

　　經濟可行性指在從事政策方案設計時，必須考慮是否有足夠的一般性資源和特殊性資源可以使用。一般性資源指金錢預算的可得性如何，萬事俱備如欠東風（經費），則該方案的可行性即有問題。至於特殊性資源則指專業性人力、物材設備、相關資訊等。國家重大

政策的經濟可行性通常應考慮以下的要素：
1. 國家資源的數量和品質情況。
2. 農、工、商、漁、林、牧業等的發展情況。
3. 人口、物資、財務、資本的結構狀況。
4. 財政金融制度，包括銀行、稅制、股市等情況。
5. 國際貿易情況。
6. 教育制度與衛生醫療設施情況。
7. 國民所得分配情況。（參閱Feasibility Study）

Economic Man
經濟人

　　經濟人乃是古典經濟學家對人類所作的一項假定，認為在一般情況下，人類都是追求最大經濟利得的動物，因此會採取純理性的作法，設法制定理想的目標，並竭盡所能的找尋達成目標的最佳方案。在經濟人的假定下，決策者所採取的是「理性廣博的決策途徑」。不過，在實際情況下，「經濟人」的假定並無法運作，所以H. A. Simon才會提出「行政人」（administrative man）的假定予以駁斥。（參閱Administrative Man, Rational-comprehensive Decision-making Approach）

Economic Rationality
經濟理性

　　經濟理性指決策者在評量各替選方案時，主要是以「經濟效益」做為評量比較的指標，而不重視其他標準的比較。經濟效益的強調重點為投入與產出的比較結果，凡是「益本差」或「益本比」最佳者，就被列為最優先的考慮對象。（參閱Efficiency）

Edge of Chaos
混沌之緣

　　考夫曼（S. A. Kauffman）指出，所謂危機管理系統代表著由「災難的混沌」（The Chaos of disaster）轉移到恢復秩序。考夫曼的概念被地震性政策危機研究者所採用，認為負責危機管理的非線性系統會在「混沌」與「秩序」兩端的「連續體」（continuum）上趨中移動。在連續體中央有一個考夫曼稱之為「混沌之緣」（edge of Chaos）的狹窄區域，在此一區域內，有充分架構足以獲得與交換資訊，而且有足夠的彈性去適應變遷的環境，也就是設在「混沌之緣」，組織或系統最足以發展出環境的創造性反應。（參閱Crisis Management）

Elites
菁英

　　菁英指一個社會中居於政治、社會、經濟、學術等各層面的上階層，對公共政策的運作，可以行使主要影響力者。他們可以透過各種方式影響政策的運作，例如權力、金錢、聲望、專業知識等。基本上，社會中的菁英屬於少數分子，絕大多數人被歸類為非菁英。（參閱Elite Theory）

Elite Theory
菁英理論

　　主張菁英理論者認為，公共政策的制定乃是由少數菁英分子所制定的，絕大多數的社會大眾並未參與制定過程。菁英藉由他們所占據的公私機關組織的重要職位而決定了政策，通常他們對於政策的穩定性及持續性具有共識的觀念。菁英也藉著控制財富、資訊及專業知識等，而握有決定政策的較高層次的資源。簡言之，在政治上、經濟上、學術上、社會上、及大眾傳播媒體界具有優勢地位者，主導了公共政策的制定。

　　菁英理論的主要特徵如下：
1. 少數人（菁英）在制定政策，多數人（大眾）則否。

2. 菁英藉著占據公共或私人機構操控職位的機會而決定政策。

3. 藉著控制財富、資訊、地位、及專業知識，菁英擁有優勢的資源去決定政策。

4. 菁英彼此間會競選官職而導致公共政策的改變。

5. 沉默的大眾很少能夠直接影響菁英，即菁英影響大眾多於大眾影響菁英。（參閱Citizen Participation, Elites, Elitism）

Elitism
菁英主義

菁英主義為主張公共政策並非由一般大眾所制定，而是由統治菁英所制定的一項理論。菁英的組成分子包括在社會上、政治上、經濟上居於優勢地位者。他們比一般人擁有較多的財富、較高的地位、較佳的學識、及較高的聲望等，因此可知，菁英主義涉及到依權力系統次序而排定的垂直與水平之社會價值觀。歷來主張菁英主義者甚多，例如著名的柏拉圖（Plato）就是其一，他在《共和國》（*The Republic*）一書中，主張政府應由「哲君」（philosopher kings）所統治，因為他們具有特殊的統治傾向，此種傾向是一般農人、工匠、或商人所未擁有者。另

外，十九世紀的馬克思（Karl Marx）也是此理論的主張者之一。他大力主張所謂「無產階級專政」（a dictatorship of the proletariat）。大致言之，菁英理論比較適合應用於共產集團或開發中國家，而較不適用於多元的民主國家，例如美國。因為在美國並沒有單一類別的菁英可以主控所有的政策制定，不過，在某些特殊的政策領域，不同類型的菁英，還是有可能發揮不同程度的影響力。（參閱Elites, Elite Theory）

Empathy
設身處地

設身處地也稱為同理心或感情移入，指為了對某人的問題更加了解，而能夠將自己的人格與感覺投射入該人之人格與感覺的能力。設身處地概念假定他人的感覺或多或少類似自己，因此對於大家均感興趣的爭論及問題，彼此能夠得到共同的了解。此種設身處地的修養功夫，對政策運作過程的參與者而言非常重要，因為政策制定很大一部分基於如下的假定：決策者對受政策影響者，有能力予以確認並對他們具有同情心。不過此項假定有其困難之處，即一般決策者往往缺少類似被他們所制定政策影響者的經驗，因此在處理政策問

題時，也就常缺乏設身處地之心。從而，政策制定過程中應具有設身處地之心的概念，在民主社會中便成爲一項特別值得重視的課題。（參閱Policy Makers）

Environmental Feasibility
環境可行性

環境可行性指在從事政策方案設計時，必須考慮該方案能否通過「環境影響評估」，克服「環境保護」規定所受的限制而言。一般而言，環境保護涉及兩個層面，一爲自然生態保育問題，例如該方案是否會破壞自然景觀、是否會導致水土保持不良等。另一爲避免製造公害問題，例如該方案執行後，是否會產生超過規定標準的空氣污染、水污染、垃圾污染、及噪音污染等。是以政策方案如欲順利的被接納和執行，必須注意不能違反環境保護的各項相關規定。同時，在進行環境可行性研究時，還應注意所謂「鄰避情結」（NIMBY）。（參閱Environmental Impact Assessment, Environmental Impact Statements, NIMBY）

Epistemic Community
認知社群

它是倡導聯盟途徑中的次級概念，由Paul Sabatier及Jenkins-Smith所提出。傳統政治學與政策科學研究，均聚焦於行動者的利益與權力面向，將利益團體視爲政治過程中的主體；兩氏以爲，此種以利益或權力做爲研究中心的取向並不錯誤，但卻有失之偏頗的缺憾。政策過程具有政治性與學術性兩種面向，政策研究實應平衡地處理兩者。據此，爲彌補過去政策研究忽視「理念」（idea）的缺憾，Sabatier及Jenkins-Smith提出了「認知社群」的概念。不同於利益團體的形成，認知社群意指「一群理念相近的政策行動者，對政策目標的設定以及政策工具的選取具有相近的看法」；換言之，利益團體的形成是以共同的利益做爲基礎，認知社群則是以相近的理念做爲基礎。兩氏進一步指出，在政策過程中，理念相容的各認知社群們有可能組成倡導聯盟（advocacy coalition），藉以影響政策規劃的方向。認知社群的形成可能起因於相似的學科背景、專業訓練、關懷對象、實務經驗、工作場域等因素；至於認知社群的組成，亦不限於專業文官或職業政客，其他資深記者、學者專家、社工人員、志工等均爲

其可能成員。（參閱Advocacy Coalition Framework）

Error of the Third Type
第三類型錯誤

依據芮發（Howard Raiffa）在《決定分析》（*Decision Analysis, 1968*）一書中的說法，第三類型錯誤是指「解決錯誤的問題」，亦即「對於錯誤的問題給予正確的答案」。另外，依其說法，第一類型錯誤指「拒絕真實的虛無假設」（null hypothesis）；而第二類型錯誤則指「接受錯誤的虛無假設」。在數學中最有名的典範（paradigm）之一是描述以下的情況：一個研究人員必須要設法接受或拒絕一項所謂「虛無假設」。而選修統計學課程的學生，在學習過程中，必須不斷的平衡第一類型的錯誤與第二類型的錯誤。前者指拒絕一項真實的虛無假設；而後者指接受一項錯誤的虛無假設。一般實務人員則常會犯下第三種錯誤：解決錯誤的問題。所謂虛無假設指對於兩個變項間並無關係存在的一項可供驗證真偽的命題。例如「員工工作士氣高低與工作績效高低無關」，就是一項可供驗證的虛無假設。另外尚有第四類型錯誤的說法，指以錯誤的方法，解決正確的問題。（參閱Problem Identi-

fication）

Event Outcome Forecasts
事件結果預測

事件結果預測指預測人員採取科學方法與技術，預測某一事件可能發生的結果為何，以供決策者參考。例如某一次選舉結果的預測，及如果某地方發生大地震，可能會造成何種損失等。（參閱Forecasting）

Event Timing Forecasts
事件時機預測

事件時機預測指預測人員採取科學方法與技術，預測某一個事件可能會在什麼時候發生。例如預測經濟景氣復甦可能在什麼時候會發生？又如預測房地產價格何時會漲到最高峰等。（參閱Forecasting）

Ex-ante Analysis
事前分析

事前分析指在政策方案或計畫執行之前所作的分析，通常屬於政策方案規劃的一部分。此項事前分析涵蓋面頗廣，除了進行效率部分的分析外，尚包括效能性、可行性（feasibility）、目

標與目的達成度預測、執行時可能遭遇的困難及克服之道等方面的分析。它與「事前政策分析」的意義一樣。（參閱Ex-post Analysis, Ex-ante Policy Analysis）

Ex-ante Efficiency Analysis
事前效率分析

事前效率分析指在政策方案或計畫執行之前所作的效率分析，藉以衡量淨結果與成本間的關係。（參閱Ex-post Efficiency Analysis）

Ex-ante Policy Analysis
事前政策分析

事前政策分析指對於下面這些事項，進行政策定案之前的定量與定性分析：問題狀況、決策標準、替選方案、對各方案贊成與反對的意見、方案執行後的預期結果、政策執行及政策評估的必要步驟等。此項分析的結果，可提供決策者作決策的參考。（參閱Ex-ante Analysis, Ex-post Policy Evaluation）

Expected Utility Theories
預期效用理論

對於應採取何種標準以選擇政策工具的問題，經濟學者提出預期效用理論以爲因應，他們認爲，必須視政策工具在政策設計者或政策制定者心目中的預期效用是否趨於極大而定。換言之，如果政策工具的設計者爲是一位效用極大化者，我們可以預期，他所選擇的工具將是能夠發揮最大政策效果者。（參閱Policy Instrument）

Expected-value Decision Rule
平均期望值決策原則

平均期望值決策原則爲風險性（risk）自然情境下作決策的一項技術。其作法是決策者將各替選方案在各種自然情境下所可能發生的結果（指利潤或成本損失），乘以該自然情境發生的機率並且相加後，選擇平均值最佳的方案。（參閱Aspiration Level Decision Rule）

Expert Panels
專家討論會

專家討論會是一項被廣泛應用但卻是比較不準確的政策預測方法。此項

方法被持續做爲政府界的一項預測技術，理由可以說是淺顯明白的，因爲對於某些領域的公共方案進行預測，除了採取此種方法之外別無選擇。例如某些環保事件的處理，主要就是依賴政府官員的判斷作決定，而非依賴環境方面的因素。

專家討論會的預測方法通常被認爲優於單一專家所作的判斷，因爲團體成員互動的結果，可以彌補個別成員的成見及無知的不足。學者對於預測錯誤所作的研究，發現導致預測失敗的一項非常通俗的原因，是預測時未能考慮許多預測主題的外在因素，而就長期而言，此些外在因素被證明較內在因素還要重要。因此，一項平衡性且具科際性的專家討論會，應當比單一專家作預測所遇到的盲點（blind spots）要少的多。（參閱Brainstorming）

Exponential Weighting
指數加權法

指數加權法爲應用於預測政策方案之「外推預測法」中的一種，乃是以最小平方法爲基礎，配合以多項式，而另立一個新的非直線性迴歸等式（non-linear regression equation），以求取趨勢值的方法。其方法之一爲利用最小平方法配合一拋物線趨勢方程式之型態而求其趨勢。（參閱Extrapolative Forecasting）

Expressed Needs
明示性需求

明示性需求也稱爲表達性需求，指個人或社群將「感覺性需求」轉化成急欲獲得滿足的需求，它相當於經濟學中所謂「需要」（demand）的意思。例如早就列名於台北市政府輔助購建國民住宅的市民，因爲久未獲輔購，所以要求政府儘快協助購建住宅，以滿足其需要。（參閱Felt Needs, Normative Needs）

Extrapolation
外推法

外推法指基於某項變數將繼續以同樣比率及同樣方向發生變化的假定，簡單的對未來可能發展趨勢，以劃一條延長曲線作預測的方法。例如，某一個城市每年人口以2%的速度在增加，而目前該城市的人口爲一百萬人，如果要預估該城市明年的人口數，可採取外推法作預測，答案是從現在開始後的一年爲止，該城市的人口將爲一百萬二千人。（參閱Extrapolative Forecasting）

Extrapolative Forecasting
外推預測途徑

外推預測途徑指利用**趨勢外推法**（trend extrapolation），基於對過去事實的觀察，而推斷未來狀況的一種預測途徑。而趨勢外推法指根據事實或現象的過去發展狀況，與目前所獲得的統計資料，研究該事象的發展與時間的關係，發掘事象過去與現在發展相對時間的規律性，並以規律性推測事象未來可能的狀態與發展**趨勢**的一種預測方法。外推預測途徑的技術包括古典時間數列分析法（Classical time-series analysis）、線性趨勢估計法（Linear trend estimation）、指數加權法（Exponential weighting）、資料轉換法（Data transformation）、大幅變動方法論（Catastrophe methodology）等。（參閱Catastrophe Methodology, Data Transformation, Exponential Weighting）

Feasibility Assessment Techniques
可行性評量術

可行性評量術是一種推測政策利害關係者未來行為如何的直覺預測方法。它有助於政策分析人員預測利害關係者對支持或反對不同政策方案之接納或執行的可能影響。它特別適合下述問題的預測：在政治衝突、權力分配不均、及其他資源分配不均情況下，要求對政策方案合法化的可能結果進行預估。

可行性評量術可應用在政策制定與執行過程的任一環節，預測政策利害關係者的行為。此技術之所以受到重視與應用，主要是目前尚無相關理論或可用的實證資料，能使我們對政策利害關係者的行為從事有效的「預計」或「預估」。

可行性評量術如果應用於政策執行方面的預測時乃是以一種系統化的方法，預測每一政策方案執行機關的能力、利益、及誘因等；同時預測政策利害關係者是否會順服政策的執行。此項技術通常以政治和組織行為的某些面向做為考慮的重點：

1. 對論題所持立場（issue position）：政策分析人員必須估計各種利害關係者對於每一個替選方案支持、反對、或無所謂的機率。

2. 可用資源（available resources）：政策分析人員必須主動的預估每一類政策利害關係者堅持其立場，所可使用的資源為何。所謂可用的資源包括聲望、合法性、預算、工作人員、權力、地位、資訊接近性、及溝通網路

等。

3. 資源相對列等（relative resources rank）：政策分析人員必須對政策利害關係者所擁有的資源，予以相對的列等，以了解那一類比較具有力量或影響力。由於可行性評量術的目的在預測政治衝突下的行為，所以政策分析人員必須儘可能確定哪些是最有代表性及最有影響力的政策利害關係者。（參閱Political Actors, Political Analysis, Political Feasibility）

Feasibility Study
可行性研究

可行性研究指決策者或政策分析人員在進行政策分析時，對於各項解決政策問題的替選方案，就其被具有決策權者接受的可能性、及順利推動執行的可能性，以定量和定性方法深入研究分析，俾供決策者參考的過程。政策的可行性研究涉及許多面向，其中比較重要的包括以下這些：政治可行性、法律可行性、行政可行性、經濟可行性、技術可行性、環境可行性、及時間可行性等。（參閱Administrative Feasibility, Economic Feasibility, Environmental Feasibility, Legal Feasibility, Political Feasibility, Technical Feasibility, Time Feasibility）

Felt Needs
感覺性需求

感覺性需求指個人或社群覺得有需要設法滿足的某種情況、或設法解決的某項問題。它相當於經濟學中的要求（want）。此種需求完全依據個人或社群本身的感覺及所訂的標準而異，例如，許多人總是覺得政府對他個人的服務不夠，而要求政府加以改善，提供更多的服務。（參閱Expressed Needs, Normative Needs）

Fish-bone Graph
魚骨圖法

政策分析人員可運用魚骨圖來顯示造成政策問題的主要原因：從結果面而言，問題是什麼？這是指「實然面」的問題分析。從原因面而言，何以發生該問題？這是「何以然面」的問題分析。可以將這兩個面向的問題結構繪製成「魚骨圖」。它是由日本東京大學石川馨（Kaoru Ishikawa）教授所倡用，他也倡用品管圈（Quality Control Circle）。魚骨圖係以帶有箭頭方向的直線由原因指向後果（徵狀）（通常是由左向右，即魚頭在右邊），再將其原因加以分類。例如危害戶政事務所服務品質的原因，最主要可分成四大

類（四根大魚骨）：人員、設備、環境、制度。人員方面的近因為訓練不足（可透過法令規章與系統操作不熟練看出），訓練不足又是由流動率高所造成。依此類推可以將設備、環境、制度方面的問題也實施近遠因分析，而形成猶如魚骨般的問題特性與主要原因分析圖。事實上，魚骨圖分析可應用於「問題分析」、「方案規劃、執行及評估」各階段。一般如果將魚骨圖法應用於分析解決問題的各種對策時，就將魚頭的方向朝向左邊擺置。（參閱SWOT Analysis）

Focus Group Method
焦點團體法

焦點團體法是政策分析人員（研究人員）蒐集第一手資料的方法，通常是由政策分析人員邀請六至十二位專家、學者、對議題深入了解者聚集在一起，由訪談主持人（即政策分析人員）就某一特定主題進行集體的深度訪談。在訪談過程中，主持人的角色非常重要，必須鼓勵受訪者彼此間進行暢順的意見交流與互動。一般言之，焦點團體法可以發揮腦力激盪的效果，並能獲得較個人訪問更多及更深入的資訊。此方法的主要缺點是樣本較小、代表性較不足、參與者的意見分歧，較難取得共識及一致的結論。（參閱Brainstorming）

Forecasting
預測

一般來說，預測指對未來事件進行估量，其目的在選擇適當方案以處理該等事件。嚴格而言，預測指以相當高的信心水準，對某一個特別事件在未來某一個特別時間點或在一段特別時間內，將會發生的一種機率性聲明。預測方法的使用，可協助決策者了解如果採取某些行動以達成特殊目的時，預期將會發生何種結果。因此，決策者或政策分析人員必須花相當多的時間，去預測方案採納後的未來結果。因為政府機關存在於複雜且多變的環境中，決策者或政策分析人員欲了解並預測環境，就必須應用預測模式以協助他們解決問題。事實上也的確如此，政府機關的許多活動常透過預測的方法作決定，特別是在經濟層面。比較常用的預測方法包括：劇情撰寫法、趨勢外推法、交叉影響分析法、領先指標法、腦激盪法、統計模式、專家討論法、政策德菲法、模擬法、相關樹法、及因果關係製模法等。（參閱Extrapolative Forecasting）

Formulation
規劃

　　規劃指為解決一項問題或滿足某項需求而發展一項計畫或策略的過程，它是政策運作過程的一個階段，涉及擬議可以解決先前已察覺並界定之問題的方法。政策規劃的參與者視個案而定，問題如愈複雜，涉及的層面愈廣，參與者就愈多。一般而言，政策規劃的主要參與者包括行政首長及行政人員、民意代表、利益團體、學者專家、當事人代表等。規劃政策方案的過程通常相當複雜，時間也可能經年累月，拖延甚久，端視政策問題、參與者、政策環境狀況的不同，而有所差異。（參閱Policy Formulation）

Free Riding Problem
搭便車問題

　　公共財（public goods）的製造及使用，常常會發生搭便車的問題。其情況是，某些人常會宣稱他們並不需要某種公共財，例如將社區環境整理得乾淨美麗，但是事實上他們卻希望別人付出代價去取得該公共財，他們便可因此不勞而獲的享受成果。在日常生活中也常可找到搭便車的例子，例如許多住戶不肯向社區管理委員會繳交管理費，認為他們並不需要管理委員會幫他們提供安全及其他方面的服務，但是他們卻可以像其他繳費的住戶一樣，獲得同樣的服務。此種搭便車問題會影響公共政策的順利制定及有效執行，並且會造成資源的浪費，因此決策者及政策分析人員不能不謹慎的處理此類問題。（參閱Public Goods）

Fukushima Nuclear Plant Accident
福島核電廠事故

　　2011年3月11日在日本宮城縣東方外海發生了芮氏規模9.0的大地震，緊隨而來的大海嘯，使福島第一核電廠（由東京電力公司負責管理運作）造成一系列設備損毀、爐心熔毀、輻射釋放等災害事件，為1986年蘇俄車諾比核電廠事件以來最嚴重的核子事故。第一核電廠共有六個發電機組，當大地震發生時，4、5、6號機正準備定期檢查而停機中，而1、2、3號機立刻進入自動程序。於是，廠內發電功能停止，因機組與電力網的連接受到大規模損毀，只能依賴緊急柴油發電機驅動電子系統與冷卻系統。但隨之而來的大海嘯，淹沒了緊急發電機室，損毀了緊急柴油發電機，冷卻系統因此停止運作，反應爐因此過熱。大地震與海嘯也阻礙了外來的

救援，後來的幾個小時到幾天內，1、2、3號反應爐，發生爐心熔毀、氫氣爆炸的情況。政府下令使用海水來冷卻反應爐，此舉宣告放棄未來修復反應爐的念頭。政府於3月12日發布緊急避難指示，要求福島核電廠周邊10公里的居民立刻疏散，人數約4萬5千人左右，稍後又將疏散半徑擴展至20公里。可是在核電廠內工作的員工都遭到輻射曝露，當輻射級位升高時，還必須暫時撤離工作崗位。經過多日的努力，在3月20日時，電力網終於修復供電，使各機組能夠重新獲得自動冷卻的功能。4月12日日本原子力安全保安院將本次事故提升為國際核事件分級表中最高的第七級，此意味本次事故「可能會造成嚴重的健康影響及環境後果」的特大事故。由於與民眾溝通不良，又未能有效管理緊急危機，以致日本政府與東京電力公司飽受外國輿論的批評。日本政府估計此次事故釋入大氣層的總共輻射劑量約為蘇俄車諾比核電廠事故的十分之一，而大量放射性物質也被釋入土地及大海中。此次事故造成核電廠6位員工吸收超過「終身攝入限度」的輻射劑量，及有300位員工吸收較大量的輻射劑量。在核電廠附近居住的民眾，因累積輻射曝露量而在未來患癌症死亡者，估計在300人以下。2011年12月16日日本首相宣布福島第一核電廠已得到有效的控制。1、2、3號反應爐冷停機已成功，核電廠事故第二階段工作宣告結束。但妥善清理周邊區域的輻射汙染，及將整個核電廠除役之第三階段工作，可能需要幾十年的時間始能完成。（參閱Chernobyl Nuclear Plant, Three Mile Island Accident）

Game Theory
博奕理論

博奕理論是指決策者在對某件事作決定，而面對一個或一個以上競爭對手時，如何作合理決定的一項理論。此理論於1928年由J. Van Neumann所倡用，但一直到1944年，由他和O. Mongenstern合著《博奕理論與經濟行為》（*Theory of Games and Economic Behavior*）一書，才廣受重視及應用。1994年，德國波昂大學的蘭嚇德‧斯爾登博士，曾經以「非合作性博奕理論」（non-cooperative game theory）獲得諾貝爾經濟學獎。博奕理論係從大中取小原則（minimax principle）演變而來，意即當決策者面臨博奕決策情境時，在正常情況下，他會選擇一個使他遭受最少損失的方案。根據此理論，參與博奕決策者的最有利行為，乃是在計算對方可能行動對自己的影響後，所採取的對應行動。本質上，它是一種抽象

的推理方式，它假定所有參與者都是理性的，否則此理論即不適用。它不在描述人們實際上如何作決定，而在說明如果人們完全理性的話，則在競爭情況下，將如何作決定。一般國際問題的糾紛爭端，即可利用此項理論予以解釋。茲以「囚犯兩難」的博奕狀況略作說明。

假定有一位法官審判兩位嫌犯，此兩人在偷竊罪行方面已有充分證據。但是他們又被懷疑結夥搶劫，不過並無具體證據。法官為達到勿枉勿縱予以重懲的目的，於是將兩位嫌犯隔離面談，分別對他們作如下說明：「如果你們兩位當中那一位招供結夥搶劫的犯罪事實，而另一位不招供的話，則招供者將被判無罪，不招供者將被判十年徒刑；如果兩位都招供的話，將各被判五年徒刑；如果兩位都不招供的話，將以較輕的偷竊罪各判一年徒刑。」由於兩位嫌犯彼此隔離，所以彼此要猜測對方可能的選擇後，作使自己損失最少的選擇。基於「大中取小原則」的應用，兩位嫌犯在將招供與不招供對自己最不利的後果挑出來比較後，選擇損失最少的方案，最後兩人均選擇「招供」一途，結果兩人均被判刑五年，達到法官定罪的目的。（參閱Gaming Theory, Minimax Decision Rule）

Gaming Theory
遊戲理論

遊戲理論指利用遊戲的方式模擬某一種真實的情境。例如利用遊戲的方式，代表某一個城市的運作狀況，由不同的人扮演不同的角色；有的扮演市長，有的扮演市議員，有的扮演房地產業主的遊說者，有的扮演住戶聯盟會員等。在整個模擬遊戲的過程中，所有角色扮演者將更清楚的了解市政府所存在的問題及發展的機會。就此意義而言，它與「博奕理論」（game theory）是不一樣的。（參閱Game Theory）

Garbage Can Model of Decision Making
垃圾桶決策模式

美國學者James G. March及Cohen D. Olson兩人在〈組織模糊與選擇〉（Ambiguity and Choice in Organization, 1976）一文中提出垃圾桶決策模式。他們認為，機關組織的決策通常並非是經過理性思考計算之後的結果，實際上是決策者在決策過程中不經意碰到的一項產出結果。亦即認為機關組織如同一個由問題、解決問題的替選方案、參與者、及選擇機會四者混合而成

的垃圾桶，這個機關組織最後所產生的決策如何，端視問題是否正好碰到解決方案、解決方案是否符合參與者的利益、以及決策者是否有機會同時發現問題與解決方案而定。此模式認為組織決策並無次序性，各決策要素間，例如問題、參與者、解決方案、選擇機會等，彼此間並無一致的邏輯演繹關係，決策的形成只是機會所造成的。（參閱Decision Making Theory）

Glass Ceiling
玻璃天花板

也稱為「無形的障礙」。係指女性在晉升高級主管職務時，常易遭到某些向上移動（upward mobility）的障礙。這些障礙通常不易察覺，且無明文規範，就像無色的玻璃天花板一樣，即看得到升遷機會卻始終升不上去。美國在1955年曾特別組織一個委員會調查私部門此種現象，現在它已成為一個特定用語。

阻礙婦女往高層發展的因素往往非常複雜，在解釋「為什麼婦女沒有爬到高層」時，有些觀察家論稱，「高級管理階層的能力是假想而來的，你要找尋的是適合的人，是能夠在困境下進展，是你能信任的人。這是很微妙難解的事，一群男人如何會覺得一個女人能

夠勝任？我想那是很難的。」另外還有很多其他的解釋，但所有解釋似乎都具爭議性，例如有人說，女性在團體政治中小心謹慎而不具野心；女性對於頂尖職位的期望較低；女性主管相信她們比男性受到較多的審察，而且工作必須較男性賣力才能獲得成功等等。（參閱Affirmative Action Policy）

Globalism
全球主義

全球主義指世界市場對政治行動的排擠或取代，也是世界市場宰制的意識型態或自由主義的意識型態，此種意識型態依照單向因果關係、經濟主義運作，將全球化的多面性簡化至經濟面向。（參閱Globalizing Corporate Sector）

Globalization
全球化

全球化指透過國家與社會的相互連結、依賴以及頻繁的交流，而產生了世界的秩序；全球化也融合了各種異質文化，幾乎每個人都無法自外於全球化環境的影響，世界經濟、國際合作以及普羅文化也正不斷隨之變遷。全球化的結果導致「世界村」的實質現象，因

爲隨著全球化的增加，在融合的過程中，種族衝突、內戰，以及國內、國際的暴力無疑的將增加，全球化使人與人之間的距離更爲貼近，我們生活的世界受到全球秩序影響，人爲界限區隔不再是阻力，區域間的文化、經濟藩籬正隨之慢慢消融。而經濟全球化使得各地的貿易投資、生產以及消費成爲相互依賴的體系，經濟交易活動不再侷限於地緣區域；在政治上，全球化導致傳統國家主權統治機制面臨考驗。而全球化所形成的相互依賴、複雜連結的關係也促使政府機制轉型的壓力，在施政面臨多元化事物的衝擊，政府權力與權威日益消退。（參閱Global Governance）

Globalizing Corporate Sector
全球合作部門

全球化趨勢對公共行政的意涵，就是由全球合作部門取代公—私層面的架構，全球合作部門中包括了舊有的公部門與私部門，該部門所活動的範圍、處理的議題橫跨公、私領域，因此公部門與私部門的區隔不再具有意義。（參閱 Globalism）

Global Warming
全球暖化

簡單的說，全球暖化指在某一段時間內，地球的大氣與海洋因爲受到「溫室效應」的影響，而造成溫度較前一段時間上升的一種氣候變遷現象，而因溫度不斷上升的結果，導致全球也逐漸暖化。根據科學家的研究，過去50年全球溫度上升、氣候變化的速度，是再往前100年的兩倍，研究者大都推測，它可能是世界趨向工業化，人類的各種活動，大量排放二氧化碳及其他氣體（尤其是已工業化的大國），所造成的結果。全球暖化導致海平面上升、降雨量及降雪量在數量上及樣態上，均與以往大爲不同，例如極端天氣事件（極冷或極熱）發生更爲頻繁，世界各地常見高低溫度打破以往紀錄；洪水、乾旱、熱浪、颱風等到處肆虐；冰山及冰河逐漸融化撤退，生態環境受到破壞，對人類及動植物的生存，已構成嚴重的威脅。因此，世界各國在全球治理的理念驅使下，於1995年簽訂了「聯合國氣候變化綱要公約」，並且每年開會一次，共同商討如何減少全球二氧化碳及其他溫室氣體的排放量。爲落實減量的作法，該綱要公約締約國曾陸續簽訂了幾項規範性的協議，供各國遵循，如「京都議定書」、「峇里島路徑

圖、及「哥本哈根協定」等。（參閱 Kyoto Protocol）

Goal
目標

目標指以一般性與抽象性的方式，對未來期望情況所作的價值性陳述。它與目的（objective）的概念是不同的。例如，我們說，我國全民共同努力的目標是：將我國建設成為二十一世紀國際知名的現代化地區即然。目標的確定是政策規劃的最重要工作，因為它是整個政策制定方向、原則及方針的主要依據。目標確定後，才能據以規劃較具體的目的、設計各項替選方案與執行辦法等。政策規劃人員在決定政策目標時，可從三種類型的目標加以考慮：1.個人性目標：涉及個人情況或行為狀況改變的目標。2.社會性目標：涉及某一社會或社區某些特質改變的目標。3.機關性目標：涉及某一機關或組織某些特質改變的目標。至於一般政策目標的主要來源則為：1.憲法的規定。2.法律的規定。3.行政首長的命令及宣示等。（參閱Objectives）

Group Theory
團體理論

主張團體理論者認為，公共政策乃是由各種明顯的利益團體討價還價，協商、交易、折衷、妥協的結果。政策制定的過程乃是各個團體競爭各自主張的場合，立法機關對於各團體競爭的結果予以合法化，而由行政機關加以執行。因此團體的大小、領袖權力的大小、團體的團結力如何、過去的成就如何、及可以使用的資源（如人力、金錢、資訊、形象）等因素，會影響團體競爭的勝負。決策者必須從各不同團體的衝突利益中，作最後的選擇。

此理論的主張者，認為團體理論是強化共識、鼓勵政治協商、及維持社會和平秩序的一種相當有效的制度。不過持平而論，此制度對於那些比較沒有門路（access）接近決策者的團體來說，在權力和利益的爭取上，可以說是一種懲罰。此外，還有許許多多「被遺忘的團體」（forgotten groups），他們的權益無法獲得應有的重視和保障，例如廣大的消費者、納稅人、白領階級、少數民族、殘障者等。（參閱Citizen Participation, Elite Theory）

Heritage Foundation
傳統基金會

傳統基金會為美國著名智庫之一。該會成立的背景是這樣的：許多在華府地區具有成就者，雖然並不歡迎保守的意識型態，但是具有影響力的企業家們也深深了解，在華府如果缺少一個機構做為基地，他們將無法在政策網絡中，建立堅強且持續的影響力。於是他們就從事建立「堅固的機構基地」，及建立具可靠學術地位與創意解決問題之聲望的工作。而他們這項努力的成果，就是傳統基金會的誕生。（參閱Think Tank）

Heuristic Approach
啟發性途徑

啟發性途徑乃是做為激發研究或發現的一種途徑。由於此途徑具有啟發性的價值，亦即可鼓勵人們去學習許多新的事務，所以目前已經被廣泛的使用，並且有很多方法可以使用，例如，老師可以要求學生設計一個模範社區，在設計的過程中，學生將可以獲得各種社區運作的有關知識，以及學生可以得到許多寶貴的經驗等。（參閱Learning Organization）

Hierarchy Analysis
層級分析法

層級分析法為確認某一個問題情境之原因的一項技術。它提供了一項思維架構，協助政策分析人員確認問題情境的三種原因：1.可能的原因（possible causes）：即可能造成一項問題情境發生之各種事件與行動。例如，不願工作、失業、權力與財富集中於菁英分子等，均可能是造成社會貧窮的原因。2.合理的原因（plausible causes）：即經由科學研究與直接經驗，相信對某一個問題之發生具有極大影響力的原因，以前面例子而言，「不願工作」就不大可能被認為是造成貧窮的原因，而失業及財富分配不均就被認為是造成貧窮的合理原因。3.可操控的原因（actionable causes）：即政策制定者可以控制或操縱加以改變的原因，就前面例子而言，權力與財富之分配集中於菁英分子，不被認為是造成問題發生的可操控原因，因為沒有任何一項政策或一套政策，意圖解決貧窮問題，而能夠改變整個社會的結構。（參閱Problem Definition）

Holistic Approach
綜觀途徑

綜觀途徑指以強調整體性及完整性，並反對原子論途徑（atomistic approach）為特徵，而進行研究或分析的途徑。此項途徑與綜效途徑（synergistic approach）密切有關。綜效途徑強調整體的效益大於部分效益之加總。綜觀途徑也稱為全觀途徑或宏觀途徑。（參閱Systems Theory）

Ill-structured Problem
不良結構的問題

政策分析人員在認定問題時，通常將問題分成三類加以分析研究：良好結構的問題（well-structured problem）、中度結構的問題（moderately structured problem）、及不良結構的問題。不良結構的問題指涉及許多決策者、方案執行的結果，其價值或效用為何，或是無法得知，或是無法排出其優先順序的公共問題；眾多決策者對於各競爭目標的看法是衝突的；解決問題之替選方案的數目及其執行結果無法獲知，因為它所涉及的風險和不確定性均無法估計。在此情況下，大家所爭的是問題的本質如何，而不是哪一個方案較佳。簡言之，不良結構的問題是無前例

可援的、無法預測後果的、無法計算或然率的、很多人都可以表示意見的、有非常多的方案可以解決的公共問題。例如「中國統一」問題就是一個不良結構的問題。就理論而言，典型的不良結構問題是一種完全不可互換的決策問題。例如甲案優於乙案，乙案優於丙案，而丙案又優於甲案，在此種情況下，眾多決策者很難作理性的決策。因此在絕大多數情況下，是採取政治性決策途徑與漸進決策途徑，以處理此類的問題。例如有關中國統一的問題，就是採取漸進的方式加以處理的。（參閱 Moderately Structured Problem, Well-structured Problem）

Incremental Decision-making Approach
漸進決策途徑

漸進決策途徑的提倡者為美國耶魯大學社會科學研究所教授林布隆（Charles Lindblom），他曾經擔任過美國政治學會會長（1980～1981），並曾於1981年8月到過台灣訪問。他認為在一個民主多元的社會，基本上，政策的制定乃是各種不同黨派（包括利益團體）間討價還價、交易協商的妥協結果，大家最後的感覺是：雖不滿意但可以接受。漸進決策途徑強調決策者在作

決策時，著重從現在已有的政策或計畫（the status quo）去尋找漸進性的替代方案，而不對現狀作大幅度的變動。換言之，新政策或計畫只是對過去的政策或計畫作漸進的修正而已。由於此種途徑常只對現狀作枝微末節的修改，所以也被稱爲「枝節途徑」（branch approach）。不過儘管此種途徑受到許多人的批評，認爲它太保守、會導致社會的不公正、及不能應用於重大決策情況，但就實際狀況而論，此種決策途徑仍然適用於處理不良結構的問題。漸進決策途徑的理論要點如下：

1. 應同時考慮目標與手段的選擇，必要時，可修改目標以迎合手段。
2. 只是尋找與現政策稍有不同的替選方案，而不找尋全盤改變的替選方案。
3. 僅考慮少數可代替現狀的替選方案，而不考慮所有可能達成目標的方案。
4. 對每一替選方案僅考慮少數幾項後果，而不考慮所有可能的後果。
5. 對每一個問題不斷重新界定，並尋找解決方案，而非問題一經決定即不再變動。
6. 強調無最佳或最正確的方案，只有比較符合實際需要的方案。即爲大家所同意的方案，就是一個好的方案。
（參閱Incrementalism）

Incrementalism
漸進主義

　　漸進主義乃是政府機關制定政策或計畫的一種途徑。決策者或政策分析人員如果採取此種途徑，首先將檢視目前的情境，接著將根據有限的替選方案對該情勢作有限的改變，然後每次只執行一個方案以驗證改變的情況。此項途徑所依據的是對於政府的一項規範性理論，該理論認爲，政府機關的政策制定乃是由具有衝突觀點的不同人參與議價及競爭的過程，也就是通稱的「漸進調適的藝術」（the art of muddling through）。（參閱Incremental Decision-making Approach）

Indirect Assessment
間接評量法

　　間接評量法是政策問題認定的途徑之一。即對於某些無法利用樣本調查法，以了解其癥結所在、及評量其重要性的公共問題，可以採取間接評量法，以知悉問題的大要。一般言之，間接評量法的作法包括：1.引用他人對該問題所作的評量結果。2.由政策分析人員依據已知的部分或對已知部分作調整後的資料，經過深思熟慮後自己再作評量。3.利用某一項單一相關的數量以評

量另一個問題可能涉及的數量。例如假定我們想要知道一個吸毒犯，一年到底要吸食多少毒品，最簡單的方法就是先了解一個吸毒犯一天要吸食多少毒品，然後乘以三百六十五天，即可推知。（參閱Problem Definition）

Individual Rationality
個人理性

個人理性指一個理性的及自利的個人，如果只有他一個人涉及某一項決策的制定，則他所作的選擇，就是個人理性抉擇的結果。（參閱Collective Rationality）

Initial Condition
初始狀況

為促進反應系統的發展，以合乎地震、或其他災難管理者所提出的需求，必須將注意與行動的焦點從特殊組織的個體需求，轉變為整個社群的總體需求。此過程極需組織間的溝通與協調，以創造集體反應的系統能力。受災社群「初始狀況」（initial conditions）的優劣無疑在這個過程中扮演關鍵性的角色。初始狀況可界定為組織在災變發生前的狀況。這些狀況的測量包括實地處理人員的特質：教育、災難處理的特殊訓練、服務年資與災難反應中的主要責任。測量同時也包括社區的地理位置、天然地形與救生索系統、交通、運輸、水源與動力設備、受影響民眾之憂患意識與準備的層級。初始狀況優越的受災社群，在其動員、與其他組織溝通及協調、處理資訊、與決策的能力等方面都會較強。（參閱Crisis Management）

Input-Output Analysis
投入產出分析法

投入產出分析法是從事政策方案預測時所採用之「理論預測法」的一種技術。基本上，它是追蹤一個社會裡生產與消費部門之複雜關係的強有力且應用極廣的技術，是由諾貝爾經濟學獎得主Wassily Leontief所創始的。它是一些理論的簡單化代表，此些理論尋求解釋與預測在經濟方面，政府、企業、及家庭各部門間的相互依賴情況。每個部門都需要其他部門的產出，做為本身生產過程的投入因素。投入產出分析法的基本假定之一為，投入與產出間的關係（稱為生產係數），反應了貨物與服務的生產和消費間的基本因果關係。

目前投入產出分析法已被應用在許多非直接經濟性質的預測問題方面：例如解除武裝的承平經濟對就業的

影響、各種租稅方案對工業成長的影響、工業廢料控制與再循環的能力、能源的消耗、及變更大眾捷運系統對就業的影響等。由於投入產出分析法被廣泛應用，且過去已有相當成就，所以有學者甚至表示：「在廣泛探求經濟—生態混合系統的複雜相互依賴性方面，投入產出分析法是目前我們所擁有或在最近的未來可能擁有的唯一技術。」（參閱Theoretical Forecasting）

Inquiry Model
探究式系統模式

　　一般而言，地震危機管理的非線性系統可分爲機械式系統模式（mechanistic model）、無政府式系統模式（anarchic model）、重複式系統模式（redundancy model）、探究式系統模式（inquiry model）等四種模式。探究式系統模式主要是依賴研究及回饋過程處理危機情境。探究式系統模式又可分爲下列三種子類型：1.試誤型（Trial and Error）：即組織針對經驗及外在環境的資訊，加以儲存，並應用於未來類似情境的解決過程中。而另一類型的組織學習是組織本身生產因應新情境之知識。2.專業式社會探究（Professional Social Inquiry）：即透過系統設計及再設計的過程，達到資訊交換、評估、蒐集及探究的目的，使社區成員完成行動的承諾。專業型學習模式認知到資訊是組織行動的基本驅策力。3.意識化的模式（Sense Making Model）：即認爲社區成員會產生認知過程以整合環境中的新資訊，此種整合藉由現存知識及文化規範，以生產一致性的詮釋與因應外在立即的情境。（參閱Anarchic Model, Mechanistic Model, Redundancy Model）

Institutional Agenda
制度議程

　　制度議程也稱爲政府議程（governmental agenda），指進入政府機關討論，準備加以研究處理的公共政策論題項目，此些項目可能是由新的事件或情勢所產生的，也可能是由過去所常處理的業務所激發產生的，它相對於「大眾議程」（public agenda）而言。基本上來說，制度議程的討論，乃是對於較大範圍之政策議程及論題如何受到政府注意之討論的一部分。每天所發生的公共問題相當的多，但是只有一小部分會成爲制度議程的項目，其中涉及甚多因素，殊值得研究。通常如果論題的影響層面較廣，大眾特別注意的話，則較能快速成爲制度議程的項目，例如，如何精簡政府組織、如何

精簡員額、如何節省政府支出、如何減低通貨膨脹等，均容易進入制度議程內。（參閱Public Agenda, Systemic Agenda）

Instrumental Rationality
工具理性

工具理性是與實質理性（substantive rationality）相對立的概念，它指政策分析人員在評估、比較、取捨各替選方案時，主要是從政策分析過程所使用的理論、方法、技術、工具等，加以考慮，著重它們是否合乎科學的、客觀條件的規定，只要是採取合乎工具理性規定所產生的最佳方案，就是一個可以接受的方案。工具理性乃是邏輯實證論（logical positivism）的一個重心，該理論強調客觀、效率、價值中立，詮釋既有數據，並不注重社會公平、正義、回應、適當等問題。（參閱Substantive Rationality）

Integrated Policy Analysis
整合的政策分析

整合的政策分析指政策分析人員整合「前瞻性政策分析」（prospective policy analysis）與「回溯性政策分析」（retrospective policy analysis）兩種觀點而進行政策分析的一種途徑。它是一項比較廣泛的分析方式，因為它結合了實務人員所使用的各種運作方式。此些方式所關心的是採取行動之前與採取行動之後，如何製造及轉換資訊的相關問題。整合的政策分析不只要求分析人員必須將研究的回溯階段與前瞻階段連結在一起，而且要求分析人員持續不斷的製造與轉換資訊。因此原則上整合的政策分析是一種繼續不斷的、反覆性的、無限制的運作過程。同時，它也是一種科際整合性的分析途徑。基本上，整合的政策分析具有所有前瞻性政策分析與回溯性政策分析的優點，但是沒有它們的缺點。它提供了對政策進行長時期監測與評估的一種有效的分析途徑。（參閱Prospective Policy Analysis, Retrospective Policy Analysis）

Intended Change
意圖性改變

意圖性改變指已經明白表示的公共政策目標、目的或結果，也就是公共政策的「期欲結果」（desired results），它涉及檢視政策目標、目的或結果達成到何種程度的工作。一般在政策評估過程中，評估人員非常重視政策或方案的執行結果，及意圖性改變是否

已經獲得成功。通常一項公共政策在執行以後可能會同時發生意圖性改變與非意圖性改變的結果，而一般實證性研究的主要目的就在檢視政策行動的意圖性改變狀況。（參閱Policy Evaluation, Policy Implementation）

Interdisciplinary Analysis
科際性分析法

科際性分析法指將與政治學、社會學、心理學、經濟學，或此些學科之次級領域有關的方法、途徑、技術等，應用於公共政策運作分析的一種手段（means）。科際性分析法結合並應用數種與公共政策形成、分析與評估的論題有關的學術性研究途徑及方法論。政策研究人員應用科際性分析法的主要理由是，不同的學科可以對分析與觀察公共政策的成分，在技術上及方法論上，提供較廣泛的選擇。例如研究人員如有必要，可應用心理學之實驗的與準實驗的方法、經濟學的成本利益分析法、與政治學的政治及行政理性等。（參閱Policy Analysis）

Interest Group
利益團體

利益團體指由一群具有共同態度、信念、利益者所組成，採取各種方式，向其他人、其他團體及政府機關組織提出其主張或要求，以達其共同目標或目的的組合體。利益團體依其成立的目的與服務對象之不同，可分成公益性團體（public interest group）與私益性團體（private interest group）兩類。前者以促進公共利益為目的，且以一般人為服務對象，例如禁菸協會、防癌協會、環保團體、消費者保護團體等。後者係以促進私人利益為目的，且有其特定服務對象的團體，例如農會、漁會、工會、商會等。

一般來說，廣義的利益團體可以分成以下十大類：1.政治性團體。2.商業性團體。3.工業性團體。4.勞工性團體。5.農業性團體。6.專業性團體。7.愛國性團體。8.宗教性團體。9.道德、慈善及環保團體。10.學術性團體。（參閱Pressure Group, Private Interest Group, Public Interest Group）

Interest Group Liberalism
利益團體自由主義

利益團體自由主義乃是一套有關政府與將政府做為社會中積極與昂貴角色之假定。此主義認為政府如果能夠確實接近最有效的、有組織的利益團體，則政府將運作得最好。贊成此種觀

點者相信，賦予有組織的團體接近政策議程的機會，乃是必要的，而且是一項好事。此種自由主義將公共利益解釋為「對政府所作各種要求的組合體」。簡單的說，利益團體自由主義是促使有組織團體在公共政策規劃時，於某些特定領域有必要取得更主導角色之一種概念。但是批評此種概念者則認為，利益團體自由主義的信念會創造並維持特權的利益，同時將使菁英在政策運作過程中，發揮更大的影響力。（參閱Interest Group）

Intergovernmental Network
府際網絡

英國學者羅德斯（R. A. W. Rhodes）從英國中央與地方政府間關係的研究，發展出政策網絡的概念，並依據利益群組狀況、會員隸屬關係、垂直的互依關係、不同網絡的水平互依關係與資源分配狀況等五項標準，將政策網絡歸納為政策社群（policy community）與議題網絡（issue network）、專業社群網絡（professionalized network）、府際網絡（intergovernmental network）、地域性社群（territorial community）、經濟性生產者網絡（producer network）。其中府際網絡的特性為具有限的垂直依賴性與廣泛的

水平整合性，且成員數量有限。（參閱 Policy Network）

Intergovernmental Relations
府際關係

府際關係指中央政府與地方政府間（如省市政府、縣市政府、鄉鎮市公所）垂直性的正式或非正式的接觸關係，或此些政府平行間的接觸關係，在完成公共政策目標過程中所形成的高度複雜網絡。此種府際關係乃是政府系統的實際運作狀況，故較理論性的權力分立或結構安排，更為真實生動，也就更能確切的描述公共政策實際制定、執行與評估的情況。故府際關係相關問題的探討，已成為研究公共政策運作的一項重要課題。（參閱Policy Implementation）

Intervention
干預方案

干預方案指為了使政策或計畫的標的人口產生某種期望的改變，而設計的任何方案或有計畫的努力（planned effort）。簡單的說，干預方案就是政府機關決定推動以解決政策問題或滿足公眾需求的政策、計畫、方案、或行動等。（參閱Action, Plan, Policy）

Interviewing Method
訪問法

訪問法爲從事各種研究調查工作所使用的蒐集資料之一種方法。即由研究人員或訪問員，透過面對面交談或電話訪問的方式，蒐集受訪者對某些問題之看法或意見，做爲分析研究基礎的作法。面對面訪問也稱爲實地訪問或造府訪問，在此種訪問方式過程中，訪員與受訪者均在場，訪員可對問卷題目之目的、疑義等加以解說，並可了解受訪者問題之所在，即時予以說明，同時還可鼓勵受訪者回答，既可避免發生漏答或錯答現象，尚可藉機觀察受訪者之言語、行爲等，故學術界常樂於採用。至於電話訪問則是由訪員以電話對受訪者加以訪問以蒐集研究資料的一種方式，它是一般民意調查機構與大眾傳播媒體所常使用的技術，主要是因爲它具有快速、便捷、樣本易取得、及訪問成功率高等優點。（參閱Data Collection）

Intuitive Forecasting
直覺的預測

直覺的預測指透過預測者主觀判斷所作的預測。亦即預測者基於對某件事的洞識所得到的知識，而非基於歸納或演繹的推理方法，對未來情況從事預測。主觀判斷通常應用於理論或實證資料不足、或無法獲得的情況下。直覺的判斷主要是基於「回溯的邏輯」（retroductive logic），採取推理的方式，對未來先作某種預測或主張，然後再倒回去尋找資訊及假設，以支持其預測或主張。例如，由於對電腦科技所具的洞察力，預測者預料一般人十年後，可以在自己家裡透過電腦進行日用品的採購，此項預測可藉科學家及專家學者對科技所具的知識而獲得支持。（參閱Extrapolative Forecasting, Theoretical Forecasting）

Iron Triangles
鐵三角

鐵三角也稱爲「安逸的小三角」（cozy little triangles）或「三角聯盟」（triple alliances），乃是形容美國政府次級系統的運作狀況，指某些國會委員會或委員會中的小組、一個或兩個行政機關、與相關利益團體三者之間，以某一政策領域爲核心，所形成的一種穩定的關係樣式。三者會聯合起來，共同處理彼此具有直接的、實質利益的政策議題。爲大家所熟知的一個典型鐵三角運作的例證出現在河川與港埠開發活動方面，美國陸軍工程師兵團

（the Army Corps of Engineers）（他們仍處理許多民間水運專案）、國會中的公共工程委員會、及利益團體——全國河川與港埠聯盟（the National Rivers and Harbors Congress）三者組成了鐵三角。這個鐵三角操控了有關水運開發計畫的決策過程，排斥讓其他人廣泛的參與。鐵三角的存在並主控政策制定的過程，為許多人所詬病，因為它使學術社群的政策專家、受政策不利影響的利害關係人等，被排除在政策制定參與圈外。更有甚者，很多加入鐵三角的政府機關，往往因此變成利益團體的「俘虜」（captive），在政策制定與執行方面，受到利益團體的控制。例如以前的政府機構「民航委員會」（Aeronautics Board）就被認為是民間商業航空公司所組成利益團體的俘虜；而「州際商務委員會」（the Interstate Commerce Commission）則被認為是鐵路利益團體的俘虜。（參閱 Captive Agency）

Issue Network
議題網絡

在政策運作意涵中、所謂「網絡」泛指在政策運作過程中，參與者所表現的互動關係，特別是指因同理念、同看法、同利害、同立場者所形成

的聯盟關係。因此，議題網絡乃是指對某公共議題，例如應否興建高速公路、應否興建水庫、教育應如何改革等議題，具有不同看法及立場者，各自結合起來表達其主張，因而形成不同的網絡關係。大致而言，此種議題網絡關係可分三類：贊成者、中立者、反對者。這三類人在議題形成、辯論及處理的過程中，會受到政治勢力強弱、經濟資源多寡、組織動員能力強弱的限制，而具有不同程度的發言權及影響力，進而決定了議題的命運。值得注意的是，議題網絡關係通常是多變且鬆散的，參與者人數及立場可能隨時發生變化；當議題不受重視或消失時、各種網絡關係也就隨著煙消霧散。（參閱 Policy Network）

Issues Forum
議題論壇

此項技術可應用於界定議題、設計並選擇替選方案等方面。此類論壇可以是全國性的，也可以是地方性的。它是一種由各種組織及個人所推動的草根性運動（grass movement），希望針對某項議題，能夠由他們發起、主持、召集包容性的公共討論。自1970年代後期以來，此類論壇相當盛行，當時的阿拉巴馬大學校長David Mathew曾主辦由

各界人士參加的論壇，解決重大的議題爭論。

由於此項技術非常實用，因此美國在1981年成立了全國性議題論壇組織（National Issues Forum），它是一個由各種組織及個人為推動公共商議並主辦各種全國性或地方性議題論壇的無政黨色彩的組織。依公共議題性質的不同，論壇可由電視台、社區團體、學術機構單獨或共同主辦。邀請不同背景及不同觀點的非專家人士聚在一起，討論重大爭議問題，分享價值觀及利益，化解對立。參與論壇的人數視議題及目的而定，可以邀請十幾人在一個小房間內討論，也可以邀請數百人在大禮堂內舉行。（參閱Community Forum）

Judgmental Forecasting
判斷性預測

基本上，所有的預測都會涉及某種程度的判斷（judgment），但是判斷並無法產生所有的預測。當理論或實證資料得不到或不夠充分，無法利用資料作系統性、數學性預測時，就會使用諸如此類的字眼：判斷的、直覺的、主觀的判斷等。相對於因果模式論使用「演繹的邏輯」（deductive logic），及趨勢外推法使用「歸納的邏輯」（inductive logic），判斷的政策預測所使

用的是「回溯的邏輯」（retroductive logic）。回溯的邏輯指從對未來的某項主張著手，倒溯回去蒐集必要的資訊與假設，以支持該項主張。

在大部分的政府機關，預測工作常需依賴專家的判斷，因為他們可能是對該項業務唯一熟悉者。舉例而言，捷運局裡面的專家應當是描述捷運系統目前狀況及預測未來維護制度的最適當人選。誰會知道，如果缺乏正常的維修，隧道內的風扇會在什麼時候失靈呢？無疑的，捷運系統的維修人員可以對這些現象提供最佳的判斷性預測，如果能夠得到比較詳盡的資料，他們還可以從事外推性的預測及因果性的預測。（參閱Intuitive Forecasting）

Kenneth Arrow's Impossibility Theorem
亞羅不可能性定理

諾貝爾經濟學獎得主亞羅（Kenneth Arrow）認為，在一個民主社會裡，決策者不可能處於一種全盤理性的選擇情況。亦即由於個人做選擇必然具有差異性，所以我們無法透過民主投票的方式，而得到一項符合不同利益需求的集體選擇。此種現象就是投票者的矛盾，也就是所謂亞羅不可能性定理，它反映出多數決的法則，不一定是理性的

選擇。（參閱Paradox of Voting）

Key Informant Approach
消息靈通者估計途徑

消息靈通者估計途徑指政策分析人員透過選擇並訪問對某一個問題了解深入、知識淵博、消息靈通的人士，聽取他們對問題的看法及意見，以了解問題的癥結、標的人口的狀況、及其需求之途徑。它是一種簡便的非正式調查技術，不過，此途徑可能會因受訪者個人偏見，及強調本身利益的結果，而獲得不可靠的資訊。例如房東對於居住問題的看法，可能會與租屋者的看法，具有極大的差異。（參閱Problem Identification）

Laplace Principle
拉普列斯原則

拉普列斯原則為不確定性（uncertainty）自然情境下的一項決策技術，也稱為equally likely principle，或principle of insufficient reason。它是由十八世紀的法國數學家Laplace所提倡的。他依據Jacob Bernoulli（1654～1705）的說法，認為對於「相互排斥事件」的一張完全列舉的清單中，如果不能指出其中任一事件較其他事件的發生，具有較多的可能性時，則每件事發生的機率，應視為相等，並依此計算每一方案的可能後果，然後選擇獲利最多或成本最少的方案。（參閱Maximun Likelihood Decision Rule）

Legal Feasibility
法律可行性

法律可行性指在從事政策方案設計時，必須研究該方案能否克服法律方面的障礙而言。該方案是否違反現行各項相關法律的規定？如果違反，即屬不可行。是否必須制定新法律後，才能夠執行該政策？如果須等待立法後才能實施，因需時甚久，雖具可行性，但可行性不應高估。是否需要修改現行法律以資配合？如果是的話，其可行性較高。該政策方案是否不涉及法律問題，而僅涉及行政命令？如果如此，則其可行性最高。（參閱Legal Rationality）

Linear Programming
線性規劃法

線性規劃法為政策方案評估比較技術之一，是於1951年由George B. Dantzig所倡用。他曾經利用此種方法解決許多美國空軍所面臨的計畫問

題。其後隨著管理科學理論的發展及電腦的應用，逐漸被應用於更複雜的決策問題。簡言之，線性規劃法是應用數學方法，研究如何將機關組織中的人力、物力、金錢、設備、及市場等有限的資源，在各種限制條件下，作最適當的調配，使機關組織能獲得最佳的利益或蒙受最少的損失。由於可用資源受到環境的限制，所以達成目的的程度呈現等式的關係。本法的基本假定有兩項：

1. 凡是一個問題具有以下兩項條件者即可採行線性規劃法解決：(1)有兩個或兩個以上的行動方案，競爭有限的資源分配。(2)假定問題中所有要素的關係是直線性的，即兩個或兩個以上變項間的關係是對稱的，例如一個變項如果改變20%，另一個變項也會改變20%。

2. 假定所有的變項皆為已知並且確定不變，因此要選擇一個最佳的決定是可能的。

　　線性規劃法可採多種方式表示之，如圖解法等。它可以解決以下問題：交通、生產、人員調配、農作物輪作、分配工廠產品之倉庫及市場、最佳轟炸方式、武器系統設計、最佳採購方式等。（參閱Operations Research）

Literature Review
文件分析法

　　文件分析法也稱為文獻探討法，就該項方法應用於政策問題的認定而言，文件分析法指政策分析人員蒐集與某項政策問題有關的期刊文章、書籍、論文、專著、研究報告、政府出版品、及報章雜誌的相關報導等文件，進行靜態性與比較性的分析研究，以了解問題發生的可能原因，及可能產生的結果。當然，文件分析法也適用於政策運作的各階段之資料蒐集與分析工作。（參閱Data Analysis, Data Collection, Problem Identification）

Longitudinal Data Collection
縱貫性資料蒐集法

　　縱貫性資料蒐集法指藉著重複調查與檢測方式，評量政策活動產生變化之比率與程度，而蒐集相關資料的一種研究方法。它所關心的是經由蒐集到的資料所呈現的趨勢，就長期觀點而言，其變化的幅度與相關面向如何。縱貫性資料蒐集法的一種類型是趨勢研究（trend study），即對同樣的一般性人口中之不同對象作數次連續性的調查，以觀察他們的變化情形。目前國內外有許多研究調查採取縱貫性資料蒐集

法，例如政治議題或選民投票行為的調查、社會指標的調查等，均可藉由縱貫性資料蒐集法，而了解長時期的變化情形。（參閱Data Collection）

Long Run Plan
長程計畫

一般公私部門的機關組織在擬定計畫時，通常將計畫分成短程計畫（short run plan）、中程計畫（middle run plan）與長程計畫，但是各期程時間長短的規定則不一致。就政府機關組織而言，長程計畫指七年（含）以上的施政計畫。就理論上而言，長程計畫應為上位計畫，中程計畫應依長程計畫擬定，而短程計畫必須依中程計畫的內涵擬定，以構成層次分明的計畫體系。大致言之，長程計畫比較具有原則性、特殊重大性、與方針性。（參閱Middle Run Plan, Short Run Plan）

Marginal Cost
邊際成本

邊際成本簡單的說，指每生產一個單位貨品所增加的成本，例如，生產一千個單位貨品的成本減去生產九百九十九個單位貨品的成本，所剩下的成本就是邊際成本。它是計算某一

計畫之成本利益時所應注意的一個概念。（參閱Cost-Benefit Analysis）

Marginal Return
邊際報酬

邊際報酬指增加某一項生產要素等於該要素產出所獲得的報酬。例如，僱用一個工人的邊際報酬，將等於該工人受僱後所增加的產出。（參閱Cost Benefit Analysis）

Masking Problems
隱藏性問題

隱藏性問題指某些問題雖然良好的被界定，而且被廣泛的認知，但是實際上背後卻隱藏著一些更重要的問題。例如，當我們嘗試診斷並解決非洲的飢餓問題時，事實上，我們也必須設法診斷解決隱藏在後面的相關問題，例如缺乏政治變革問題、自然災難問題、人口增加問題、及缺乏投資問題等，而非僅就表面上所看到的「飢餓問題」加以研究解決。又如當我們研究分析「核子戰爭問題」時，我們必須同時分析諸如核子武器問題、及戰略理論問題等。它對政策分析人員的啟示是，認定政策問題時，必須同時深入探討相關的隱藏性問題，才能找出該問題的真正癥結。

（參閱Problem Definition, Problem Identification）

Maximax Decision Rule
大中取大原則

大中取大原則（maximizing the possible maximum profits）為不確定（uncertainty）決策情境下，就獲利層面，進行替選方案評估、比較、選擇的一項技術，也被稱為樂觀原則或進取原則。依此原則，決策者抱持樂觀進取的態度，認為他在選定某一方案後，相信對該方案最有利的自然情境最有可能發生，所以他在作決策時，就將各替選方案在各種自然情境下之獲利最高者挑出來比較，然後選擇其中獲利最大的方案。此原則係由Abraham Wald所倡用。（參閱Minimin Decision Rule）

Maximin Decision Rule
小中取大原則

小中取大原則（maximizing the possible minimum profits）係由Abraham Wald所倡用，也被稱為悲觀原則或保守原則，適用於利潤層面的決策選擇。此原則的假定是，決策者的態度通常較為保守，總是認為自己一向運氣不佳，預料在選定某一方案並付諸實施

後，對該方案最不利的自然情境就會發生，所以他寧可先作最壞的打算。於是在作決策時，就將各替選方案在各種自然情境下利潤最低者挑出來比較，然後選擇其中利潤最高的方案。（參閱Minimax Decision Rule）

Maximin Principle
劣勢者利益最大化原則

劣勢者利益最大化原則為政策規劃原則之一。指政策規劃人員在從事方案設計時，應當考慮儘量使社會上居於劣勢情況的弱勢團體或個人，能夠獲得最大的照顧，享受較多的利益，例如殘障者、低收入戶、少數民族、婦女等應獲得較多的照顧。亦即應多抱持「雪中送炭」的胸懷，設計各項公共政策。它也被稱為「弱勢族群利益最大化原則」。（參閱Policy Formulation）

Maximun Likelihood Decision Rule
最可能發生情況決策法

最可能發生情況決策法是政策分析人員或決策者在風險性（risk）決策情境下，就若干替選方案進行評估、比較、與選擇的一項技術。此種決策法是當面對未來可能有數種不同自然情境

（state of nature）發生時，以其中最可能發生的自然情境（即發生機率最高的情境）之各項替選方案的後果，做為比較選擇最佳方案的依據。（參閱Aspiration Level Decision Rule）

Mechanistic Model
機械式系統模式

一般而言，地震危機管理的非線性系統可分為機械式系統模式（mechanistic model）、無政府式系統模式（anarchic model）、重複式系統模式（redundancy model）、探究式系統模式（inquiry model）等四種模式。機械式系統模式的基本假定是所欲解決的問題是良好界定的，且系統足以從事近距離之外在干預及防止。只要系統一經精心設計及運作，系統主要目標即在發揮錯誤及行為之控制功能。機械式系統模式的優勢是適用於良好建構及制式化的情境，但在不確定及動態情況中，卻表現最為弱勢。（參閱Anarchic Model, Inquiry Model, Redundancy Model）

Middle Run Plan
中程計畫

一般政府機關的施政計畫可以分成短程計畫（short run plan）、中程計畫、與長程計畫（long run plan）三類，唯各項計畫期程的劃分，公私部門不盡相同。以我國政府機關情形而論，中程計畫指二年（含）以上至六年（含）以下的計畫。就計畫擬定的原則而言，中程計畫應依據長程計畫擬定，而短程計畫又依據中程計畫而訂，以構成計畫的層次體系關係。（參閱Long Run Plan, Short Run Plan）

Minimax Decision Rule
大中取小原則

大中取小原則（minimizing the possible maximum costs）為決策技術之一，由Abraham Wald所倡用。它與小中取大原則（maximin）屬於同一個原則，只不過大中取小原則係應用於成本方面的決策選擇，它也被稱為悲觀原則或保守原則。此原則是決策者在作有關成本損失方面的決策時，採取較悲觀與保守的心態，將各替選方案在各種自然情境下，必須支付最大成本者挑出來加以比較，而選擇成本最小的方案。（參閱Maximin Decision Rule）

Minimax Regret Decision Rule
遺憾最少原則

遺憾最少原則（minimizing the possible maximum regret）為決策者在不確定性（uncertainty）自然情境下作決策的一項技術，也稱為J. L. Savage Principle。此原則指一般決策者在作決策時，總是希望選對正確的方案，以免發生憾事，亦即總是希望選擇一個令他覺得最少遺憾的方案。因此作決策時，就將每一個方案在各種自然情境下，因為未作正確的選擇所造成的最大損失（即最大遺憾）挑出來比較，然後選擇其中損失（遺憾）最小的方案。（參閱Minimax Decision Rule）

Minimin Decision Rule
小中取小原則

小中取小原則（minimizing the possible minimum costs）為決策技術之一，由Abraham Wald所倡用，也稱為樂觀原則或進取原則。它與大中取大原則（maximax）屬於同一個原則，唯後者應用於利潤方面的決策選擇。此原則是當決策者就必須支付成本損失之各方案進行比較選擇時，會採取樂觀的態度，將各替選方案在各種自然情境下支付最低成本者挑出來比較，而選擇成本

最低的方案。（參閱Maximax Decision Rule）

Mission
任務

任務指機關組織所須完成之單一的大型活動或工作，或一項連續性的特殊功能。例如，大規模的興建國民住宅、建造核能發電廠、河川整治計畫、攻占敵人占據的山頭等。任務和政府機關平常持續性處理的業務，在意義上是不同的，平常的業務如預算控制及稅收等，並不能稱為任務。（參閱Action, Plan）

Mixed-Scanning Decision-making Approach
混合掃瞄決策途徑

混合掃瞄決策途徑的提倡者為美國社會學家艾賽尼（Amitai Etzioni）。他曾於美國《公共行政評論》（*Public Administration Review*）期刊1967年12月號發表〈混合掃瞄：決策的第三個途徑〉（Mixed-Scanning：A Third Approach to Decision-Making）一文指出，他將第一種決策途徑（理性廣博決策途徑）與第二種決策途徑（漸進決策途徑）予以綜合運用而成為第三種

的混合掃瞄決策途徑。後來在該期刊的1986年1月及2月號又發表〈再訪混合掃瞄途徑〉（Mixed-Scanning Revisited）一文，對該途徑的模式予以操作化。該途徑主張當決策者面臨決策情勢時，將問題分成兩個層次處理：高層次（high order）部分採取理性途徑立下基本的決策方向；至於低層次部分則以漸進途徑制定詳細的執行辦法。每一層次各具有不同的資訊詳盡程度與涵蓋的範圍。如何區分詳盡與簡略的層次，須視時間、經費、人力、物力、及問題本質而定，同時考慮此些因素彼此互相替代犧牲的情況。該途徑的作法大致如下：

1. 決策者先設法區分基本決定與漸進決定的層次。

2. 決策者依照他對目標的看法，尋找主要的替選方案，然後作成基本決定，其過程可以不必如理性途徑所強調的那麼詳細和專精。

3. 決策者按照基本決定的內容作成漸進決定，以使政策方案實際可行。

（參閱Incremental Decision-making Approach, Rational-comprehensive Decision-making Approach）

Model
模式

模式指圍繞在我們四周之某一項複雜的世界事務或現象之簡單化代表物。換句話說，模式是真實世界之事實、器物、制度、現象的簡單代表。因此，經由對模式要素及其相互關係的分析研究，我們對它所代表的事實、器物、制度、現象等，將具有較深入了解與處理的能力。一般而言，模式具有以下五項主要功用：

1. 可將複雜事項假簡化與條理化。

2. 可以組合分散的資料。

3. 可以啟發思考作用。

4. 可以預測行為或事件的結果。

5. 可以提供衡量事務的標準。

模式有時以物質的或實體的形式出現，例如以木頭或鋼鐵製品的模型代表原來的實物；有時以象徵性的符號出現，例如以文字、數學公式、圖表等形式表示某一事象或概念；有時甚至只是一種理念性的認知。大致上來說，模式可分成硬體模式（hard models）與軟體模式（soft models）兩大類。硬體模式指真實現象的象徵化代表，例如建築工人依照建築藍圖施工建造房子；軟體模式指真實現象的想像化特徵，以純理論、純假設、或純概念性的方式加以表示，例如在經濟學教科書中不可或缺的

「完全競爭情況下的抽象經濟交換市場圖形」，就是一種軟體模式。

在公共政策研究方面，可以做為預測行動方案後果的主要模式，大致上有以下四大類：

1. 分析性模式（analytic models）：例如博奕理論模式（model of game theory）。

2. 模擬性模式（simulation models）：例如交通路線管理的模擬等。

3. 遊戲性模式（gaming models）：例如戰爭遊戲（war game）及企業遊戲（business game）等。

4. 判斷性模式（judgmental models）：例如比擬（analogy）、隱喻（meta-phors）、及心智模式（mental models）等。

模式雖然具有許多的優點，但是在應用時，必須注意它本身所受的限制：1.模式可能會過分簡化事實與遺漏某些重要變項。2.模式的建立與研讀常被誤認為可代替實際的經驗研究。3.模式有時過於廣泛與抽象，常令人無所適從。（參閱Model Study Approach）

Modeling the Problem
問題製模法

問題製模法為政策問題認定途徑之一。因為模式乃是複雜的社會事實或現象的簡單化代表，所以我們可以利用模式的建構，來了解大型且複雜的公共問題之本質。在建構問題模式時，必先釐清該問題的相關變項有哪些？哪些是重要的分析變項？此些重大變項間的彼此關係如何？重大變項通常包括人員、時間、地點、原因、後果、因果關係、可能的解決方案等。為求認清問題的癥結，可以採取圖解的方式，去建構問題的模式。此種問題製模法可以讓政策分析人員迅速的掌握該問題的全貌。例如欲了解台北市的交通問題，就可藉著模式的建立，將相關的重大變項設法確定並釐清彼此的關係，而達到執簡御繁的目的。（參閱Model, Problem Identification）

Model Study Approach
模式研究途徑

模式研究途徑指研究人員採取模式建構的方式，對於某一項事實、現象或問題，進行分析研究，以了解它們所涉及重要變項彼此間互動關係或因果關係狀況，並從事必要預測的一種研究途徑。就公共政策問題研究而言，研究人員可以採取模式建構的方式，以推知政策問題的前因及與其他相關變項間的關係，進而預測未來政策運作過程的可能發展。（參閱Model）

Moderately Structured Problem

中度結構的問題

　　一般政策分析人員在認定政策問題時，可以將問題分成三種：良好結構的問題（well-structured problem）、中度結構的問題、及不良結構的問題（ill-structured problem）。中度結構的問題是介乎良好結構與不良結構問題之間的公共問題。詳言之，中度結構的問題指涉及一個或少數幾個決策者、及相當有限數目之替選方案的問題；方案完成後所希望獲得的價值或效用，可以清楚反映決策者對目標具有共識；但是方案的執行結果既無法在確定性情況下計算得知，也無法以最少的風險計算得知。換言之，方案的執行結果是不確定的、難以預測的、或然率是無法加以計算的。基本上，政府機關的大部分政策問題是屬於這類問題。例如許多社會福利與衛生醫療問題即然。所謂「政策模擬」（policy simulation）與「博奕理論」（game theory）可以說是典型的中度結構問題。處理此類問題，可以採取混合掃瞄決策途徑或滿意決策途徑。（參閱Ill-structured Problem, Well-structured Problem）

Muddling Through

漸進調適

　　這相概念是由林布隆（Charles E. Lindblom）所提出的，他認為在一個民主多元社會，當問題具有高度複雜性、不確定性，且充滿爭議性時，漸進調適的決策模式恐怕是唯一可行的選擇。此種模式強調持續漸進而且有限度的改革，以避免事先無法預期的負面效應產生時措手不及。因此，政策的大幅變動比較少見，某一政策的改變，往往是許多小幅改變累積的成果。這種決策模式頗似踩石子過河，過河時先向前踩一步看看，站穩了再向前進，走一步，算一步，以降低風險。簡單的說，凡是比現在更好的情況，就加以接受，如果不好，再繼續調適改進。（參閱Incremental Decision-making Approach）

Multi-Attribute Utility Model

多歸因效用模式

　　多歸因效用模式建構的過程是先找出各項方案與準則，依據每項準則，判斷各項方案的效用分數，並判斷出各準則的相對權數，將權數標準化之後，乘上效用，最後算出各項方案的分數，以供決策參考。該模式的優點為：1.遇到

多方案多準則的問題時，可提供評估的方法；2.過去所作的判斷與資料，可為未來方案或準則的修改，提供評估的詳實內容；3.結合客觀資料與主觀判斷，可提供決策時的理性基礎。（參閱Multiattrribute Utility Analysis）

Multimethod Forecasting
多元方法預測法

多元方法預測法指政策分析人員結合各種不同的途徑及方法，從事政策方案的預測，以增進預測的品質，包括多元邏輯推理途徑：歸納法、演繹法、回溯法；多元預測基礎：趨勢外推、理論假定、主觀判斷；多元預測技術：外推預測技術、理論預測技術、直覺預測技術；多元預測對象：新舊政策內涵與結果、政策利害關係者的行為等。（參閱Forecasting）

Multiple Goals
多元目標

多元目標指由政府機關組織或方案所設定欲達成的一系列不同的可欲結果。絕大部分的機關組織都有許多的目標必須達成；同樣的，一項政策也往往具有多元的目標。因此政策分析人員必須對政策方案的每一項目標加以明確的界定，而對達成此些目標所受的限制也應當敘明。然而，多元目標的同時存在，常會引起政策分析的困難，因為這些目標可能模糊不清，不容易清晰界定；同時此些目標彼此間可能發生衝突現象，則如何權衡各目標的輕重取捨與犧牲替代，就有賴其他因素，如政治性因素、經濟性因素與社會性因素等的綜合考慮而定。（參閱Goal）

Multiple Perspective Analysis
多元觀點分析法

多元觀點分析法指政策分析人員在認定問題情境時，藉由系統化的應用個人的、組織的、及技術的觀點，對問題癥結與解決方法，獲致較大洞察力的一種方法。它對於處理結構不良的問題（ill-structured problem），特別有用。多元觀點分析法著重同時考慮以下的三種觀點：

1. 個人觀點（personal perspective）：從個人的察覺、需求及價值觀等去檢視問題及其解決方法。

2. 組織觀點（organizational pe-rspective）：從將問題及其解決方法視為一個組織有次序的某一種狀況，進展到另一種狀況之一部分，而處理該問題。

3. 技術觀點（technical perspective）：

從「最適模式」（optimization models）及以機率理論、成本利益分析、決策理論、計量經濟學、系統分析爲基礎，進行決策分析的觀點，去了解問題並提出解決方案。

如果就一般性的政策分析而言，多元觀點分析法也就是採取俗稱的「三角定位法」（triangulation），結合政治的、倫理的、組織的、文化的、社會的、心理的、技術的等各方面觀點，去深入了解問題並解決問題。（參閱Ill-structured Problem, Policy Identification）

Needs Assessment
需求評量

需求評量指對於某一個公共問題的型態、深度及廣度等，進行系統性的評量。詳言之，需求評量指評量某一群標的人口之需求情況與政府機關已提供服務，以迎合此項需求之數量間的差異。它包含三項要素：1.某一項需求或狀況的廣度。2.確定造成或阻礙該項需求或狀況的因素。3.既有的滿足該項需求或處理該狀況之政策或計畫的廣度。一般而言，需求可以分成四種類型：1.規範性需求（normative needs）。2.感覺性需求（felt needs）。3.明示性需求（expressed needs）。4.比較性需求（comparative needs）。（參閱Comparative Needs, Expressed Needs, Felt Needs, Normative Needs）

Nondecision
扼阻性決定

扼阻性決定也被稱爲「無決策制定」或「偏袒性決定」。依Peter Bachdrach及Mortor S. Baratz兩人在《權力與貧窮》（*Power and Poverty*, 1970）一書中的說法，扼阻性決定是指壓抑或阻擾對決策者的價值、或利益進行潛在或明示挑戰的一種決定。明白的說，它是決策者或權責機關所使用的一種工具，目的在採取相關作法，動員社會上支持該機關的力量，壓抑公共問題的發生，使該問題不獲重視，最好使其消弭於無形，亦即扼阻該問題進入政府機關的政策議程內。如果該問題扼阻不住而進入政策議程處理時，則再動員支持力量，設法在規劃階段，讓解決問題的方案胎死腹中。如果此道關口仍然守不住，權責機關還是有機會使該方案在執行階段有頭無尾，執行不成功。此一系列的作法，就是扼阻性決定。這種決定的案例，在國內外都極爲常見。但是因爲它常會引起利害關係者的不滿，所以除非絕對有必要，否則還是儘量避免爲

宜。（參閱Agenda Setting）

Nonlinear System
非線性系統

傳統的世界觀是直線思維的世界觀，認爲所有的事物都是結構良好的、富秩序的，其歷程是有完整先後順序的。這種思維近來不斷受到質疑，佛瑞斯特（J. W. Forrester）即指出，眞實世界是「非線性的」（nonlinear），邏輯實證主義式的直線鮮少眞正存在。在這種新思維下，組織普遍被認爲是非線性的系統，尤其是負責地震性政策的系統不僅是複雜的，也是一種非線性的系統，必須自行蒐集、分析、篩選與運用那些平日並不熟悉的資訊，繼而獨立作決策。因此，欲預先確認因果關係的必要條件是不大可能的。同時，像地震這種危機事件的發生通常都是沒有任何預警的，會在社群中製造隨機的、驚人的影響後果。非線性系統被賦予結果不可預測性的特性，並且也承認時間與其發展穩定性、因果關係結果的不可逆轉性。動態反應系統的測量並非要尋求確認因果關係的結果，相反地，是要經由在演進過程中被特殊目標所引導的許多可能行動與障礙方向的領域中，去確認應採取什麼樣的步驟。

（參閱Seismic Policy, Shared Risk）

Nonteleological Criteria
非目的性標準

政策分析人員或決策者通常採取兩種不同的標準做爲選擇政策方案或計畫的根據。一種稱爲「目的性標準」（Teleological Criteria），另一種稱爲「非目的性標準」。非目的性標準乃是指政策分析人員或決策者在考慮各替選方案時，並非就該方案目標或目的本身加以判斷，而是就目標或目的以外的因素，如政治、倫理道德、價值系統等因素，進行評估比較。因此，非目的性標準乃是一種倫理道德性的標準。例如，「禁止食言而肥」、「禁止謀殺」、「禁止違反法律」等。一般言之，「非目的性標準」較「目的性標準」重要，如替選方案任一非目的性標準不被接受的話，則不論該方案的結果如何有利，亦不應或不可能採行。許多非目的性標準來自於政治方面的考慮，亦即常因與現行憲法或法律互相牴觸，而放棄某些方案。

非目的性標準通常是就「絕對性」（absolute）而非「比較性」（comparative）來論斷某一政策或方案的對或錯。亦即探究某一政策是否會違背政府對人民的承諾？是否違法？是否符合機關的某些目的？是否不人道等。此類標準可單獨應用於衡量考慮某一政策

方案或計畫的可行性，而不必與其他方案進行比較。

當進行政策方案分析時，可結合目的性與非目的性兩類標準使用，其原則為先考慮方案的「非目的性標準」，即是否符合倫理道德性標準，凡是不符合者予以剔除，凡符合者予以保留，並以「目的性標準」比較各方案。例如我國過去實施「兩個孩子恰恰好」的家庭計畫，此計畫中減少子女數方法，雖然墮胎是可行方法之一，但是因為我國法律只准許有條件的墮胎，所以家計中心便不能違法推動全面的墮胎方案。（參閱Appropriateness, Teleological Criteria）

Normative
規範的

「規範的」是一個含有各種價值觀、價值取向、受價值驅策之活動的形容詞。它與科學方法不同，科學方法強調價值中立，但規範性的程序或活動則脫離不了社會價值的選擇。簡單的說，它是一種「實然」（is）與「應然」（ought）之間的差別，科學方法強調實然，規範性方法強調應然。因此，規範性分析嘗試去決定什麼是好的或壞的；而科學性分析則只是敘述究竟發生什麼事以及為什麼會發生。（參閱Normative Ethics）

Normative Decision Theory
規範性決定理論

規範性決定理論指提供改進行動結果之基礎的一套邏輯的、一致的命題。此項理論有時候被稱為「統計的決定理論」，或是「複雜情況下的理性選擇理論」，大部分是應用預測與推薦等前瞻性的方法，去發現未來將發生什麼事情或問題？以及應如何去解決這些問題？它和描述性決定理論的不同在於，它所關心的是如何找尋解決問題的答案，至於描述性決定理論（descriptive decision theory）所關心的則在了解問題。（參閱Descriptive Decision Theory）

Normative Ethics
規範的倫理

簡單的說，規範的倫理指決策者或政策分析人員以「好的」（good）或「對的」（right）標準，做為他們從事某一項活動的辯護藉口，或是選擇某一項政策方案的指導原則。（參閱Normative）

Normative Futures
應然未來

應然未來指與政策分析人員或決策者的未來需要、價值、機會等觀念相一致的潛性未來及合理未來（plausible futures）。由於對應然未來加以詳細說明的結果，使政策分析人員可以將潛性未來及合理未來的範圍加以縮小，從而可將預測導向特殊的目標（goals）與目的（objectives）。例如過去應當已經發生的事，以及未來應當發生的事。（參閱Plausible Futures, Potential Futures）

Normative Needs
規範性需求

規範性需求指某一個人或某一群人的實際情況低於政府機關所規定的情況，或低於某社區的一般情況，而有需要予以補救者。例如台北市政府對於低收入戶的界定是，一個家庭每年每人平均收入低於新台幣多少元者屬之。而在美國也有所謂「貧窮線」（poverty line）的規定，凡是一家四口全年的收入低於某一定數額者，即被認定是貧窮者，可享受各種相關的補助救濟服務。（參閱Comparative Needs, Expressed Needs, Felt Needs）

Normative Optimum Model
規範的最適模式

規範的最適模式是以色列公共政策學者Yehezkel Dror在《公共政策制定再檢視》（Public Policymaking Re-examined, 1968）一書中，所提出的一種政策制定途徑。他認為一般政策制定不可能採取理性廣博的途徑（rational-comprehensive approach），但也不宜只是採取漸進途徑（incremental approach），最好採取規範的最適模式從事政策的制定。規範的最適模式應當具備以下的若干條件：

1. 強調「定性的」（qualitative）一面，而非「定量的」（quantitative）一面。
2. 同時承認「理性」（rationality）與「超理性」（extrarationality）的價值。
3. 重視經濟理性（economic ra-tionality）。
4. 必須加入「後設決策過程」（meta-policymaking）。後設決策過程指對政策制定產生「規範作用」與「支持作用」的某些假定、價值、標準及因素。包括：(1)確定問題、價值、資源，並將它們分配於不同的決策單位。(2)規劃、評估與調整決策體系。(3)確定重要的決策方針。

5. 嵌入回饋（feedback）功能。透過回饋功能，使決策過程各階段產生互動，並使整個決策體系與環境產生互動，而制定最適的政策。（參閱Incremental Decision-making Approach, Rational-comprehensive Decision-making Approach）

Objectives
目的

目的指對方案或計畫所欲達成的成就或狀況作明確的、詳細的、具體的、操作化的陳述。政策分析人員在敘明方案或計畫的目的時，必須從以下四要素著手：1.特定的標的人口。2.所欲達成的特定數量。3.敘明特定的時間幅度。4.敘明可衡量的期望狀況或需求。例如，我們可以說，我們大家共同努力的目的是，要使台灣地區23,000,000萬人的平均國民所得，在公元2012年達到22,000美元以上。目的可以說是目標的具體表示，透過目的達成程度的衡量，也可以了解目標達成的程度。一般言之，一個主目標通常包含幾項分目標，而分目標又包含幾項目的。（參閱Goal）

Observation Method
觀察法

觀察法為自然科學與社會科學研究所常使用的一種資料蒐集方法，透過此種方法所蒐集到的資料，屬於第一手資料，對研究結果的說服力極強。就公共政策研究而言，觀察法指由政策分析人員或問題解決者，親自或派員前往政策運作現場，例如公共問題發生現場，或政策執行現場，進行實際的觀察並作記錄，以蒐集必要的資料，做為進一步統計、分析、解釋的依據。（參閱Data Collection）

Operations Research
作業研究

作業研究可以說是一項運動，它起源於第二次世界大戰時的軍事方面需要。在處理決策問題時，作業研究結合了數學家、統計學家、經濟學家、甚至自然科學家的研究成果，以計量方式從事決策的制定。因此，有許多人把作業研究與「管理科學」（management science）劃上等號。基本上，作業研究是以「模式」（model）做為分析工具的。它的基本方法如下：

1. 利用模式表示各有關變項間的關係。

2. 重視目的及衡量效益之技術的發
　　展。

3. 模式中必須包含重要的變項。

4. 必須設計並運用一項適當的數學模
　　式。

5. 應儘最大可能將各變項以數量表示
　　之。

6. 利用預測技術,將機率納入模式中計
　　算。

　　在諸多作業研究的技術中,較爲
大家所熟知的包括線性規劃法、存量控
制法、決策樹、博奕理論、等候線理
論、及蒙地卡羅模擬等。(參閱Man-
agement Science, Model)

Opinion Leader
意見領袖

　　意見領袖泛指在政治上、經濟
上、社會上、學術上、大眾媒體上,居
於優勢地位且所發表的意見對一般人或
某特定對象,具有相當影響力者。例如
重要的政府首長、資歷雄厚的財閥、權
威的學者專家等。在公共政策運作的每
一個階段,每一類型的意見領袖,都可
能會對各種政策論題,主動或被動的發
表意見,而對政策的內涵產生不同程度
的影響。由於意見領袖對一般社會大眾
會產生有形或無形的影響力,所以政策
分析人員對彼等所發表的意見,必須特

別注意及重視。(參閱Elite)

Opinion Survey
民意調查

　　民意調查目前爲世界各國政府機
關、大眾傳播媒體及公司研究機構藉
以探求民意的盛行方法。簡單的說,
它是一種針對特定對象,採取「抽樣
調查」的方式,亦即從整個母體範圍
內,抽出一部分樣本予以調查,而推論
其統計具有代表母體事實之性質的作
法。一般而言,民意調查的過程如果合
乎科學、系統、正確的精神,的確可相
當了解民意的趨向,因爲社會大眾均
有公平的機會參與政策意見的表示之
故。但是如果調查過程不夠科學或有偏
見,則可能會誤導決策方向,而產生極
不良的後果。所以政策分析人員對於
民意調查結果的引用必須特別小心。
(參閱Public Opinion)

Optimum
最適化

　　最適化指能夠使整體的損失減到
最低,或使整體利得獲得最高的行動方
案。一般而言,最適化的概念與「最佳
化」(the best)有所不同,最佳化所
追求的是絕對的完美,要求無其他方案

可能會優於該最佳方案，因此在決策過程中，必須要以「純粹理性」（pure rationality）爲基礎，而這是一般決策者所無法作到的。因此比較務實的決策者，通常只求「最適化」或「滿意的」決策即可。（參閱Optimum Policy Approach）

Optimum Policy Approach
最適政策途徑

最適政策途徑指經由創新、適當規劃與檢視政策制定過程中之替選方案，以更理性方式，制定公共政策的一種手段。最適政策也就是最可欲的政策（the most desirable policy），需要決策者在考慮其他經濟、政治、法律與其他限制之後，設法將利益減去成本的差額加以最大化。因此，欲尋找最適政策就必須對每一方案的利益與成本加以檢視比較，選擇利益減去成本差額最大者。不過就公共政策制定而言，決策者通常較偏好以方案迎合政策目標及預期結果的程度，去檢視及權衡各政策方案。一般而言，有三類模式可應用於最適方案的選擇：1.焦點置於作得太多或太少的最適政策方案。2.尋找最適政策組合，其有限或稀少的資源，需要其他更多資源的注入。3.在若干明確區分的方案中，選擇最適的方案。（參閱

Optimum）

Paradox of Voting
投票困境

投票困境爲公共選擇理論所探討的課題之一，也通稱爲「亞羅的兩難」（Arrow's dilemma），它意味著在一個民主社會，欲以多數決的方式獲得理性的決策，有時是不太可能的。投票困境的例子是這樣的：假定一共有A,B,C三個替選方案，由1,2,3三個人進行投票選擇一個多數決的方案。再假定1這個人喜歡A甚於B，喜歡B甚於C（因此也就喜歡A甚於C）；2這個人則喜歡B甚於C，及喜歡C甚於A（因此也就喜歡B甚於A）；至於3這個人喜歡C甚於A，及喜歡A甚於B（因此也就喜歡C甚於B）。它顯示多數人喜歡A甚於B，及喜歡B甚於C，因此我們可以說這個社區的人喜歡A甚於B，及喜歡B甚於C。而如果這個社區的人的行爲被認爲是理性的話，我們不得不說，他們喜歡A甚於C。但是事實上這個社區的大多數人又是喜歡C甚於A，這就造成了投票的困境。於是論者謂，在此種情境下，欲以多數決投票方式，制定理性的決策，乃是不可能的。（參閱Public Choice Theory）

Parallel Case
平行案例

　　一般而言，政策分析人員可以從各種不同的來源去蒐集資料，以便分析政策問題、規劃政策方案、執行政策方案，而平行案例就是資料來源之一。它指其他國家、地區、部會、縣市政府的相同或類似案例，其處理過程的相關資料及經驗，可以做為我國相關機關處理相同或類似政策問題的參考。例如新加坡在社會福利、交通、住宅、環境保護等方面的作法及經驗，常可供台灣參考。（參閱Policy Problem）

Pareto Criterion
巴瑞圖標準

　　義大利的經濟及社會學家巴瑞圖（Vilfredo Pareto, 1848~1923）認為，社會上最佳的所得分配，乃是有些人獲益，但沒有人受到損失的分配方式。引申至公共政策制定，可解釋成：凡是某一個政策或計畫，至少對一個人以上有利，並且無人因此受害時，就是一項可以考慮接受的政策或方案。（參閱 Pareto Principle, Pareto Optimality）

Pareto Optimality
巴瑞圖最適性

　　巴瑞圖最適性的意義與「巴瑞圖標準」及「巴瑞圖原則」相同。巴瑞圖（Vilfredo Pareto）以圖一為例，認為在作一項決定時，必須同時考慮涉及的兩造，然後選擇最適當的方案。圖一中Q點的情境較R點為佳，假定當由R點移向Q點時，至少有一人會變得更好，而無任何人會變得更壞，則圖一中方塊區內的任何決定都是可以接受的。（參閱Pareto Criterion, Pareto Principle）

圖一　巴瑞圖最適原則圖

Pareto Principle
巴瑞圖原則

　　十九世紀義大利經濟學家巴瑞圖（Vilfredo Pareto, 1848~1923）於1897年分析國家的社會經濟結構時，發現國民所得大部分集中於少數人，即社

會上少數人擁有社會大部分財富。因此，他認為統治者只要能夠控制少數富人，就可以控制社會財富。巴瑞圖原則強調「主要的少數，輕微的多數」（Vital Few, Trivial Many）。此項原則可應用於公共事務各層面，例如根據「問題的大部分是由少數的原因所造成」的概念，可確認各種公共問題的影響程度及發生的頻率，然後將各個問題排出處理的優先順序，並發覺原因後予以消除或解決。當主要問題解決後，原來的次要問題就變成新的主要問題，於是接著設法予以解決。巴瑞圖原則如應用於公共政策的制定，可以配合政策規劃原則之一的「劣勢者利益最大化原則」，多照顧弱勢族群的利益，以縮短社會上貧富差距的現象，達到巴瑞圖最適化（Pareto Optimum）的境界。（參閱Maximin Principle, Pareto Criterion, Pareto Optimality）

Participant Observation
參與式觀察法

　　參與式觀察法為研究人員從事直接觀察、與樣本晤談、與消息靈通者晤談、檔案搜尋、及實際參與，以蒐集研究資料的一種方法。由此可知，參與式觀察法要求研究人員與被觀察者保持面對面的關係。觀察者的角色可以是主動

的，即加入被研究對象群並分享其經驗。也可以是被動的，即觀察者置身於被研究對象之外，不涉入被研究者的有關層面。研究人員究竟要採取主動或被動的方式，須視研究問題的性質、可用的資源，如人力、物力、經費、時間、及其他相關因素而定。參與式觀察法是研究方法論中最不結構化之觀察法的一種。因此有人批評，做為研究技術之一，參與式觀察法面臨以下的問題：資料的效度與信度問題、觀察所得資料的解釋及推論問題等。（參閱 Observation Method）

Path Analysis
因徑分析法

　　因徑分析法也稱為路徑分析法，為預測政策方案之理論預測法中的一種技術。因果關係模式建構法（causal modeling）乃是試圖解釋與預測公共政策因果關係理論之簡單化代表方式，其基本假設為，兩個以上變數間的共同變化，乃是其基本驅力（因）及其後果（果）的一種反映。而因徑分析法即為因果關係模式中所使用的重要統計程序之一，它是一種使用多自變項（非單一變項）之最小平方直線性迴歸法的特殊途徑。應用因徑分析的主要目的，在確認到底哪些自變項單獨或與其他變項共

同決定某依變項的變化。通常一個自變項被認為是依變項產生變化的原因，而依變項則是自變項變化的結果。因果關係的預測為「因徑係數」（path coefficients），它表示自變項與依變項間的單向因果關係。描述因果關係的一項標準方法為因徑圖表（path diagram）。茲以圖二說明之。

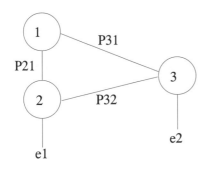

圖二　公共事務選擇理論圖

說明：

1. 圓圈中之1代表每一公共機關之員工數；2代表管理員對非管理員之比率；3代表每一件服務的成本。
2. P代表一個因果路徑，底下數字指明因果關係方向，P31表示變項3因變項1而變動。
3. 沒有前置原因之變項稱為外生變項（exogenous variables），即其原因來自系統外；而所有其他變項皆稱為內生變項（endogenous variables），即其原因來自系統內。

4. 符號e代表錯誤限制（error term），指在考慮因徑圖時，先考慮某內生變項的結果後，該變項所剩未經解釋的變化。錯誤限制被認為彼此無關，也與其他變項無關。

　　因徑分析法的主要優點在允許以明顯的因果理論假設為基礎而作預測。但其限制則為，無法從對諸變項間的預估，而推論彼此間的因果關係。（參閱 Theoretical Forecasting）

Pay-off Matrix
償付矩陣法

　　償付矩陣法為確定性（certainty）自然情境下的一項決策技術，乃是將各個替選方案的可能後果加以評估並確定後，列表比較，而選擇獲利最高（後果最佳）的方案。（參閱 Operations Research）

Peer Pressure
同儕壓力

　　不論是在正式組織（例如公私部門、軍警單位、學校等）、非正式組織（在正式組織中因同學、同鄉、同個性、同利害等因素所形成的小團體、小圈圈）或社會網絡互動所形成的親戚、朋友等人際關係，每一個身處其中

的人，周圍必然會有許多同儕，在互動過程中，個人的言行舉止、觀點立場，往往會在多位立場一致的同儕施壓下（正式或非正式、有形或無形），自願或被迫放棄、改變自己的看法、主張、作法。同儕壓力對團體決策過程可能產生正面或負面的效果，正面效果是「集思廣益」（group think），負面效果是「團體盲思」（groupthink）。（參閱Groupthink）

Perception
察覺

察覺為政策運作過程之起初階段的一項活動，指某一事件被承認足夠嚴重到可進一步獲得政府機關組織注意，並可能採取行動的情況。通常問題必須先經由受影響者察覺到發生（利用視覺、聽覺、嗅覺、觸覺去察覺），然後透過各種管道提請社會及政府機關注意，最後可能導致政府採取必要行動以解決該項問題。在問題察覺階段，除事件必須被察覺外，尚須被正式界定為問題，且會引起社會大眾注意關心，才可能引起政府注意。由此可知，察覺的概念乃是政策制定過程的重心，因為缺乏對問題的明確察覺與界定，它就不可能成為大眾議程（public agenda）的項目，也就不可能成為制度議程（in-stitutional a-genda）的項目。（參閱 Problem Definition, Problem Identification）

Performance Budgeting System
績效預算制度

績效預算制度指以政府的工作計畫為基礎而編製的預算，主要目的在將企業的科學管理方法，應用於政府預算的編製。即將成本會計的計算方法應用於政府的財務計畫、執行與考核工作。預算的支用，事實上就是政策執行的一種形式。在編製預算時，根據工作進度分配預算，才能撥款，使工作的實施與預算的支用密切配合。年度結束時，再根據預定的工作計畫與實際成效加以比較，編製決算報告或績效報告，考核其成果或績效。

績效預算制度係於1949年由美國胡佛行政委員會建議採行，次年美國國會通過准予試行，而於1952年全面實施。我國於1960年由行政院頒布十九點財經改進措施，規定研究績效預算制度並設法推行，後來在1962年正式採行，效果良好。（參閱Planning Programming Budgeting System, Policy Implementation, Zero-Based Budgeting System）

Per Se Rules
就本身而論的規則

就本身而論的規則爲決策規則之一，即決策者在作決策時，依據決策問題本身的狀況就可以作出決定，而毋須引經據典才能作決定，亦即如何作決定，事實上該案件本身已不驗自明，已顯示決策方向了。例如工商業聯合壟斷及哄抬售價的行爲，本身屬於違法行爲已十分明顯。就本身而論的規則在使決策過程簡單化及特殊化方面，極爲有用。如果對於解決某一問題的決策規則已經存在，則討論和評估在何種情況下應採取何種解決方案，便沒有必要。因此，就本身而論的決策規則在增加決策過程的簡單性及效率性方面，的確甚有助益。（參閱Policy Makers）

Plan
計畫

依據Grover Starling在《政策制定策略》（*Strategies for Policy Making*, 1988）一書中所述，政策（policy）的層次最高，其次爲計畫（plan），再其次爲方案（program），最下層則爲行動（action）。政策是一張按照優先順序排列的目標（goal）清單；計畫爲達到目標之一組可衡量的目的（objec-tive）；而方案則爲達成目的的一組特定行動（action）。由此可知，計畫乃是執行政策的一組具體性的措施。（參閱Action, Policy）

Planning
規劃

規劃與「策劃」、「擘劃」的意思一樣，指將目標轉換成目的、設計特殊解決政策問題之方案或計畫、及界定相關標的人口的過程。（參閱Policy For-mulation）

Planning Programming Bud-geting System (PPBS)
設計計畫預算制度

設計計畫預算制度是美國蘭德公司（Rand Corporation）於1949年至1960年間，爲美國空軍從事武器方面的系統分析而發展出來的。1961年美國國防部正式採用它做爲決策管理的基礎。由於此制度在軍方實施頗具成效，於是詹森（L. Johnson）總統於1965年下令聯邦各部會自1966會計年度開始全面採行，接著美國許多州政府及地方政府也紛紛採用。但是因爲該制度具有某些先天上的缺陷，實施上有其困難，所以後來在某些機關名存實亡，有些機關則修

正後繼續採用。到了1971年，美國大部分機關又恢復績效預算制度，後來在1979會計年度又曾採行零基預算制度，目前美國則是各種預算制度混合使用。

設計計畫預算制度的目的，在改進機關中各單位主管對主要施政計畫作業決策時的依據，因此在編製預算時，必須蒐集各種足以反映決策「現在」、與「未來」內涵之資料。欲達此目的，應注意以下事項：

1. 明確而持續的認清機關的基本目標。
2. 選擇目前最急需達成的目標。
3. 研究、比較分析可達成目標的各項替選方案，期以最低成本選擇最佳方案以達成既定目標。
4. 必須了解未來各時期的預算需求。
5. 檢討各方案的執行績效，做為下次編製預算的參考依據。（參閱 Performance Budgeting System, Policy Implementation, Zero-Based Budgeting System）

Plausible Futures
合理未來

合理未來指基於自然科學與社會科學因果關係的假設，如果決策者不刻意去變更事件發生的方向，則未來的某種情況很有可能發生。例如過去已經發生的許多事件以及未來也很可能發生的事件。舉例而言，如果政府不設法解決社會上嚴重的失業問題，則可合理推測失業問題將造成社會的貧窮問題。（參閱 Normative Futures, Potential Futures）

Pluralistic Democracy
多元民主政治

多元民主政治指一個政治菁英可以積極競爭領導權、選民可以自由的從這些菁英中進行選擇、新的菁英有機會冒出頭爭取領導權的民主制度。在此種制度下，人民可以透過各類菁英反映公共問題，也可以經由公民參與的方式，參加公共政策的運作過程。（參閱 Citizen Participation）

Policy Advocacy
政策倡導

政策倡導乃是政策分析的一個次級類別，旨在檢視公共政策與各項政策替選方案，以便研究並推薦最適當的替選方案。在找尋政策替選方案時，政策倡導與倫理原則及意識型態觀點極有關聯，亦即政策倡導深受倫理價值觀與意識型態的影響。政策倡導在政策運作過程中，最關心的是「診治」（prescription）的問題。政策倡導與政策分析的主要區別在於，政策分析所關心的是解釋各種政策的原因與結果；而政策倡導則關心政府機關應尋求何種診治性的政策，以解決既存的政策問題。（參閱Policy Advocate）

Policy Advocacy Coalition Framework
政策倡導聯盟架構

政策倡導聯盟架構（以下稱PACF）由Paul A. Sabatier所發展，開始於1981～1982年，至1987、1988兩年其所發表相關文章達到最高點。PAFC因為下面幾項因素而產生：1.階段性啓發法（stages heuristic）主宰了政策研究。2.為了整合政策執行研究當中由上而下（top-down）及由下而上（Bottom-up）的兩種模式。3.整合技術資訊（technical information）使其在政策過程當中扮演更重要的角色。

1980年代中期，Sabatier和Jenkins-Smith鼓勵其他學者，就政策領域的資料對本架構進行批判性的評估。在九個應用性案例後，兩人作出了七項的修正。到了1993年，已經有例如美國、加拿大、澳洲、西歐等國學者採用。

PACF的架構如下：

1. 相對穩定系統參數（靜態變項）
   (1)問題的基本特質。
   (2)自然資源的基本分配。
   (3)基本文化價值和社會結構。
   (4)基本的法律結構。
2. 次級系統外的事件（動態變項）
   (1)社經條件和科技變遷。
   (2)系統執政聯盟的變遷。
   (3)其他次級系統的政策決定和影響。
3. 政策次級系統
   (1)政策行動者如對核心政策議題有其基本價值（basic value）、因果信念（casual belief）和問題認知（pr-oblem perceptions），就會組成倡導性聯盟（advocacy co-alition）。這些聯盟因其政治顯著性、互動性及時間長短，在各政府間運作，為數不等，少有二至四個，多有二、三十個，但並非每個參與者都是倡導性聯盟，有些僅提供技巧，而且這些聯盟的穩定性往往不是決定於穩定信念，而是穩定的經濟及組織利益。
   (2)聯盟之間總存在著衝突，欲達共識有賴「政策掮客」的中介功能，使政治衝突層次維持在可接受的範圍，並使問題達到某種合理的解決。政策掮客和倡導性聯

盟因爲是連續體概念，有時身分重疊，高級文官可能屬於某一聯盟，但同時可擔任政策捐客。

(3)聯盟的目的是將信仰系統轉換爲政府行動方案，但可能性需視其所擁有的資源而定。

(4)政策菁英的信仰結構可分爲三類：a.深層核心（deep core）層次：界定一個人哲學基礎的基本規範和本體論原則。b.政策核心（policy core）層次：政策次級系統內，爲達深層核心信仰系統的基本策略和政策立場。c.次要層面（secondary aspects）：爲執行特定政策的核心信仰系統所運用的工具性決策和資訊。

(5)在運作上，一個倡導性聯盟內的參與者將對深層核心信仰系統有實質的共識，爲了深層核心信仰，參與者可捨去次要層面信仰。（參閱Advocacy Coalition, Policy Argument）

Policy Advocate
政策倡導者

政策倡導者指一位政策分析人員除了應盡量以科學的方法和技術，進行客觀的分析工作外，還應當是決策者觀點的提倡者、擁護者、推銷者、甚至是負責推動者。他必須協助決策者作決定，因此有時須扮演各種衝突利益、不同價值、不同資訊的折衝人員，使政策能夠獲得接納及順利推動。所以他是政策倡導者，無法置身於「政治」之外。（參閱Policy Analyst）

Policy Agenda
政策議程

政策議程指一個公共問題成爲論題（issue），引起社會注意，進而被政府機關接納，列入處理解決議程的整個過程。Roger W. Cobb及Charles D. Elder 兩人在《美國政治的參與：議程建立的動態》（*Participation in American Politics: Dynamics of Agenda-Building*, 1983）一書中，將政策議程分爲兩類：一爲系統議程（systemic agenda）；另一爲制度議程（institutional agenda）或政府議程（governmental agenda）。（參閱Agenda Setting, Institutional Agenda, Systemic Agenda）

Policy Alternative
政策替選方案

政策替選方案指政策分析人員爲解決某項公共問題或滿足某項公眾需求，利用各種方法所設計出來可以達

成目標或目的之一組互斥性的選擇方案。基本上，政策替選方案的設計乃是一項「技藝」（craft）與「藝術」（art）的結合品。（參閱Alternative）

Policy Analysis
政策分析

政策分析可以說是一門新興的學科，大致上來說，只有五十多年左右的歷史。許多人認為「政策分析」一詞的產生，主要應歸功於耶魯大學政治學者林布隆（Charles Lindblom）於1958年所提出。

學者對於政策分析的定義看法並不一致，主要是因所強調的研究重點和範圍不同之故。大致言之，有兩種看法：其一認為政策分析指研究分析決策過程，包括問題認定、方案規劃、方案合法化等；其二認為政策分析應對政策方案從制定、執行到評估所有各階段的活動均加以分析。不過為了與公共政策運作過程研究有所區隔起見，筆者認為以採取第一種看法為宜。故政策分析可界定為：決策者或政策分析人員為解決某項公共問題，應用科學知識與推理方法，採取分析的理論架構與技術，系統性的設計並評估比較各替選方案，以供決策者判斷及作決定之參考的相關活動。

政策分析乃是一種科學與藝術結合的活動，就科學性而言，有關政策分析的理論、原則、技術、方法等，可以經由實證資料的累積而形成系統性的知識，提供政策分析人員參酌應用；就藝術性而言，政策分析不是一套可以放諸四海皆準的知識與技巧，必須因人、因時、因事、因地而制宜。同時，在進行政策分析時，常常會受到分析者主觀判斷及不確定環境因素的影響。因此，一位稱職的政策分析人員非兼具通才與專才的訓練不為功。（參閱Policy Analyst）

Policy Analyst
政策分析人員

政策分析人員指利用專業知識及系統的、科學的方法，製造並提供解決政策問題相關資訊，以供決策者參考的專業人員，包括機關組織內部的專業人員，政策分析人員，如環保、交通、企劃方面的專才，與機關組織外面的學者專家、研究人員、及顧問等。政策分析人員所扮演的角色為：資訊蒐集者、資訊分析者、方案設計者、方案推薦者、及方案倡導者。政策分析人員如欲勝任工作，必須兼具通才訓練與專業知識。前者包括應具備領導技巧、人際關係技巧、解決問題技巧、與熱誠的工作

態度等；後者包括應修習公共政策、政策分析、政治學、公共行政學、經濟學、統計學、電腦、與專業領域的相關科目等。（參閱Type of Policy Analysts）

Policy Arena
政策場域

一般言之，政策場域常與政策次級系統（policy subsystem）相提並論，係由R. A. W. Rhodes及David Marsh（1992）等所提出，旨在分析各政策部門之間的互動、連結關係，兩者均為政策網絡途徑的基本概念。政策場域與政策次級系統是兩個互為表裡的概念；前者用以指涉政策網路行動者之間進行互動的「所在」（locus），後者用以敘明政策網絡途徑的分析層次（analysis level）。大致上來說，政策網絡行動者之間的互動是發生於某個特定的政策範疇中——例如，健保政策、能源政策等；因此，若欲了解行動者之間的互動情形以及網絡所涵蓋的範圍，研究者必須先行理解網絡產生之所在。是以，政策場域的確認，將有助研究者對各個不同網絡進行區分。至於政策次級系統的強調，則有助研究者確定其分析層次究竟屬於宏觀（macro）、中層（meso），或者微觀（micro）的

哪一個層次。Rhodes等人以為，傳統政治學研究（例如，馬克思主義研究途徑與統合主義）過度強調宏觀途徑，以致無法解釋政府機關、利益團體之間的互動情形；至於公共選擇途徑則專注於微觀途徑，無法說明機關、制度所發生的形塑作用。Rhodes等人主張，應該將政策研究之分析層次設定於中層層次，藉以探究各政府機關與利益團體的互動情形。所謂政策次級系統，即由涉及各政策場域中的政府機關與利益團體互動所構成，屬於中層層次。簡言之，政策場域為各個網絡劃定界限，政策次級系統則為政策研究者界定出分析層次。（參閱Policy Network）

Policy Beneficiaries
政策受益者

係指政策制定過程中直接或間接受到利益的個人或團體，直接受益者通常是標的團體，間接受益者是基於與直接受益者的關係而得到利益；如老人為老人福利政策的直接受益者，老人的兒女則為間接的受益者。（參閱Policy Victims, Stakeholders）

Policy Broker
政策掮客

這是倡導聯盟架構（advocacy co-alition framework, ACF）途徑中的次級概念，係由Paul Sabatier及Jenkins-Smith所提出。兩氏認爲，各倡導聯盟之間由於具有理念的差異、對治理工具的選擇抱持不同看法，所以不太可能自然形成合作或結盟。在此情形下，必須由第三者介入，進行調節、撮合的工作——此即政策掮客的主要任務。政策掮客不見得是職業政客，該角色亦可能由專業文官、資深記者、專家學者、消息靈通者等所扮演。（參閱Policy Advo-cacy Coalition Framework）

Policy Coalescence
政策合併

政策合併爲政策運作過程的一個階段，在此階段，凡是會影響被接納與否的所有相關規範、價值觀及需要，都需加以檢視，以塑造能夠提供清晰的、精確的政策聲明之政策環境。在政策合併階段，於形成正式公共政策之前的政策擬案中，必須將所有必要的及相關的資訊緊密扣合在一起。因此，政策合併涉及相關的團體與個人，必須共同合作提出明確的需求聲明，投進政策環境去運作。當政策語言、價值、及意圖均相當明確，而達成政策目標的方法也明白界定時，政策合併就告發生。（參閱Policy Adoption）

Policy Community
政策社群

英國學者羅德斯（R. A. W. Rhodes）與馬希（David Marsh）在1992年所編的《英國政府的政策網絡》（*Policy Network of British Government*）一書中從英國中央與地方政府間關係的研究，發展出政策網絡的概念，並依據利益群組狀況、會員隸屬關係、垂直的互依關係、不同網絡的水平互依關係與資源分配狀況等五項標準，將政策網絡歸納爲政策社群（policy community）與議題網絡（issue network）、專業社群網絡（professionalized network）、府際網絡（intergovernmental network）、地域性社群（territorial community）、經濟性生產者網絡（producer network）。其中政策社群的特性爲連結較穩定、具廣泛的垂直依賴性與有限的水平整合性，並高度限制其成員的資格。（參閱Issue Network）

Policy Content
政策內容

　　係指公共政策過程中的內涵知識，屬於公共政策的「實質面」，意指政策形成過程各階段中所需要的情報資訊，例如政策問題的性質為何？政策目標及目的為何？政策方案的優先順序為何？政策方案的可行性及可能後果為何？這些政策內容是否必須仰賴作業研究、系統分析等管理科學方法，運用量化分析技術如成本效益分析、線性規劃等才能完成等。（參閱Public Policy）

Policy Culture
政策文化

　　政策文化指一個國家、社會、或機關組織的政策參與者，對於公共政策運作過程相關事項所形成的一種共識性的理念、看法、價值觀、及行為模式等。簡單的說，政策文化就是政策運作環境所盛行的氣氛，此種氣氛對政策運作過程及政策內容影響極大。例如，一個機關盛行的是由首長單獨作決策的方式，還是由所有涉及者以參與式的方式作決策，就對政策的制定與執行過程和結果具有極大的影響。（參閱Policy Environment）

Policy Deliberation Phase
政策商議階段

　　政策商議階段為在政策制定過程中，由相關的團體或個人，對解決政策論題之替選方案進行確認、協商、調適的階段。政策商議階段可以說是一個「事先轉換的階段」（a preconversion stage），在此階段，由不同的專家與官員，對已經規劃好的政策，仔細的查驗，目的在協助政策最後能夠被批核並執行。由於利益團體、行政官員、民意代表、利害關係者、社會大眾合起來組成政策環境，因此政策商議也就在他們之間發生。（參閱Policy Adoption, Policy Environment）

Policy Delphi
政策德菲法

　　1960年代後期，政策分析人員為了突破傳統德菲法（conventional Delphi）的限制，和政策問題複雜性的需要，於是產生了政策德菲法。它指當決策者或政策分析人員面臨政策問題結構不良、相當複雜、資訊不足、性質專精、後果難以預測估計時，可以邀請專家學者、行政機關代表、民意代表、當事人代表等進行腦激盪式的政策德菲作業，最後將團體決策的結果提供決策者

做為選擇方案參考的一種方法。政策德菲法除了採取傳統德菲法的複述原則和控制性回饋原則外，尚採用以下的原則：

1. 選擇性匿名（selective anonymity）：參與者只有在預測進行的前幾個回合採匿名原則，而在辯論政策替選方案時，他們必須公開為其論點辯護。

2. 靈通的多元倡導（informed multiple advocacy）：選擇參與者的主要標準為「利益」（interest）與「淵博」（knowledgeableness），而非「專業知識」本身，即儘可能遴選代表各方利益的消息靈通者來參加政策德菲作業。

3. 回答統計兩極化（polarized statistical response）：在總結參與者的判斷時，著重於各種不同意見及衝突論點的衡量。它也許會使用到傳統德菲法的衡量方法（如中數、範圍、標準差等），但是它又從個人之間及團體之間正反兩極意見的衡量予以補充。

4. 結構性衝突（structured conflict）：基於衝突為政策論題的一項正常特點之假定，特別致力於從各種不同的意見及衝突的論點，探測各種可能的政策方案及其結果。

5. 電腦會議方式（computer co-nfer-

encing）：必要時可以使用電腦，處理各個參與者匿名互動的連續過程，因而可免除一連串個別的德菲回答方式。

政策德菲法的主要實施步驟如下：

1. 論題明確化（issue specification）。
2. 遴選倡導者（selection of advocates）。
3. 設計問卷（questionnaire design）。
4. 分析第一回合問卷的結果（analysis of first-round results）。
5. 發展後續問卷（development of subsequent questionnaires）。
6. 組成團體會議（organization of group meeting）。
7. 準備最後報告（prepare final report）。（參閱Conventional Delphi）

Policy Derailment
政策脫軌

一項政策若未能取得社會團體的行動配合與支持，政策內容將難以貫徹落實。由此觀之，如未能將國家機關與社會團體相連結，同時考量雙方的訴求，則決策過程將難免產生政策脫軌的現象，所制定出來的政策充其量僅是次佳化的選擇而已，不能發揮應有的政策

效能。因此，國家機關在執行政策之前，必須作好各項準備工作，以防範政策脫軌情形的發生。而且由於問題常常隨著情境而變化，所以國家機關必須具備因應環境變遷的能力，提出有效的解決策略。（參閱Policy Implementation）

Policy Design
政策設計

政策設計指政策分析人員有系統探討政策問題並組合解決問題之相關政策要素，使其彼此間具有邏輯一致關係的過程。它是彈性的、動態性的、變化性的及參與性的。引申而言，政策設計的特性如下：

1. 政策設計雖具意圖性，但並非是僵硬的、由上而下的控制，而係多元參與、隨時進行修正調整的過程。
2. 政策很少是由某人單獨在某時某地思考設計而成，而係許多人互動與許多理念交織而成的。
3. 政策設計通常包括目標或目的、與達成目標目的的方法。
4. 政策設計主要是政策分析人員的工作，但是他們在進行設計時，必須諮詢其他相關人員的意見。

在從事政策設計時，應當考慮兩大面向：一為系絡面向，即充分考慮所處政治、經濟、社會、文化等環境因素的影響。另一為整合面向，即充分考慮政策在設計以後如何有效整合執行與評估相關事項的問題。（參閱Policy Formulation, Policy Planning）

Policy Entrepreneurs
政策企業家

此為J. W. Kingdon在Agendas, Alternatives, and Public Policies, 1995一書中所創用的專有名詞。J. W. Kingdon所說的「政策企業家」，是指願意投注資源，以換取未來所偏好政策的主導權之人士，包括：民選官員、永業文官、遊說者、學者、或記者。不過鮮有人具備完整的政策主導權。政策企業家的主要角色有三：1.如透過指標、焦點事件、回饋等方式來凸顯問題，並將此等問題搬上議程；2.透過與民眾互動的管道，推出所偏好的理念或政策建議；3.運用匯流時機，推動偏好的建議案與長年關切的問題，以試圖將問題、建議案，與政治力三者結合。（參閱Policy Window）

Policy Envelope
政策封套

政策封套指政策分析人員在進行

政策分析時，所受到的各種變項的限制情況，例如受到別人已經界定好的問題、別人所提出的價值觀、及別人所提出的替選方案等之限制。亦即政策分析人員往往跳脫不出別人已設定好的框框，只有從其中去思考並解決問題。事實上，政策分析人員可以改變政策封套的內涵，他可以重新界定問題，與設計更多的替選方案。例如，如果交通壅塞是一個別人已界定的特殊問題，並且正考慮從三個興建高速公路地點選擇其一做為解決問題的對策，一位優秀的政策分析人員則會質疑整體交通效率性與公平性的問題，因而主張增加興建捷運系統做為替選方案之一。（參閱Policy Design, Policy Environment）

Policy Environment
政策環境

政策環境指政策運作過程所面臨的各種環境因素，包括政治環境因素，如政府體制、政黨政治、政治文化等；經濟環境因素，如經濟制度、金融體系、經濟發展程度、國民所得狀況、國際貿易情形等；社會環境因素，如治安情況、公民參與程度、社會階級意識、人民教育程度、意見表達自由度、貧富懸殊程度等；文化環境因素，如傳統與現代文化融合度、創新與

保守平衡度、社會價值觀合理度等。政策環境制約了政策運作過程的方式及結果，例如它們導致各種公共問題的發生，而同時也影響了政策方案的規劃方式與內容，進而影響方案的執行結果。（參閱Feasibility Study）

Policy Formation
政策形成

政策形成泛指自公共問題發生、設計規劃替選方案、將選定方案予以合法化，而產生正式政策的整個過程。因此，廣義的說，政策形成也就是政策制定。由此可知，政策形成的要角包含兩類，一是負責分析問題並規劃方案的政府機關內外政策分析人員；另一類則為負責政策合法化工作的政府機關首長、委員會與民意代表。（參閱Policy Formulation, Policy Legitimation）

Policy Formulation
政策規劃

政策規劃指決策者或政策分析人員為解決政策問題，採取科學方法，廣泛蒐集資訊，設計一套以目標取向、變革取向、選擇取向、理性取向、集體取向之未來行動替選方案的動態過程。它包含以下幾項要點：

1. 政策規劃是為解決已經由政策分析人員明確認定的政策問題，而非未經認定的公共問題。

2. 從事政策規劃時，必須採取系統的、條理的科學方法，如問卷法、訪問法、觀察法、次級資料分析法等，廣泛蒐集資訊以設計可解決問題的替選方案。

3. 替選方案應以目標為取向，即替選方案必須能夠達成解決問題的目標才得成立。

4. 替選方案應以變革為取向，即替選方案必須能夠解決問題、將現狀改變得更好才得以成立。

5. 整個政策規劃的過程就是選擇取向的過程，任何一項活動都是在從事選擇，例如問題的選擇、資料的選擇、方案的選擇等。

6. 規劃過程原則上是理性的，即各項活動應儘量經過合理的、客觀的、科學的考慮後才作決定，應將個人主觀的偏見減到最低的限度。

7. 政策規劃活動通常是經由集體互動的方式完成的。

8. 政策規劃是一項動態性的運作過程，即從政策問題界定，以至替選方案的設計、評估比較、選擇推薦等一系列活動，其中任何一個環節，可能會隨時發生變化，所以考慮的重點及作法也應當隨時加以調整。（參閱 Planning, Policy Formation）

Policy Gap
政策間隙

　　政府機關所設定的目標若能符合民眾的期望，則政策執行後將產生預期的結果。然而，機關的決策即使是根據專家學者的專業知識所擬定的，也難免發生令人爭議的問題：因在不同的時空下，對不同社群具有不同的認知與詮釋，以致於政策問題的認定結果與當事人實際需求之間產生了間隙，連帶使得政策錯誤發生的機率增加，而出現政策正當性不足的缺憾。政策間隙之所以出現，主要原因在於國家機關與社會團體對政策價值的取捨出現矛盾或衝突的情形。也就是說，一旦雙方在政策認知取向、評價取向及情感取向上出現差異，表現出來的行為將不具互補性，非但無助於決策品質的提高，反而可能增添無法有效執行的變數，甚至產生更多的未預期結果。（參閱 Policy Implementation）

Policy Goal
政策目標

　　政策目標指某一項政策所希望達成的較高層次的、抽象的、不容易衡量

的結果。例如，政府實施全民健康保險的目標之一，乃是要促進全民身心的健全。由於目標的內涵通常極為廣泛，因此，在總目標之下可分「分目標」。（參閱Goal）

Policy Image
政策形象

根據公共政策學者的說法，政策形象指一個政策議題，被政策利益相關人所理解與認知的特定面向。就某種角度而言，政策形象乃以社會建構為基礎，亦即是政策利害相關人對該政策所抱持的認知與態度。政策形象一旦樹立，即可能連帶影響到後續的政策過程，如政策形象影響政府議程的設定，即為一例。（參閱Agenda Setting）

Policy Inputs
政策投入

政策投入指在一個政策運作系統中，對於政策之產生或不產生提出需求，或透過各種方式予以支持的各項因素。需求因素例如國內外各種政治、經濟、社會事件、與國內外人民的要求等；支持因素例如人民對政府給予精神上或物質上的支持、各種資源條件的配合等。政策投入的強度與廣度，是政策產出情況的重大決定因素。（參閱Policy Outcomes, Policy Outputs）

Policy Inquiry
政策探究

政策探究指對於圍繞某一議題或公共政策領域的某些論證進行辯護的作法。換言之，政策探究嘗試為主張某一政策必須被接納，而建立強有力的理由，並以該等理由進行支持性的論證。在公共政策文獻中，有關政策探究的討論，重點大都放在贊成或反對某些政策之前提的效度（validity）上面。政策探究的功能主要是在檢查政策前提的邏輯正確性。政策探究所使用的方法論途徑，是以社會探究（social inquiry）所使用的為基礎，並採取多元的觀點，包括行為主義、經濟相關理論、與詮釋途徑（interpretive approach）等。（參閱Mode of Arguments, Policy Argument）

Policy Instruments
政策工具

政策工具指政府機關為執行政策以達成政策目標，可以自由選擇應用之多種技術的總稱。也可以說是將政策目標

轉化成具體政策行動所使用的工具或機制（mechanism）。因此，政策工具是實現政策目標不可或缺的手段，政策執行人員透過政策工具的使用，取得標的人口的順服，從而達成政策目標。

依據David L. Weimer及Aidan R. Vining兩人在《政策分析：概念與實務》（*Policy Analysis: Concepts and Practice*, 1999）一書所述，政府機關可以使用的政策工具可歸納為以下五類：

1. 市場自由化、便利化與模擬化（freeing, facilitating and simulating markets）：(1)市場自由化包括解制（deregulation）、行為合法化（legalization）、民營化（privatization）；(2)市場便利化包括由政府分配既有財貨（allocating existing goods）及創造新的市場化財貨（the creation of new marketing goods）；(3)市場模擬化包括經由拍賣（auction）方式提供財貨。

2. 利用補貼與租稅方式改變誘因（using subsidies and taxes to alter incentives）：(1)供給面租稅：包括徵收貨物稅與關稅等。(2)供給面補貼：包括給予配合款與租稅減免等。(3)需求面補貼：包括現金給付、發給抵用券與個人稅減免等。(4)需求面租稅：包括加收貨品稅與使用者付費等。

3. 設定規則（establishing rules）：(1)基本架構規定（framework rules）：包括民法與刑法相關規定等；(2)管制規章（regulations）：包括物價管制、產量管制、直接提供市場資訊與間接提供市場資訊等。

4. 經由非市場機制提供財貨（supplying goods through nonmarket mechanisms）：直接由政府機關供給：包括由獨立機關或公有公司供給、由特區（special districts）供給、與直接外包（contract out）或間接外包。

5. 提供保險與保障（providing insurance and cushions）：(1)保險：包括強制保險與補助保險；(2)保障：包括物資儲存（stockpiling）、過渡期補助（transitional assistance），如房屋拆遷補助等、現金補助，如對老弱婦孺、殘障者、單親家庭的補助等。（參閱Policy Implementation）

Policy Issue Paper
政策論題報告

亦稱「政策議題報告」。政策分析人員的主要任務之一，是負責對某一個公共問題加以深入的研究，以了解該問題的癥結、重要性、是否可轉變成政策問題、是否有排入政策議程的必要。而

在進行相當周延的研究後，必須撰寫一篇「政策論題報告」，提供主管機關首長參酌，做為是否要正式規劃方案以解決該問題的依據。一般而言，一篇政策論題報告至少應包括以下的項目：

1. 問題的來源與背景：即對論題從七W的觀點作簡短清晰的描述：何事（what）、何時（when）、何地（where）、何人（who）、如何（how）、為何（why）、何人受影響（whom）。

2. 問題受注意的原因：即說明論題必須予以注意及在此時加以分析處理的原因。

3. 論題解決所針對的標的人口（target population）：即將該論題所涉及的實際與潛在的標的人口，予以確認列出。

4. 利害關係者（stakeholders）：即將處理該論題所涉及的受益者和受害者，予以確認列出。利害關係者範圍較廣，包括標的人口在內。

5. 相關計畫與活動：即列出過去與現在所作過的解決該論題的相關計畫和活動。

6. 目標（goal）與目的（objective）：即明確說明該論題解決後，希望獲得何種目標與目的。

7. 績效評估標準：即事先從計量與定性兩方面仔細考慮，設定評估解決論題方案的績效標準。一般性的評估標準有六：效率性（efficiency）、效能性（effectiveness）、回應性（responsiveness）、公正性（equity）、充分性（adequacy）、適當性（appropriateness）。

8. 分析的架構：即採取何種方法和技術，對該論題進行全盤的分析研究。例如利用「成本利益分析法」、「線性規劃法」、及「電腦模擬法」等。

9. 替選方案：即儘可能設想列出可以解決該論題的各種替選方案。

10. 建議事項：即對本論題的處理方式提出建議，包括：(1)該論題不重要，可暫時置之不理。(2)該論題重要，但列為次要的處理優先順序。(3)該論題極端重要，必須立刻深入研究處理。

11. 附錄：即將與該論題有關的參考資料、統計圖表、著作、論文等，予以列出，供規劃解決方案的參考。（參閱Problem Identification）

Policy Issues
政策論題

政策論題亦稱政策議題，指某項公共問題發生後，已經引起社會廣泛的注意，產生各種看法及意見的爭辯，而

具有被政府機關接納研究的可能，並具有形成政策意涵的議題。公共問題發生後，必須透過各種方式，引起社會注意並進行廣泛討論，形成系統議程（systemic agenda）或大眾議程（public agenda）的項目，才比較有可能成為制度議程（institutional agenda）或政府議程（governmental agenda）的討論項目。（參閱Institutional Agenda, Public Problem, Systemic Agenda）

Policy Linkage
政策連結

荷蘭鹿特丹（Rotterdam）伊拉斯瑪斯（Erasmus）大學教授奇克特（Walter J. M. Kickert）在1997年所主編的《西歐的公共管理與行政改革》（*Public Management and Administrative Reform in Western Europe*）一書中，認為政府在行政改革的過程中，通常會產生許多公共政策的現象，其中之一為政策連結。無疑地，公共行政改革與廣泛地重塑與降低國家角色，例如自由化（liberalization）、解制（deregulation）、民營化（privatization）、稅務改革（tax reform）等活動具有密切的關聯。上述這些改革項目內容產生了新的利益，因而強化了某些行動者的分量，而弱化或邊緣化了其他行動者的角

色，此種利益的重構，促使行動者更熱切地與行政改革活動進行連結，以便鞏固其既得利益及地位。（參閱Administrative Reform）

Policy Makers
決策者

決策者泛指對某一政策問題之解決方式（即替選方案），可以說「最後一句話」（the final word），亦即可作最後決定的人。因為政策可以在各種機關組織被制定，所以決策者也就林林總總，不一而足。例如在行政機關，主要決策者是機關首長、副首長、各級主管或委員會的委員等；在立法機關，決策者就是民意代表。如果某些特定政策必須經由複決或公民投票的方式才能決定，則決策者便是一般具有投票權的公民。（參閱Policy Legitimation）

Policy Network
政策網絡

政策網絡指政府機關與各種不同的政策社群（policy community）對於某特定政策議題，所形成的不同政策領域（policy domains）間的互動關係。政府機關本身會形成政策網絡，而各政策社群也會形成不同的政策網

絡，公私部門結合起來又形成整體的政策網絡。R. A. W. Rhodes於1988年在Beyond Westminister and Whitehall一書中，認為由於利害關係者在下面五個面向有所不同，因此會形成不同的政策網絡：1.利益群組狀況（constellation of interests）。2.會員隸屬關係（membership）。3.垂直的互依關係（vertical interdependence）。4.不同網絡的水平互依關係（horizontal interdependence）。5.資源分配狀況（the distribution of resources）。他進一步指出，政策網絡經由上述面向的互動，可歸納為以下幾種類型：1.政策社群與議題網絡（policy community and issue network）。2.專業社群網絡（professionalized network）。3.府際網絡（intergovernmental network）。4.地域性社群（territorial communities）。5.經濟性生產者網絡（producer network）。（參閱Policy Environment）

Policy Objective
政策目的

　　政策目的指某一項政策期望達成的具體的、明確的、可衡量的結果之聲明。例如，政府興建高速公路的目的之一是希望每年能夠提供68,000,000輛汽車的運輸量，達到紓解交通擁擠的目的。（參閱Objective）

Policy Planning
政策計畫

　　政策計畫為政策制定過程中，決定目標、目的與替選方案優先順序的過程。因此，它主要是涉及設計並評估政策替選方案，使此些方案能夠達成期望的目標或目的。同時，政策設計應設法了解政策與執行政策之方案間的關係。在進行政策計畫活動時，規劃人員與決策者必須共同檢視政策的制定理由、意圖、目的、及長處，以使各方案能達成政策的預期結果。（參閱Planning, Policy Formulation）

Policy Practitioners
政策實務人員

　　政策實務人員指實際從事政策運作過程之分析研究、決定的工作者，包括機關組織內的決策者、各級主管、與政策分析人員。這些人員基本上各有不同的價值觀與利益偏好，各具不同專業知識，各受不同條件的限制，所以在互動時，也就沒有一定的樣式可循。（參閱Policy Analyst, Policy Makers）

Policy Primeval Soup
政策原湯

此為J. W. Kingdon在*Agendas, Alternatives, and Public Policies*, 1995一書中所創用的專有名詞。政策替選方案的產生，如同生物學上物競天擇的道理，是一種篩選的過程。不同的理念與其他不同的理念是在交互激盪下結合與再結合，吾人稱之為「政策原湯」，凸顯出政策起源的不確定性。儘管如此，理念在篩選的過程確是有跡可尋的，蓋篩選標準包括如技術可行性、政策社群價值的相容性、未來限制的預期（如預算限制、公眾的可接受性、政客的可接受性）等。（參閱Policy Stream）

Policy Problem
政策問題

政策問題指一項公共問題經由政策分析人員採取問題認定途徑與方法，加以深入分析研究後，確認必須由政府主管機關採取相關行動，制定政策或計畫，加以解決者。因此，政策問題的構成要素如下：

1. 它是一項已經被正式提出來的公共問題。
2. 它是經過政策分析人員認定的問題。
3. 它是落在政府機關管轄範圍內，而且確定有必要採取行動，加以解決者。

一般而言，政策問題具有以下幾項特性：

1. 政策問題具有相依性（interdependence）。
2. 政策問題具有主觀性（subjectivity）。
3. 政策問題具有人為性（artificiality）。
4. 政策問題具有動態性（dynamics）。（參閱Problem Definition, Problem Identification）

Policy Process
政策過程

政策過程亦即政策運作過程之謂。它所涉及的內涵及層面非常廣泛，通常包括從政策問題認定、政策方案規劃、政策方案合法化、政策執行、至政策評估各個階段的分析研究工作，同時它也涉及政策環境與所有政策參與者的互動研究。整個政策運作過程充滿著政治性、技術性與藝術性，因此也就深受政策環境因素的影響。換言之，國內外的政策環境因素，如政治、經濟、社會、文化、教育等方面的

因素，制約了政策運作過程各環節的活動。（參閱Policy Environment）

Policy Proposals
政策提案

政策提案也就是政策替選方案。通常是由政策分析人員針對所要解決的政策問題，採取各種適當的定量與定性方法，經過仔細慎重考慮分析研究後，向決策人員或機關提出初步解決問題的擬案，以供決策者（包括行政官員、委員會委員、立法人員）參考。（參閱 Alternative, Policy Alternative）

Policy Recommender
政策推薦者

政策推薦者乃是相對於政策倡導者而言，它指一位政策分析人員乃是在政府決策領域中半獨立的工作人員（包括政府機關外的政策分析人員），他們在各種利益的衝突中，採取比較理性及客觀的分析途徑，協助決策者作決策。亦即政策推薦者在進行政策分析時，所強調的是理性與技術層面，而不著重決策者的觀點、價值、及偏好，並且只是客觀的向決策者推薦若干替選方案，由決策者本身作最後的決定。不過應注意的是，政策推薦者不能因為過分遷就專業

認同，而忽視各種影響政策的政治因素。最好能夠採取綜合的觀點，在基於專業良知情況下，儘量考慮決策者的立場與目的，而推薦適當的政策方案。至於應如何適當扮演「綜合性」的角色，則須因人、因事、因地、因時而作權變的運用。（參閱Policy Advocate）

Policy Reversal
政策翻轉

荷蘭鹿特丹（Rotterdam）伊拉斯瑪斯（Erasmus）大學教授奇克特（Walter J. M. Kickert）在1997年所主編的《西歐的公共管理與行政改革》（*Public Management and Administrative Reform in Western Europe*）一書中，認為政府在行政改革的過程中，通常會產生許多公共政策的現象，其中之一為政策翻轉。基於數種理由，傳統的公共政策制定模式相當保守，多半強調以漸進主義（incrementalism）為其主導的模式，因此趨向於政策慣性（policy inertia）而不易達成政治終結（policy termination）的情況。然而近年來許多國家的研究證據建議，公共政策專家應注意外在衝擊、新觀念、新的策略聯盟、新科技與政治權力的運用所引起的政策變革過程，此些劇烈的變動，往往造成新政策與舊有政策內容

大相逕庭的狀況，而形成政策翻轉。
（參閱Incrementalism）

Policy Stakeholder
政策利害關係者

　　政策利害關係者指受到某項政策
方案直接或間接、有形或無形影響的人
員，包括正面影響與負面影響的人員
在內，因此它的範圍比「標的人口」
（target population）要為廣泛。例如
我國實施老農津貼政策，標的人口是
具有領取津貼資格的六十五歲以上的
老農，而利害關係者則除了這些人之
外，還包括他們的親屬在內，因為他們
也會因此政策實施而獲得好處。（參閱
Stakeholder）

Policy Statements
政策聲明

　　政策聲明指藉由立法機關所通過的
法律、行政機關所頒布的各種規章、法
院所提出的意見、及其他明白表達的
規定，對政府目標所作的一種正式表
示。換言之，政策聲明是政府意圖與達
成目標的書面宣示。由此可知，政策聲
明是一般民眾獲悉政府意圖的正式且合
法的管道。事實上，許多國際領袖常常
利用政策聲明的方式，對某一個問題表

示知悉，而不必使政府真正介入該問題
的解決。（參閱Public Policy）

Policy Stream
政策流

　　此為J. W. Kingdon在*Agendas, Al-
ternatives, and Public Policies*, 1995一
書中所創用的專有名詞，且與前述的
「政策原湯」之意涵近似。蓋政策替選
方案的產生，如同生物學上物競天擇的
道理，是一種篩選的過程。因此，政策
流係指政策建議案的發展，乃依據其自
身的誘因與篩選標準而定。除政策流之
外，Kingdon尚提出「問題流」（prob-
lem stream）與「政治流」（political
stream），各自亦皆有其自我發展之路
徑。（參閱Policy Window）

Policy Universe
政策環宇

　　在某項政策領域中，大量的參與
者與潛在的參與者基於同樣的利益、
價值，會設法影響公共政策運作的過
程。而這些參與者所組成的網絡關
係，就稱為政策環宇。（參閱Policy
Network）

Policy Venue
政策現場

　　不同的政策具有不同的議題現實屬性，此等屬性可能影響政策制定的主導區位，此乃所謂的「政策現場」。某些政策或可劃歸為議題導向的「政治次級系統」（issue-oriented policy subsystems）處理，如鐵三角（iron triangles）、議題利基（issue niches）、政策次級系統（policy subsystems）、議題網絡（issue networks）；某些政策則無法由前述的專家社群一手支配，而可能引起媒體與大眾的高度關注。例如，有關政府是否開放高科技產業赴大陸投資，可能原先僅侷限於產官學界的討論，然因其議題不免牽動到國家安全的整體考量，遂可能引起輿論的高度關切。如此一來，開放大陸投資的政策，即不再是純粹的經濟議題，而轉變成為高度敏感的政治議題了。因此，政策轄區就不再專屬經濟部門所掌管，而可能牽動到整個國家安全系統的職掌。（參閱Policy Arena）

Policy Victims
政策犧牲者

　　係指政策制定過程中喪失其應得利益的個人或團體，喪失的原因可能是政策設計失當，未將他們列為利害關係人；或者政策本身引起副作用，對該團體產生負面的影響；或者是該團體欠缺顯著的政治地位與立場，無法爭取本身的利益；或者是機會成本之下的必然犧牲品。（參閱Policy Beneficiaries, Stakeholders）

Policy Window
政策窗

　　此為J. W. Kingdon在*Agendas, Alternatives, and Public Policies*, 1995一書中所創用的專有名詞。政策窗的開啟係提供倡導者推動偏好的解決方案，或鎖定公共焦點於特定議題之良機。原則上，政府內外的倡導者，手邊皆備妥了若干建議案與問題，試圖等待政策窗的開啟。不過窗子的開啟與否，卻和問題或政治流有關，此即Kingdon所謂的「問題窗」與「政治窗」，前者如新問題的出現，後者如民選官員的輪替。此外，窗子開啟的時機又有可預測與不可預測之別，前者如總統大選或立委選舉，後者如2001年美國紐約世貿大樓所發生的911恐怖攻擊事件。無論如何，政策窗開啟的時間通常不會太久，錯過一次機會可能要等一段很長的時間才會有下一次。然其一旦開啟，問題與建議案便會蜂湧而至。倘若參與者

願意投注相當資源，便可善用「問題流」、「政策流」、及「政治流」三者匯流導致政策窗開啓的契機闖關，或順勢推升至政策議程之列。（參閱Policy Stream）

Political Culture
政治文化

政治文化是一個社群、社會、或國家的成員，對於政府機關應當作些什麼、它們應如何運作、人民與政府之間的關係究應如何等，所廣泛持有的價值觀、信念與態度。經由「政治社會化」（political socialization）的過程，人們從父母、朋友、老師、政治領袖、及其他人學習並經驗到與政治有關的價值觀，信念、與態度等，並且變成他心理傾向的一部分，然後以行爲表現出來。因此，政治文化可能會一代一代的傳遞下去。不同的社會會形塑不同的政治文化；一個國家內部因種族、宗教或其他因素的關係，也可能存在多種不同的政治文化。政治文化是政策運作的一項外在環境因素，因此對政策的制定、執行與評估具有相當大的影響。Gabriel A. Almond及Sidney Verba兩人在《公民文化》（*The Civic Culture*, 1965）一書中，將所有的政治文化分成三種：1.偏狹的政治文化（parochial political culture）：一般人民對於政治系統整體、投入的過程、產出的過程、公民應爲政治參與者等，認知甚少，也缺乏參與取向。例如許多非洲的部落、王國等。2.臣屬的政治文化（subject political culture）：人民認知到政治系統整體與系統的產出過程，並具有參與傾向，但是對於系統的投入過程及政治參與，則缺乏認知。例如德國即然。3.參與的政治文化（participant political culture）：人民對於政治系統整體、投入的過程、產出的過程、公民應爲政治參與者等，均具有高水準的認知，充分的資訊，及表現願意參與的傾向。例如美國即然。（參閱Policy Culture, Political Socialization）

Political Decision-making Approach
政治性決策途徑

提倡政治性決策途徑者爲一般從政人物（politicians），他們認爲政府機關大多數的政策方案或計畫等，基本上是由在政治上、社會上、經濟上、學術上居於優勢地位者互動之後所制定出來的。因爲他們在權力、地位、財富等方面擁有絕對的影響力，同時更由於他們人多勢眾，因此對於政策的走向，主導力甚強。於是他們根本不願依據理性

的、科學的、客觀的成本利益分析結果作決策，而依其本身的政治目的與偏好作決策。就實際狀況而言，此種決策途徑常常是強勢政黨所採行的途徑。由於此種途徑幾乎完全依據標的人口的政治目的和政治力量狀況而運作，可以說是一種不按牌理出牌的決策方式，也就是說它是一項相當不講究「理性」的決策方式。理論上來說，此種途徑不值得採行，但在實務上，它卻是解決結構不良問題的一個有效而且使用最多的途徑，尤其是當政策問題屬於結構不良問題時更是如此。（參閱Elites Theory, Incremental Decision-making Approach）

Political Feasibility
政治可行性

政治可行性指在進行政策方案規劃時，研究政策方案在政治方面可能受到支持的程度如何。至少應考慮以下這些支持的因素：社會一般民眾、標的人口、行政首長、上級機關、平行機關、意見領袖、政黨、利益團體、大眾傳播媒體、民意機關等。另外，有時候還要考慮該方案是否違反傳統道德倫理價值觀念，如果違反的話，該方案的可行性就有問題。

一般來說，政治可行性分析可說

是藝術運用重於科學計算。欲了解政策方案是否可被順利的接受，可以使用「腳本撰寫」的方式，將主要行為者（actor）的角色一一加以分析，以知悉他們支持或反對該方案的立場及理由，然後設法加以克服。首先，必須確定哪些人或哪些機關是主要行為者。其次，就每一個行為者的動機（motivation）加以分析，設法了解他對方案的需要、願望或目的是什麼。第三、就每一個行為者的信念（beliefs）加以分析，設法獲知他作決策時所秉持的價值系統或參考架構是什麼。第四、就每一個行為者的資源（resources）加以分析，設法獲知他在政治上擁有何種的權力、地位、及影響力。最後，就該方案將被決定的場合（site）加以分析，設法獲知該方案將被決定的確切時間、地點及機關等，以便籌謀對策，提高政治可行性。（參閱 Political Actors, Political Analysis）

Political Stream
政治流

金頓（John W. Kingdon）於1995年以柯漢（Michael Cohen）等人的垃圾桶決策模式為依據，提出「修正的模式」。他認為機關組織的決策過程是由三項支流所構成的：(1)問題流（prob-

lem stream）：即問題是否已被承認；
(2)政策流（policy stream）：即政策提案是否已形成與精緻化；(3)政治流（political stream）：即政治氛圍是否有利問題的承認及政策提案被接納。這三者基本上是獨立發展的，但在關鍵時刻，當三項支流匯聚成主流時，所謂「政策窗」（policy window）就開啟了，解決方案也就被採納。其中政治流所指的是當問題廣受討論時的政治環境為何，包括全國性或地方性的政治氣候如何？朝野關係是和諧的或衝突對立的？民意趨向支持或反對政策提案？大眾傳播媒體對問題及政策提案的態度如何？全國性或地方性的行政首長或民意代表選舉結果是否對政策提案被採納有利？立法機關的黨派結構是「朝大野小」或「朝小野大」？利益團體對問題及政策提案的態度如何？凡此因素皆會影響政策提案在政策窗開啟時能否順利被採納。故決策者及政策分析人員平時即應注意政治動態並經營良好的政治氛圍，以便在政策窗開啟時，順勢推動政策提案獲得採納。（參閱Policy Stream, Policy Window, Problem）

Polluters Pay Principle
污染者付費原則

污染者付費原則即所謂「三P原則」，乃今日世界各國環境保護政策的基本理念，最早使用這個概念的國家是1972年的歐洲經濟共同體（European Economic Community）。在單一歐洲共同體法案中，明確規定：污染者必須對所製造的污染付出代價，使自然環境能處於一種可接受的狀態。經濟合作暨發展組織（Organization of Economic Cooperation and Development）於1974年頒定「污染者付費原則的執行」（Implementation of the Polluter-Pays Principle），1989年頒定「污染者付費原則應用於意外污染的委員會建議」（Council Recommendation on the Application of the Polluter-Pays Principle to Accidental Pollution）。此項污染者付費原則如果能有效的落實，將對人類生存環境的改善，具有極大的助益。（參閱Environmental Impact Assessment）

Population at Demand
需要人口

需要人口指在目前某種絕對條件下，某特定人口中實際要求接受某政策或方案服務的標的。以家庭計畫方案為例，需要人口指那些願意並主動要求接受家庭計畫人員服務的婦女。（參閱Population at Need, Population at Risk）

Population at Need
需求人口

需求人口指目前已經明白表示存在某種情況的潛在性標的人口的數目。進一步言之，需求人口指在目前某種絕對條件下，某特定人口中需要接受某政策或方案服務的標的。以家庭計畫方案為例，需求人口指那些想要懷孕的人口。（參閱Population at Demand, Population at Risk）

Population at Risk
風險人口

風險人口指明顯可能具有某種情況或可能會發展成某種情況的人口。詳細的說，風險人口指在相當大的機率下，某特定人口中的部分人口或個人，應完全或絕大部分接受某政策或方案服務的標的。以家庭計畫方案為例，風險人口指所有可能懷孕的婦女。（參閱Population at Demand, Population at Need）

Postindustrial Society
後工業社會

簡單的說，後工業社會也就是已經工業化以後的國際社會，通常是指1960年代以後的社會。後工業社會在許多方面呈現出與以往非常不同的情況，例如國際政治、經濟、社會、環境資源、科技發展、資訊成長等層面，都產生了巨大的變化，使得世界各國興起「地球村」的概念，開始重視從事區域整合、國際互助合作的必要性，也開始採取各種措施，協助貧窮、落後的發展中國家，解決各種棘手的生存及人權問題。（參閱Globalization）

Potential Futures
潛性未來

潛性未來也稱為可替性未來（alternative futures），指未來可能發生的社會情況，相對於最後實際會發生的社會情況。潛性的未來情境在它實際發生前，一直處於不確定狀態中。換言之，它也很可能不會發生。它的範圍非常廣泛，通常預測者會面臨許多的潛性未來狀況。例如過去可能已經發生及未來可能發生的事件。（參閱Normative Futures, Plausible Futures）

Prediction
預計

　　預計乃是基於明確的理論假設而作預測的一種方式。此類理論假設也許是「理論定律」（the theoretical laws）的形式，例如引用「金錢效用遞減率」（the law of diminishing utility of money）作預測就是；也許是一種理論命題（theoretical proposition），例如主張「社會秩序混亂乃是因為期望與達成期望能力間的差距所引起的」就是；也許是一種類比性的主張（analogies），例如主張「政府的成長正如同生物有機體的成長一樣」就是。預計的主要特徵是從因果關係或類比性，去預測某事發生的可能性。（參閱Theoretical Forecasting）

Predictive Policy Analysis
預計性政策分析

　　預計性政策分析為前瞻性政策分析（prospective policy analysis）的一個次級類別，即對於各替選方案被採納後，在未來各種自然狀況下，可能產生的結果，進行預估。（參閱Prescriptive Policy Analysis, Prospective Policy Analysis）

Prepolicy Stages
先政策階段

　　先政策階段指社會大眾認識到某一個問題已經存在，值得進一步注意，並考慮把該問題擺進「大眾議程」（public agenda）的階段。在公共政策運作過程中，先政策階段也就是界定問題、確認政策需求、及形成大眾議程的階段。當一個議題被認為是一個值得大家注意的公共問題時，接著便須從公共價值與公共利益的觀點界定該問題，並思考如何解決它。而在政策形成之前，必須先行提出可行替選方案，並尋求支持，使此些方案能夠進入政府的議程內。由此可知，先政策階段涉及政策澄清與政策發展。一旦大眾認識到一個問題的存在，下一步便是詳細研究該問題，澄清它所涉及的面向及受到影響的標的人口數。先政策階段的活動可以過濾一些既不夠重要又缺乏支持擺進大眾議程的問題、論題、及替選方案。值得注意的是，此項過濾的過程深受政治環境與該政策議題受到政治支持情況的影響。（參閱Problem Identification）

Prescriptive Policy Analysis
診治性政策分析

　　診治性政策分析為前瞻性政策分

析的一個次級類別，目的在經由分析的結果，向決策者推薦採行某項政策，因為該項政策預期將產生特定的結果。（參閱Predictive Policy Analysis, Prospective Policy Analysis）

Principle of Autonomy
人民自主原則

　　人民自主原則為政策規劃原則之一，指政策規劃人員在設計方案或計畫時，應仔細考慮該政策問題是否可交由民間團體、企業、或一般社會大眾去處理。在1980年代以後的「民營化」浪潮衝擊下，凡是民間有能力以及有意願辦理的事務，在不妨害國家社會安全及利益的情況下，原則上應當儘量交給民間辦理，包括公營事業及公共服務事項。（參閱Privatization）

Principle of Continuity
持續進行原則

　　持續進行原則為政策規劃原則之一，指政策規劃人員在從事方案設計時，應考慮方案或計畫的持續性，從過去、現在以及未來三個角度，研究方案或計畫的可行性。尤其應以長遠的眼光去設計方案，不能存有「人存政舉，人去政息」的錯誤觀念，而設計短期

的、無連貫性的方案。因為行政首長雖然通常任期不長而且隨時更迭，但機關卻是永續存在的，因此政策或計畫應具有持續性。（參閱Policy Planning）

Principle of Impartiality
公正無偏原則

　　公正無偏原則為政策規劃原則之一，指政策規劃人員在從事政策方案設計時，應儘量以公正無偏的態度，通盤慎重的考慮方案對當事人、利害關係者、一般社會大眾等的影響情況，而作最適當的規劃。尤其是應設法避免受到不當遊說或壓力的影響，而明顯偏頗某特殊利害關係者，如偏向某黨派或某利益團體等。（參閱Equity, Policy Planning）

Principle of Individuality
個人受益原則

　　個人受益原則為政策規劃原則之一。指政策規劃人員在從事方案或計畫設計時，應考慮該方案不論理想多高、目標多好，但是如果其利益或正面影響，最後無法為一般社會大眾所分享時，該方案將得不到人民的認同，而無法順利執行。此種情形在一些象徵性的政策最容易發生，例如為提高國家地

位，要求人民縮衣節食、犧牲小我，而將有限的資源應用於國防武器的研究發展及太空競賽方面的政策，顯然無法獲得一般民眾的贊同。（參閱Policy Planning）

Principle of Urgency
緊急處理原則

緊急處理原則為政策規劃原則之一，指政策規劃人員在從事方案設計時，應當斟酌各政策問題的輕重緩急，列出處理的優先順序，對於比較重要的及緊急的問題，應即時加以處理解決，以免遭致「今天不作明天就後悔」的結果。（參閱Policy Planning）

Priorities
優先順序

優先順序指將某一事務設法置於首位的任何系統性方法。對事務的處理作優先順序的排列，主要是基於資源有限的考慮。就選擇替選方案而言，在進行優先順序排列時，必須先訂立評估比較的標準，然後以科學化、系統化、理性的逐一進行評估比較，排出優先順序。對事務處理或方案的選擇排列優先順序，主要理由是所有的事務或方案，因為受到時間、資源、或其他因素

的影響，無法同時處理或採行，必須依理性處理之後的偏好程度，依序處理。不過就政策實務觀之，政策替選方案優先順序的排列，政治性的因素常常重於理性的因素。（參閱Alternative）

Private Problem
私人問題

私人問題係相對於「公共問題」（public problem）而言，係指問題發生後，本質上不具公共性，只影響某一個個人或少數個人，並非屬於政府機關管轄及解決範圍，而應由私人自行解決的問題。例如，某戶人家院子不加整理且自行亂倒垃圾，非常髒亂。該戶人家必須自己清理院子，不能要求政府機關協助清理解決髒亂問題。不過，有時候某些私人問題，因為受到一些因素的影響，例如當事人具有政治地位與權力、或當事人窮困等，私人問題也可能會進一步成為政府必須處理的公共問題。（參閱Public Problem）

Private Sector
私部門

私部門相對於公部門及第三部門而言，指被認為屬於自由企業範圍內的產業或活動。例如大家所熟知的私人工

業、商業、服務業等。基本上，私部門的營運主要是爲了獲取利潤，而較少考慮諸如公共利益、社會公平正義等問題。（參閱Public Sector, Third Sector）

Privatization
民營化

民營化主要起源於1979年5月英國首相柴契爾夫人執政時，致力於減少政府對一般經濟活動的干預，積極進行公營事業之民營化，俾活絡市場機能，其中最著名的成功例子是英國航空公司的民營化。它的基本假定是民營企業的經營績效，通常較公營事業的經營績效爲高。

全球性的「民營化運動」興起於1980年代初期，它代表各國政府在公共服務活動及資產所有權方面的縮減，即原本由公部門所承擔的功能，轉由私部門或市場機能運作，進而帶來私部門在公共服務及資產所有權角色的增進。

「民營化」一詞簡言之，指在各類公共服務活動及資產所有權方面，縮減政府的角色，而增加私部門的角色。即政府減少直接涉入生產及提供財貨與服務，轉而強化政策能力，以增加社會中私有機制的發展，進而提升民眾所接受

的服務，滿足公眾的需求。

一般言之，民營化的類型可分撤資（divestment）、委託（delegation）、替代（displacement）三種：1.撤資：即經由出售、無償移轉及清理結算等方式，將公營事業或資產移轉民間經營。2.委託：即政府部門將全部或部分財貨與服務的生產活動，委託私部門辦理，但仍負監督之責。委託方式包括簽約外包、給予特許權、補助、使用抵用券、強制作爲等。3.替代：即當人民認爲政府所提供的生產或服務不能滿足社會需求時，准許以私部門的機制予以替代。其方式包括功能不足的替代、退離的替代、及解制（deregulation）的替代。（參閱Contract Out, Deregulation）

Problem
問題

James Anderson在《公共政策制定》（*Public Policy-Making*, 2000）一書中將問題界定爲：令人們產生需要或不滿足而尋求救濟或調整的一種狀況或情境。此類狀況例如所得偏低、空氣污染、環境髒亂、交通混亂等。另外，Charles O. Jones則在《公共政策研究導論》（*The Study of Public Policy: An Introduction*, 1985）一書中，將問

題簡單界定為：尋求救濟的任何人類需要。筆者對「問題」所下的定義則是：當事人覺得期望價值、目標或情況，與實際所獲得的或預期可獲得的價值、目標或情況間存在顯著差距，覺得有縮短差距需要所形成的一種情境。（參閱Private Problem, Public Problem）

Problem Definition
問題界定

問題界定指受問題影響的當事人、代言人或政策分析人員，以基本的及一般性的詞句，對實質問題的特性予以描述的過程，它是政策問題認定階段的一項工作。簡言之，問題界定即是對於某項問題以具體的、明白的、有意義的敘述其特性，以做為後續處理的依據。（參閱Problem Identification）

Problem Identification
問題認定

問題認定指政策分析人員利用各種概念性及實質性的工具，對於已經發生之公共問題的本質、特性、產生原因與背景、癥結所在、影響層面等，進行系統性及科學性的分析研究，所得資料做為政府機關應否處理，及如何處理該

問題之依據的過程。問題認定為政策運作過程的初始階段，公共問題如未能被認定為政策問題，則不會被政府機關加以接納處理。而政策問題如未經政策分析人員謹慎的研究，找出其真正的癥結，則可能制定出錯誤的政策，犯下以正確方法解決錯誤問題的弊端。（參閱Policy Problem, Problem Definition）

Problem Stream
問題流

金頓（John W. Kingdon）於1995年以柯漢（Michael Cohen）等人的垃圾桶決策模式為依據，提出「修正的模式」。他認為機關組織的決策過程是由三項支流所構成的：(1)問題流（problem stream）：即問題是否已被承認；(2)政策流（policy stream）：即政策提案是否已形成與精緻化；(3)政治流（political stream）：即政治氛圍是否有利問題的承認及政策提案被接納。這三者基本上是獨立發展出來並運作的，彼此不一定相關，例如解決方案之提出，不一定是真正對某一問題的回應。問題的承認指問題是否能夠吸引民眾及政府官員的注意。政策提案的形成與精緻化指解決問題的各種方案如何透過由各方專家學者所構成的「政策社群」（policy community）發展出來，

並加以討論、篩選、修正。政治氛圍指國家政治氣候如何、民意趨向如何、選舉結果如何、行政變革如何、立法機關的黨派分布如何、及利益團體的壓力如何等。決策的制訂是這三項獨立發展的支流，最後在某一個關鍵時刻匯聚連結在一起的結果，這個時候問題已被承認極為重要、解決方案已準備好了，而政治氛圍也顯示偏向支持解決方案的態勢。當這三者交會的時候，也就是所謂「政策窗」（policy window）開啓之時，於是解決方案被接納。金頓認為，政策窗開啓的時間相當短暫，稍縱即逝。因此決策者，政策分析人員，各方參與政策運作過程者，均應設法努力開啓政策窗，並且把握短暫的開啓時間，制訂自己偏好的政策。（參閱Policy Window, Political Stream）

Producer Network
經濟性生產者網絡

英國學者羅德斯（R. A. W. Rhodes）從英國中央與地方政府間關係的研究，發展出政策網絡的概念，並依據利益群組狀況、會員隸屬關係、垂直的互依關係、不同網絡的水平互依關係與資源分配狀況等五項標準（Rhodes, 1988: 77~78），將政策網絡歸納為政策社群（policy community）

與議題網絡（issue network）、專業社群網絡（professionalized network）、府際網絡（intergovernmental network）、地域性社群（territorial community）、經濟性生產者網絡（producer network）。其中經濟性生產者網絡的特性為具有限的垂直依賴性，成員參與高度變動性，以反映經濟性生產者的利益。（參閱Policy Network）

Professionalized Network
專業社群網絡

英國學者羅德斯（R. A. W. Rhodes）從英國中央與地方政府間關係的研究，發展出政策網絡的概念，並依據利益群組狀況、會員隸屬關係、垂直的互依關係、不同網絡的水平互依關係與資源分配狀況等五項標準，將政策網絡歸納為政策社群（policy community）與議題網絡（issue network）、專業社群網絡（professionalized network）、府際網絡（intergovernmental network）、地域性社群（territorial community）、經濟性生產者網絡（producer network）。其中專業社群網絡的特性為連結較穩定、具廣泛的垂直依賴性與有限的水平整合性，並高度限制其成員的資格，以反映專業人員的利益。（參閱Policy Network）

Program
方案

　　方案指執行機關組織政策或任務的一套特殊的步驟。這個名詞如果使用於電腦，則指指示電腦如何運作的一種樣式，稱爲程式。方案常被許多人視爲政策（policy）或計畫（plan）的同義詞，不過事實上這三個名詞具有層次的關係，其順序應爲政策、計畫、方案。（參閱Plan, Policy）

Program Design
方案設計

　　方案（program）是完成某一特定目標（goal）所採取的具體行動（action）。方案的特性：1.相互排斥性的一組方案。2.依其強度劃分爲幾個不同的層次（層面，如A1, A2, A3….）。3.具體的行動選擇。4.目標導向。方案設計（program design）是一種過程，也是一種方法；方案設計的結果必須是一種書面文件，描述執行方案的一些基本要件與程序。設計不當的方案將使方案無法執行或造成執行績效不彰。方案設計必須要精確、有邏輯、一致性，重要的是讓管理者有系統的規劃與執行方案。方案設計是一種管理決策的過程，讓主管、工作人員、及案主共同決

策，像是一張地圖，可供人們在陌生的環境中找尋方向。方案設計是政府機關爲解決公共問題，所採取的一組積極作爲或消極不作爲的有限理性選擇，在既有的政策環境與預算條件下，選擇較佳之策略，以實現政策目標。（參閱Program Management）

Program Element
方案要素

　　方案要素指可以確認及明白區分的方案干預活動，亦即包含在方案內的特殊處理方式（treatments）。它包括可以具體推動的相關活動項目，諸如人員、資源、地點、活動內容、時間等。（參閱Program）

Projection
預估

　　預估乃是基於目前與過去歷史的發展趨勢，而推論未來可能情況的一種政策預測的方式。此種預測方式對於未來可能發生的事提出其主張（claims），其提出主張的根據乃是強調使用某些預測方法及平行案例所得的結果是可行的。換言之，此方式認爲基於某些特殊預測方法（如時間數列分析法）和案例的相似性（如過去與未來政策的比

較），所作的預測，可信度很高，因此預測者能夠據以提出強而有力的主張。一般人所熟知的經濟成長預估、人口成長預估，就是採取此種預測的方式。（參閱Extrapolative Forecasting）

Prospective Policy Analysis
前瞻性政策分析

前瞻性政策分析係對應回溯性政策分析（retrospective policy analysis）而言，指在政策正式付諸執行之前所作的分析。此項分析包括確認問題分析、設定方案評估標準分析、確認替選方案分析、評估比較替選方案分析、預估替選方案執行結果分析等工作。（參閱Predictive Policy Analysis, Prescriptive Policy Analysis, Retrospective Policy Analysis）

Pseudo-Problems
虛擬問題

虛擬問題指不會引起人們或社會真正損害的問題，例如美國的非法移民問題即屬此類。有人質疑說，以美國地大物博的情形而論，究竟非法移民對美國的經濟產生什麼樣的不良影響？若干年前，曾經有人作過調查，詢問美國經濟學會的相關人員及總統的經濟顧問們這個問題，結果發現，75%的人說，非法移民對美國的經濟，具有淨的「正面影響」，只有11%的人說，具有「負面影響」。（參閱Problem Identification）

Public Agenda
大眾議程

大眾議程與「系統議程」（systemic agenda）同義。它指社會上所發生的爭論議題，已引起社會大眾廣泛的注意並討論，同時覺得有進一步擴張聲勢，要求政府機關予以重視，設法排進議程並加以處理的一種情況。（參閱 Systemic Agenda）

Public Dialogue
公眾對話

公眾對話指一個國家或社會的人民，對於切身有關或具有興趣的政治、制度、政策等議題，具有與政府機關或民眾彼此公開參與、對話、辯論的權利及機會。學者Joy A. Clay（1996）指出，公眾對話對於治理具有以下的意義：1.在公共制度及其政策次級系統中，做為議價協商的重要途徑；2.在公共制度當中及在制度之間建立關係；3.使參與者之間達成某種程度的信任；4.建立隱示的及明示的規則與規範，以

導引績效及行為；5.藉由制度價值的灌輸產生制度化；6.促使持續性的互動得以維繫，並形成某種程度的制度記憶。基於Clay的觀察，公眾對話在治理過程中具有以下三項功能：1.促進政治系統中的互動；2.建立制度；3.調和個體的差異。（參閱Policy Discourse）

Public Good
公益

公益也稱為公善，其意義及內涵與公共利益相同，泛指涉及整個國家、社會、社區、或大眾在物理上或心理上共同的利益。因此，公益可能是實質性的、具體性的，例如明顯改善人民的生活水準；也可能是象徵性的、抽象性的，例如增進人民的安全感和榮譽感等。（參閱Public Interest）

Public Problem
公共問題

公共問題指不特定多數人覺得其期望價值、目標或情況，與實際上獲得的或預期可獲得的價值、目標或情況之間存在著顯著的差距，因而透過各種方式，將其縮短差距的要求，公諸社會大眾，爭取同情，引起政府機關注意而加以接納，並謀求解決的一種情境（situ-

ation）。此類要求包括需要的滿足、價值的追求、機會的取得、痛苦的解除、困難的解決、目標的達成等。例如低收入戶者要求政府機關重視其生活困苦，因此希望政府給予社會福利方面的救濟和就業輔導，以縮短他們和一般人的生活水準差距，這種情境就是一種公共問題。期望情況與實際情況之間差距的大小，也就是問題大小的來源。

社會上每天發生的公共問題非常的多，有些因為所涉及的層面較窄，較不嚴重，沒有引起較大的爭論，因此常未獲得政府機關重視並加以處理的機會。通常是引起社會廣泛討論爭議的公共問題，才比較有機會進入政府機關的政策議程內。（參閱Private Problem, Problem）

Public Sector
公部門

公部門相對於私部門（private sector）及第三部門（亦即非營利組織，non-profit organizations）而言，乃是指政府機關、機構、公營事業等。公部門的主要功能是輔導、管制、分配、服務等，因此在許多方面與私部門及第三部門具有很大的差別。其中之一是，政府機關通常具有公權力，而私部門及第三部門則否。不過，當私部門或第三部

門基於「公共服務民營化」的規定，辦理某些政府機關所委託的業務時，也可能因為「委託關係」而具有特定的公權力。（參閱Non-profit Organization, Private Sector, Third-Sector Organizations）

Punctuated Equilibrium Model
斷續均衡模式

它是由True, B. D. Jones及Baumgartner所提出的概念，旨在以彌補漸進主義有限的解釋能力，並解釋美國過去數十年聯邦預算政策的變化情形。「斷續」意指大規模背離過去經驗、趨勢的情形；至於「均衡」則是相對穩定的狀態，與過往趨勢之間的差異不大。斷續均衡模式，顧名思義，即在解釋此種斷續與均衡現象的發生原因。他們以為，美國政策系統可以區分為兩種層次：宏觀—政治（macro-politics）層次以及政治次級系統（political subsystem）。前者涉及國會運作、憲政層次，屬於政治性質——以大規模衝突與大幅度議價方式尋求問題解決；後者涉及各政府機關的運作、標準作業程序，屬於事務性質——以組織慣例來處理問題。當政策問題可以在政治次級系統中獲致解決，通常將呈現均衡（漸進）之態樣；若問題必須在宏觀—政治

層次尋求解決，則政治衝突的結果必然造成斷續的情形。至於斷續的發生原因，可能為外生或內生因素，例如：公共注意力的轉移、新資訊的介入，以及決策體制的根本改變等。（參閱Incrementalism）

Questionnaires Method
問卷法

問卷法為研究人員進行研究調查時最常使用的方法之一，通常是採用郵寄問卷的方式，不過有時候也可能採取親自或派員發放問卷的方式。其作法為研究者將問卷郵寄給受訪者，由受訪者填答後寄還給研究者，進行統計分析並作解釋。問卷法的最大優點為節省人力、樣本較大、與成本較低，但其主要缺點則為回收率低以致可能影響樣本的代表性，同時無法對問題作相當深入的了解。（參閱Interviewing Method）

Quick Decision Analysis
快捷決定分析法

快捷決定（決策）分析法為協助政策分析人員或決策者，確認問題的主要成分、替選方案的優缺點之一項分析技術與決策途徑，它也簡稱為「快捷分析」（quick analysis），是相對於「研

究的分析」（researched analysis）而言。此種分析方法基本上是利用「決策樹法」（decision tree），只簡單列出少數幾個替選方案（通常為兩個方案），並賦予主觀機率與偏好，對方案預期結果進行評估比較後，選擇適當的方案做為決策。（參閱Decision Tree, Policy Analysis）

Rational Approach Formulation
理性途徑的規劃

如果依據政策規劃人員處理問題方法的不同而分，政策規劃可分成「理性途徑的規劃」及「主觀途徑的規劃」（subjective approach formulation）。採取理性途徑規劃的人員，具有以下數項特點：

1. 對於該政策問題與其他相關的外在問題，從整合性（integrative）觀點，將它們連結起來考慮並加以處理。例如在處理能源問題時，會同時考慮相關問題的處理（如環境保護問題）。
2. 對政策問題本身各項內在因素，以整體性（comprehensive）觀點加以處理。例如從事能源方案規劃時，會同時考慮石油、核能、煤炭、太陽能、風能的開發等問題。
3. 對於資料的蒐集與分析，採取系統性

（systematic）的途徑。
4. 對於方案採行後，對問題會產生何種影響的分析，具有信心，亦即具有「前應性」（proactive）的眼光。
（參閱Subjective Approach Formulation）

Rational Choice
理性選擇

在政治學方面，理性選擇途徑泛指決策的理論，包含博奕理論（game theory）、社會選擇理論（social choice theory）以及公共選擇理論（public choice）等，著名學者包含McKelvey、Shepsle、Weingast以及W. Riker等人，他們的研究旨趣在於對「亞羅不可能性定理」（Arrow's Impossibility Theorem）或者對十八世紀法國數學家康多瑟（Marquis de Condorcet）的「康多瑟弔詭」（Condorcet Paradox）作深一層的探討。因為多元偏好無法經由有秩序的方式形成穩定的政策選擇，而多數決在先天上又有缺失，因此，如何將個人的理性抉擇透過多數決的機制轉換成集體的抉擇，而我們又如何了解以及詮釋政治的選擇呢？理性選擇途徑假定個人行為是自利理性的，集體會因此而受益，個人行為除了強化集體利益外，不應受到集體一

致性行動的阻礙，理性的行動者被視為在獨立的情境中而從事選擇；易言之，它是使用如博奕理論等工具對理性行動者的策略性行動作深一層探討，藉以突顯制度的重要性。（參閱Public Choice Theory）

Rational-comprehensive Decision-making Approach
理性廣博決策途徑

理性廣博決策途徑的提倡者為古典經濟學家，他們假定人類是「經濟人」（economic man），也就是認為人類是追求最大經濟利得的動物，所以面臨決策情境時，一定追求制定最佳的政策方案和計畫。此途徑假定決策者能夠依據充分完整的資訊，對問題的所有解決方案，作周詳理性的考慮後，制定最佳的決策。理性廣博決策途徑採取「寧缺勿濫」的觀點，對問題尋求全盤根本的解決，所以它也被稱為「根本途徑」（root approach）。由於此途徑過於理性化，因此在現實社會中很難作到，即使制定出理性決策，也很難執行成功，美國過去所推動的所謂「設計計畫預算制度」（Programming Planning Budgeting System）及「零基預算制度」（Zero-Based Budgeting System），最後都有始無終，就是典型的例子。不過就實務而言，當處理良好結構的問題，也就是比較單純、有前例可援、少數人就可作決定的公共問題時，可以考慮採取理性廣博的決策途徑。此途徑的理論要點如下：

1. 決策者可將需要解決的問題加以孤立，不與其他問題發生關聯。
2. 解決該問題的所有目標或價值均可以確定，有關的事實與資料也均可蒐集得到。
3. 決策者可找到所有解決問題的替選方案。
4. 所有的替選方案均可依其價值、優劣點、重要性等，排出它們的優先順序。
5. 決策者必定選擇列為最優先的替選方案。（參閱Incremental Decision-making Approach）

Rawls Criterion
羅爾斯標準

羅爾斯標準為政策評估標準「公正性」（equity）的一項次級標準，其意為如果一項政策能夠使社會上情況不佳者變得更好，則該政策即是值得考慮接受的政策。它是一項設計重分配性政策方案所應考慮的標準。此標準是由John Rawls於1971年之《正義論》（A Theory of Justice）一書中所提出來的。政

策分析人員如果採取羅爾斯標準評估政策方案時，應當設法使社會中標的人口的重分配性利益能夠最大化。（參閱 Equity）

Redundancy Model
重複式系統模式

一般而言，地震危機管理的非線性系統可分為機械式系統模式（mechanistic model）、無政府式系統模式（anarchic model）、重複式系統模式（redundancy model）、探究式系統模式（inquiry model）等四種模型。重複式系統模式的目的是藉工程系統的概念—重複式設計原則，使組織設計更能克服突發性變動。組織設計包括「預備」或「替代式」部門（a back-up component or replacement part）。此一原則可以在若干「危機處理中心」施行重複之設計，以防其中任一套制度摧毀時，仍擁有後備之支援配套設施。（參閱Anarchic Model, Inquiry Model, Mechanistic Model）

Regression Analysis
迴歸分析法

迴歸分析法為預測政策方案之理論預測法中，一種由諸變項中估計其線性關係之特別有用的技術。它是一種對一個依變項與一個以上自變項間關係的型態和程度，產生準確估計的一般統計程序。當迴歸分析的進行只有一個自變項時，稱為簡單迴歸，如有兩個以上自變項時，稱為複迴歸（multiple regression）。

就簡單迴歸而論，它為自變項與依變項間的關係，提供了簡單扼要的測量。此些簡要的測量包括一條迴歸線，它使我們得以僅知悉自變項之值而估計依變項之值；另外還包括對由迴歸線所觀察之值的垂直距離，作全盤性的測量。此些簡要的距離測量，使我們能夠預測所含的錯誤值。

迴歸分析法的第一個優點是，因為它以最小平方估計法為原則，所以可藉使觀察值與估計值間的差距平方為最小，而提供資料與迴歸線間的最佳搭配。第二個優點是，它可迫使政策分析人員決定二個以上的變項中，何者為因，何者為果，亦即何者為自變項，何者為依變項。在作有關因果關係問題決策時，分析人員必須有一套理論，以提出具有說服力的論據，說明何以某一變項應被視為另一變項之因。

雖然迴歸分析法特別適用於自「因」預測「果」的問題，但是它最大的長處，還是在於為理論所作的預測，提供了準確的預估。值得注意的

是，作此預測者其實是理論及其簡單化代表（模式），而非迴歸分析法本身。因為迴歸分析法僅能提供變項間關係的預測，而此些關係早已經被理論以預測方式予以陳述。因此，分析人員在使用迴歸分析法之前，應先應用「理論圖法」（theoretical mapping）的程序。（參閱Theoretical Forecasting）

Relative Deprivation
相對剝奪感

相對剝奪感指某一群標的人口對於自己所處的情境，原本不認為有什麼問題存在，但是在與其他參照團體比較後，覺得自己的情況的確不如別人，與別人的情況存在顯著的差距，於是提出縮短差距要求所形成的情境。例如，某一群農民目前的生活水準較以往提升很多，本來覺得很滿意，但是當他們與生活情況更好的都市工商企業界中產階級相比之後，覺得情況比他們差很多，因此要求政府應採取政策作為，改善他們的生活條件。此種相對剝奪感產生後，當事人就會進一步產生「比較性需求」（comparative needs），而要求政府機關設法予以滿足。（參閱Comparative Needs, Problem）

Relevance Tree
相關樹

相關樹乃是以樹型圖方式，分析某一個系統或過程，以確定其複雜程度及層次狀況的一種技術。它有助於政策分析人員確定一個問題或擬議方案的各個面向，進而對該問題具有更完整的了解。此技術對於確定政策方案所可能產生的不期望副作用，也極有幫助。（參閱Problem Identification）

Resources
資源

一般言之，資源包括所有可應用於達成目的或潛在目的之手段或潛在手段。它包括物理性的投入，如機器、廠房、設備等；人力資源；資訊；機關組織安排；經費；財產；及權責等。（參閱Feasibility Study, Policy Inputs）

Risk Analysis
風險分析

風險通常指一般人或機關組織遭受損害、損失、或其他不想要之事件的機會。而風險分析則指應用於處理僅只一次作業的機率性預測方法。其常使用的

途徑有「事件避免途徑」（the event-free approach）及「錯誤避免途徑」（the fault-free approach）等。

風險分析主要是在蒐集不同來源的可靠資料後進行風險辨識，並根據此風險發生的機率與影響途徑，對可能造成的損失進行估計。（參閱Crisis Management）

Risk Management
風險管理

簡單的說，風險（risk）指某一件不利的、危險的事情或狀況發生的機率。風險管理指管理人員或研究分析人員透過辨識、預測、衡量、監測及報告等方式以管理風險，主其事者採取定性及定量的研究方法，設法使風險成本最小化；有計劃的處理機關組織運作過程中所遭遇的風險，以確保機關組織能夠正常順利的運作，達成預定的目標。風險管理是一種管理的過程，因此主其事者必須對機關組織運作過程中可能發生的各種風險（例如經濟不景氣、惡性競爭、民眾抗議及衝突等），進行正確的辨識，預測各種風險發生的來源、機率、溫度及對機關組織運作過程所造成的成本及其他負擔，以使機關組織得以正常運作。雖然風險管理是由企業界於1930年代所倡導發展的，但21世紀

以來，公部門已對此議題投以相同的關注。是以政府機關在推動各項政策方案之前及執行過程中，必須進行有效的風險管理，始能達成施政目標。（參閱Crisis Management）

Root Approach of Decision Making
根本決策途徑

林布隆（Charles E. Lindblom）在「漸進調適的科學」（The Science of Muddling Through, 1959）一文中，將「理性廣博決策途徑」（rational-comprehensive decision-making approach）稱爲「根本決策途徑」（root approach of decision-making approach），而將「連續有限比較法」（the method of successive limited comparison）稱爲「枝節決策途徑」（branch approach of decision-making approach）。根本途徑是當作決策時，每一次都從根本的、全新的角度作起，只有當經驗已涵蓋在理論中的時候，才會參考過去的經驗，並且通常是完全從基礎部分作起。根本途徑的基本要點如下：1.明確澄清價值或目標，且通常爲政策方案實證分析的先決條件。2.政策規劃經由手段與目的分析而達成：首先是孤立目標，然後尋求達成目標之手段。3.「良

好」政策的檢測標準是它顯示出為達成可欲目的之最適當的手段。4.分析是廣博性的：每一項重要的相關因素均列入考慮。5.通常非常依賴理論。（參閱Branch Approach of Decision Making）

Routine Formulation
例行的規劃

例行的規劃為依據設計方案的方式而分之三種規劃之一，另外兩種為「類比的規劃」及「創新的規劃」。例行的規劃指政策分析人員採取例行與重複的方式，設計類似於以往所實施的方案。在大多數情況下，行政機關所處理的公共問題均屬於重複性、例行性的、有前例可援的問題，所以可採取此種規劃方式。例如許多社會福利計畫以及衛生醫療計畫的制定；又如許多機關每年都要舉辦一次的自強旅遊活動即然。（參閱Analogous Formulation, Creative Formulation）

Sample Survey
樣本調查法

樣本調查法為政策問題認定的途徑之一，指對於公共問題涉及的當事人，採取隨機或非隨機抽樣的方式，進行樣本調查，以了解當事人對該問題的感受、看法、需求、希望如何解決問題等，並且設法確認該問題有否排入政府機關政策議程的必要。例如當政策分析人員欲了解台灣地區低收入戶的生活狀況、所遭遇的困難、如何解決困難等事項時，即可以採取抽樣調查方式，從事科學性的統計分析，當可求得初步的答案。應用樣本調查法以認定政策問題時，應特別注意三件事：1.如何排定訪問時間表及編製問卷。2.如何對標的人口或利害關係者進行抽樣。3.如何評鑑調查結果及解釋其所具的意義。（參閱Opinion Survey, Problem Identification）

Satisficing Decision-making Approach
滿意決策途徑

滿意決策途徑的提倡者為美國卡內基美隆大學教授賽蒙（Herbert A. Simon）。賽蒙出生於1916年，卒於2001年2月8日，在1943年獲得芝加哥大學哲學博士學位。其成名作為1947年的《行政行為》（*Administrative Behavior*, 1997年修訂三版）一書，另外也和別人合著《公共行政學》（*Public Administration*）等書。他於1978年獲得諾貝爾經濟學獎，主要的貢獻之一就是提倡滿意決策途徑。

賽蒙反對古典經濟學家所主張「經濟人」（economic man）的觀點，而認為人類是「行政人」（administrative man），行政人只追求「滿意的」（satisfacing）或「足夠好的」（good enough）決策，而不追求「最佳的」（the best）決策。他指出人類並非是純理性的動物，而只是「意圖理性」（intendedly rational）而已。人們常嘗試達到理性的境界，但是因為受到個人能力及環境的限制，使他無法達到理性的境界，所以人類的理性為「有限理性」（bounded rationality）。既然人類的理性有限，因此只要求得滿意的決策即可。一般認為，滿意決策途徑適合於處理中度結構的問題。此途徑的具體作法如下：

1. 決策者為現實情況建立一個簡單的模式，此模式主要是根據過去的經驗，並參酌目前及未來的各種情況而建立的。在此模式下，決策者只尋求滿意的決策。

2. 在大部分情況下，決策者的反應是「例常性的」，即依照過去的辦法解決問題，依循過去的軌跡有限度的找尋替選方案而不檢查所有可能的方案。也不持續的找尋最佳方案，只選擇第一個令他滿意的決策而非最佳的決策。

3. 在制定滿意決策前，先設定替選方案

的評比標準，亦即滿意標準（criteria or standard）。此些滿意標準須依據客觀的環境及實際需要而定。就行政機關而言，滿意標準通常由機關組織的各種因素加以控制和界定，個人的影響力相當有限。（參閱Simon, Herbert A.）

Scenario Writing
腳本撰寫法

腳本撰寫法指對於未來可能發生的事件，就其可能發展順序、影響事件發生的因素等，像撰寫戲劇腳本的方式，予以次第敘述預測。腳本撰寫法曾經應用於發覺潛在性的軍事危機與政治危機，它涉及使用想像力去預測某一未來情境的某些層面。因此，決策人員可利用此種方法去規劃處理未來可能發生事件之解決方案。腳本撰寫法有兩種方式：一為受到限制的「作業分析法」（operations-analytical method）；另一為無拘無束的「自由式法」（free-form method）。不過，其撰寫方式通常如此：1.研究某一個情勢的事實狀況。2.選取事件可能發生的事項。3.想像事件發生後，其產生結果的程度與順序。

腳本撰寫法可以做為規劃未來的一種模式。一般政府機關常常會面臨各種

影響目標達成的不確定性及不可預測的因素，欲了解政府機關能否順暢的回應並解決未來問題，方法之一就是利用建構腳本撰寫法，深入預測描述可能面對的各種情況，從而設計可能解決問題的方案。（參閱Forecasting）

Self-defeating Prophecy
自我打敗的預言

自我打敗的預言是某個人或某一個機關對某一件事情進行預測（forecasting）之後的一種結果。如果不對該事情或現象作預測，則事情或現象可能維持原狀，並不會變得更壞。但是因為作預測者或是具有相當的權威性、或是政府機關的負責人，使得事情或現象正如同預測所言，變得更糟。例如某位相當著名的經濟學家或財政部長預測，一個月以後證券市場會呈現蕭條現象，股票指數會下跌三千點，於是造成股票投資人的恐慌，紛紛拋售股票，一個月以後股票指數跌幅果然超過三千點以上。由此可知，具有權威性和公信力的學者專家及政府官員，對於政策制定與執行所作的預言，必須特別慎重小心。（參閱Forecasting, Self-fulfilling Prophecy）

Self-fulfilling Prophecy
自我實現的預言

自我實現的預言乃是某個人或某個機關對某一件事情或現象作了預測後，該項預測果然實現，變得比現狀更好的一種情況。例如一位具有相當公信力的權威人士預言，三個月後市面上的房地產交易將變得十分熱絡，屆時房地產價格將比目前上漲15%以上，於是造成房地產的搶購熱潮，房地產交易價格果然節節攀高，三個月後真的上漲15%以上。（參閱Forecasting, Self-defeating Prophecy）

Sensitivity Analysis
敏感性分析

敏感性分析指確定某一個系統在其特殊的投入或其他要素發生變化時，該系統如何作特別敏感性回應的一種分析程序。敏感性分析試圖發現究竟哪些假定（assumptions），對於分析而言是具有關鍵性的（即敏感性的），此些關鍵點或敏感點一旦發生變化，則方案推薦的本質就會改變。（參閱Policy Formulation）

Shadow Prices
影子價格

影子價格指當貨品及服務無法準確以目前市場價格予以評價時，對此些貨品及服務之成本所作的一種評估方式。影子價格有時也應用於當市場價格雖存在，但因規則或外部性的限制，以致不適合採用時。例如，政府機關如欲對某公共公園的遊客收取入場費，但是票價不知道應訂為多少，於是可對一定數目的遊客進行調查，詢問遊客遊過該公園後，他認為值得付出多少錢的門票費，當可求得較合理的門票價格。（參閱Costs）

Shared Risk
共承風險

匹茲堡大學教授康福（L. Comfort）在《共承風險：地震回應中的複雜體系》（*Shared Risk: Complex Systems in Seismic Response*, 1999）一書中指出，發生在特定社群內的地震性災害，不僅並非規律地發生，可精確預期的程度有限，往往釀成人命與財產的重大損失。有關災害發生前的預防、發生時的應變與發生後的善後等管理工作，其風險是由該社區的公部門、私部門、第三部門與所有民眾共同承受

的，故稱之為「共承風險」。（參閱 Nonlinear System, Seismic Policy）

Short Run Plan
短程計畫

一般公私部門為履行其功能及達成其各項目標，必須視實際情況，分別訂定短程計畫、中程計畫（middle run plan）、與長程計畫（long run plan）。各種計畫所涵蓋的時間，私部門較不一致，但政府部門則有一致性的規定。以我國政府機關的情形而論，短程計畫是指兩年（含）以下的施政計畫。如果計畫的期程為一年，則稱為年度施政計畫。基本上，中程計畫應依據長程計畫擬定，而短程計畫則應依據中程計畫擬定，使國家的建設具備整體性。（參閱Long Run Plan, Middle Run Plan）

Simulation
模擬法

模擬法指應用一個模式（通常為數學模式），以代表真實的系統，其目的在蒐集真實系統如何回應變遷環境的資訊。模擬法的主要優點為：1.基本上，模擬真實系統的變遷情形，比主動去製造系統的變遷要快速且便宜得多。

2.模擬的進行不至於騷擾真實系統的運作。一般來說，模擬常借助於電腦的使用。在公共政策方面，模擬法常應用於政策問題認定及方案規劃的階段。（參閱Policy Formulation, Problem Identification）

Stakeholder
利害關係者

利害關係者泛指受到某一個問題的直接與間接影響者，或政府機關採取任何行動之後的直接或間接受正面與負面影響者。例如，政府決定興建平價勞工住宅，以供尚無住宅之合格勞工申購，協助他們解決居住問題，則尚無住宅之合格勞工即為此項住宅政策的標的人口（target population），但是此批合格勞工本人、親人、建築業、及其他相關行業人員均為利害關係者。由此可知，利害關係者所涵蓋的範圍較標的人口為廣，因為利害關係者包含標的人口在內。（參閱Policy Stakeholder）

Stare Decisis
援例辦理

援例辦理為來自於英國法律實務的一項法律原則，意為「讓決定繼續存在」（let the decision stand）。援例辦理是植基於先例的一種司法信條。其主要理念是一旦某一項決定已經作成，則未來基本上具有同樣特性的案件，將以相同的方式作決定。援例辦理的決策方式，對於保持決策過程的高度穩定性，非常的重要。雖然援例辦理的概念源於法律原則，但是依先例判決並非是司法的專利，目前凡是涉及政策制定過程的行政首長、各級行政主管、立法人員及其他人，在處理與服務對象有關的事務時，也常常援引先例作決定。雖然援例辦理對於解決問題，維持現狀可能頗有幫助，但是政策制定不能太受制於過去的一系列決定，而須就特定案件作一系列的考慮，使它們能在以往決定的系絡中，形成一致的、公正的、公平的決策。（參閱Routine Formulation）

State of Nature
自然狀況

一般而言，一位政策分析人員或決策者，在從事某一項計畫或方案的決策時，或對幾個方案作比較評估時所面臨的外在環境，稱為自然狀況。此種自然狀況通常包含三類：確定性狀況（certainty）、風險性狀況（risk）、不確定性狀況（uncertainty）。所謂確定性狀況指在作決策時，已明確知道環境一定會發生何種變化，而政策或計畫

付諸執行後、所需要支付的成本及可能
獲得的利益也均可明白確定，並無機率
牽涉在內。在此情況下，決策者可依據
「邏輯推理」（有什麼樣的前提，就有
什麼樣的結果）的方式去作決策，常用
的決策技術有：償付矩陣法、線性規劃
法、成本利益分析法。所謂風險性狀況
指政策或計畫實施後，所面臨的環境可
能會有幾種不同的變化，但無法確切知
道那一種變化會發生。在此情況下，決
策者必須依據經驗、知識及資訊，預測
各種變化發生的機率，並據此計算每
一方案的成本及利益。在風險性狀況
下，決策者可依「機率與統計推理」
的結果進行決策，常用的決策技術包
括：決策樹法、最可能發生情況決策
法、平均期望值決策法、期望水準或績
效標準決策法。所謂不確定性狀況指某
項政策或計畫付諸執行後，所面臨的環
境可能會有幾種不同的變化，但是不知
道各種變化發生的機率，也就是不知
道任何一種變化發生時的成本利益關
係。在不確定狀況下，決策者只好使用
「模糊數學」的概念作決策。決策者通
常會因個性、價值觀、效用看法的不同
而採取不同的決策技術，常用的決策技
術包括：悲觀原則、樂觀原則、主觀機
率原則、遺憾最少原則。（參閱Deci-
sion Tree; Forecasting）

Statistical Analysis
統計分析法

　　統計分析法為各學科從事研究者
所常用的方法，就應用於政策問題認定
而言，統計分析法指政策分析人員根據
文件分析法與調查研究法所獲得的資
料，進行統計分析，以了解問題涉及者
的分布特性與因果關係。初步的統計
分析可根據平均數、標準差及卡方檢
定等方法，了解問題的集中趨勢與離
散趨勢，及樣本間的差異性；進一步
的分析則可以運用相關迴歸分析與因
徑分析，了解變項（variables,亦稱變
數）間的因果關係，及自變項對依變項
的直接與間接影響關係。除此之外，研
究人員還可以透過變異數分析、區別分
析、因素分析及集群分析等多變量分
析方式，進一步了解各變項間的因果
關係，使政策問題的前因後果與其間
關係更能清晰的呈現。（參閱Problem
Identification）

Strategic Planning
策略規劃

　　策略規劃與一般政策規劃的差異在
於其所處理的議題特性具有稀少性、重
大性及前導性，它重視問題的確認與解
決、內外環境的評估、涉及組織本質的

改造及計畫較有彈性。一般行政機關
對於策略規劃的需求可歸因於：1.新成
立或擴張的組織；2.穩定財源的需求；
3.提供更多服務的需求；4.被迫擴張角
色；5.領導者的更迭；6.法律規定；
7.整合機關或服務的需求；8.行動的協
調；9.翻修體制；10.追求理想願景。
成功進行策略規劃之決定因素為：1.健
全的財務；2.組織的規模；3.組織領導
者的任期；4.工作上是否與企業組織有
密切關係；5.是否直接提供服務給民
眾；6.鄰近機關是否已採用策略規劃。
總而言之，面對環境漸增的不確定性及
模糊性，策略規劃提供行政機關檢視本
身角色定位、偵測內外部環境的重要因
素，及協助行政人員建立全面策略性思
考的行動分析架構。

　　策略規劃是以系統分析的方法，
審視組織整體與其環境的關係，不但可
釐清組織未來應走的方向，並可增進組
織對將面臨的挑戰預作準備與控制環境
的能力。策略規劃的特點包括：1.視整
個組織為一個完整的系統，針對組織的
目的及其環境的關係作全面、未來性的
思考；2.把對組織環境的了解，與對組
織外界之相關利益團體的分析，列為規
劃過程的核心；3.在策略規劃中，規劃
幕僚只扮演蒐集資料與提供規劃流程的
角色，而由實際負責組織各功能的管
理者，進行組織策略的規劃。（參閱

Strategic Management, SWOT Analy-
sis）

Strategic Thinking
策略性思考

　　策略性思考乃是一項發展解決問
題之計畫、設定一套目標或目的、排
定方案優先順序、選擇最適方案的藝
術。決策者與政策分析人員必須從基本
方向及原則，採取策略性思考方式，去
處理問題與解決問題。就公共政策運
作而言，策略性思考者具有以下的特
徵：1.他們依照優先順序設定目標，以
確保可用資源能夠集中應用於所面臨
的問題上。2.在任何關鍵情況下，他們
只尋找少數影響政策成敗的因素。3.他
們承認各項環境因素的相互依賴性。
4.他們會促使政策、計畫、方案具有適
應環境變遷的彈性。5.他們會使政策目
標具有內部的一致性，而不會產生跨
目的（cross-purpose）的情形。（參閱
Strategy）

Subjective Approach Formu-
lation
主觀途徑的規劃

　　如果依據政策分析人員處理問題的
方法而分，可將政策規劃分成「理性途

徑的規劃」（rational approach formu-
lation）及「主觀途徑的規劃」兩類。
採取主觀途徑規劃的人員，具有以下數
項特點：

1. 對於該政策問題與其他相關的外在問
   題，從順序性（sequential）觀點，
   每次只研究一個問題，最多只合併
   研究決策者認為比較明顯有關的問
   題。
2. 對政策問題本身各項內在因素，以
   分割性（segmental）的觀點加以處
   理。
3. 對於資料的蒐集與分析，採取非系統
   性的（unsystematic）途徑。
4. 對於方案採行後，對問題會產生何
   種影響的分析，不具信心，亦即具
   有「後應性」（reactive）的看法，
   非「前應性」（proactive）的看法。
   （參閱 Rational Approach Formula-
   tion）

Suboptimization
次最適化

　　次最適化如果從負面觀點予以解
釋，與本位主義的意思相同，指由於過
分重視大系統中某一個部分的品質，
以致有礙整個系統的績效。就字面來
看，次最適化是次級系統或附屬部分的
最適化。但是在資源有限的情況下，為

了要使整個系統的績效能夠最適化，所
以各個次級系統的品質必須作某種程度
的妥協，而如果其中一個次級系統享用
過多的資源，必然影響到別的次級系統
的運作。例如一個機關如果將許多經費
用於整修辦公大樓方面，將因經費不夠
充裕分配，而影響重要業務的推動。另
外，如果從決策的觀點來看，次最適化
是一種比較務實的作法，因為要作到各
次級系統最適化，顯然比一次就要作
到整個大系統的最適化要來得容易。
（參閱Optimum）

Substantive Rationality
實質理性

　　實質理性指政策分析人員或決策
者從務實層面考慮，某一政策、計畫或
行動是否真正合乎社會需要？是否確實
行得通？是否合乎公平正義原則？是否
會產生不良的副作用？它是與工具理性
（instrumental rationality）相對立的概
念。（參閱Instrumental Rationality）

Sunk Costs
沈澱成本

　　沈澱成本指在制定政策方案或計
畫時，所考慮的先前已投入而無法回復
的時間、金錢、設備、與其資源的支

出，它限制了替選方案數目與優先順序
的選擇。例如政府機關如欲將垃圾清運
工作民營化，就必須考慮政府原來已投
進垃圾清運的人力、機器、設備等沈澱
成本如何處理、如何轉化的問題。由於
考慮沈澱成本的結果，對許多問題的處
理，政府往往採取比較保守的態度制定
各種政策，有時候甚至決定「一動不如
一靜」，而不願對現狀作任何更張。
（參閱Costs）

Survery Research
調查研究法

　　調查研究法在自然科學與社會科
學各學科方面應用得非常普遍，就應用
於政策問題的認定而言，該法指採取各
種抽樣方法，包括隨機與非隨機抽樣
法，對所抽出的樣本（指一般民眾或特
定標的人口），進行訪問或調查，然後
根據此些樣本主觀性的偏好判斷，及對
事實所作的表示，了解問題發生的可能
原因及其結果。基本上，調查研究法有
以下三種形式：

1. 郵寄問卷法（mail questionnaire）：
   此法的優點為樣本大、成本低、並可
   獲得某種程度的資訊；但是缺點為問
   卷回收率低、回收速度慢、且無法控
   制問卷填答的情境。
2. 親自訪問法（personal interview）：

此法的主要優點為訪問員可以深入了
解問題、可以控制訪問情境、回收率
高、並可就不同群體進行不同問題的
了解；其缺點則為成本高、相當費
時、問卷回收速度慢、訪問工作不易
進行等。
3. 電話訪問法（telephone inter-
   view）：此法的優點為問卷回收速
   度快、回收率高、可以深入各地區
   電訪，亦可某種程度的控制訪問情
   境；缺點則為難以深入了解問題、成
   本不低、樣本的代表性可能有偏差
   等。（參閱Sample Survey）

Sustainable Development
永續發展

　　自20世紀末期以來，全球追求工
業化及經濟發展的結果，導致有限的自
然資源被大量的消耗、自然環境遭到劇
烈的破壞，有識之士遂大聲疾呼世人必
須具有「永續發展」的觀念，呼籲大家
「在當前致力經濟發展、改善人類生
活，需要消耗各種資源時，必須考慮維
持各種資源的生生不息及有節制的使
用，資源不僅供當代世人享受，還必須
讓後代子子孫孫也可以繼續享用。」例
如目前對石油的開採政策及對森林的砍
伐政策，就最需要具有永續發展的觀
念。（參Environmental Impact Assess-

ment）

SWOT Analysis
優弱機威分析

它是策略管理的一項內容，SWOT分析指一方面先行了解自己內部的優勢條件與弱勢條件，另一方面則注意外在環境變遷的特質，掌握機會，逃避威脅，以研擬適當而可行的行動策略。其重點為：

1. 機關內部能力的優勢（Strength）與劣勢（Weakness）分析

　　(1) 了解我們的「優勢條件」在哪裡？亦即分析機關本身所具備執行某項特定任務的「長處」、「優點」或「籌碼」，並且加以發揮，以達成組織的目標或創造組織的生機。

　　(2) 了解我們的「弱勢條件」在哪裡？亦即分析機關本身無法執行某項特定任務的「障礙」、「弱點」或「問題癥結點」，並且加以改進，以設計可行的發展策略。

2. 機關外部環境的機會（Opportunity）與威脅（Threat）分析

　　機關所面對的外在環境中，可能存在著許多的「機會」，有待我們開發利用；但也可能是一種「威脅」，限制策略實現的可能性。當我們分析這些外在環境的特性時，必須掌握以顧客需求為導向的環境特質。當組織碰到「機會」時，要趕快把握並盡量納入策略規劃過程中，做為推動策略的「利基」；但當組織遇到「威脅」時，則要設法加以避免或轉換。對於SWOT的分析，除採文字敘述外，尚可輔以「矩陣表」及「魚骨圖」的運用，以收簡明扼要之效。（參閱Strategic Management, Strategic Planning）

Symbolic Model
符號性模式

符號性模式也稱為象徵性模式，簡單的說，它指以象徵性的符號，例如以文字、數學公式、圖表等，表達真實世界中的某一件事實或現象、或概念。例如，某城市的公共汽車行駛路線圖就是一種符號性的模式。政策分析人員如欲從事理論性預測，有許多的符號性模式可資應用，例如：因果關係模式（causal models）、線性規劃模式（linear programming models）、投入產出模式（input-output models）、計量經濟模式（econometric models）、個體經濟模式（microeconomic models）、及系統動態模式（system dynamics models）等。（參閱Model）

Symbol Specialists
符號專家

據William Dunn的說法，在西元第四世紀時，有許多被稱爲符號專家者（或稱象徵專家），例如星象家、巫師、相命家等，被政府決策當局網羅負責預測未來可能發生的狀況、推薦政策並預測政策執行的後果。他們所使用的知識並不科學，因爲他們預測所使用的方法基本上是神祕的、迷信的、宗教性的、遵循風俗習慣的。（參閱Policy Analyst）

Synectics
類比法

類比法乃是人類爲促進認識相似問題而設計的一種思考方法。它泛指研究兩個或兩個以上問題相似之處，以助政策分析人員在建構某一個政策問題時，能夠對相似之處作創造性的使用。過去的研究顯示，許多人常常未能認識到一個看起來是新的問題，但事實上早就已經發生過。因此該項舊的問題已經包含看似新問題的解決答案。類比法的假定是：了解問題間的同樣或類似關係，將可大大增加政策分析人員解決問題的能力。

在建構政策問題時，政策分析人員可以產生四種比擬（analogy）：

1. 個人比擬（personal analogies）：在建構個人比擬時，政策分析人員嘗試想像他們個人以同樣方法，經驗到其他政策利害關係者所曾經經驗過的問題情境。這種方法在發現問題情境的政治面向方面尤其重要。

2. 直接比擬（direct analogies）：指政策分析人員在兩個或更多問題情境間，找尋相似的關係，以利處理政策問題。

3. 象徵性比擬（symbolic analogies）：指政策分析人員嘗試去發現某一問題情境與某種象徵性程序間的相似關係，以利處理該問題情境。例如我們常常把政策制定過程的回饋關係，拿來與室內溫度自動控制器的作用相比擬即是。

4. 奇想比擬（fantasy analogies）：在製造奇想比擬時，政策分析人員可以完全自由自在發覺某問題的情境，與某些想像狀況間的相似關係。例如美國的國防政策分析人員，有時候就利用奇想比擬的方法，建構有關防禦核子武器攻擊的政策。（參閱Problem Identification）

Systemic Agenda
系統議程

　　系統議程指被政治社群成員所共同認知的議題，引起了一般社會大眾的注意，認爲政府機關應當加以適當處理者，但是尚未被政府機關接納並加以處理。此種議題通常比較抽象及一般性，所以政府機關未必會加以接納並予以處理。系統議程與大眾議程（public agenda）的意義一樣。（參閱Institutional Agenda, Public Agenda）

Systems Analysis
系統分析

　　系統分析乃是第二次世界大戰以後，系統分析人員利用科際性知識與技術，以計量方法（以作業研究技術爲主）從事決策與管理的一套概念。一般人認爲，在規劃政策方案時可以採取系統分析的途徑，其具體步驟如下：

1. 問題界定（problem definition）。
2. 目標陳述（goal statement）。
3. 列出目的與評估比較的標準（list of objectives and evaluative criteria）。
4. 說明標準的限制（criteria constraints）。
5. 對評估標準列出優先順序並賦予不同加權比重（rank order and weigh criteria）。
6. 考慮效用函數關係（utility functions）。
7. 列出候選的替選方案（candidate list of alternatives）。
8. 考慮自然情況及相關機率（state nature and associated probability）。
9. 評估比較候選的替選方案（evaluation of candidate alternatives）。
10. 選定替選方案（alternative selection）。
11. 方案試行（pilot implementation）。
12. 方案合法化並付諸實施（legitimation and implementation）。
13. 監測政策結果（monitoring policy outcomes）。
14. 評估政策影響（evaluating policy impact）。（參閱Management Science）

Target Group
標的團體

　　標的團體的意義與標的人口相同，指處理某一個問題時所直接涉及的對象。大致上來說，在1980年代中期以前的公共政策研究者，多使用「標的團體」一詞，例如Thomas B. Smith在他的政策執行模式中，就指出影響政策

執行力的主要因素爲「執行機關」、「標的團體」、「理想化的政策」、「環境因素」等四項。但是也許在文字的意涵上，標的團體所涵蓋的範圍，似乎較標的人口爲小，所以自1980年代中期以後，學者們大都改使用標的人口一詞。（參閱Target Population）

Target Population
標的人口

標的人口指問題直接處理的對象、或政策方案直接實施的對象，包括人們、家庭、機關、組織、社區或其他單位。例如政府機關補助低收入戶政策，規定設籍在某特定區域而一家四口年收入新台幣300,000元以下者才能領取補助，則標的人口就已在此項政策中明白的界定。標的人口是問題解決或方案實施的客體，所以他們的想法、看法及需要等，應愼重的考慮，以提高他們對政策執行的順服度。（參閱Target Group）

Target Problem
標的問題

標的問題指某一方案或計畫所直接要處理的情況，例如當事人所明白提出的相關需求、缺失或問題等。換言之，政府機關制定各種政策或計畫，主要就是要解決此類標的問題。（參閱Problem）

Technical Feasibility
技術可行性

技術可行性指在從事政策方案設計時，必須考慮是否具有足夠的專業知識和技能，可以執行該方案而言。如果缺乏足夠的專業人才，則該方案的可行性即有問題。例如興建地下鐵路計畫、及興建高速鐵路計畫等，就必須特別考慮技術可行性問題，否則勉強執行該方案的結果，必定問題重重，後患無窮。技術可行性的研究重點爲：

1. 專業知識的權威性如何。
2. 專業知識的發展水準如何。
3. 專業知識的認知差異如何。（參閱Feasibility Study, Technical Rationality）

Technical Rationality
技術理性

技術理性指完全從技術層面考慮某項政策替選方案執行後，能否有效解決政策問題，而不考慮該項方案的對錯問題、適當與否問題、及是否合乎公平正義原則等問題。其意思與「技術可

行性」差不多。（參閱Technical Feasibility）

Teleological Criteria
目的性標準

　　政策分析人員和決策者通常採用兩種不同的標準做為選擇政策方案的根據，一種是「目的性標準」，另一種稱為「非目的性標準」」（nonteleological criteria）。目的性標準指政策分析人員或決策者在衡量考慮替選方案時，主要是從政策方案將產生的結果（即目標或目的）判斷該方案正確與否。一般而言，此類標準較適合科學性政策方案的選擇，因為它必須要有明確的因果關係可供判斷才行。此類標準如「國民生產總額最大化」、「幸福快樂」、「自我實現」、「偏好的滿足」等。如果採取目的性標準選擇方案時，通常是就各替選方案加以比較，以了解哪一方案可達成預定的成果，或是比其他方案可以產生更多的價值，因此它比較屬於計量性，最常使用的一個標準就是以金錢的淨利益來比較哪一方案可獲得最多。在一般情況下，非目的性標準比目的性標準來得重要，如果政策方案不符合非目的性標準的要求，但非常符合目的性標準，方案也很可能遭受剔除。（參閱Nonteleological Criteria）

Territorial Community
地域性社群

　　英國學者羅德斯（R．A．W．Rhodes）從英國中央與地方政府間關係的研究，發展出政策網絡的概念，並依據利益群組狀況、會員隸屬關係、垂直的互依關係、不同網絡的水平互依關係與資源分配狀況等五項標準（Rhodes, 1988: 77~78），將政策網絡歸納為政策社群（policy community）與議題網絡（issue network）、專業社群網絡（professionalized network）、府際網絡（intergovernmental network）、地域性社群（territorial community）、經濟性生產者網絡（producer network）。其中地域性社群的特性為連結較穩定、具廣泛的垂直依賴性與有限的水平整合性，並高度限制其成員的資格。（參閱Policy Network）

Theoretical Forecasting
理論預測法

　　理論預測法可協助政策分析人員以理論假定、現有資料與歷史資料為基礎，而預測未來的社會情況。所謂理論假定（theoretical assumptions）指一

套經過系統化建構並可實際驗證的法則（laws）或命題（propositions），此套法則或命題可基於某事之發生，而預測另一事件之發生。理論假定通常以因果關係的形式出現，並致力於解釋與預計此種因果關係。理論的假定主要是基於「演繹的邏輯」（deductive logic），採取推理方式，由一般的陳述、法則、假定等而推出特殊的資訊。例如基於「後工業社會」（postindustrial society）急需政策分析人員的命題，而推論未來政策分析人員的權力，可能會大於決策者。此種基於理論假定所作的預測，就稱為理論預測法。理論預測法的技術甚多，例如：理論圖法（theory mapping）、因徑分析法（path analysis）、投入產出分析法（input-output analysis）、線性規劃法（linear programming）、迴歸分析法（regression analysis）、區間估計法（interval estimation）、及相關分析法（correlational analysis）等。（參閱 Prediction）

Theoretical Modeling
理論模式建構法

理論模式建構法指應用於建構眾多理論之簡單化代表物（即模式）的一大套技術與假定（assumption）。理論模式建構法是理論預測法中的一個主要部分，因為政策分析人員很少直接從理論去作理論性的預測，在他們應用理論去預測未來事件的發生時，他們必須先為這些理論發展一些模式，然後再由此些模式去作實際的預測。如果政策分析要應用到理論的話，則理論模式建構法更是格外的重要，因為理論通常是相當複雜的，因此在應用時，必須予以簡化，而模式正是複雜事項的簡單化代表物。（參閱 Model, Theoretical Forecasting）

Theory Mapping
理論圖法

理論圖法是理論預測法（theoretical forecasting）的一項技術，主要是協助政策分析人員在一項理論或因果關係的論證（argument）中，確認並安排主要假設的技術。它有助於展現四種因果關係的論證：1.匯聚的論證（convergent arguments）：指兩個或兩個以上有關因果關係的假設，被用來支持某項結論或主張。2.發散的論證（divergent arguments）：指一個單一的假設，支持一個以上的結論或主張。3.系列的論證（serial arguments）：指一項結論或主張被視為一項假設，而用來支持下一系列的結論或主張。4.循環的論證

（cyclic arguments）：指某一系列之最後結論或主張，連結於該一系列之最先結論或主張。此四種因果關係論證可由表一清晰了解：

表一　因果關係論證的四種型式
(1) 匯聚的論證
公務員罷工數增加→公共機關每一員工產出減少←公務員管理增加集權
(2) 發散的論證
公務員疏離感增加←公務管理增加集權→公共機關每一員工產出減少
(3) 系列的論證
公務管理增加集權→公務機關每一員工產出減少→公共服務成本增加
(4)循環的論證
公務管理增加集權→公務員疏離感增加→公共機關每一員工產出減少

（參閱Theoretical Forecasting）

Think Tank
智庫

　　智庫指參與公共政策運作過程，進行政策分析，提供政策相關資訊及建議的研究機構。雖然智庫包括官方、半官方、及民間的研究機構，不過一般還是以民間及半官方的研究機構為主。此種智庫通常擁有各類型的政策分析人員，它們或是接受政府機關委託，從事政策問題的研究、方案的規劃；或是基於本身的專業需求，主動進行各種政策問題研究，為決策者提供政策諮詢。在美國，著名的智庫包括：傳統基金會（Heritage Foundation）、卡圖研究所（Cato Institute）、美國企業研究所（the American Enterprise Institute）、布魯金斯研究所（the Brookings Institute）、國際經濟研究所（the Institute for International Economics）、都市研究所（the Urban Institute）、及外交關係協會（the Council on Foreign Relations）等。目前我國也有許多半官方及民間的基金會組織，屬於智庫的性質，它們如果能夠充分發揮功能，對我國公共政策的良好運作，將具有極大的貢獻。（參閱Group Think）

Three Mile Island Accident
三哩島事故

　　此項事故為人類第一次核能發電廠反應爐爐心熔解，導致核能電廠安全疑慮的重大事件。1979年3月28日凌晨，位於美國賓州道芬郡（Dauphin County）的三哩島核能電廠反應爐（nuclear reactors）二號機，發生核安事故，震驚全世界。由於一連串的機械及人為失誤，使反應爐爐水降低，冷卻

系統失效，以致反應爐爐心燃料熔毀將近一半。由於事出突然，美國政府與人民一時之間無法妥善應付。事故發生第三天，賓州州長鑒於情況危急，才下令關閉23所學校，要求賓州中部鄰近核電廠的50萬居民不要外出，並緊閉門窗，當晚150名孕婦及數千名兒童被疏散至其他市鎮避難。幾天以後，引發美國民眾大規模的反核示威遊行，並迅速蔓延至法國、瑞士及丹麥等國。儘管此事件並未直接造成任何人傷亡，但對人類及動植物的潛在傷害，已引起世人（尤其是反核人士）對核電廠安全的高度疑慮與恐懼。不過，根據美國原子能管理委員會連續追蹤觀察後，發現以下的狀況：1.三哩島核電廠周圍50英里範圍內，220萬居民中無人發生急性輻射反應。2.周圍居民所受到的輻射，相當於進行一次胸部X光照射的輻射劑量。3.該事故對周圍居民癌症的發生率，沒有顯著影響。4.三哩島附近未發現動植物異常現象。5.當地農作物產量未發生異常變化。6.估計造成經濟上的損失約美金10億元。（參閱Chernobyl Nuclear Plant Accident、Fukushima Nuclear Plant Accident）

Threshold Analysis
門檻分析

門檻分析為將政策評估論題減低至完成一個方案或政策目標之最適方案的一系列選擇及比較的一種手段。換言之，門檻分析是最適化（optimization）的一種形式，目的在檢視相關的政策方案，以確定公共政策最可欲的結果及可能的影響。經由門檻分析而最適化的理由，是此種政策分析方法，可以提供政策分析人員，進一步檢視與評估可能替選方案的另一套概念與切入點。在數項替選方案中進行最適方案選擇時，方案的目標被視為固定，然後將焦點置於具有最佳目標的方案。（參閱Optimum）

Time Feasibility
時間可行性

時間可行性指在從事政策方案設計時，必須考慮該方案的提出時機、執行時機是否恰當。同時還需考慮以下時間可行性問題：
1. 政策方案規劃所需的時間。
2. 政策方案執行所需的時間。
3. 政策方案產生預期後果所需的時間。（參閱Feasibility Study）

Trade-Off
抵換

抵換也稱為「交易取捨」。指在政策運作過程的各個階段中，對於各項政策變項，進行互換之後，得失之間的計算考慮。例如在政策問題認定階段，選擇接納並處理某一個公共問題，就會失去處理另一個問題的機會，因此就必須面臨犧牲替代的考慮。另外，在制定一項政策時，利害關係人、當事人、或決策者往往對於政策目標、內容、作法等，看法不同，各有不同的主張，因此必須進行協商，將本身所堅持的利益或主張，而不符合對方要求者，作部分的讓步，以抵換對方在某些部分作讓步。參閱（Bargaining, Compromise）

Trend
趨勢

趨勢指某一個變項在某一段延長的時間內所發生的變遷情況。一般來說，趨勢與「浮動」（fluctuation）的意義不同。浮動通常指在一段很短的時間內所發生的變化，並且常常不具有長期性的意義。例如經濟成長率可說是一種趨勢，但是股票市場的漲跌，就是一種短期的浮動現象。如何對某一件事象的未來發展趨勢作準確的預測，是一位政策分析人員最大的挑戰。（參閱 Forecasting, Trend Extrapolation）

Trend Extrapolation
趨勢外推法

趨勢外推法為方案預測三種基礎之一，另外兩種基礎為「理論假設」及「主觀判斷」。趨勢外推法是基於對過去事實的觀察，而推斷未來可能發生情況的一種方法。其假定為如果沒有新政策或不可預見事件干預的話，則過去所發生的事，未來也可能會再發生。此種方法主要是基於「歸納的邏輯」（inductive logic），採取推理的方式，從特殊的觀察結果而推出一般的結論或主張。例如基於過去我國公務員增加的比率，而推論未來十年公務員可能增加的比率。依趨勢外推法所作的預測稱為「外推預測法」（extrapolative forecasting）。（參閱 Extrapolative Forecasting）

Type I Problems
第一類型問題

它是政策評估或推薦標準之一「充分性」（adequacy）所指涉的四種問題類型之一。第一類型問題涉及「固定成本」（fixed costs）與「變動

效能」（variable effectiveness）的分析比較。即在固定預算成本內，求取能夠獲致最高效果的方案。例如固定預算成本為一千萬元，欲在兩個改進衛生醫療服務品質的方案中擇一而行，其結果是選擇較能夠增進品質的方案。此類型問題的分析稱為「成本相等的分析」（equal-cost analysis）。（參閱Adequacy）

Type II Problems
第二類型問題

它是政策評估或推薦標準之一「充分性」（adequacy）所指涉的四種問題類型之一。第二類型問題涉及「固定效能」（fixed effectiveness）與「變動成本」（variable costs）的分析比較。即當預期效能固定時，求取能夠使用最少成本的方案。例如台北市公共汽車每個月必須服務乘客一千五百萬人次，則選擇使用最少成本的交通工具方案。此類問題的分析稱為「效能相等的分析」（equal-effectiveness analysis）。（參閱Adequacy）

Type III Problems
第三類型問題

它是政策評估或推薦標準之一

「充分性」（adequacy）所指涉的四種類型問題之一。第三類型問題涉及「變動成本」（variable costs）與「變動效能」（variable effectiveness）的分析比較。即選擇一項最佳的預算而使機關目標達到最大化的方案。此類問題的分析稱為「變動成本變動效能分析」（variable-costs-variable-effectiveness analysis），因為成本與效能均可隨意更動。在此類問題中，最充分的政策就是能使成本與效能比率最大化的政策。（參閱Adequacy）

Type IV Problems
第四類型問題

它是政策評估或推薦標準之一「充分性」（adequacy）所指涉的四個問題類型之一。第四類型問題同時涉及「固定成本」（fixed costs）與「固定效能」（fixed effectiveness），因此非常難以處理，它被稱為「成本相等效能相等分析」（equal-cost-equal-effectiveness analysis）。政策分析人員不僅受到成本不得超過某一限額的限制，並且受到方案必須滿足某預定效能的限制。例如，台北市的貧困救濟工作，每年必須達到二萬人次，但是全年的經費預算只有四千萬元，因此如何選擇一個能夠同時滿足此二條件的方

案，誠屬不易。所以在許多情況下，處理此類型問題的選擇方案，常常是「不作爲」（to do nothing）。（參閱 Adequacy）

Tyranny of the Majority
多數暴力

一般來說，民主政治的決策基本原則是多數決，是以經由多數決策即擁有制定法律的合法權力。然而這並不意謂多數決所制定的法律一定是公正的，由於多數的組成份子可能良莠不齊，且很可能基於自身的利益而操縱政治體系的運作，在這種情況下就會發生多數暴力的問題，亦即多數人作出影響或限制少數人權益、意旨、及自由的不當決定。（參閱Citizen Participation）

Value Clarification
價值澄清法

價值澄清法乃是一項確認與區分價值前提（value premise）的程序，此些價值前提爲選擇政策目標或目的的根據。價值澄清法爲推薦政策方案的一項方法，當以各項衝突的標準做爲推薦的考慮依據時，此項方法更凸顯其重要性。這些衝突標準主要是指效能性（effectiveness）、效率性（effi-

ciency）、充分性（adequacy）、回應性（responsiveness）、公正性（equity）、及適當性（appropriateness）。價值澄清法有助於回答如下的問題：選擇政策目標或目的之價值前提爲何？此些價值前提是否爲政策分析人員、決策者、標的團體、或整個社會的價值前提？哪些環境因素可以解釋何以某些團體承諾此些價值前提與政策目標或目的，而其他團體卻反對？採取某些價值前提與目標或目的之辯護理由爲何？

價值澄清法的主要實施步驟如下：1.確認一項政策方案所有相關的目標或目的。2.確認影響目標（目的）達成或未達成、及受到目標（目的）達成或未達成影響的利害關係者（stakeholders）。3.列出所有利害關係者承諾達成目標（目的）之「價值前提」。4.將所有價值前提區分爲「價值表示」（valus expressions）：個人喜好或欲求的單純表示；「價值聲明」（value statements）：特定團體信念的聲明；「價值判斷」（value judgments）：對目標（目的）所隱含各項行動或情況之普遍性好壞的判斷。5.進一步將價值前提區分爲提供解釋目標（目的）基礎的價值前提（例如環境保護主義者尋求節約能源，此與他們強調不違反自然的信念是一致的）；提供辯護目標（目的）基礎的價值前提（例如節約能源是

一項適當的目的，因爲自然與人類一樣，均有天賦的自我保護權）。（參閱 Policy Argument, Value Critique）

Value Critique
價值批判法

　　價值批判法乃是在有關政策目標（目的）之辯論過程中，檢視各項衝突辯論之說服力（persuasiveness）的一套程序。它可以協助我們檢視在政策辯論時，價值所扮演的角色如何。價值批判法將焦點置於各項衝突的目標（目的），及不同利害關係者所標榜的衝突價值觀。它認爲各種價值觀，會經由合理的辯論而產生變化。價值批判法所採行的步驟，可以說是「價值澄清法」（value clarification）的擴充。其主要實施步驟如下：

1. 確認一項或一項以上被訴求的政策推薦方案。
2. 列出所有將影響與被推薦方案執行後受影響的利害關係者。
3. 描述每一個贊成與反對該推薦方案的利害關係者。
4. 確認「政策論證」（policy argument）所涉及的每一項要素：資訊（information）、主張（claim）、可靠性（qualifier）、立論理由（warrant）、支持理由（back-

ing）、及駁斥理由（rebuttal）。
5. 評量每一項論證的倫理性說服力（ethical persuasiveness），並決定是否維持、變更、或拒絕該項推薦方案。（參閱 Policy Argument, Value Clarification）

Value Premise
價值前提

　　價值前提指基於某套價值系統或倫理系統，在原則上可顯現出「好」（good）或「壞」（bad）的一項假定。例如當一個人想要採取某項行動時，他通常會根據自己的偏好狀況或社會上盛行的倫理道德觀，認爲該項行動乃是「好的」或是「對的」，因而它是一項值得採行的行動。因此，價值前提是一個人、團體、或機關組織處理某項問題或作某種決策的基礎。（參閱 Assumption, Values）

Veil of Ignorance
無知之幕

　　美國政治社會學者羅爾斯（John Rawls）在「正義論」（A Theory of Justice）一書中，提出了無知之幕的概念。根據他的說法，「假定在平等的初始狀態下，大家聚集起來撰寫一份社

會契約，它是人們集體生活的規範原則。由於大家不知道自己的性別、種族、膚色、健康天賦、宗教信仰、政治偏好等，也沒有任何階級之分，相當於在『無知之幕』後面所作出的選擇。也就是說，在平等的初始狀態下作選擇時，沒有人具有任何的談判優勢，在此種情況下所協商出來的制度就能夠實踐平等的理念。」在理論上，我們對公平、正義、平等的信念，就是建立在這種「無知之幕」的基礎上。因此在實務上，為政者在制定與執行任何政策或措施時，應儘可能讓社會上所有的人能獲得「立足點」的平等，使人們只要願意努力奮鬥，就有機會從社會底層往上爬升；也可以使先天不足的弱勢族群，有機會獲得必要的支持，而達成自己的目標。（參閱Equity）

Verbal Model
口語式模式

簡單的說，口語式模式就是以我們每天所使用的語言表達出來的模式，即以口語方式說明某一種事象、概念及其中各變項間的相互關係，而非使用符號邏輯或數學模式去表達某項意念。（參閱Symbolic Model）

Well-structured Problem
良好結構的問題

簡言之，良好結構的問題指一項簡單性的、有例可援的、重複性的、容易預測後果的公共問題。詳言之，它指僅涉及一個或少數幾個決策者、及只有少數幾個替選方案的問題；方案執行後的價值或效用可以清楚反映決策者對目標的共識（consensus），這些價值或效用是依照決策者的偏好狀況加以排列的；每一個替選方案都可以在確定情況或很少風險情況下，計算其執行的後果。典型的良好結構問題，常常可以完全依靠計算結果而作決定。例如某一個行政機關如果要汰換公務車輛，通常只要考慮以舊車換新車所需的費用即可。亦即可以從舊車的一般維護費用與新車的採購費用及折舊情況加以比較，即可作成決定。一般而言，在處理此類良好結構問題時，可以考慮採取「理性廣博的決策途徑」。（參閱Ill-structured Problem, Moderately Structured Problem）

第三篇　政策合法化
Policy Legitimation

Adversary Process
逆向操作過程

　　逆向操作過程指在一位立場中立的決策者主持下，由立場不同的兩派人馬，以口語對話的方式，進行辯論、對法律見解辯論、或其他形式的對抗，各抒己見，企圖說服對方，在充分溝通對話後，最後才作成決定。此項逆向操作過程的基本精神為：真理愈辯愈明！（參閱Policy Argument）

Analycentric Argument
分析重心的論證

　　分析重心的論證乃是政策論證方式的一種，指政策分析人員對政策所作的主張，主要是基於他所使用方法（methods）或規則（rules）的可靠性。例如，某一項政策主張最後也許會被接納，只是因為政策分析人員宣稱，他所使用的論證資料是經由數學、系統分析、及經濟學的「普遍選取原則」（universal selection rule）而得到的。（參閱Mode of Arguments, Policy Argument）

Authoritative Argument
權威的論證

　　權威的論證指政策運作過程相關行為者（如決策者、政策分析人員、政策反對者等），利用本身或他人具有某種特殊成就或身分，而因此在社會上擁有被人信任的權威性的地位，於是引據他們的想法、看法、意見，以證實他所提供資訊的可信度，則該等資訊便具有權威性，也就因此能夠說服他人支持他的政策主張。例如科學家所作的證詞，可能做為說服別人接受某項政策方案的論證來源。（參閱Mode of Arguments, Policy Argument）

Authorization
核准

　　核准指任何一項法律、預算、政策、計畫、命令、行動等，經過具有合法權力者加以審核並批准的過程。具有合法批准權力者，以我國情形論，就橫切面而言，包括行政機關、立法機關、司法機關、考試機關、及監察機關；就縱貫面而言，包括從總統以下以至鄉鎮公所的各級主官或委員會（如都市計畫委員會），均就其管轄的業務，具有「核准」的權力。此外，因機關性質的不同，使「核准」的過程，也

呈現繁簡難易的差異。例如法律案及預算案在立法機關的「核准」過程就充滿了政治性，除了耗時甚久外，還無法避免交易、協商、討價還價、妥協的情事發生。（參閱Policy Ligitimation）

Bargaining
協商

協商也稱為議價或討價還價，通常是指兩個或兩個以上擁有權力者，設法調整個人的目標，以形成一項為各方可以接受的行動方案。協商涉及商議、談判、妥協、威脅、接受、及其他因素，所以一項成功的協商，先決條件是參與者必須願意就其認為重要的部分，與對方進行談判協商。從公共政策的角度來看，協商是指政策參與者在政策運作過程中，針對政策所涉及的各項變項，例如政策議題的選擇、政策方案的決定、執行方法取捨等，各方就本身的立場及主張，彼此進行討價還價、磋商討論、交換取捨的活動。如果彼此堅持自己立場不肯妥協，最後可能導致談判破裂、不歡而散的結果；但是如果彼此能夠犧牲某部分，以換取他方對某部分的讓步，則最後可以達成大家都能夠接受的協議。協商可以說是民主多元社會的一種正常的政治生活方式，它可以發生在政策運作的任何一個階段，它也

可以發生在任何一個機關，例如在立法機關內、或行政機關內，或是發生在機關之間，例如行政機關與立法機關間的議價協商；或發生在政策參與者彼此間，如政黨間或當事人彼此間的議價協商等。（參閱Compromise, Social Pluralism）

Boardroom Politics
董事會政治

董事會政治指決策的作成，主要是由董事會的少數人所決定的，它並不表示公共政策的過程中，董事較經理人或其他參與者重要，而只是在闡述董事會決策時涉入的特定情境。與其他參與者相較，董事會的人數顯然較少，因為政策背後的實際負責人為數不多，但他們所構思的是如何承擔起整個政策運作的後果。當然，他們身處的系絡較需要嚴謹的評估，尤其是所有政策資源的分配、流向及政策方針等，在董事會政治中，輕微的利益與私交是很難撼動董事會決策的。（參閱Client Executive Politics）

Bureaucratic Politics
官僚政治

官僚政治指在政府制度的運作過程

中，官僚設法爭取權力，取得主導地位的狀況。官僚雖然受到其他權力（如立法、司法、政治）的影響，然而，官僚體制本身也可以從其他權力補充不足的資源或合法性，例如由政治首長交付重要的執行任務、又如有某些利益團體會給予高度的支持或處於共生的情境。官僚所處的系絡首要考量的是如何形塑政策所在的機關，永業文官更常採取攏絡利益團體或立法者，甚至訴諸法庭的手段，以保護他們的活動領域。（參閱Courtroom Politics）

Bypass Strategy
繞道策略

美國三位學者Carl E. Van Horn, Donald C. Baumer nad William T. Gormley, Jr. 在《政治與公共政策》（*Politics and Public Policy*, 1992）一書中，認為政府部門及一般社會大眾，如果要使主張的公共政策獲得合法化，可以採取以下三大類策略：包容性策略（inclusionary strategies）、排除性策略（exclusionary strategies）、及說服性策略（persuasive strategies），繞道策略即是屬於排除性策略的一種。簡言之，繞道策略即當政策方案在合法化階段面臨重大障礙時，可以採取繞道而行的方式，以避免或延緩一場激烈的爭鬥。此種策略可以使方案在批評者或反對者，有機會予以封殺前，取得暫時性的妥協。成功的例證之一發生在1983年的美國國會。當時有一小批國會議員與行政部門的政務官共同策劃，希望能夠對於棘手的社會安全改革法案達成協議，於是被稱為「九人幫」（the Gang of Nine）的這批人，在私人家庭裡祕密集會。他們可以說都是務實主義者，認為應該在不太傷害那些較富意識型態之同僚們的立場下，推動該法案的實質進展。最後他們終於能夠解決彼此間許多不同的見解，取得足夠的一致性，使他們的提案在稍作修改的情況下，贏得「全國社會安全改革委員會」的支持，並且制定成為法律。事實上，我國立法機關在審議各種爭議性極大的法案時，行政部門、執政黨、及立法機關本身也常使用此項策略。（參閱Bargaining）

Chief Executive Politics
首長政治

首長政治指以行政首長決策及政治活動核心的一種狀況，行政首長對整體社會的影響力極大，他們藉著自己的肢體語言，往往便能產生極大的作用，尤其是透過媒體或正式權力的命令發布，他們可以塑造聲望與威權。就首

長們身處的系絡而言,如何運用周邊資源有效地說服民眾及政治菁英乃是主要考量的重點,一個成功的首長不像董事會政治中的董事只處理有限的事務,他必須努力祛除眼前的重大困難,才可能贏得聲望及支持。(參閱Boardroom Politics)

Classificational Argument
類別的論證

類別的論證乃是政策論證的一種方式,指某人所提出的政策主張,主要是根據「成員」(membership)關係而作的論證。其論證所依據的資訊是假定:由於某一類人或某一類團體的某種特質是確實的,因此主張包含在這一類人或這一類團體中的個人與團體,相信也確實具有該項特質。例如,採取類別論證方式者會提出政策主張:某人應當具有某項特質(例如誠實可靠),因為他是某一類人員當中的一分子,而這一類人之中的大多數人都具有此種特質。大致上來說,涉及種族歧視與性別歧視的政策論證,大概常常採取類別的論證方式。(參閱Mode of Arguments, Policy Argument)

Cloakroom Politics
衣帽間政治

衣帽間政治主要是在形容立法的運作狀況,意思是說,許多法案或政策,透過各黨各派的立法人員,在議事大廳旁邊的衣帽間,於放置衣帽的過程中,彼此非正式對話、協商、交換取捨而達成了協議。事實上,任一個民主政府不可能在沒有立法共識的情境下運作,在許多情況下,如果沒有衣帽間政治,便可能沒有徵稅,也沒有財政來源,更無法控制政府的政策以符合民意的要求。衣帽間政治的主要考量,在於立法人員如何適當地反應變遷的民意與公共氣氛,並在憲政制度、利益團體及政府首長等等的互動運作下,找出一個較合宜的政策方向。當然,每個立法者身處的系絡有所不同,包括選區利益及檯面下的因素等,都可能是衣帽間政治私下交涉或交易的動機。(參閱Livin-groom Politics)

Coalition Strategy
建立聯盟策略

美國三位學者Carl E. Van Horn, Donald C. Baumer and William T. Gormley, Jr. 在《政治與公共政策》(*Politics and Public Policy*, 1992)一

書中，認爲政府機關及一般社會大眾如果要使所主張的政策能夠被接受取得合法地位，可以採取以下三大類策略：包容性策略（inclusionary strategies）、排除性策略（exclusionary strategies）、及說服性策略（persuasive strategies），建立聯盟策略乃爲包容性策略的一種。簡言之，建立聯盟策略乃是政策運作過程中的各個行爲者，包括政治人物、政策分析人員、利害關係者等，爭取政策獲得接受、取得合法地位的一種策略。在一個民主多元的社會，大部分的政策方案或計畫，除非花相當多的心力及時間去建立聯盟關係，爭取支持的多數，否則必難以獲得接納。換言之，在政策運作過程中，立場一致或利害相同的行爲者（包括團體或黨派）常常結合起來，建立聯盟關係，以支持或反對某一特殊議案。如果重大的提案欲在立法機關獲得合法化，則常非使用建立聯盟的策略不可。例如我國的立法院在審議各種法案時，常會因爲各黨派對法案所採取立場的不同，而形成各種不同的聯盟關係。此種聯盟關係的建立是動態性的，即聯盟的建立會隨著時間、空間、議題、行爲者的變化而有所差異，此即「在政治舞台上，沒有永久的敵人。」的證明。就美國的實際政治觀之，雖然從政人物及遊說人員是最主要

的聯盟建立者，但是此項策略的應用並不限於在立法機關進行。例如美國上訴法院的法官，在以多數決裁決案件的情況下，必須爭取多數同僚的支持，才能使自己的立場獲得接受，取得多數決的合法地位。（參閱Policy Legitimation）

Collective Bargaining
集體協商

集體協商通常指公部門或私部門的員工透過參與工會（unions）或協會（associations），然後由工會或協會代表他們與雇主（包括企業主及政府）就工作條件、待遇及其他相關問題，進行協商談判，爭取員工的權益。由於工會及協會係由不特定多數人所組成，具有良好的組織體系及資源，所以集體協商的效果較個人從事個別協商要大得多。在美國，私部門員工所屬工會具有集體協商權始自1935年國會所通過的威格納法（The Wagner Act），該法亦稱爲工會法。但是政府部門員工組織工會（協會）權及集體協商權的承認，則比私部門員工要晚了許多。自1949年至1961年，每年在國會均提出承認公部門員工具有組織工會（協會）權的法案，但均未能成功。後來在1962年，甘迺迪總統

（President John F. Kennedy）主動的發布行政命令，確認聯邦政府的公務人員可以組織並加入工會（協會），但條件是：工會（協會）僅能就某些特定的議題，與政府管理階層進行「會面與商議」（meeting and conferring），亦即僅能討論不能協商。1969年尼克森總統（President Richard Nixon）以行政命令設立了「聯邦勞工關係委員會」（The Federal Labors Relations Council），並稍微擴充公務員工會（協會）可以協商的範圍，但是諸如薪資及福利等重大項目，仍然不可進行協商。公務人員組織工會（協會）及協商權法制化的里程碑，乃是1978年國會通過了文官改革法（The Civl Service Reform Act），將公務人員組織工會（協會）與協商權以法律定之，以代替過去以行政命令規範的狀況。目前，美國聯邦政府的員工已有五分之三加入了工會（協會）的組織。我國目前也已經有集體協商的實務存在，例如全國性工會組織代表全國勞工，就薪資與工作條件改善等事項，與代表全國工業界雇主的組織（公會）進行集體協商，以求達成可令雙方滿意的協議。目前（2013年年底）尚在立法院審議的「公務人員基準法草案」對公務人員組織協會，也有相關的規定。（參閱Bargaining, Compromise）

Compromise
妥協

妥協乃是協商過程參與者經過討價還價後所接受的一項結果。議價協商的參與者在運作過程中，必須要修正彼此的差異，才有可能達成雙方或多方可以接受的協議。就一般情況而言，許多公共政策在制定過程中，常常涉及許多不同利益或立場的民意代表，他們彼此必須進行妥協，以換取他方對本身主張的部分或全部的支持。基本上來說，政策運作過程涉及議價協商的行為，而議價協商必涉及談判（negotiation），談判欲有結果，涉及者就必須妥協。事實上，妥協是民主政治運作不可或缺的一項特色。（參閱Bargaining, Social Pluralism）

Compromise Strategy
妥協策略

美國三位學者Carl E. Van Horn, Donald C. Baumer and William T. Gormley, Jr. 在《政治與公共政策》（*Politics and Public Policy*, 1992）一書中，認為政府機關與一般社會大眾如果要使所主張的政策能夠為別人接受取得合法化，可以採取以下三大類策略：包容性策略（inclusionary strategies）、排除性策略（exclusionary strategies）及說服性策略（persuasive strategies），妥協策略乃是包容性策略的一種。妥協策略指在政策運作過程中，對於政策方案各面向具有不同看法或立場者（包括各黨派及團體），為使方案順利運作，並且不致產生「全輸全贏」的不良結果，彼此進行協商、議價、交換取捨後，達成「雖不滿意但可以接受」的折衷妥協方案。就國內外的政治生態觀之，很少有重大法案是可以不必經過取捨交易（take and give）的過程而能獲得通過，取得合法地位的。事實上妥協已經成為多元社會及民主國家的一種基本生活方式。雖然「妥協」非常重要，但是在某種特殊環境中，有時候卻不容易作到。例如，一旦某一政策方案已放進公民投票的選票中後，公民只能投「贊成」或「反對」票，而無法對方案的內容或文字作任何妥協性的修改，也就無法作討價還價的協商。此外，有些特殊議題，尤其是涉及意識型態及國家認同的問題，即使耗盡時間與資源從事必要的議價協商，最後也可能無法獲得妥協的結果。（參閱Bargaining, Compromise）

Conflict of Interest
利益衝突

　　簡單的說，利益衝突指私人目標的追求與公共利益產生不相容的狀況。當行政官員、政務官、民選官員、及民意代表等，在制定政策或執行政策時，可能涉及圖利本身或圖利與其關係密切者時，就產生利益衝突的情況。利益衝突的可能結果是決策者或執行者本人獲得金錢上的利益，或者是特定利益團體、朋友、支持者獲得了利益。很明顯的，此種有意或無意的圖利私人的作法，與公共利益所強調的公平正義原則是不相符合的，所以一般公務倫理信條都會要求，當決策者或執行者在面臨利益衝突時，應進行必要的迴避。因此若干國家已經訂定「利益衝突迴避法」，以規範行政官員及民意代表的行為，避免他們藉著各種法規制定或行政行為而「自肥」，並避免發生官商勾結的現象。

　　就我國情形而論，為防止關鍵職位公務人員及民意代表追求特殊利益而損及公共利益，特別於2000年7月12日發布施行「公職人員利益衝突迴避法」；另外，在2002年1月25日修正公布的「立法委員行為法」中，第五章共六條對立法委員利益衝突迴避事項做明

確的規範。（參閱Administrative Eth-
ics）

Congressional Committees
國會委員會

國會委員會指美國眾議院與參議院所屬的各種功能性的重要委員會。國會各種委員會的設立，代表了參眾兩院內部的分工狀況。兩院的常設委員會（standing committees）是長久性的組織，處理大部分議事、撥款、及調查的事務。由於國會的工作非常龐雜繁劇，因此委員會就變得十分重要及不可或缺。目前美國眾議院有二十二個常設委員會，而參議院則有十五個常設委員會。另外，眾議院設有一百四十九個小組（subcommittees），參議院的小組則為一百個。不過，這些委員會及小組的數目會隨時改變。

議員被指定參加哪一個委員會或小組，對個人前途發展影響很大。因此兩院議員都希望能夠參加處理其本身或其選民有興趣事務的委員會或小組。由於大部分法案都來自常設委員會，所以常設委員會的主席相當重要，也就變得非常搶手。在傳統上，關鍵性委員會的主席對國會的影響力相當大，爭取主席職位者更是大有人在。不過依據慣例，年資是參加哪一個委員會、小組、及能否擔任主席的決定因素。眾議院的關鍵性委員會包括「方法與手段委員會」（The Ways and Means Committee），此委員會主要是處理租稅事務；「規則委員會」（The Rule Committee）；及「撥款委員會」（The Appropriations Committee）。就我國情況而言，國會委員會主要是指立法院的常設委員會與特種委員會。以2013年的情形而論，立法院的常設委員會有8個：內政、外交及國防、經濟、財政、教育及文化、交通、司法及法制、社會福利及環境衛生。特種委員會有以下數個：紀律、程序、修憲、經費稽核。立法委員在每會期開議時，均會設法爭取加入熱門的委員會，及爭取擔任各委員會的召集人。（參閱Legitimation）

Constituency Relationships
選區關係

選區關係指政府機關與民意機關代表，與選民建立並維持密切的接觸關係，並促使此種接觸關係成為在公共政策運作過程中，選區獲得利益的一種手段。對民意代表來說，建立強有力的選區關係有極大的好處，因為可以讓他的選民知道他在民意機關內，替他們作些什麼事、爭取什麼樣的權益，因而有助他以後爭取連任的選票。當然，選民如

果有所請求，也可以透過民意代表反應爭取，設法實現，可謂相得益彰。此處所謂選區或選民，乃就廣義而言，故包含利益團體、企業主等在內。（參閱Clientele）

Consultation Strategy
諮商策略

美國三位學者Carl E. Van Horn, Donald C. Baumer, and William T. Gormley, Jr. 在《政治與公共政策》（*Politics and Public Policy*, 1992）一書中，認為政府機關及一般社會大眾，如果要使所主張的政策獲得別人接納取得合法地位，可以採取以下三大類策略：包容性策略（inclusionary strategies）、排除性策略（exclusionary strategies）、及說服性策略（persuasive strategies），諮商策略即為包容性策略的一種。簡言之，諮商策略為政策合法化，甚至整個政策運作過程中，各行為者爭取他人支持的一種策略。通常對於某些共同負擔責任的事務，各相關部門的行為者（尤其是高階政治人物）在事情變得棘手之前，彼此總是會設法進行諮商，以求得彼此能夠接受的共識，避免陷入僵局，難以善後。在一個分裂政府的情況下，政策方案或計畫如果希望獲得反對一方的接納，諮商策略更有其必要性及重要性。所謂分裂的政府指行政部門的民選首長與民意機關內的多數民意代表，分屬於兩個不同的政黨。諮商不僅在各相關行為者之間極為重要，在相關機關或團體之間也有其必要性，例如不同行政機關對同一政策方案或計畫必須進行諮商。此外，諮商的方式也會因為機關組織或情境的不同而有所差異，有時採用書面諮商，有時則採取口頭諮商的方式。例如在民意機關內，民意代表通常喜歡採用口頭諮商的方式，一方面可以節省時間，另一方面可以方便彼此間的討價還價，以及從事個人的特殊訴求。（參閱Compromise）

Courtroom Politics
法庭政治

法庭政治主要在描述法官影響政治、制度及政策的情況。大部分的法庭政治可以彌補許多政府單位的失敗而重新制定公共政策，在法庭政治的系絡中，法官所考慮的是如何使不清楚的標準、不良的溝通、不適合的資源及兩造敵對的態度獲得適當的裁判。然而，有時候他們也會產生不如預期的結果。另一方面，法庭政治也可能不斷的改變，例如對於種族歧視政策及婦女政策，外部環境及顧客的利益，使可能

會影響法庭政治最後的決策。（參閱
Bureaucratic Politics）

Critical Multiplism
批判多元論

依據William N. Dunn 在《公共政
策分析導論》（*Public Policy Analysis:
An Introduction*, 1994）一書中所述，
在過去的半個世紀，有關社會問題的研
究與分析的一個主要特徵就是承認此項
工作的「複雜性」，同時發展出一種研
究方法論，那就是在創發、評估、及溝
通政策相關知識時，針對多元的政策利
害關係人，採取多元的觀點、理論與方
法去進行。時至今日，政策分析的方法
論核心可以廣泛的認為具有「批判多元
論」的形式。批判多元論的基本方法
論信條是「三角定位法」（triangula-
tion）：如果政策分析人員要改善政
策相關知識，他們就必須應用多元的
觀點、方法、測量法、資料來源、及
溝通的媒體等。批判多元論乃是對於
「邏輯實證論」（logical positivism）
不足以做為「知識理論」（theory of
knowledge）的一項回應，並希望根據
美國1960年代「大社會」（the Great
Society）時期之政策分析所獲得的經
驗，發展出新的研究方法。批判多元論
所提出的方法論規則，只代表政策研究

可遵循的一般指導綱領，而非代表實際
進行政策研究與分析應當遵循的特殊
處方。這些指導政策相關知識創發、
評估、與溝通的重要綱領如下：1.多元
操作主義（Multiple operationism）。
2.多元方法的研究（Multi-method re-
search）。3.多元分析的綜合（Mul-
tiple analytic synthesis）。4.多元變項
分析（Multivariate analysis）。5.多元
利害關係人分析（Multiple stakeholder
analysis）。6.多元觀點分析（Multiple
perspective analysis）。7.多媒體的溝
通（Multimedia communication）。
（參閱Critical Theory）

Critical Theory
批判理論

批判理論是1980年代以後受到社
會科學界普遍重視的一種理論，它雖
然深受黑格爾（G. W. F. Hegel）的影
響，不過一般人認為，它是由德國社
會哲學家霍克海默（Max Horkheimer,
1895~1973）所倡導的。他於1937年
發表〈傳統理論與批判理論〉一文，
成為批判理論的原始文獻，也可以說
是1950年後形成的德國「法蘭克福學
派」（The Frankfurt School）之宣言。
將批判理論發揚光大者應推當今德國
最重要的社會思想家哈伯瑪斯（Jurgen

Habermas, 1929~），他的主要著作包括《知識與人類旨趣》（*Knowledge and Human Interests*, 1971）、《理論與實務》（*Theory and Practice*, 1973）《溝通與社會演進》（*Communication and the Evolution of Society*, 1979）、《溝通行動理論》（*The Theory of Communicative Action*, 1985）等。此些著作可說為批判理論奠定了知識論的基礎。目前，批判理論已對各學科的思考典範產生了相當大的影響，諸如社會學、心理學、醫學、倫理學、藝術、美學、政治學、公共行政學、政策科學等均然。

基本上，所謂批判理論並不是指某一項單一的理論，而是指一群具批判性質的理論。批判理論的目的在採取「批判」的方法，以辯證哲學的思考方式，反對追求絕對的真理，強調總體性的分析作法，建構多元、民主、自由、溝通、合理的知識體系與社會理想。就行政學的相關理論而言，凡重視衝突、演進、混沌、自主性組織（self-organizing）等概念者，大致上均與批判理論相通。就公共政策研究而言，批判理論所給予的啟示，包括：如何以批判對談（critical discourse）的方式及務實的態度，制定適當可行的公共政策？如何以多元溝通協商的作法，確保公共政策的有效執行？如何以強調科

學印證、情境確證、系統辯證、及理性的社會選擇四者綜合之批判評估方法論，從事公共政策的合理評估？及如何採取多元觀點與多元方法論進行符合社會實際需要的政策分析等。（參閱 Critical Multiplism）

Cuban Missile Crisis
古巴飛彈危機

古巴飛彈危機又稱加勒比海飛彈危機，加勒比海危機，是1962年冷戰時期在美國、蘇聯與古巴三者之間所爆發的一場極其嚴重的政治、軍事危機。事件爆發的直接原因是蘇聯在古巴部署攻擊性的飛彈。此事件最後圓滿落幕，被當做「危機處理」成功案例的教材，電影「驚爆13天」就在描述美國處理此項危機的整個過程。1962年古巴飛彈危機的發生及處理過程簡述如下：10月14日甘迺迪總統下令進行古巴空中偵察，兩架U-2偵察機飛越古巴的飛彈發射場拍照。10月15日偵察機拍攝的照片證明古巴部署了攻擊性的SS-4飛彈。10月16日國家安全顧問向甘迺迪彙報偵查結果，甘迺迪召集執行委員會討論各種反應方式。其中包括容忍蘇聯布署飛彈、試圖採取外交解決及採軍事手段如封港、空襲與入侵。所有討論內容均嚴格保密。10月17日美國派出六

架U-2偵察機拍攝飛彈發射場，證明當地布署了許多SS-4及SS-5飛彈。這些飛彈可以攻擊所有美國重要的工業城市，包括華盛頓，預警時間只有五分鐘。10月18日蘇聯外長赴白宮與甘迺迪會晤。出於策略性考慮，甘迺迪在會晤中沒有提到古巴問題。美方不斷接獲蘇聯大量向古巴出口武器的消息後，美軍開始感到不安。美國將領認為封港太軟弱，必須立刻進行空襲，然後入侵。司法部長羅伯甘迺迪命令他的司法副部長研究封港的法律基礎。10月19日司法部長向執行委員會彙報封港的法律基礎後，執行委員會分為數組，分別研究對付古巴飛彈的各種方案。10月20日雖然甘迺迪的高級顧問要求入侵，執行委員會還是決定進行封港。10月21日甘迺迪決定封港並召集大報紙的主編，請報紙勿過早報導。10月22日美軍進入警備狀態，為了準備入侵，美軍進駐佛羅里達州，約200艘艦船圍繞古巴。英國、法國、西德與加拿大的政府代表獲得通知後，向甘迺迪表示支持。甘迺迪發表電視演講，宣布從10月24日開始對古巴進行封鎖。此外他要求赫魯雪夫將蘇聯飛彈撤出古巴，並威脅假如美國被攻擊的話將進行強大回擊。蘇聯開始擔心會出大事，美國可能會入侵古巴。10月23日赫魯雪夫宣布不接受封鎖，保證布署的飛彈完

全是防禦性的。美洲國家組織開會投票同意封鎖古巴。10月24日美國開始封鎖古巴。美國艦隻與蘇聯艦隻首次發生衝突，為防止衝突升高，美國艦隻沒有總統的直接命令不許開火。蘇聯艦隻進入封鎖圈，但美國縮小封鎖圈後，所有蘇聯艦隻掉頭離開封鎖圈。蘇聯政府繼續表示不做任何讓步。10月25日在聯合國安全理事會的會議上，美國大使與蘇聯大使針鋒相對，美國首次展示蘇聯飛彈發射場的照片證明。10月26日蘇聯不顧封鎖，在古巴繼續布署飛彈。美國執行委員會討論軍事步驟。強硬派要求空襲，必要時入侵。赫魯雪夫寫信給甘迺迪，表示假如美國保證不入侵古巴，蘇聯可以撤離飛彈。甘迺迪回復保證不入侵古巴。當時蘇聯在古巴附近有四艘核潛艇，極具核武威脅性。10月27日早晨時分，美國進行了一次運載火箭試驗，美國海軍對一艘蘇聯核潛艇投深水炸彈。核潛艇上的艦長以為戰爭已經爆發，決定發射艦上的核飛彈，由於大副執意不同意（按照當時蘇聯核潛艇的規章，必須三位最高軍官：艦長、政委、大副一致同意才能發射飛彈），最後潛艇上浮來請示莫斯科的命令。一架美國U-2偵察機在古巴上空被飛彈擊中墜毀。幾乎所有人都預料美國會在數小時內進行報復，第三次世界大戰似乎不可避免。甘迺迪決定不報復並

表示同意繼續談判。他向赫魯雪夫密電表示同意赫魯雪夫的第二封、比較官方的信中建議的撤回布署在土耳其的飛彈。不過甘迺迪並沒有通知大多數執行委員會的成員說他答應撤回在土耳其的飛彈。與此同時羅伯甘迺迪秘密與蘇聯駐美大使談判。10月28日秘密外交談判終於成功。赫魯雪夫宣布同意撤回古巴的飛彈。美國同意不入侵古巴，並秘密撤回土耳其的飛彈。赫魯雪夫在莫斯科電台中宣布撤回古巴飛彈，危機終於結束。古巴危機尤其強調了冷戰中兩個超級大國之間爆發核戰爭的危險。古巴危機後，兩國均開始考慮如何避免發生類似的危機。於是在華盛頓與莫斯科之間建立了熱線，以在緊急情況下，立刻進行雙邊首腦談判來避免危機升高。此事件始末被認爲是美國政府成功處理危機事件的典型案例。（參閱Crisis Management、Event of the Bay of Pigf）

Deception Strategy
欺騙策略

美國三位學者Carl E. Van Horn, Donald C. Baumer, and William T. Gormley, Jr. 在《政治與公共政策》（*Politics and Public Policy*, 1992）一書中，認爲政府機關與一般社會大眾，如果要使所主張的政策獲得別人接納取得合法地位，可以採取以下三大類策略：包容性策略（inclusionary strategies）、排除性策略（exclusionary strategies）、及說服性策略（persuasive strategies），欺騙策略乃是屬於排除性策略的一種。簡言之，欺騙策略乃是以欺騙方式設法使政策方案、計畫、或事件爲他人相信或接納的一種策略。即由政策運作的行爲者採取各種欺騙的手段，從說出率直的謊言到隱瞞相關的資訊，以使他人信其所言爲眞的一種作法。此種隱瞞策略如果能夠得手，可以化解某些重大的政治事件。但是如果謊言被揭穿的話，當事人將付出極大的代價。例如1970年代的美國總統尼克森（President Richard Nixon）在所謂「水門事件」（Watergate Scandal）中，就是因爲採取欺騙策略失敗而黯然下台。又如1980年代的美國總統雷根（President Ronald Reagan）對於伊朗軍售案及後來轉而支持尼加拉瓜叛軍案，都因爲未說實話，而引起美國人的不滿，導致國會發動重大調查案，聯邦法庭也予以起訴。相對而言，民意代表與遊說者之間的相互欺騙行爲，則較爲司空見慣，而且可以被容忍。（參閱Policy Argument）

Delegation Legislation
委任立法

委任立法又稱授權立法或委託立法，指由立法機關委託行政機關在一定授權範圍內，可以代替立法機關制定與法律效力相同的法令規章之一種制度。委任立法的採行可以說是立法機關權力縮小，而行政機關權力擴大的一種表現。大致言之，現代委任立法始自英國於1834年修正救濟貧窮法，而自第二次世界大戰以後，它就成為世界各國普遍的制度。委任立法的通常作法是，立法機關只制定某項法律的主要綱領，而明文授權行政機關制定該項法律的具體內容，例如由行政機關制定施行細則。行政機關在制定施行細則時，於不違背母法內容及精神情況下，可以創立與法律具同等效力的新規範。事實上，擁有立法提案權的政府機關，向立法機關提出法律草案及各種行政條例，也是委任立法的一種形式。無論是直接授權或間接授權，委任立法都具有與法律同樣的效力。委任立法必須符合以下的要求：1.必須具有法律授權依據。2.必須符合授權的目的。3.必須在授權範圍內立法。4.必須在授權期限內立法。（參閱Authorization）

Deliberative Polling
商議式民調法

此項蒐集資訊的技術可應用於了解議題、設定議題解決的目標、及設計並選擇方案等方面。它最早於1988年由James Fishkin所創用。1999年他隨機抽取四百多位美國公民前往德州Austin商議全國性議題，訪問可能的總統參選人，並記錄他們的意見。此項第一次商議式民調活動效果良好，受到媒體大篇幅報導，影響到當年總統大選辯論方式的改變，即採取準隨機方式，選取辯論的提問者及討論者。

此項技術的實施方法一般是由負責的團隊採隨機抽樣方式，抽取數十位至數百位公民進行商議式民調活動。受邀者聚在一起，先進行第一次意見調查，隨後透過研讀充分資訊、小組討論與專家及官員對談後，再進行一次調查，以了解其在知情的情境下，對議題所持的看法，供決策者參考。

更具體的說，商議式民調可採取以下的進行步驟：

1. 先期面訪：由主辦單位隨機抽取全國性的樣本若干份，針對事先設計的問卷進行面訪，並徵詢其參與小組討論的意願。

2. 進行討論：在先期問卷面訪後一至二個月左右，邀集願意參加小組討論的

受訪者，以焦點團體（focus group）的方式進行小組討論。在此之前，先由主辦單位訓練專業的會議主持人，並準備全面性、代表不同立場的資料，在會議進行前先行寄發給各參與討論人研讀。各小組對不同議題討論後，邀請專家學者、民意代表、政府官員、或總統候選人等，針對相關議題進行對談。部分小組討論內容，及與專家學者或政治人物的對談狀況，可由電視播出，以擴大影響力。

3. 會議後進行問卷調查：會後以同樣的問卷訪問參與討論者及曾受前測的非參與討論者，以比較前測與後測間，及實驗組與對照組的結果。此外，並隨機抽取一份全國性樣本做為對照組，藉此了解此項實驗對整體大眾的影響。（參閱Opinion Survey）

Diffuse Support
普遍支持

David Easton在《政治分析架構》（*A Framework for Political Analysis*, 1965）一書中，將人民對於政府與特定政策的支持分成兩類：一類為特定支持（specific support）；另一類為普遍支持。前者指一般人民或特定標的人口，對政府機關的某項政策、計畫、或行動所產生的結果，因為對他們有利，或至少沒有害處，因而表現出支持或友善的態度傾向。至於普遍支持是指人民對於政府的政策、計畫、措施的結果，可能對他們有利，也可能不利，但是他們仍然採取支持、容忍、或善意的態度。人們所以願意普遍支持或容忍不利於他們的政策或作法，乃是他們認為政府的合法性（legitimacy）沒有問題，他們對政府具有信心。因此政府如欲獲得人民的普遍支持，最好是灌輸他們接受並服從權威，使他們確信遵守政府所制定的規則是對的。由此觀之，政府欲獲得人民的普遍支持是相當不容易的。（參閱Specific Support）

Direct Lobbying
直接遊說

直接遊說指受到政策影響的標的人口或利害關係人，在政策運作過程中，透過各種可行的方式，直接向具有決策權者或對政策具有相當影響力者進行遊說的活動。例如某一政策方案如果最後的決定權在行政部門的部長，遊說者為收到較大的效果，乃向部長直接進行遊說，希望部長最後能作對他們有利的決策；如果某政策法案最後的核可權在立法機關，則遊說者的直接遊說目標便是立法人員。此種直接遊說的

作法，其效果比半直接遊說和間接遊說要來得大。（參閱Indirect Lobbying, Lobbying, Semi-direct Lobbying）

Embarrassment Strategy
困窘策略

困窘策略指在政策制定過程中，與行政機關利益或立場不一致的利益團體或當事人，利用各種方式，揭露行政機關不良設計的政策內涵，希望引起社會各界的注意及批評，形成輿論壓力，以迫使行政機關修正、改變或取消該項政策。（參閱Policy Argument, Policy Legitimation）

Employment Act of 1946
美國1946年就業法

美國國會於1946年通過就業法，宣稱維持充分就業乃是美國聯邦政府的責任。該法要求聯邦政府必須積極的採取貨幣性及財務性的行動，以維持充分就業的情況。後來美國政府所制定的許多財經方面的政策，就是根據該法產生的。（參閱Economic Policy）

Event of The Bay of Pigs
豬玀灣事件

1961年4月17日美國訓諫並協助古巴流亡份子1,500人，登陸古巴西南部海岸的豬玀灣，企圖推翻卡斯楚共產黨政府而大敗的案例，一般稱為「豬玀灣事件」。在開會決定要不要協助流亡份子登陸古巴時，中央情報局強勢主導大局，提供過分樂觀、誇張、不實的情報，力主應該立即採取攻擊行動，計畫一定會成功。其他與會者毫無置喙的餘地，於是向剛上任90天的美國甘迺迪總統，提出錯誤的進攻建議，終導致100多人死亡，1,100人被俘的大敗結果。這些被俘的人（包括中央情報局人員）被關在哈瓦那監獄，數年後才慢慢被釋放。一般人認為，美國在這次事件嚴重挫敗的狀況，就是「團體盲思」（Groupthink）產生錯誤團體決策的案例。（參閱Groupthink）

Explanatory Arguments
解釋的論證

解釋的論證乃是政策論證方式的一種，指政策分析人員對於政策的主張，主要是依據「原因」（cause）的因果關係推理而來的。做為政策主張的資訊基礎是假定因為有某種原因的出

現，所以導致某種結果的產生，因此資訊是可靠的。例如，某項政策主張，也許是根據組織行為理論或政治決策理論的一般「命題」（propositions）或「法則」（laws）而提出並獲得接納。（參閱Mode of Arguments, Policy Argument）

Grass Root Campaigns
草根運動

草根運動指政府機關與各種政治人物，為競爭民選的行政職位或民意代表、或為主張或反對某項政策，爭取基層民眾或利害關係人的支持，而直接走入基層，從事各種拉票或取得認同支持的活動。其作法因個案而不同，通常包括發動示威遊行、舉辦政見發表會、演講會、溝通會、協調會、說明會、宣導會、展示會。此種草根運動因為容易製造聲勢、擴大支持、產生壓力，因此所作的訴求，較採取「菁英運動」要來得有效，故政治人物樂以應用之。（參閱Grass Root Lobbying）

Grass Root Lobbying
草根遊說

草根遊說指遊說者將遊說的重心放在與議題相關的基層民眾身上，目的是

透過一般民眾的支持，而形成一股強而有力的民意以影響決策者的態度、行為或決策。因此，草根遊說可以說是間接遊說的一種。如果運用得當，有時候遊說者利用草根遊說間接影響民意，其所產生的影響力，與直接去影響政府決策者或民意代表，一樣的有效。不過，草根遊說欲發生效果，遊說者平常就須與一般基層民眾作好公共關係，形成支持的氣候。有道是：「養兵千日，用兵一時」，就是這個意思。（參閱Grass Root Campaigns, Indirect Lobbying）

Indirect Lobbying
間接遊說

間接遊說也稱為「基層遊說」或「草根遊說」（grass root lobbying），乃是經由影響選民進而影響政府政策的一種遊說的手段。其具體作法是在各大眾傳播媒體刊登廣告、發表談話或演說、向新聞界發布消息、評論及新聞解說、發行錄影片及向選民直接寄送宣傳品等，以宣傳該標的團體（標的人口）對某一項問題的立場或主張，爭取大眾同情及支持，形成輿論壓力，從而影響行政機關的決策。另外，標的團體還可以動員其成員向立法機關的民意代表寫信、打電話、傳真、訪問等，對民意代表施加壓力。在這方面，標的團

體（如國家、利益團體、公司等）所簽
約合作的「公共關係公司」，常常發揮
很大的作用。（參閱Direct Lobbying,
Lobbying, Semi-direct Lobbying）

Intuitive Arguments
直覺的論證

　　直覺的論證為政策論證方式的一
種，政策分析人員主要是基於「洞察
力」（insight）的觀點而提出政策主
張。他們所根據的資訊來自於對政策相
關資訊製造者內在心智狀態所作的假
定。例如，決策者的洞識、判斷、及未
彰顯的知識，可能被引據為主張接受
某一推薦方案的一部分理由。（參閱
Mode of Arguments, Policy Argument）

Judicial Review
司法審核制

　　司法審核制乃是由法院或司法人員
秉其職權，對於法律、規章、命令，可
經過審查後，判定其因為違反憲法條文
或憲法精神，而宣告無效。美國是實施
此種制度的最主要代表國家，美國最高
法院在1803的Mabury V. Madison案的
重要判決，樹立了司法審核制。目前美
國聯邦最高法院（the Supreme Court）
及各州最高法院均具有司法審核權，不

過，各州最高法院在此方面較不具自由
裁量的空間，因為各州的法律通常都規
定得頗為詳細，不像美國憲法的規定較
富原則性、一般性與爭議性。因為法院
對於立法機關所通過的法律，及行政部
門所頒布的命令與所制定的政策，可經
由司法審核制判定它們違憲而無效，所
以司法部門在政策制定與執行方面，也
扮演了相當重要的角色。（參閱Policy
Implementation）

Legal Rationality
法律理性

　　法律理性乃政策制定過程中，從
事政策方案選擇的一項考慮要素，它涉
及對各替選方案，就它們在法律方面符
合既定法令規章的情況，進行比較分
析，以供決策者參考。一般來說，政策
方案如果違反法令規章，大致上不會
被決策者接納；如果法令規章均未作
規定，但必須制定新的法律以憑執行
者，可能會因曠日持久而減低其可行
性；如果方案不涉及法律問題，而只涉
及行政命令者，可行性最高，因此被
接納的可能性也就最高。（參閱Legal
Feasibility）

Legislative Drift
立法漂浮

立法漂浮的問題源自於 Moe（1990）所提及的「政治不確定性」，亦即在政治環境中，對於未來是否繼續擁有政治權勢的不確定性。此一不確定性，在立法宰制行政的情況下，會因權力更迭，而把以往受到控制的部會或政策，拱手讓予下一個掌控政治實權的聯盟（coalition），使得立法過程及決策的作成，充滿了不確定性。（參閱Legitimacy）

Legislative Intent
立法意圖

立法意圖指某一項法律可以經由該法律制定過程的解釋，而得知其應具的真正意義。立法意圖通常並未明白的載明於法律條文中，但是可以藉立法過程中，各方面意見的綜合及相關文獻的記載而得知真正的意義與目的。立法意圖的辨明，對政策能否順利執行，及利害關係人權益的保障，影響極大。（參閱Policy Implementation）

Legitimacy
合法性

簡言之，合法性就是統治的正當性。也就是一個政治系統內的大多數成員，對該系統的結構、體制運作所表現的支持程度。如果大多數的成員表現支持態度，該政治系統即具有合法性；如果大多數成員表現不支持的態度，則該政治系統的合法性就有問題。所謂政治系統包括政府的整體、某一個特殊的行政機關或某一個政治社區等。一般而言，如果政治系統在取得統治的方式上有瑕疵，就可能不被大家認為具有合法性，例如以政變方式取得政權即然。或是在結構上有瑕疵也會被認為不具合法性，例如我國立法院的第一屆立法委員因為長達四十幾年未改選，是否能夠真正代表民意，被認為大有問題，所以由他們所組成的立法院，就被許多人認為不具合法性，使立法院在合法化議案時產生諸多的困擾。是以即使以政變方式取得統治權者，莫不處心積慮的設法讓人民相信他們擁有正當的統治權。他們可能藉助宗教的宿命論教育人民、或透過公民投票的方式，以取得合法地位。正是如此，所以鍾斯（Charles O. Jones）在《公共政策研究導論》（*An Introduction to the Study of Public Policy*, 1984）一書中指出：

任何一個政治系統至少有兩種形式的合法化（legitimation）。第一種形式的合法化是指批准基本政治過程的作為，包括批准為解決公共問題所提出之特殊方案的過程，它被稱為合法性。第二種形式的合法化則是指核准政府機關各種方案的特殊程序，它被稱為批准（approval）。由此可知，合法性乃是合法化的基礎。另外，有人認為，合法性具有兩項涵義：一為行動乃是基於法律或合法過程而被正式接受的權利（right）；另一為依據某一情勢、論證邏輯或大多數人意見所得到的正確性（correctness）。換言之，合法性不僅指合乎法律的規定，並應具有為一套社會規範所界定屬於正確、適當之情勢或行為的本質。（參閱Legitimation）

Legitimation
合法化

合法化的概念較合法性為單純，它主要是涉及政策運作程序上的問題。同時，合法化以合法性為先決條件，亦即政策方案能否經由法定程序取得合法地位，以該從事合法化工作的機關或個人，是否具有合法地位為要件。合法化指政策方案或計畫經過有權審議批准者，透過法定程序予以核准的動態性過程，目的在取得執行的合法地位。例如由立法機關以多數決的方式通過某一個法案；或由各部會首長批准計畫的實施；或以委員會（如都市計畫委員會）的方式，通過某項都市計畫案等。合法化的過程通常充滿了政治性與爭議性，因此也就出現議價、結盟、設法建立支持多數的各種舉動。（參閱Legitimacy）

Licensing
核照

核照乃是政府機關所採取的一種政策工具，即政府機關對提出申請從事一定行為的當事人，審核合格後發給執照，准予從事某種行動的作法。核照為行政管制的一種形式，主要是藉著決定是否合乎一定的能力或專業標準，而管制或限制當事人能否擁有特許權或從事特定行業。一般人如果未取得從事一定行為或一定行業的執照而擅自為之的話，即屬違規而必須受罰。核照來自於法律、規章的規定，目的在迫使私人追求利益時，必須與政府機關的政策或計畫要求互相一致。（參閱Legitimation, Policy Implementation）

Livingroom Politics
起居室政治

　　起居室政治是描述政策制定過程的一種現象。政策制定的場域就像一間公開接待客人的起居室，所有相關的政策參與者都可以在其中公開的互動，討價還價、協商交換，以達成「雖不滿意但可以接受」的決策。起居室政治的重要構成分子包括各種公民團體、政黨、媒體、政府部門及公眾等。在起居室政治中，各參與者所考量的是如何利用公開的表示，發揮自己的影響力，而最具關鍵因素的即是報紙、電視及電台等傳播媒體。有效地處理自己相關的議題，即意謂著以合理性、適當的陳述，捍衛自己的重要利益。（參閱Cloakroom Politics）

Lobby Alliance
遊說聯盟

　　遊說聯盟指不同的遊說者，為使某項共同訴求或政策主張，獲得其他政策運作參與者的接受，而形成暫時性的聯盟，採取一致的行動，進行各種有效的遊說行動，達成預定的目標。遊說聯盟主要是針對某一特殊議題而結盟，所以是暫時性的，俟目的達成或議題爭論終結，聯盟關係就告結束。因為是就彼此有利害關係的議題進行結盟，所以原來持敵對立場的不同遊說者，如敵對黨派、敵對利益團體、敵對企業公司等，均可能結盟爭取眼前的共同利益。此種情況可以說應了一句話：在政治上，沒有永久的朋友，也沒有永久的敵人。（參閱Lobbying, Lobbyists）

Lobbying
遊說

　　簡言之，遊說指有組織的利益團體或個人對立法人員或行政人員等，採取各種方式，直接施壓，以影響法案通過或不通過的一種策略。是以，進行遊說者並不以利益團體為限，任何利害關係者均可能組合起來從事遊說工作；同樣的，遊說的對象也不只限於立法人員，其他行政部門、司法部門、考試部門及監察部門等，也可能都是遊說的對象。除此之外，在政策運作的各個階段，包括政策問題形成、政策方案規劃、政策方案合法化、政策執行、及政策評估等階段，均可能發生遊說的行為。（參閱Direct Lobbying, Indirect Lobbying, Semi-direct Lobbying）

Lobbyists
遊說者

　　遊說者指在政策運作過程中，基於特殊利益的考量，採取一切可行的策略及方法，向對政策具有決定權或影響力者，包括行政官員與民意代表等，進行遊說，以達特定目的的個人、有組織的個人、企業體代表、利益團體代表、政府機關代表等。在一個民主社會，遊說活動被視爲民意表達的一種合法管道，所以有些國家就正式立法，規範遊說者的遊說行爲。例如美國就早在1946年制定了「聯邦遊說管制法」（the Federal Regulation of Lobbying Act），規定遊說人員應向國會登記、並應公開其活動、公開主要捐助者與捐助款項的數額。在各類遊說人員中，以企業體和利益團體所僱用者最爲大家所詬病，因爲他們進行遊說的結果，極可能產生「官商勾結」或「利益輸送」的弊端。目前在美國首都華盛頓地區登記有案的各類遊說人員，多達數萬人。至於我國也在2007年8月8日公布遊說法，並於2008年8月8日起施行。（參閱Lobbying, Logrolling Legislation）

Logrolling Legislation
滾木立法

　　滾木立法是立法機關的一種陋規，它原來可能是指某些人在深山裡發現他自己喜歡的木頭，但獨自一人無法將木頭滾回家裡，於是請求別人協助把木頭滾回他家裡而獲利。爲了回報別人的協助，他也幫別人滾木頭。最後，大家都得到自己所要的部分。就立法方面而言，立法人員彼此間以投票贊成或反對議案方式，取得互惠式的同意。亦即立法人員各自提出有利於己或自己選區的議案，然後互相交換支持，最後均同蒙其利，各自得到他想要的利益，但卻使公共利益受到損害。此種行爲被批評爲圖利自己、討好選民、浪費公帑的不當作法。（參閱Pork Barrel Legislation）

Majority Building
建立支持多數

　　建立支持多數主要是指就某項議題或公共政策而言，設法在立法機關獲得在數目上多數支持的所有相關活動。建立支持多數的結果，可以使政策方案獲得立法機關的通過而完成合法化的程序。在民主政治制度下，立法機關負責制定法律與重大的公共政策，所以

立法人員彼此間設法建立支持多數的作法就無可避免。事實上，欲使某項法案或政策獲得立法機關的審議通過，必須要經過多次建立支持多數的過程，此乃因立法機關內部還設有各種委員會和小組，而法案必須通過這些關卡的緣故。由於對某一個議題能夠達成一致看法的立法人員，通常不是很多，所以就必須透過議價協商的方式，建立支持多數聯盟。此處所謂多數是指獲得投票者半數加一的數目。當然，如果法律上規定在某種狀況下，必須獲得投票者的三分之二或四分之三才算通過，則多數的建立就要超過規定票數以上。此外。建立支持的多數這個策略也可能發生在其他政策合法化的場合，例如在行政機關必須以委員會委員多數決通過的方案，或司法機關採取合議庭審判案件的狀況，均需獲得多數支持才能作最後的決定。（參閱Lobby Alliance, Majority Coalition, Policy Legitimation）

Majority Coalition
多數聯盟

多數聯盟為政策合法化過程常常出現的一種策略運用，即原本黨派不同、立場不同、利害關係不同的各類人員中，因為對某一政策議題立場一致，有些類別的人會聯合起來，進行共同的訴求，如果在合法化場合，形成具有決定性的多數，便是一種多數聯盟的型態。多數聯盟通常是以政策議題的性質為考慮根據，並且以立法機關最為普遍。（參閱Lobby Alliance, Majority Building）

Mode of Arguments
論證的方式

論證的方式乃是政策分析人員將政策相關資訊轉變成政策主張的一種手段，亦即政策分析人員藉著各種政策論證方式的使用，說服其他政策運作過程參與者，尤其是決策人員，接納其政策主張。政策分析人員必須依據不同政策議題的性質及資料蒐集分析情形，採取不同的論證方式。大致言之，政策論證的方式有以下幾種：

1. 權威的方式（authoritative mode）。
2. 統計的方式（statistical mode）。
3. 類別的方式（classificational mode）。
4. 直覺的方式（intuitive mode）。
5. 分析重心的方式（analycentric mode）。
6. 解釋的方式（explanatory mode）。
7. 實用的方式（pragmatic mode）。
8. 價值批判的方式（value-critical mode）。（參閱Policy Argument）

Persuasion
說服

說服指從事說服工作者採取必要的方法，嘗試去有利的、積極的、正面的影響和使他人相信某項觀念、計畫、或政策的合理性、完美性、與可行性，進而使他人承諾支持的過程。當然，說服也可以從消極面予以解釋，即設法使他人相信某計畫或政策不可行而放棄支持。為使他人相信並支持某項理念、計畫或政策，說服人員必須提供各種誘因，以爭取他人的合作。就公共政策的本質而論，政策制定需要不同參與者的合作，因此說服策略的應用就顯得格外重要。基本上，說服的實施，應以對方的利益為著眼點，利用議價協商與妥協的方式，爭取對方的合作及支持，例如政府機關企圖說服特定民眾或一般民眾支持某項政策即然。政策說服工作發生在各種機關，如行政機關內部、立法機關內部、行政機關與立法機關之間等；也可能發生在政策運作過程的任何一個階段。此外，政策運作過程的所有參與者，都隨時可能成為說服人員。

（參閱Policy Argument）

Plebiscite
公民投票

plebiscite一字是由plebs（普通人）及scire（贊同）所構成，指由一般國民作出決定的意思。廣義而言，公民投票指一個國家或地區的公民對於憲法、一般法案或政府的重大決策，具有提議表達意願，或投票決定是否同意的權利。它包括公民的創制（Initiative）及複決（Referendum）兩項權利。前者指由公民提案，送由立法機關制定為法律，或由政府制定為政策；後者指公民對法律草案，或政府決策，有投票決定是否同意的權利。因為人民可藉由這兩項權利的行使，而直接控制法律的制定及政府的決策，所以它是屬於人民行使立法權及行政權的直接民權。台灣已經在2003年11月27日由立法院通過，12月底總統公布實施公民投票法；並於2004年3月20日首次舉行全國性公民投票，結果政府的提案遭到人民否決。2008年1月12日及3月22日又舉辦兩次公投，執政黨及在野黨的提案，均遭否決。（參閱Citizen Participation）

Policy Adoption
政策採納

指政府機關內部或外部的政策分

析人員，針對政策問題的解決、規劃若干替選方案、並經過系統的研究、分析、比較，且排出優先順序後，將此些替選方案陳送行政首長、決策者、委員會或民意機關加以審議，最後選定最適當方案的整個動態性過程。被選定的政策方案，表示該方案已被決策者或民意機關所接納。簡言之，政策採納就是政策已獲合法化，其過程充滿了各方政治勢力的角力運作。（參閱Policy Legitimation）

Policy Analysis Strategy
政策分析策略

美國三位學者Carl E. Van Horn, Donald C. Baumer and William T. Gormley, Jr.在《政治與公共政策》（*Politics and Public Policy*, 1992）一書中認為政府機關及一般社會大眾如果要使所主張的政策獲得別人接納取得合法地位，可以採取以下三大類策略：包容性策略（inclusionary strategies）、排除性策略（exclusionary strategies）、及說服性策略（persuasive strategies），政策分析策略乃是屬於說服性策略之一。簡言之，政策分析策略即運用嚴格的實證研究結果，提供政策分析相關資訊，說服他人或機關接納政策方案，使方案取得合法化的一種

策略。Martha Derthick及Paul Quirk兩人在《解制的政治》（*The Politics of Deregulation*, 1985）一書中指出，美國1970年代「解制浪潮」（The wave of deregulation）的發生，主要是經濟分析與實證研究的貢獻所致。他們的結論是：理念常與利益同等重要（Ideas often count as much as interests）。政策分析資訊固然具有相當大的說服力，但是就民意代表而言，他是否願充分利用這些資訊，可能要依據論題本質、分析報告的詳盡度、以及民意代表與政策分析人員間的互動情況而定。（參閱Policy Argument）

Policy Argument
政策論證

政策論證也被稱為政策辯論，或政策論據，指在政策運作過程中，政策參與者尋找有利的資訊，以強化本身的政策主張，並且提出反證，以抗辯其他不同的主張及看法的一種作法，其目的在促使決策者接納或拒絕某項政策方案。政策規劃人員在研擬設計政策方案時，不能憑空杜撰，必須要有相當充分的資訊及根據，做為決策的立論基礎。缺乏立論根據，方案將顯得抽象模糊。政策立論根基如不穩固，則政策方案將無法順利被接納及執行。此

外，政策論證的應用，將使政策方案較具說服力與解釋力，使方案較容易獲得採納、支持與順服。依據William N. Dunn在《公共政策分析導論》（*Public Policy Analysis: An Introduction*, 1994）一書中所述，政策論證具有以下六大要素：1.政策相關資訊（policy-relevant information）。2.政策主張（policy claim）。3.立論理由（warrant）。4.立論依據（backing）。5.駁斥理由（rebuttal）。6.可信度（可靠性）（qualifier）。（參閱Mode of Arguments）

Policy Communication
政策溝通

在民主社會裡，民眾對於生活相關的各種專業資訊，均有知的權利，因此政策溝通不只是單方面的資訊傳達，而是決策者及民眾雙方與時俱進的資訊交流與資訊共享的互動過程。論證者主動提出其特定政策主張，可能面臨的困境，及可能遭遇的限制，開誠布公地營造共同思辨的情境，此舉不但可以擴展論證的合理性、接受性，亦可提高民眾共同承擔決策風險及執行成敗的信心。（參閱Policy Discourse）

Policy Discourse
政策對話

政策對話如J. Dryzek（1990）所說的：係強調在民主政治中，平等互動與溝通的重要性，唯有透過真誠的溝通，商議式（deliberative）的政策思辨及對話，才能建立共識的政治文化與結論。對話的合理性程度與政策品質有直接的因果關係，因此，有效的對話必須注意「探討對話的情境」、「對話場域」、「對話者的心態及特徵」、「對話規則」等要件，對話最終目的在指出支持對話的理由，及知識的充分與合理度對政策信度與效度的影響，並強調互動或溝通理性對制定良好政策與落實民主政治理念的重要性。（參閱 Deliberation, Policy Argument）

Policy Legitimation
政策合法化

政策合法化指政府機關針對政策問題規劃解決方案後，將方案提經有權核准的機關、團體或個人，如立法機關、決策委員會、行政首長等，予以審議核准，完成法定程序，取得合法地位，以便付諸執行的動態性過程。其研究重點為有權核准者的個性、動機、偏好、政治資源為何；有權核准的機關或

團體，將方案加以合法化的過程及相關事項，包括如何在行政機關、立法機關或其他機關建立支持的大多數，及如何從事必要的交易協商（bargaining）等。

政策合法化的活動通常在兩類機關進行，一為民意機關，另一為非民意機關。就非民意機關而言，主要是以行政機關的合法化為主體，因為行政機關是處理國家政務的主要部門。

行政機關內部的政策合法化透過兩種方式進行。其一為經由層級節制的指揮權責體系，由行政首長批准政策方案或計畫。其二為透過委員會的運作，由委員以取得共識或多數決的方式，批准政策方案或計畫。（參閱Legitimacy, Policy Adoption）

Policy Strategy
政策策略

政策策略指協助個人或機關在政策運作過程中，分享決定、行動及達到期望目標之工作的一種工具，尤其是當他們的利益與其他參與者的利益衝突時，更可以透過策略性思考，獲得良好的效果。政策策略包含一系列的決定，諸如決定基本目標，與達成此些目標所需的資源及技能等。其焦點置於研究政策運作過程的參與者、資源、

事件、特殊的行動，如動員支持的力量、進行專業性及辯護性的研究、準備就方案與外界作必要的溝通，尋求支持等。因此，政策策略是由首長、主管、當事人與利益團體領袖所採用的一種思考與行動的技巧。（參閱Political Analysis, Political Feasibility, Strategy）

Political Analysis
政治性分析

政治性分析為政策問題認定的一部分，即政策分析人員有系統的詳細檢視涉入該問題的主要參與者有哪些、他們的動機與信念為何、他們可應用的資源為何、有關問題作決定的場合為何，目的在了解一項成功的解決方案，應具備哪些特性；以及政策分析人員和決策者應從哪些層面努力，才能使主要的參與者支持處理問題的方式。（參閱Policy Strategy, Political Actors, Political Arena）

Political Actors
政治行為者

政治行為者也稱為政治參與者，指在政策運作過程中（尤其是在政策制定過程中），於不同運作場合，實際參

與意見提供，並對政策結果產生重大影響者。這些參與者主要包括行政首長、各級行政主管、立法人員、利益團體代表、當事人代表、意見領袖等。政策分析人員的一項重要工作就是協助決策者事先對此些政治行爲者進行詳細的分析，了解其動向爲何、他們對政策方案的影響力如何、以及如何爭取他們的支持，以使政策方案能夠順利制定並執行等。（參閱Policy Strategy, Political Analysis, Political Arena）

Political Arena
政治舞台

政治舞台也稱爲政治場域，指政策運作過程參與者施展其影響力的場所，主要是指在行政部門或是在立法部門發揮其影響力而言。每一個政治舞台有它不同的遊戲規則，政策參與者必須明瞭此些規則及運作方式，才能有所收穫。而負責爲行政機關提出政策方案，並尋求政策參與者支持的政策分析人員，也應充分了解這些參與者在不同政治舞台的活動能力與資源，才能採取適當策略，贏得他們的支持。（參閱 Policy Strategy, Political Actors）

Political Neutrality
政治中立

政治中立泛指公務人員在執行公務時，在政治立場上保持中立的態度而言。詳言之，當公務人員處於黨派的政治衝突情況時，不偏袒任何一方，公平客觀、無偏無私的執行公務。公務人員基本上屬於常任文官，乃是依據功績制原則任用的，因此被大家期望能夠超出黨派立場，忠實客觀的執行由執政黨所提出的政策。在功績制度下，常任文官與政治性任命的官員不同，後者職位的獲得，乃是因其政治傾向及忠誠程度的緣故。一般來說，政治中立的涵義與行政中立是一樣的。（參閱 Administrative Neutrality）

Political Socialization
政治社會化

政治社會化指一個人學習對於政治事務，如政治制度、政治符號、政治運作之態度的整個過程。政治社會化乃是家庭、教育機構、大眾傳播媒體、宗教團體、同儕團體、與其他相關政治經驗的結果。一個人政治社會化的結果，會形成他對政府及政策產生某種信念、態度、與意見。政治社會化可以說是一個人最後對政治系統，採取正面或反面

政治行為與政治取向的一個決定性因素。一個人表現出支持或不支持政治系統的態度、是威權政治取向或民主政治取向、對政府及國家負有何種義務、以及其他相關的信念和態度，主要取決於他的政治社會化的本質而定。而一個人覺得他是自由主義取向或保守主義取向、他是某一個政黨的黨員、對政府應扮演角色的看法等，則是他經過特殊政治社會化的結果。（參閱Political Culture）

Political Support
政治性支持

政治性支持指動員資源與影響力，以激發對某項政策的忠誠與承諾感。政治性支持的應用範圍甚廣，從某公職候選人尋求選民的支持到民意代表發動大規模遊行，支持某項特別公共政策等。事實上，尋求政治性支持乃是各級政府機關，在公共政策運作過程中的一項重要的活動。在政策制定過程中的每一個階段，都需要政治性支持，其中以政策規劃階段及合法化階段為最。相關的政策參與者都必須設法獲得其他立法人員、利益團體、利害關係者、與其他機關的支持。政治性支持涉及議價、說服、及妥協等技巧的應用。政治性支持可以說是決策者、立法人員、及

候選人最優先要作的事，因為如果得不到政治性支持，他便無法擁有成功的政治生涯。同樣的，政府如果不能從人民獲得政治性支持，則其統治正當性便可能發生問題。（參閱Ligitimacy, Political Analysis）

Political System Theory
政治系統理論

政治系統理論乃是由美國政治學者David Easton所提出（A Framework for Political Analysis, 1965），以研究政治組織體運作狀況的一種系統理論。系統理論基本上由投入（input）、轉換（throughput）、產出（output）、回饋（feedback）、及環境因素（environmental factors）等要素所構成。一般所謂政治系統是指系統模式中的「轉換」過程，亦即政府機關將外界的投入要素（包括需要與支持），透過政府機關內部的運作，把它們轉換成產出（包括法規制定、採取行動、提供服務等）的過程。政治系統為國家系統下的一個次級系統，因此在運作時，深受各種國內外環境因素的影響，例如國內外政治經濟、社會、文化等方面的因素，必須隨時採取調適環境的機制，才能夠正常的運作。Easton進一步將政治系統界定為對社會價值作權威性分

配所涉及的各種可辨認的及相互關聯的「制度」（institutions）及「活動」（activities），亦即一般人所了解的政府機關制度與政治運作過程。（參閱Systems Theory）

Political Viability
政治活力

　　政治活力為評估替選方案的一項標準，亦即評估某一項政策方案能否為相關的標的人口所接受，此為政治可行性的考慮要項之一。從公共政策實務觀之，某項政策方案即使符合所有其他的評估標準，但是只要政治可行性有問題，無法獲得相關利害關係人的接受，則終將難以順利制定並執行。在一個民主多元的國家，政治活力的狀況可以說是政策能否被接受與執行的最關鍵所在。（參閱Political Feasibility）

Pork Barrel Legislation
肉桶立法

　　肉桶立法也有人簡稱「豬肉」，指立法機關決議撥款補助依附在一個相當重大的大型計畫之若干地方建設計畫，但實際上這些計畫往往是不需要的，只是因為各地選出的民意代表，為了下一次選舉而討好選民、獲取選票的考慮，乃各自提出有利獲取選票的議案，附加在大型的共同計畫中，以「包裹」的方式，在各地區民意代表的相互支持下，獲得通過（就像一大桶的豬肉，大家彼此瓜分掉），肉桶立法與滾木立法一樣，基本上都是浪費公帑的作法。（參閱Logrolling Legislation）

Pragmatic Argument
實用的論證

　　實用的論證為政策論證的一種方式，主要是基於動機（motivations）、平行案例（parallel case）、與相似性（analogy）而提出政策主張。其政策論證的資訊是依據以下的假定：有關政策利害關係人目標、價值、意圖及動機的假定；有關兩個或更多政策制定成功案例之類似性的假定；有關兩個或更多政策環境之各種關係的類似性假定。例如，對於政府必須嚴格執行空氣污染標準的政策主張，可能是基於人民希望擁有清新的空氣之假定而提出的；也可能是基於其他地方已經成功的執行同樣或類似的政策之假定而提出的。（參閱Mode of Arguments, Policy Argument）

Pressure Group
壓力團體

壓力團體指除政黨以外從事影響政府政策運作過程之活動，以逐現其特定目的的任何團體。因此一般人把各種公益性或私益性的利益團體，都稱爲壓力團體，因爲這些團體通常爲了爭取他們的特定利益，會採取各種施壓的手段，要求政府機關，包括行政、立法、司法、考試、監察等機關，接納傾向其主張的政策作爲。基本上，政黨（political party）與壓力團體都是從事政治活動的團體，但是二者有兩點主要差異：一爲政黨具有全盤政策意見，而壓力團體通常只就其團體利益或目的發表其政策意見。另一爲通常政黨會提出候選人，爭取執政機會，而壓力團體原則上不提出本身的候選人，只是支持有利於他們的候選人，不過，在必要情況下，它們也可能推出自己的候選人，競選各級民意代表。目前學者已漸漸不使用壓力團體一詞，而以利益團體一詞代之。（參閱Interest Group）

Procrastination Strategy
遲滯策略

遲滯策略指在政策運作過程中，與行政機關所制定政策之立場不一致的利益團體或當事人，透過大眾傳播媒體與專家學者代言，表示反對該項政策；或者政策方案於立法機關進行合法化過程中，透過立法人員修正政策方案內容，遲延立法的速度，以便從事討價還價，爭取有利的政策主張，能夠取得合法化的地位。（參閱Lobbying, Policy Legitimation）

Protest Strategy
抗議策略

美國三位學者Carl E. Van Horn, Donald C. Baumer, and William T. Gormley, Jr.在《政治與公共政策》（*Politics and Public Policy*, 1992）一書中，認爲政府各部門如欲使政策方案合法化，可以採取以下三大類策略：包容性策略（inclusionary strategies）、排除性策略（exclusionary strategies）、及說服性策略（persuasive strategies）。依據他們的看法，抗議策略是屬於說服性策略的一種。

抗議策略指政策過程參與者利用各種抗議的手段，迫使對手接納其政策主張的一種策略應用。當某些議題「價值的爭論」重於「事實的爭論」，「政治角力」重於「證據呈現」時，抗議策略往往是一項非常有效的方法，尤其在輿論對其有利的情況下更是如此。國內外

運用抗議策略成功的例子，可以說屢見不鮮。不過應注意的是，抗議在政治戰場上固然是一件有力的武器，但同時也是一項危險的策略，因爲它容易激發大眾正面和反面的情緒反應，進而爆發激烈的衝突。例如美國的許多次反戰示威活動，在民眾認爲示威者不愛國的情況下，常激起極大的反彈與對抗，所以應小心運用此種策略。美國在1991年參加波斯灣戰爭時，反戰示威者就了解這一點，因此他們特別把「戰爭」（war）與「戰士」（warriors）分開，他們表示反對戰爭，但是他們支持戰士。此種作法使他們能夠保持相當微妙的平衡狀態，也因此他們的作法比較能夠爲一般美國人所接受。正如美國學者Albert Hirschman所說的，這是一種「聲音」（抗議）與「忠誠」（愛國主義）之間的奧妙平衡。（參閱Policy Process）

Public Hearing
公聽會

公聽會也稱爲非正式的聽證會（testimony），泛指政府各部門（包括行政、立法、司法、考試、監察部門）的相關機關，在政策制定過程中，主動或被動的邀請與該政策問題有關的學者專家、政府機關代表、社團代表、利害關係人代表、民意代表等，共同就政策議題有關事項進行公開辯論，藉著正反兩方意見的陳述，相互質疑與溝通。公聽會的結果可做爲政府機關決策的參考，目前公聽會已經成爲各國民眾參與公共政策運作各階段活動的一種重要管道。公聽會起初應用於司法審判程序中，爲避免審判過程的偏頗不公，審判者應公開聽取雙方當事人的意見後再作定奪，嗣後公聽會制度逐漸擴充應用到政府各部門。依據舉辦公聽會的目的而言，它可以分成以下數類公聽會：1.諮詢性公聽會：此爲最普遍的公聽會，主要作用在聽取各方面意見，以收集思廣益之效。2.調查性公聽會：即政府機關爲調查某案件，以確定眞相與責任歸屬，可傳訊相關證人，相互質疑對證。3.審查性公聽會：即爲審查政府重要職位提名候選人之資格、條件、能否勝任而舉辦之公聽會。由此可知，公聽會制度乃是針對現代民主國家爲預防政府機關違法、濫權、腐化，而作的制衡性設計。（參閱Citizen Participation, Policy Process）

Public Opinion
民意

民意通常也稱爲輿論，有關它的定義可謂見仁見智：有謂民意爲不同的

公眾對某一個時間特定問題所形成的看法；有謂民意為相當分量和相當數目的人，對社會重要問題發表主張的綜合表現等。簡單的說，民意指某一特定人群在某一段特定時間內，對某一特定議題所表示的意見。因此民意的形成受到特定議題、人員、時間、空間等因素的影響。

一般言之，民意具有以下的特性：複雜性、多變性、不普及性、不一致性、不可靠性、潛在性、及容忍性。在一個民主社會，人民對於公共事務或政策，基本上都有透過合法管道表達意見的權利。不過在許多情況下，群眾常採取非法手段，進行訴求的抗爭。大致而言，民意可透過直接表達與間接表達的方式進行。前者如特定議題投票、選舉、民意調查、請願、抗議、示威、罷工等；後者如透過民意代表、大眾傳播媒體、政黨、利益團體、意見領袖等，代為表達意見並爭取權益。民意與政策運作具有互動性的雙向關係，亦即民意可以影響政策的運作過程，但是政府官員也可以在制定政策後，製造民意以影響民眾的態度與行為。政府施政主要係以民意為依歸，因此應採取各種方法探求民意，包括以下這些作法：進行民意調查、舉辦公聽會、座談會、說明會、溝通會、展示會等。不過應注意的是，因為一般人對於政治事務欠缺了解，也缺乏興趣，所以不論是從民意調查所得的民眾意見，或籠統的大眾意見，或公共團體的意見，都不一定是眞正的民意。因此政治領導者、決策者、政策分析人員，最後仍須以其睿智、經驗、學識、才能、魄力，去了解民意、領導民意、組織民意、運用民意，制定有利大多數人民的政策。（參閱Citizen Participation）

Rent-seeking
競租

在實際運作上，因為廣大民眾很難有效監督政府，於是就會有人運用各種策略以影響政策過程，企圖從中牟利，便產生「競租」的狀況。所謂「租」（rent），係指提供自然資源所獲得的報酬，這些自然資源的特質是「數量固定」、「供給彈性等於零」。供給彈性小的財貨，其報酬也有類似「租」的部分，經濟學家稱為「經濟租」（economic rent）。政府的某些政策或措施，如關稅、進口配額或種種的管制政策，往往會造成經濟租。而民選的行政首長及民意代表所追求的「租」就是謀求當選或連任。為了透過政府或公共機關得到經濟租，政治人物、民眾或團體必須投注相當多的時間、精力及金錢在某些活動，這些活

動及行為就是所謂的「競租」。（參閱Logrolling Legislation, Pork Barrel Legislation）

Rhetoric Strategy
雄辯策略

　　美國三位學者Carl E. Van Horn, Donald C. Baumer and William T. Gormley, Jr.在《政治與公共政策》（*Politics and Public Policy*, 1992）一書中，認為政府各部門及一般民眾，如果要使所主張的政策方案獲得合法化，可以採取三大類的策略：包容性策略（inclusionary strategies）、排除性策略（exclusionary strategies）、說服性策略（persuasive strategies），雄辯策略乃是屬於說服性策略的一種。政策欲成功的為別人或機關所接受，雄辯策略是一項基本的技術，尤其是在訴諸大眾選民支持的情況下更是如此。值得注意的是，為了爭取支持，方案辯護者往往會誇張方案的重要性及可行性。就短期而言，此項作法確實可以引起他人的興趣而動員足夠的支持者。但是一旦辯護者由議題設定部分延伸到政策制定與政策接納階段時，就長期而言，可能就會變成一項致命傷。因為對方案誇張重要性的結果，雖然強化了支持的力量，但同時也強化了反對的力量。

（參閱Policy Argument, Policy Legitimation）

Secrecy Strategy
保持祕密策略

　　美國三位學者Carl E. Van Horn, Donald C. Baumer and William T. Gormley, Jr.在《政治與公共政策》（*Politics and Public Policy*, 1992）一書中，認為政府機關及一般社會大眾，如果要使所主張的政策被他人接納並取得合法地位，可以採取以下三大類策略：包容性策略（inclusionary strategies）、排除性策略（exclusionary strategies）、及說服性策略（persuasive strategies），保持祕密策略乃是屬於排除性策略的一種。

　　簡言之，保持祕密策略指政策方案主張者在方案本身具敏感性或尚不宜公開時，對政策運作相關者及傳播媒體保持祕密，以增加方案的可行性。行政部門常採取此種策略，將民意代表與新聞記者排除在政策制定過程之外。不過，從世界各國的情況來看，此項策略在立法部門已漸漸難以施展，因為立法改革的結果，要求民意機關委員會所舉行的公聽會必須是公開的，除非委員們公開投票決定召開祕密公聽會。同樣的，在行政部門此項策略也受到相當

的限制，因爲「陽光法案」（sunshine laws）通過後，也要求行政部門必須舉行公開的會議。至於法院在審理案件時，則比較能夠透過關門審理而保持其祕密性。

保持祕密策略應用成功的例子之一是1990年至1991年的波斯灣戰爭（the Persian Gulf War），當時美國布希總統保持調兵遣將整個過程的祕密性，未讓國會及新聞界知悉，終於獲得成功。由此可見，對於外交政策採取祕密策略，有時候的確是必要的。（參閱 Policy Legitimation）

Semi-direct Lobbying
半直接遊說

半直接遊說指遊說人員向能夠「影響」決策者的人進行遊說的活動。例如，某一項政策或計畫的核可權在市長，遊說者發現某位市議員對該市長的影響力最大，於是遊說者向該市議員進行遊說，希望透過該市議員去影響市長的決定。一般而言，半直接遊說的效果較不如直接遊說，但是又大於「間接遊說」。（參閱 Direct Lobbying, Indirect Lobbying, Lobbying）

Sit-in Movement
靜坐運動

靜坐運動爲政策利害關係者反對政府機關某項政策、計畫或行動，或對彼等主張不作回應所採取的和平抗議手段。靜坐運動也適用於公營事業機構與民間企業所發生的勞資糾紛狀況，或與社區居民發生糾紛的狀況。相對於示威、遊行、罷工、暴動等手段而言，靜坐運動被認爲是一種相當理性的作法，但也因此被認爲效果可能較差。所以靜坐式的抗議訴求，如果得不到政府機關適當的回應，需求無法獲得適度的滿足，當事人可能會進一步採取較激烈的手段，從事另一回合的抗爭。（參閱 Protest Strategy）

Specific Support
特殊支持

美國政治學者 David Easton 在《政治分析架構》（*A Framework for Political Analysis*, 1965）一書中，將一般民眾對政府所表達的支持分成兩類：一爲普遍支持（diffuse support）；另一類爲特殊支持。特殊支持指一般人民或特定標的人口，對於政府機關的某項政策、計畫、措施，表現出支持、友善、或至少不反對的態度。在絕大多數

的情況下，他們所以支持特定政策、計畫、措施，是因爲它們可以產生正面的、有利於他們的結果。不過有時基於其他理由，例如受到政黨與同儕的壓力，有些人對不利於己的特定政策，也可能表示特殊支持。（參閱Diffuse Support）

Statistical Arguments
統計的論證

統計的論證乃是政策論證方式的一種，指利用由母體抽取樣本，進行資料蒐集、統計、分析，將所獲得的結論，推論可以代表母體中未被抽中爲樣本之成員特徵的一種政策論證方式。亦即它是政策分析人員透過統計調查分析所獲得的資料，以支持其政策主張的作法。（參閱Mode of Arguments, Policy Argument）

Sun-rise Legislation
日出立法

當法案經由立法機關通過成爲法律並經國家元首公布施行後，其生效日期並非自公布日起算，而是公布施行後一段時間才正式生效，通常是一至二年後生效，此稱爲日出立法。主要是考慮到該法律的制定，可能對現狀衝擊太

大，對標的人口權益影響巨大，或相關法令配套措施尚未完備，社會需要一段調適的時間，所以法律通過後，給予一段緩衝的時間才正式生效實施。例如我國的行政程序法經立法院通過並由總統於1999年2月3日公布，但自2001年1月1日才生效施行；另外，如變動巨大的行政院組織法修正案經立法院通過後，並由總統於2010年2月3日公布，唯自2012年1月1日才正式生效施行，這些都是日出立法的例子。（參閱Sun-set Legislation）

Sunset Legislation
日落立法

日落立法通常也稱爲日落法案（sunset laws），指由立法機關定期（如一年、三年、五年、或十年）檢視某特定方案或特定政府機關運作狀況，以決定該方案或機關是否繼續存在或宣告死亡的一種機制。日落立法要求被撥款資助的政策方案或政府機關，必須經過立法機關再核准的程序，否則就不能繼續存在。日落立法的一般作法是，由立法機關爲某一群方案、機構、或法律，設定檢討的時間表。這些方案、機構、法律到時候除非由重新立法的方式核准繼續運作，否則就自動失效終止。因爲有了屆時終止的壓力，所

以就迫使有關機關必須隨時檢討評估方案、機構、法律的運作情形。日落立法被認為是消除政府機關不必要支出，及迫使立法機關對行政機關進行真正監督、評估績效的有效手段。在美國，科羅拉多州是第一個通過日落法案的州，時間是1976年，要求州政府各機關必須為他們所執行的方案或活動提出辯護，否則將面臨被停止的命運。（參閱Policy Legitimation, Sunshine Laws）

Sunshine Laws
陽光法案

陽光法案乃是應用於促使政府機關的會議向民眾公開的一個通稱。陽光法案的基本假定是：在一個民主社會，人民有權利知道有關公共政策方面的決定，究竟是如何達成的。就美國情形而言，陽光法案要求聯邦政府機關基本上所有的會議，除了有妨害國家安全之虞者外，都要對一般民眾公開。每個人都可以直接向「聯邦登錄局」（Federal Register）查詢任何機關到底舉行何種會議，以及在何時何地舉行等。不過，內閣所屬辦公室所舉行的會議，則不在公開之列。陽光法案的基本出發點是：人民有知的權利，但卻有人批評此舉可能妨礙了決策官員以祕密方式處理政務的作法。目前一般人所理解的陽光法案，具有較為廣泛的意義，包括制定諸如政治獻金法、公職人員財產申報法、遊說法、利益衝突迴避法、資訊自由法、行政程序法等，目的在防止或減少政府機關及人員（包括民意機關代表）違法、濫權、自肥等行為的發生。截至2013年年底，我國已完成立法之陽光法案，包括「公職人員利益衝突迴避法」、「公職人員財產申報法」、「行政程序法」、「檔案法」、「立法委員行為法」、及「信託業法」等。（參閱Policy Legitimation, Sunset Legislation）

Value-critical Arguments
價值批判的論證

價值批判的論證是政策論證方式的一種，指利用經由倫理的或後設倫理（meta-ethics）的理論所抽繹出來的支持理由，以證明某項行動或情況是對的或好的。此種論證的方式是以倫理或道德為標準，批評政策的好壞與對錯，再依據評斷的結果，提出政策的主張。也就是支持或反對某項政策，主要是以道德或倫理價值觀做為衡量的標準，例如強調公平正義原則及保護個人隱私權等道德原則。（參閱Mode of Arguments, Policy Argument）

Voting with Foot
以腳投票

　　新公共選擇理論學者對官僚體系非常挑剔，也非常悲觀，認爲只有一件事情能補救其弊端，使公部門還能夠在自利的官僚掌握下，績效仍然得以發揮：那就是某些形式的地方分權制度之有效運作。Charles Tiebout便認爲，如果一個國家存在著許多地方政府，而且人民可以在其中自由的流動，則人民對地方政府官員所提供的服務，以及所採取的地方租稅制度，就有能力加以控制。這種控制的方法並不是藉由地方選舉的投票、或者向地方議會或行政首長遊說的方式。相反地，我們可以假定地方政府是由企業家型的行政首長在管理，以及公民們可以「用腳投票」，亦即可以隨時遷移到最能滿足他們對服務和稅收偏好的地方去（例如社會福利最好的地方）。藉由此種方式，應當可以促進各地方政府的相互競爭。古典經濟學家將市場供需法則決定價格的情況，稱爲「一隻看不見的手」（an invisible hand），我們或許可將自利的民眾以腳投票，「擇地方而住」之作法，稱爲「一隻看不見的腳」（an invisible foot）。（參閱Public Choice Theory）

第四篇　政策執行
Policy Implementation

Action
行動

行動指由政策分析人員或政策執行人員，依據政策方案或計畫的內涵所擬定的具體實施方法、步驟、程序等。依據Grover Starling在《政策制定的策略》（*Strategies for Policy Making*, 1988）一書中的看法，「政策」（policy）是一組按照次序排列的目標（goal）；「計畫」（plan）是一組達到某一目標的目的（objective）；「方案」或「專案」（program or project）是一組達成某一目的的特殊行動（action）；而「行動」則是推動方案的具體作為，例如提供實際的服務或補助、核發執照、進行安全檢查等。簡而言之，行動是逐現政策、計畫、方案目標或目的之不可或缺的工具。（參閱Goal, Objectives, Plan, Policy, Program）

Administrative Ethics
行政倫理

行政倫理指行政系統中的成員彼此間維持正常關係的原理。就實際意義而言，行政倫理也可稱為公務倫理、公務道德、服務倫理、服務道德等。由於行政人員是執行公共政策的主體，因此行政倫理良善與否，將嚴重影響政策能否有效的推動。進一步言之，行政倫理的主要內涵指涉公務員進入行政系統後，其內心對國家、對機關、對民眾、對單位以及在機關內對長官、同事、部屬，認為應有的角色扮演與相互關係的分際。

因此，行政倫理是有關行政行為的一種價值體系，它具有相對性（relativism）與系絡性（contextualism）。相對性指不同的文化及社會背景環境，對公務員會有不同的行為期望與要求，故世界上無法找到一個可放諸四海皆準的行政倫理體系。系絡性則指對於行政行為的判斷，不能只是以是否合乎抽象的倫理原則為基礎，還須視此行為所在的特定狀況而定。

影響公務員的行政倫理之因素甚多，可大致歸納為文化、社會、經濟、政治、行政、與公務員本身因素六大類，每類又可分為正面影響因素與負面影響因素兩類。如果要強化積極面的行政倫理，可以從以下數方面著手：立法方面、司法方面、考試方面、監察方面、行政方面、社會方面、及官箴方面等。（參閱Ethics）

Administrative Failure
行政失靈

　　行政失靈指政府機關爲服務民眾，履行其分配、服務、管制、輔導的功能，乃設置官署，分科辦事、招募人才，推動政務，希望能夠達成福國利民的目標，但是因爲行政組織與運作具有諸如以下的弊端，以致無法達成預期目標：法規嚴苛、繁文縟節、行事僵硬、反應過慢、過分集權、本位主義、能力不足等。由於行政常常發生失靈現象，在政策制定與執行方面，時常受到大家激烈的批評，因此政府首長便常常藉推動行政革新，以改善種種的弊端。（參閱Government Failure, Policy Failure）

Administrative Operability
行政運作力

　　行政運作力爲政策方案可行性評估標準之一，其意思與「行政可行性」（administrative feasibility）相同。指政策分析人員從行政運作層面評估政策方案被順利接受和執行的可能性。一項方案即使在技術、經濟、政治可行性方面均無問題，但是如果行政能力與傳送系統不足，仍然無法順利執行。評估行政運作力主要是探討以下的問題：既有的行政制度有無推動方案的能力？服務對象對方案的控制程度如何？執行方案時尚須依賴其他哪些團體與個人？是否能夠避免那些瓶頸與反對的情況？執行機關的主要限制爲何？是否尚有其他執行方案的方法？評估行政運作力的特殊標準有四：1.職權（authority）：執行機關與人員有否明確的職權可從事必要的變革？可要求其他機關、團體及人員給予合作？2.機關承諾（institutional commitment）：欲有效執行政策方案，執行機關與人員必須獲得上下級機關首長的支持，以及獲得此些機關之派出機關或分支機構的承諾。3.能力（capability）：指執行人員的能力與經費支持力而言，即行政首長與執行人員有否具備執行方案的能力？執行機關是否擁有足夠的經費可執行方案？4.組織支持（organizational support）：執行機關在設備、各種硬體設施和其他服務提供方面，能否協助方案的執行？（參閱Administrative Feasibility）

Affirmative Action Policy
弱勢族群優惠政策

　　弱勢族群優惠政策乃是一套確保尋找工作機會之少數族群者，能獲得平等對待的公共政策。其主要目的在增加少數族群的工作機會，使他們在社會人口

結構中，能得到合理的代表性。「弱勢族群優惠」（affirmative action）這個名詞首先出現在1961年甘迺迪總統（President John F. Kennedy）的行政命令。弱勢族群優惠政策的主要用意在使黑人、女性、少數民族、及其他被保護的族群，在工作方面不會受到歧視。在執行弱勢族群優惠政策時，相當具有敏感性的一個問題是，主張弱勢族群優惠者要求政府機關與私人企業應提供一定名額的工作機會給予弱勢族群。可是，反對者認為規定一定名額必須給予弱勢族群保障方式，反過來說，是對弱勢族群及其他人的另一種歧視，因此受到相當的抗拒。總之，弱勢族群優惠政策的目的在增加少數民族、女性、殘障者、及其他弱勢族群在工作場所的代表性，但是它的作法與目標引起美國各界極大的辯論，因為這些政策其實是在確保「結果的平等」（equality of results）而非「機會的平等」（equality of opportunity）。弱勢族群優惠政策在過去已經幫助了無數的非洲裔美國人、以及其他少數民族獲得先前不被歡迎、被拒絕及被歧視的工作。（參閱Maximin Principle）

Appropriation
撥款

撥款指立法機關透過批准法案的方式，對於政府重大政策或計畫的經費預算、政府各部門或單位的支用經費予以核可的過程。一般而言，立法機關的撥款過程相當富有政治性，常常發生討價還價、折衷妥協的情況。而每一項政策或計畫必須經過撥款手續，確定有經費可資運用時，才能夠付諸執行。（參閱 Policy Implementation）

Backward Mapping
由後推進的策略

由後推進的策略是美國公共政策學者Richard Elmore為分析政策的執行及實際運作情況而發展出來的一種分析技術。此策略與向前推進的策略正好相反，它強調在執行政策時，最基層行政人員與服務對象間應有適當的相互關係。它也涉及到在執行政策時，最基層的執行人員透過政策制定層級體系，就政策執行作法及相關事項，由後向前、由下向上的推進反應與溝通，一直達到政策制定過程的最上級層次為止。

Richard Elmore將由上而下的政策執行模式（top-down policy implementation model）稱爲「向前推進的策略」（forward mapping），而將由下而上的政策執行模式（bottom-up policy implementation model）稱爲「由後推進的策略」。由後推進的策略主張政策的執行係授權給下級單位或讓部屬充分的參與，上級單位或首長僅站在輔導的立場。亦即政策的執行既不在立法部門，也不在行政部門的高階主管，而是在中下層的行政人員。因此應賦予行政人員較多的自由裁量權及便宜措施，使他們能有效因應瞬息萬變的情勢發展，而不致流於僵化的被動作爲。

進一步言之，由後向前推進策略質疑政策制定者應當爲政策執行負主要責任的說法，它同時也質疑一般人常透過層級節制體系途徑去了解政策執行過程的作法。它並不認爲具有清楚界定的指令、清晰的權威系統、明確的責任聲明、及清晰的設定政策結果，就可確保政策執行的成功。相反的，基於某一政策的需求，主要還是來自社會體系的最基層，所以政策分析人員必須由後向前推進，去決定究竟何種特殊的運作類型，才能導致最基層問題的解決。其焦點置於執行政策所需的資源種類及組織的能力等層面。由後推進策略假定最接近問題者也就是最能影響政策執行結果者。其意爲政策執行被視爲涉及自由裁量及分權，而非事件經由層級節制體系由上而下依序產生的結果。總之，它強調非正式程序與權威，而非正式命令系統，乃是最基層執行人員最關心的事項。（參閱Bottom-up Policy Implementation, Forward Mapping, Top-down Policy Implementation）

Blacksburg Manifesto
黑堡宣言

被學者稱爲「制度論背景的新公共行政或明諾布魯克觀點」的黑堡宣言，創始者是美國維吉尼亞理工學院暨州立大學公共行政與政策中心教授萬思來（Gary L. Wamsley）。他在與其他四位教授交換意見後，於1982年對公共行政提出一些基本看法，並撰寫全名爲「公共行政與治理過程：轉變政治對話」（Public Administration and the Governance Process: Shifting the Political Dialouge）這份宣言，簡稱爲「黑堡宣言」。他們認爲過去的公共行政太拘泥於「默、順、隱」與委曲求全的政策執行角色，一方面對於治理正當性的合理聲明怯於表達，另一方面又對建立民眾信賴感的相關作爲猶豫不決。而今官僚制度應以其專業知識及經驗傳承，成爲公共利益的制度性寶庫與民主治理的正當參與者。（參閱New Public Administration）

Bottom-up Policy Implementation
由下而上的政策執行

Paul Sabatier於1986年指出，政策執行的途徑或模式有兩種：一為由上而下的執行（top-down implementation）；另一為由下而上的執行。依據他的看法，由下而上的執行模式強調政策的執行工作，主要是由下層人員，尤其是基層人員（street level bureaucrats）負責，因此應賦予基層執行人員與機關更多的自主權及自由裁量權，使他們能夠因應複雜的政策運作情況。中央決策機關或決策者不必設定詳細的執行架構，而要提供充分的自主空間，讓基層執行者能夠採取權宜措施，建構適當的執行過程。尤有進者，此種執行模式還主張最好在政策制定過程中，就應提供機會讓基層執行人員表達意見，以增加執行力。換言之，此種由下而上的執行模式強調政策制定與政策執行功能的互動性，決策者與執行者應共同協商政策目標的達成，彼此形成合作的互動關係，比較適合於自我管制性政策與分配性政策的執行。Richard Elmore 將由下而上的執行模式稱為「由後推進策略」（backward mapping），以別於由上而下的執行模式（top-down implementation）被稱為「向前推進策略」（forward mapping）。（參閱Backward Mapping, Forward Mapping, Top-down Policy Implementation）

Budgetary Policy
預算政策

預算政策指政府機關在預算年度內所推動各項政策之財務性聲明。詳言之，預算政策是有關對政府機關組織的活動，建立貨幣性及政治性優先順序的一系列提議、財務聲明、及控制執行的方法。就美國情形而言，預算政策是在管理預算局（Office of Management and Budget）的協助下，由總統負責管理的，它由許許多多與一般財政政策、主要計畫論題、及預算規劃標的有關的「決定」（decisions）所組成。預算政策通常是由各部會先行研訂出來，然後送到預算審核部門審核修正，最後再提交立法部門完成合法化程序。預算政策對實際方案或計畫結果的影響程度，視該方案或計畫所獲得資源分配多寡而定，所獲資源越多，對該方案或計畫執行結果的正面影響就越大，亦即執行成功的機會就越多。（參閱Office of Management and Budget）

Bureaucratic Process Model
官僚過程模式

此模式為艾爾莫（R. F. Elmore）於1978年所提出「社會方案執行的組織模式」（Organizational Models of Social Program Implementation）四種模式之一。它所強調的論點是：政策執行問題乃源於執行人員自由裁量權的運用與例行化的處理事務原則。研究第一線官僚制度（street-level bureaucracy）的學者認為，第一線的工作人員，例如教師、警察、社會工作人員、戶政及地政櫃台人員等，所最關心的事情是，如何應付眾多的個別需求壓力，於是設計了非常多的標準作業程序（standard operating procedures, SOP）。此舉雖然減輕了人情壓力及困擾，但也因此變成以毫無人情味的方式執行政策，甚至產生「目標錯置」（goal displacement）的弊端。此外，由於組織日趨複雜，所以必須詳細分工，自由裁量乃不可避免。而在每一執行階層的人員均擁有相當多自由裁量權的情況下，政策能否對標的物、事或人產生預期的影響，尚須視每一執行層人員對政策所承諾的程度而定。官僚過程模式具有以下四項命題：

1. 組織的兩項基本屬性為自由裁量權與標準作業程序的應用。

2. 組織的兩項屬性意味組織的權力係分散於專業化的各個單位，且各單位所能控制的領域愈來愈小。

3. 組織所作的決定包括對自由裁量權運用的控制及對例規作必要的改變。

4. 政策執行的活動在確定自由裁量權的所在，以及何種例規應當加以改變。

大致而言，官僚過程模式對於描述政策實際執行狀況，雖然具有相當的貢獻，但是卻未能指出任何改善執行過程的明確處方，因此仍不夠周延。（參閱Conflict and Bargaining Model, Goal Displacement, Organizational Development Model, Standard Operating Procedures, Systems Management Model）

Business Policy
企業政策

企業政策指關於鼓勵與管制企業運作實務的政策。以美國的發展歷史而言，企業政策涉及到如何提倡、管制企業的經營，而有時候還涉及政府如何擁有並操作企業的相關活動。事實上，美國並未接受整個自由放任主義的概念，所以在歷史上美國政府常介入企業的經營。進而言之，美國企業界人士雖然事實上主張個人主義、競爭、自由企業、與政府不應干預的哲學觀，但是實

際上卻常常要求政府必須協助他們解決各種問題。由此可見，企業的意識型態與企業實務間並不一致。的確，政府一向被期望對工商企業界執行某些功能，例如保護財產權、維持契約義務、提供適當的貨幣制度、提供專利及版權、提供簡易的宣告破產方法、及類似的行動等。在各種促進性的活動方面，包括政府實施補貼性方案、稅收減免、各種信用性方案、各種建設計畫的推動、與為企業提供各種技術性及資訊性的服務等。在影響政府政策方面，企業界所採取的主要方法是遊說、說服、支持或反對政府的某些特定官員、阻擾政府某一項政策的執行等。總而言之，企業政策主要是設計來允許私人企業在相當公平的架構中，自由公開的競爭。當企業日益複雜及日益分歧時，政府對企業界的管制活動，也就日漸增加。（參閱Economic Policy）

Change Agent
變革推動者

任何一項組織發展方案，不論型態如何，及所使用的技術為何，都必須由責有專司的人來負責總其成，也就是說必須要找一位或一位以上的組織發展方案推動者來負責，這些推動者一般稱之為變革推動者（Change agent）或變革觸媒（Change catalyst）。不僅在私人企業機構的變革計畫要有這種人，即使政府機關的任何變革計畫，也應該由這種人來負責推動，才能收到較好的效果。

哈威（Donald F. Harvey）與布朗（Donald R. Brown）對變革推動者所下的定義是：一位發起、激發與推動組織改變或創新者。米爾頓（Charles R. Milton）認為變革推動者就是一位發動、鼓舞與推動一項變革計畫者，他可能是一位首長，或是組織的一員，或是外面的顧問。由此可知，組織發展方案推動者可說是組織變革的觸媒，他不但是組織發展方案成敗的關鍵所繫，也是組織能否適應瞬息萬變環境的寄託。（參閱Organization Development）

Civil Rights Policy
民權政策

民權政策乃是一系列保護美國憲法中所保障的權利之立法行動與憲法修正案。美國的民權政策最先是為回應1865年南北戰爭結束後，對黑人繼續歧視的改進而發展出來的。1865年美國憲法第十三條修正案廢止了奴隸制度。1868年美國憲法第十四條修正案規定各州人民同享特權、豁免權、法律正當程序、及同受法律的保護。1870

年美國憲法第十五條修正案規定，基於
種族因素而拒絕任何人投票的行為違
憲。儘管憲法作了諸如此類的規定，以
保護民權，但事實上在美國黑白隔離的
作法並未改變。黑人政治地位與經濟地
位的提升，應歸功於「全國有色人種
促進會」（National Association for the
Advancement of Colored People）的努
力及1957年，1960年，1964年，1965
年所通過的民權法案。尤其是，1964
年的民權法案（The Civil Rights Act
of 1964）設立了「平等工作機會委員
會」（Equal Employment Opportunity
Commission），以保障工作不被歧
視。雖然該委員會的權力並不大，但是
多少仍發揮了功用。（參閱Affirmative
Action Policy）

Compliance
順服

　　一般來說，順服是指接受命令者
的行為及態度，與下達命令者（亦即擁
有權力者）的意圖互相一致的關係如
何。此種順服關係可以發生在人類的各
種互動行為中，例如父母與子女間、
上司與部屬間、人民與政府機關之間
等。就公共政策執行而言，當某一項政
策付諸實施後，總是希望執行者、利害
關係人等均能順服政策的內容及推動方

式，全力予以配合，使政策能夠順利執
行，達成既定的目標或目的。因此，順
服就是指在政策執行過程中，各種參與
者配合政策執行指示及政策意圖的程
度。政策執行機關可以採取各種正面
或負面的作法，以增加各種政策參與
者的順服度。（參閱Deference, Policy
Compliance）

Conflict and Bargaining Model
衝突與議價模式

　　此模式為艾爾莫（R. F. Elmore）
於1978年所提出「社會方案執行組織
模式」（Organizational Models of So-
cial Prohram Implementation）四個模
式之一，其他三個模式分別為官僚過程
模式（bureaucratic process model）、
組織發展模式（organizational develop-
ment model）、系統管理模式（sys-
tems management model）。衝突與議
價執行模式認為政策執行涉及的互動行
為、衝突、議價協商情況，乃是不可避
免的。原因是：許多機關及參與者會介
入執行的過程，而且彼此具有各式各樣
的聯結關係；其次，此些參與者各有不
同的價值系統、利益、自主權及權力基
礎。所以參與者之間必然會產生各種交
互行為，尤其是衝突與協商的行為。由
於此模式的見解，相當符合多元社會的

政策執行狀況，因此獲得許多文獻及學者的支持。（參閱Bureaucratic Process Model, Organizational Development Model, Systems Management Model）

Consensual Imperative
共識的要件

共識的要件是由美國公共政策學者Martin Rein和Francine Rabinowitz兩人在〈執行：理論觀點〉（Implementation: A theoretical Perspective, 1978）一文中所提出，有關在政策執行過程中可能引起衝突的三項要件之一，另外兩項要件是「法定的要件」（legal imperative）與「理性官僚的要件」（rational-bureaucratic imperative）。共識的要件之假定為，強調在政策執行過程中，應當使涉及者能夠得到最大同意的必要性。他們兩人可以說重新界定了傳統執行模式的標準。共識的要件認為在政策方案參與者之間取得共識，乃是任何政策執行活動的目標。它假定政策如欲順利推動並執行成功，就必須設法使各有堅持的參與者，能夠對政策執行事項，獲得某種程度的協議。（參閱Legal Imperative, Rational-Bureaucratic Imperative）

Conservative Policies
保守派政策

保守派政策指涉及傾向支持與促進業者利益的政策，例如制定獎勵企業投資政策等。它與自由派政策（liberal policies）的概念是相對立的。保守主義者偏向於維持現狀，反對政府制定任何會引起社會極大變動的政策。他們或是對現狀表示滿意，或是認為社會應緩慢的改變，或以逐漸的社會變遷過程方式從事改變。此外，他們也反對政府制定任何經濟管制方案，以限制工商業的活動。就美國情形而論，共和黨的政策主張，大多屬於保守派的政策。（參閱Liberal Policies）

Containment Policy
圍堵政策

圍堵政策乃是美國為防止共產主義擴張所採取的一種外交政策。圍堵政策是美國1947年杜魯門主義（the Truman Doctrine of 1947）的核心要素，該主義是對於蘇聯企圖將共產主義教條散布於世界其他地區的一種反應。因此，圍堵政策的目的在將蘇聯共產主義侷限於某些特定的地區，防止向其他地區擴散。為了執行圍堵政策，杜魯門總統（President Harry Truman）採取了許

多配套的措施，例如援外方案（稱爲馬歇爾計畫，Marshall Plan），先從援助希臘、土耳其開始，後來擴及整個歐洲。事實證明此舉對於歐洲國家的經濟於第二次世界大戰後迅速復甦，及阻止共產主義在西方的擴充，的確大有幫助。此外，美國還和許多國家簽署防衛條約，建立了共同防衛系統，包括西歐若干國家、日本、澳洲、紐西蘭、中華民國、菲律賓、巴基斯坦、泰國、及北美和南美的一些國家。圍堵政策後來被發現漸漸行不通，先是1950年代韓戰的爆發，美國被迫直接介入，後來又介入其他地區的反共戰爭，復歷經中南半島戰爭的挫敗，越南及柬埔寨相繼淪入共產黨之手，圍堵政策實際上已不復存在，代之而起的是「干涉主義」（interventionism）。（參閱Defense Policy, Foreign Policy）

Contract Out
簽約外包

依據公共政策學者的看法，公營事業民營化或公共服務民營化的類型，主要有撤資（divestment）、委託（delegation）與替代（displacement）三種。而其中委託類型又分爲簽約外包（contract out）、特許經營權（franchise）、補助制（grant）、抵用券

（voucher）、強制（mandate）等五種執行工具。一般來說，簽約外包泛指政府機關組織透過契約關係將部分貨品或服務，委請民間個人、團體、產業主負責提供或辦理而言，亦即由政府機關組織向另一個個人、團體、或企業主購買服務或約定提供貨品給社會大眾的服務傳送方式。可以簽約外包的公共服務範圍相當的大，例如以下事項均可考慮採取簽約外包的方式：違規停車拖吊、垃圾清運、公共安全檢查、違章建築拆除、公共場所或貨品管理維護、衛生醫療及社會服務、大眾運輸系統及觀光遊憩設施的興建、體育館及停車場的興建與管理等。（參閱Privatization）

Critical Path Method
要徑法

1957年美國杜邦公司（Du Pont Co.）與史培瑞公司（Sperry Rand Co.）的工程師和數學家組成工作小組，他們共同發展出一種藉管制緊要路線（完工時間最長的一條路線）的方式而管制工作進度的有效技術，它對規劃及管制比較複雜的計畫、建築及工廠維護方案，甚有助益，此技術即要徑法，也稱爲緊要路線法。要徑法的發展主要是爲了解決工業設計安裝配置的排程（scheduling）問題，因此很少牽涉

不確定因素的問題，在作業時間估計上大多採用單時估計法，而不使用涉及機率的工作時間。進一步言之，要徑法大多應用於建設工程方面的專案，例如房屋、橋樑、大樓等工程的建築。此些工程使用的是標準材料，技術較爲穩定，故以要徑法做爲減少工作時間及成本的技術。要徑法後來與「計畫評核術」（Program Evaluation and Review Technique）結合成爲「網路分析技術」（Network Analysis），成爲管制政策或計畫有效執行的一項利器。（參閱Program Evaluation and Review Technique）

Customer-oriented
顧客導向

顧客導向也稱爲服務對象導向（Client-oriented），通常在私部門使用顧客導向，在公部門則使用服務對象導向。它強調公私部門的工作人員，必須用心了解並迎合服務對象的需求，且須從服務對象的角度去界定他們的需求。「服務對象需求」這個概念或許簡單易懂，但在實務上卻不易了解、界定、滿足服務對象對產品、服務、政策的需求，因爲服務對象不一定能清晰的說明他們眞正的需求是什麼。此外，顧客或服務對象有時候不願意透露他們內心眞正的需求。（參閱Entrepreneurial Government）

Cutback Management
裁減管理

裁減管理指以降低資源消耗水準與組織活動爲取向，而從事組織的變革，它有時也被稱爲「緊縮管理」（retrenchment management）。裁減管理通常會涉及工作人員精簡、政策、計畫或方案的規模縮減、服務對象必須作若干犧牲的痛苦決定。政府面臨日增的裁減管理壓力，主要是來自現代社會民眾的要求、通貨膨脹的緣故、及其他經濟與政治事件的影響。行政首長至少有三項策略選擇可回應裁減的壓力：1.是否拒絕或接受該項壓力能夠使組織衰退緩和下來？2.是要立即採取裁減措施就可避免稅負或服務費的增加；或者要志願的迎合緊縮的要求，在某一段時間內，減少機關組織資源的使用？3.是要將裁減的項目及額度分攤到機關內的各個單位，以維持整個組織的士氣與團隊精神；還是要選擇最具有政治意涵及可很快終止大眾壓力的活動項目加以裁減？裁減管理可以採取以下四個步驟進行：1.面對裁減問題（confronting）。2.規劃裁減方案（planning）。3.確定裁減的標的（targeting）。4.分配各單位應裁減的部分及額度（distributing the cuts）。（參閱Administrative Renovation）

Decision Making
作決定

作決定也稱為決定作成或「決策」，泛指一個人、一個團體、或一個機關組織為達成某項特定的目標或目的，在某一個時間點上就現有可用資源，立意採取的行動取向。例如當一個人走到十字路口時，他必須作選擇，決定走哪一條路，才能夠到達目的地。就行政機關而言，為了執行各項政策、計畫或方案，必須隨時作出相關的具體決定，以逐現目標或目的。一般作決定的步驟如下：1.仔細分析目的。2.尋找可能解決問題的替選方案、3.估量每一替選方案的成本。4.估量每一替選方案的效率和效能。5.比較並分析每一替選方案後選擇偏好的方案。行政機關「作決定」時，受到各種因素的影響，包括層級節制狀況、分權及授權狀況、外在勢力如利益團體對機關各單位的回應狀況、學者專家的參與程度如何、和政策過程參與者的議價狀況、與作決定過程的祕密程度如何等。（參閱Decision Making Theory）

Defense Policy
國防政策

國防政策是維護國家安全與生存條件的政策，特別是從軍備武力面向著眼。每個國家都必須時時調整其國防政策，以合理反映其國家目標與利益。由於國防政策具廣泛的延伸性與不確定性，因此有時會超越政府決策者的控制範圍。Guy Peters認為影響國防政策的環境因素有敵人與潛在的敵人（含潛在的敵人）、聯盟、科技與公共意見四者。Thomas Dye則歸納出任一個國家擬定國防政策的理性途徑為：1.審慎評估所受威脅程度與國家的利益。2.發展出對抗此威脅的策略。3.決定適當的武力規模，包括軍事單位、人員編制、武器裝備、訓練等。4.計算維持此規模所需的預算。

美國憲法明定「提供普遍性的防衛力量」為美國政府的次要目的，在有關國防政策決策的研究中特別強調總統、武器控制與裁軍機構（The Arms Control and Disarmament Agency, ACDA）、國家安全會議（The National Security Council, NSC）、中情局（The Central Intelligence Agency, CIA）與國防部（The Department of Defense）等單位在政治過程中的互動情形。

目前我國首要的軍事威脅來自中共。憲法第一百三十七條規定：「中華民國之國防，以保衛國家安全，維護世界和平為目的。」其具體目標為：1.自立自主、自給自足。2.防衛固守、有效嚇阻。3.完善動員、寓兵於民。4.共同安全、預防戰爭。

未來我國的國防政策，係致力於降低勞力密集的兵員規模，培養高科技建軍準備所需技術專長之兵種，並逐步降低外購軍備數量，進而自行研發、整建武器系統。（參閱Tax Policy）

Deference
順從

順從指對於其他人的判斷予於同意、默認、或服從的意思。就政策制定情況而言，順從式的政策制定涉及對別人的判斷或意見，看成比自己的觀點更有價值、更有權威、更具專業性及更具經驗性。因此，許多行政人員基於不同理由，可能在處理行政事務時會順從民意代表、部會首長、科室主管等的意思而為。

順從可以說是政策制定過程的一項基本事實，因為決策人員往往對於所處理的問題所知有限，或者問題可能相當複雜或富有技術性，因此必須仰賴他人所提供的資訊或勸告。總之，在某一個領域內，知識非常專精者，對所知有限者具有很大的影響力，後者在制定政策或處理事務時，便會順從前者的主張。所以順從是政策制定的一項主要要素，尤其是當問題涉及特別專業的時候，更是如此。（參閱Compliance, Policy Compliance, Values）

Delegation of Authority
授權

授權指上級人員透過行政機關層級節制體系，將決策權力與責任授給下級人員的作法。就今日龐大且複雜的行政機關組織之運作而言，機關如果要達成既定的目標及順暢的運作，一定要實施分層負責逐級授權。一般言之，機關或單位首長通常被賦予較廣泛的權責以完成政策目標，他可以透過授權的方式，將執行性的工作交給部屬去負責處理，自己則把精力放在重要的政策問題思考方面。因此，一位主管必須學習如何作好授權的工作，例如部屬有無能力接受授權、授權之後如何作好監督工作、如何使授權能夠作到權責相符等。良好的授權作法，可以增加工作績效、提高員工的士氣、以及為服務對象提供更好更滿意的服務。（參閱Authority, Discretion）

Delivery System
傳送系統

傳送系統也就是「服務制度」，指為提供方案或計畫之服務所需要的機關組織安排，包括人員、工作程序與活動、工作場所與物資等的安排。由此可知，傳送系統的內涵相當廣泛，凡是與方案或計畫推動有關的人、財、事、物、時、空等要素，均在探討之列。如何將此些因素作最佳組合運用，以建構合理順暢的傳送系統，讓標的人口真正蒙受其利，乃是政策能否順利執行的關鍵。（參閱Policy Implementation）

Demonstration Projects
示範專案

示範專案乃是一種由政府機關資助的例外性公共方案，其性質為實驗性，目的在了解方案實施的經驗是否可廣為傳布，做為擴大實施的參考。示範專案既為試驗性的，因此，必須在不同的環境下，驗證其可行性。如果方案試行並經過評估後，答案是成功的，則可將它推廣到類似的環境去實施。由此可知，示範專案的最大優點就是在方案大規模推動之前，能夠先作必要的分析與評估檢討。政府機關在某些情況下，常花錢推動一些示範專案，因為這些方案未來可能做為「櫥窗方案」（showcase programs）。如果方案實驗成功，可提供其他地區或其他方案實施的參考。舉例而言，中央政府可以資助進行新式公務人員訓練方法的試驗，如果獲得成功，各級地方政府即可引進採行，以增進人事行政的功能。（參閱Project Management）

Department of Education
教育部

「十年樹木，百年樹人。」教育發達與否攸關一個國家的興衰及存亡，因此世界各國對於教育事項均極為重視，絕大多數國家均設有教育部專司其事，並且都位居內閣部會之一，例如我國的教育部及美國的教育部都是這樣。美國聯邦政府教育部是於1979年從原來的衛生教育福利部（Department of Health, Education, and Welfare）獨立出來的，它主要負責的是建立、執行、與協調大部分聯邦政府的教育協助方案；制定發展與改進聯邦政府教育方案的政策。除此之外，教育部還負責監督以下的教育相關方案：初等、中等、及大專教育方案；職業及成人教育；雙語教學、特殊教育、及感化教育方案；與聯邦教育方案有關的民權問

題；以及各種海外教育方案等。（參閱 Department）

Department of Energy
能源部

美國聯邦政府能源部成立於1977年，部長為內閣閣員之一。該部的成立主要是為了整合原來分散於各部會有關國家能源政策的權限。這些部會包括內政部、商業部、住宅與都市發展部、及海軍部等。能源部的主要功能包括尋找新的能源、確保國家的能源能夠迎合所需、制定政策及方案以鼓勵工商企業界與社會大眾節約能源等。（參閱 Department）

Department of Health and Human Services
衛生與人群服務部

衛生與人群服務部是美國聯邦政府行政部門的一個部，主要是負責執行所有中央有關人群服務的方案。它是在1979年設立的，於此之前，它的功能是由已經裁撤的衛生教育福利部（the Department of Health, Education, and Welfare）所執行的。該部在全國各地區設有許多的分支機構以服務民眾，並且必須隨時向該部部長報告有關政策影響的狀況。

衛生與人群服務部的設立，反應了美國聯邦政府對民眾健康及福利之保障與強化的關心。該部設有以下的單位以推動各項相關業務：1.社會安全署（Social Security Administration）。2.人類發展服務處（Office of Human Development Services）。3.公共衛生處（Public Health Service）。4.衛生照護補助署（Health Care Financing Administration）。（參閱Department）

Department of Housing and Urban Development
住宅與都市發展部

住宅與都市發展部創設於1965年，為美國聯邦政府行政部門的一個部，以因應日益嚴重的都市化社會所衍生的各種複雜問題。該部部長具有內閣閣員的地位，顯示該部的重要性。事實上也的確如此，該部之成立是當年詹森總統（President Lyndon B. Johnson）所提倡並推動「大社會」（the Great Society）計畫的一個重要部分。

住宅與都市發展部制定並執行各項相關計畫或方案，其目的為：為低收入住宅提供財務及技術協助；解決都市的社會及經濟問題；對住宅興建提供經費及保險補助；鼓勵私人企業提供更多

的住宅及社區中心；興建照護安養之家；推動公共建設方案；及長期補助公用事業等。該部設有以下的單位：1.聯邦住宅署（Federal Housing Administration）。2.聯邦保險署（Federal Insurance Administration）。3.國家水患保險方案處（the National Flood Insurance Program）。（參閱Department）

Deregulation
解制

解制也稱為鬆綁，意為政府機關對於原來制定各種法規以管制機關組織或民間企業與個人之活動的作法，進行檢討修正，自法規面與運作面，採取解除管制或減少管制的措施。政府的主要功能之一為管制功能，但因為管制活動造成相當多的問題，所以自從1970年代以來，解制的浪潮就非常的洶湧。主張解制者的主要論據如下：1.自由市場比管制行政能夠對社會提供更多的利益。2.有關企業行為所應付的責任之相關法規如果完備的話，即可確保人民及生命的安全，毋須政府採取強行管制的措施。3.私人部門通常已有自我管制的作法和慣例。4.只要企業界勇於向社會公布其產品、服務或其他交易的資訊，民眾自會扮演好檢查員的角色，毋須政府從事太多的管制。以上的論據固

然言之成理，但論者以為，政府不應該也不可能全部解除管制，因為市場失靈所涉及的問題很多、公共利益與公共安全必須設法維護、社會資源必須謀求整合等，凡此均須政府作某種程度的適當管制。（參閱Market Failure, Privatization）

Differentiated Marketing
差異行銷

差異行銷也稱為區隔行銷（segmented marketing），指在兩個或兩個以上的區隔市場內營運，並且分別為不同的區隔市場開發或提供不同的產品、服務，及設計不同的行銷方案。差異行銷的著眼點是希望經由提供差異性的產品、服務及行銷方案，能獲得更高的銷售量、更多服務對象的配合與支持，並在每一區隔市場占據更有利的地位。（參閱Undifferentiated Marketing）

Downsizing
組織員額精簡

在高度競爭的環境中，組織員額精簡被公、私部門廣為運用，並被認為是組織重組、提高績效、減少開支與降低成本最有效的管理方式。組織員額精簡

的意涵係指組織有計畫地裁減組織中的職位及工作，又可稱為「減肥措施」（to cut out the fat）或「整簡」（to get lean and mean），其類似說法有「有效縮減組織人力」（reduction in force）、「縮減人事甄選」（deselecting）、「改善精簡」（resizing）、減少引進新進人員（derecruiting）等。Kims Cameron（1993）等人認為組織員額精簡具有下列特性：1.具有意圖的人為活動；2.方式不僅只有人事縮減，但人事縮減卻是最重要的部分；3.焦點集中於促進組織績效的提升；4.有意或無意地影響到工作程序。組織員額精簡的原因眾多，但我國政府部門實施的因素可歸納如下：1.行政革新；2.公營事業民營化；3.政府機關業務萎縮。在實施組織員額精簡的行動時必須注意到數項作法，才能達到預期效果：1.參酌具體實際案例與經驗；2.主動與員工溝通並給予意見表達機會；3.提供多種權益補償方案讓被精簡員工自行選擇；4.安排與被精簡員工面談，一方面了解其需求，一方面感謝其過去的貢獻，並聽取其對機關或政策之意見；5.安置與協助被精簡員工，提供實質上之幫助；6.短程策略（精簡）與長程策略（人力資源規劃與發展）並行；7.爭取內外部環境的認同與支持。不過，組織員額精簡雖帶給組織相當績效，但其負面效應必須

特別重視，否則將陷組織於無可挽救的地步，以下幾項建議可供參考：1.非齊頭式精簡；2.階段性精簡；3.精簡配套措施必須完善；4.較適宜於經濟繁榮時實施；5.精簡規劃必須以系統性、綜觀的角度來衡量實施策略；6.員額應秉當減則減、當增則增的原則進行，此為「合身」（rightsizing）的本意。（參閱Entrepreneurial Government）

Economic Policy
經濟政策

經濟政策乃是中央政府為促進國家經濟穩定之目的而制定的各種相關管制與運作法令規章。進一步言之，經濟政策的主要目的在防止或減緩大幅度的經濟波動情況之發生（例如經濟蕭條與通貨膨脹之間的大波動）、確保物價的穩定、促使國家收入及國民生產毛額穩定成長、維持較低的失業率、以及維持有利的國際收支平衡等。為制定合理有效的經濟政策，決策者通常會採取某些政策工具，例如以貨幣政策（monetary policy）管理貨幣的供應與管制信用及利率；以財政政策（fiscal policy）的租稅手段影響經濟的穩定；以工資及物價指導綱領（wage and price guidelines）增進經濟活動的生產力；以直接管制方式（direct controls）執行有

關管制工資與物價的法令；以自動穩定機制（automatic stabilizers），如營業稅、個人所得稅、社會安全制度等，維護經濟的正常發展。由以上所使用的政策工具觀之，經濟政策的制定不可避免的充滿了政治性，亦即在政策制定過程中，相關的政府部門、利益團體、政黨、學者專家、大眾傳播媒體、利害關係人、甚至升斗小民等，均會積極的參與。（參閱Policy Instruments）

Education Policy
教育政策

教育政策乃是政府為那些追求自我成長與準備就業者，在獲取知識及職業技能的過程中，所制定的相關管制與運作之法令規章。由於「樹人」是百年大計，因此世界各國的中央政府均設有教育部，統籌國家的教育發展事宜。教育政策所涉及的層面至為廣泛，自幼兒教育、初等教育、中等教育、技職教育、高等教育、乃至成人教育等均屬之。而教育的內容因涉及全人格的發展，因此各種教育政策應如何制定，一直是各界人士爭論不休的問題，尤其是學術界與實務界，對某些教育問題，常呈現南轅北轍的兩極看法。（參閱Department of Education）

Energy Policy
能源政策

能源政策乃是政府為確保國家可以獲得足夠能源以迎合目前與未來需要，而制定的各種計畫及法令規章。一般而言，能源指石化燃料（石油）、天然氣、及核能等。能源政策涉及各種能源的取得、使用、管理、節約、與相關的環境保護問題；也涉及國家經濟發展與財政收支的問題。因此，能源問題的處理非常複雜也非常困難，因為相關的機關與當事人、利益團體、民意代表、企業公司、消費者等，均可能基於自身利益或立場，表示不同的意見，使得能源問題的解決頗富政治性。不過，由於大家對於能源危機所產生的不良結果，已有相當認識與共識，所以對某些節約與保護能源的政策，已比以往容易達成協議。美國的能源政策表現在各種複雜的法規中，以下是其中一些較為重要的法律：

1. 1954年原子能法（The Atomic Energy Act of 1954）。
2. 1973年緊急石油分配法（The Emergency Petroleum Allocation Act of 1973）。
3. 1974年能源供應與協調法（The Energy Supply and Coordination Act of 1974）。

4. 1975年能源與節約法（The Energy and Conservation Act of 1975）。

5. 1976年能源節約與生產法（The Energy Conservation and Production Act of 1976）。

6. 1978年天然氣政策法（The Natural Gas Policy Act of 1978）。

7. 1978年公用事業管制政策法（The Public Utility Regulatory Policy Act of 1978）。

8. 1978年全國能源節約法（The National Energy Conservation Act of 1978）。

9. 1978年電廠與工業燃料使用法（The Powerplant and Industrial Fuel Use Act of 1978）。

10. 1978年能源稅法（The Energy Tax Act of 1978）。

11. 1980年能源安全法（The Energy Security Act of 1980）。

12. 1980年原油額外利潤稅（The Crude Oil Windfall Profits Tax of 1980）。（參閱Department of Energy）

Environmental Policy
環境政策

　　環境政策指建立使用與保存實體環境之目標及標準的指導綱領和規章，包括土壤、水源、空氣、野生動物、及植物等方面的環境因素。環境政策的範圍相當廣泛，不過主要是藉著相關法令規章與措施規範以下事項：水污染、空氣污染、固體廢棄物管理、放射性物資管制、殺蟲劑與有毒物資管制等。進一步言之，環境政策所關心的是環境保護問題，而環境保護涉及兩大層面：一為自然生態保育問題，如自然景觀與水土保持，野生動植物保護等；另一為公害防治問題，如防止或減少水污染、空氣污染、垃圾污染、與噪音污染等。為制定並執行各項環境政策，美國在1970年成立了直屬總統管轄的環境保護總署（The Environmental Protection Agency）。台灣也在1987年於行政院下成立環境保護署，制定各項環境保護法規，推動各項環境保護業務。（參閱Environmental Impact Assessment）

Expenditure Monitoring
經費監測

　　經費監測指政策或計畫在執行過程中，由政策監督機關或單位、或經費稽核機關，對於該政策或計畫原列經費之使用情況，定期或適時予以查核，了解實際支用狀況，以確保經費能按規定支用，不致有所違失，並可杜絕浪費情事。（參閱Policy Monitoring）

External Marketing
外部行銷

　　任何機關組織的行銷工作，都可大致分爲內部行銷與外部行銷兩大類。內部行銷的對象是組織內部的員工，而外部行銷的對象則爲組織外部的顧客或服務對象。外部行銷指機關中負責行銷的人員或團隊，或全體員工，站在「顧客導向」的立場，採取適當的行銷方法，透過合適的行銷管道，向顧客或服務對象行銷產品、服務、擬議中的計畫、付諸執行的計畫等，以促進了解，爭取認同、配合與支持的所有相關活動。（參閱Internal Marketing）

Field Research
實地研究

　　實地研究指研究人員藉由直接進入研究對象的世界，觀察他們的行爲，以驗證假設的一種研究方法。實地研究可以使研究人員經由直接參與觀察的方式，而了解人類的行動、行爲及社會互動過程。實地研究的優點是提供了研究人員能夠有效抓住影響研究對象之動機、價值觀、信念、問題、態度、與興趣的機會。就公共政策運作而言，實地研究是了解公共問題發生之前因後果，與當事人感覺及需求的一項良好方法。（參閱Participant Observation）

First Generation Implementation Study
第一代執行研究

　　依據美國公共政策學者郭謹（Malcolm L. Goggin）、包緬（Ann O'M. Bowman）、李斯特（Lames P. Lester）與歐圖（Laurence J. O'Toole, Jr.）四人在《執行理論與實際：朝向第三代》（Implementation Theory and Practice: Toward a Third Generation, 1990）一書中認爲，在過去的二十幾年中，有關政策執行的研究，可以說是第一代和第二代的研究，而他們的研究乃是屬於第三代的研究。根據他們的說法，第一代政策執行研究偏重於政策實務層面及個案方面的研究，主要是研究某一個單一的權威性決定（如政策、方案或計畫等），如何在某一個地方或若干地方被執行。例如美國加州大學柏克萊分校公共政策研究所故教授衛達夫斯基（Aaron Wildavsky）（也叫魏雅儒）與普里斯曼（Jeffrey L. Pressman）於1973年所出版的《執行》（Implementation, 1973）一書，就是對加州奧克蘭市（Oakland City）執行聯邦政府解決失業問題有關政策之情況的一個有名的個案研究。第一代政

策執行研究被批評爲缺乏理論性、過於個案取向、非累積性的研究、以及過分悲觀等。（參閱Second Generation Implementation Study, Third Generation Implementation Study）

Fiscal Year
會計年度

會計年度指政府機關爲推動政務所需而設立的以年爲單位的會計時期。以美國情形而言，在1977年以前，會計年度是從7月1日至次年的6月30日；但是1977年以後，會計年度改爲10月1日至次年的9月30日。至於台灣以前的會計年度爲7月1日至次年的6月30日，不過自2001年1月1日起，會計年度已改爲1月1日至當年的12月31日。目前大多數國家的會計年度是採每年1月1日開始的作法。（參閱Zero-Based Budgeting System）

Flexible Management
彈性管理

組織爲配合環境的變化，應有更大的彈性，不必拘泥於採行嚴格的傳統官僚模式。彈性包含許多面向，如組織、人力以及財務的面向。而未來任何管理者的主要任務，將是爲了獲致成果

而從事必要的結構改變及管理方式的調整，儘量應「讓管理者管理」，減少對管理職能鉅細靡遺的管制，以因應日益複雜環境的需求。（參閱Contingency Theory）

Foreign Policy
外交政策

外交政策指政府爲保障與強化國家在國際事務方面的利益，而訂定的指導綱領與法規。就世界各國政府而言，外交政策均極爲重要，因此負責發動並執行外交政策的外交部，在各國政府的內閣中，其地位不是排第一就是排第二，例如美國負責外交事務的國務院（the Department of State）就是內閣的首席部門；而我國的外交部亦爲僅次於內政部之後，排名第二的部。一般來說，外交政策的制定與執行，較富機密性、政治性與專業性，因此一般普通人很少參與，可以說是職業外交官、政治人物、民意代表、政黨、大眾傳播媒體、及少數學者專家的專利。此外，由於外交政策涉及與他國之間的談判、折衝、妥協、簽約等，所以政策的形成過程與其他內政政策有很大的不同。不過，由於「外交是內政的延長」，因此外交政策與內政政策的關聯性已經越來越緊密。（參閱Containment Policy）

Forward Mapping
向前推進的策略

　　向前推進的策略是由美國公共政策學者Richard Elmore所發展出來的一種分析政策執行的策略。向前推進的策略也被稱爲「由上而下的執行」（top-down implementation）。此種策略涉及對政策意圖作明確的陳述、明白界定政策執行過程中，各階層執行人員應當作些什麼、以及明確指出，與原訂政策意圖相比，何種執行結果是可以被接受的。向前推進的策略可以協助政策分析人員從事政策執行過程的分析，其方式是透過對執行步驟及程序進行精確的鋪陳，以確定政策如何被執行，及政策目的是否已經被達成。可是此種明確界定的執行程序有其限制，因爲它假定政策執行過程係由決策者理性的加以控制，而事實上在執行政策的過程中，有許多實際上發生的事情是決策者無法控制的，因此之故，政策執行的過程可能難以利用此種分析技術予以評量。

　　向前推進的策略假定，政策執行是由政策運作過程中的上層人員所控制的，因此，另外的執行方法可能就會被忽略。在陳述政策目的時、引據政策執行的特殊步驟時、及判斷政策意圖的執行結果時，向前推進的策略並不分析其他可能的原因，來解釋政策執行過程所發生的事情。眾所周知，層級節制的關係並無法充分解釋政策執行的狀況。但不論如何，此項向前推進的分析技術將會被繼續的使用，一直到容許政策分析人員承認，決策者本身無法主控政策執行過程的替代技術被發展出來爲止。（參閱Backward Mapping, Bottom-up Policy Implementation, Top-down Policy Implementation）

4Ps
行銷組合四要素

　　公私部門負責行銷的人員或團隊，在進行正式行銷活動前，必須依據產品、服務或政策的性質、行銷對象的特性，市場或環境的需要，將四項主要的行銷要素，也就是四項行銷工具，作最佳的組合運用，以發揮最大的行銷功能，達到有效行銷的目的，這四項行銷要素就是：產品（product）、通路（place）、價格（price）、推廣（promotion），一般簡稱爲4Ps。其主要內容如下：1.產品：包括品質、特徵、式樣、品牌名稱、服務型態、規格、後續服務等。2.通路：包括通路長度、中間商型態、涵蓋區域、實體分配等。3.價格：包括標價、折扣、付款期間、服務成本、獲利代價等。4.推廣：包括廣告、人員行銷（personal

selling）、直效行銷（direct market-
ing）、促銷（sales promotion）、公
共關係（public relations）、口碑行銷
（word-of-mouth marketing）等。（參
閱Marketing Strategy）

Grants-in-Aid
補助款

補助款泛指上級政府或機關基於
國家發展與實現政策目的，對下級政府
或機關給予金錢補助的作法。補助款的
撥給，可以是不附帶條件的全額給予方
式，也可以是要求受補助機關採取相對
等或三對等分攤的方式。補助款可以說
是上級政府所採行的一種政策工具，它
的實施，加強了上級政府對下級政府的
控制力與對政策執行的監督。另外，由
於中央與地方政府在財政收支劃分方面
對地方政府不利，因此國內外的地方政
府經費，常有相當大的部分須仰賴中
央補助。以美國情形而論，在1980年
時，各州與地方政府的收入，有25.8%
依賴聯邦政府補助；而在1991年時，
受補助的比例仍達20.5%。就我國情形
而論，省市及縣市政府依賴中央政府補
助的情況，比美國更爲嚴重。（參閱
Policy Instruments）

Great Society
大社會計畫

大社會計畫是美國總統詹森
（President Lyndon B. Johnson）於
1965年後所精心策劃並大力推動的計
畫，迄1975年止，歷經民主黨與共
和黨三位總統的支持。大致言之，美
國自1930年代發生「經濟大蕭條」
（the Great Depression）後，聯邦政
府藉由公共政策的運作，介入社會福
利事業，而以詹森總統於1965年所發
動的「大社會計畫」爲最高峰。此計
畫所涵蓋的一連串方案，對以後美國
社會與經濟狀況造成巨大的影響，尤
其是使社會福利的強調成爲美國社會
文化的一大特色。此項大社會計畫包
含的項目極多，例如抗貧計畫（anti-
poverty）、啓智計畫（Head Start）、
消除種族歧視（如通過人權法案，
Civil Rights Act）、更新社區與都市
中心區（如提出模範城鎮方案，Model
City Programs）、消除環境污染（如
制定清潔空氣與水質法，成立環境
保護總署（Environmental Protection
Agency）、及公共援助計畫（public
assistance）等。此項大社會計畫雖然
收到若干效果，但是對它提出批評者不
少，認爲它對目前美國在社會福利及醫
療衛生方面的不勝負荷，具有相當大的

影響。（參閱Head Start Program）

Housing Policy
住宅政策

住宅政策乃是提供國內民眾適當與充分住宅的一種基礎性政策。住宅政策的主要用意在為每一位需要住宅者提供基本的住所，尤其是為居住於衰敗破落的市區者。也就因此，各國政府的住宅政策通常把重點放在協助中低收入者解決住宅問題方面。最常見的作法是由政府興建國民住宅、輔助民眾購買房屋、及鼓勵企業興建住宅等。（參閱 Economic Policy）

Hypertext Organization
超連結組織

野中郁次郎（Nonaka Ikujiro）與竹內弘高（Takeuchi Hirotaka）在《知識創造的公司》（*The Knowledge-Creating Company*, 1995）一書中，提出應將傳統組織轉型為適合知識創造的「超連結組織」。如同超連結文件，超連結組織是由相互連結的「層」（layers）或「系絡」（contexts）如「企業系統」（business-system）、「專案團隊」（project team）與「知識庫」（knowledge-base）等所組成。中間的一層是企業系統，正常及例行的作業在其中運作。由於官僚結構最適於例行性的工作，因此這一層的形狀像一個金字塔。最上層是專案團隊層，在這一層有多個專案團隊從事新產品開發等知識創造活動。團隊成員來自企業系統各個不同的單位，分派在一起直至專案結束。最下層是知識庫層，將上面兩層所創造出來的知識重新分類與系絡化。這一層並非是實際存在的組織實體，而是包含於企業願景、組織文化或科技當中。（參閱Business System, Project Team）

Idealized Policy
理想化的政策

理想化政策乃是史密斯（Thomas B. Smith）在他所提出的「政策執行過程模式」（the model of policy implementation process）中的影響政策執行成敗之一項因素。意即政策本身的內容、相關規定、執行方式等，是否考慮周全？是否非常理想？政策的理想化程度會影響它和「標的團體」、「執行機關」、「環境因素」的互動狀況，因而在社會上產生一種張力（tension），結果就會影響政策執行的順利與否。（參閱Implementability Study）

Immigration Policy
移民政策

移民政策主要是指政府對有意取得合法居留權,永久移居本國的外國人,所制定的相關管制與運作程序之法令規章。由於移民政策所涉及的問題非常多,諸如政治的、經濟的、社會的、教育的、文化的問題,所以各國大都設有專門的移民機構負責有關的業務。就美國情況而言,移民政策的制定與執行,是完全歸聯邦政府管轄的業務,並由國務院(Department of State)和司法部(Department of Justice)分別負責相關事務。美國在1882年之前,對移民並無限制。而在1882年國會宣布凡是以下各種人不得移入美國:罪犯、精神病犯、窮困者、文盲、患有某些疾病者、主張無政府主義者、與提倡以暴力方式推翻政府者。在1924年美國採行了移民配額制度(quota system),也稱為「種族就源制度」(national origins system),規定亞洲人不得移入美國,而其他國家則依據各國在1920年的人數,計算可以移入美國的配額。美國國會在1952年通過「移民與歸化法」(The Immigration and Naturalization Act),規定凡是共產主義分子或具有極權信念者,均不准進入美國;已歸化為美國籍而參加具有前述信念之組織者,應取消其公民權。同樣在1952年,國會取消了移民美國的種族限制,不過仍然維持全年移民總數及移民配額的規定。1965年時,國會所通過的移民法(the Immigration Act)完全放棄了移民配額及種族就源制度,而規定每年可移入美國的總數以170,000人為限,並對美國公民的親屬及具有特殊技能者優先考慮;另外規定西半球國家的移民數每年不得超過120,000人。在國會通過「難民法」(the Refugee Act)後,將每年移民總數提高到320,000人。此後有關每年移民總數及配額的規定,常常隨著美國國內外政治、經濟、社會情勢的變化,而作不同情況的調整。(參閱Affirmative Action Policy)

Implementability Study
執行力研究

政策執行力研究指在規劃政策方案時,或在政策執行中,政策分析人員對於該方案未來可能的運作狀況、或實際的運作狀況,預先或適時進行系統性的分析研究,以了解政策方案在執行階段能否順利的推動?可能會遭遇什麼樣的困難?如何才能順利執行政策方案等。事實上,研究政策的執行力,也就是研究到底是哪些重要的變數,它們彼

此間的互動結果，會影響政策執行的成敗。對於執行力的研究，通常是透過執行力模式的建構進行的。因此許多學者提出各種不同的執行力模式，做爲研究的工具。（參閱Feasibility Study, Implementation Assessment）

Implementation
執行

執行指某項政策、計畫、行動、命令等，由相關機關和人員實際予以推動，以達成預定目標或目的之過程而言。普里斯曼（Jeffrey L. Pressman）與衛達夫斯基（Aaron B. Wildavsky）在《執行》（*Implementation*, 1973）一書中認爲：執行乃是目標設定後與爲達成目標所採取行動間的互動關係。鍾斯（Charles O. Jones）在《公共政策研究導論》（*An Introduction to the Study of Public Policy*, 1984）一書中，對執行作了詳細的說明：執行乃是將一個方案導向實施的有關活動。此些活動可歸成以下三套：一爲闡釋活動（interpretation），即將方案語言轉換成易被接受的與可行的行動指令。二爲組織活動（organization），即確立專責機關或機構與工作方法，以有效的推動方案。三爲應用活動（application），即規定如何實際提供服務、給付、或其他相關活動。（參閱Policy Implementation）

Implementation Assessment
執行評量

執行評量指對於機關組織執行某一項政策之可能性與能力的估計或評鑑。執行評量可能會涉及對欲執行的政策能否達到預期的目標作過度樂觀的估計，或對它作過度小心的估計。因此，決策者在推動方案時過度的野心或過度的小心，就決定了政策被執行的程度。不過，政策能否順利的執行，不只依賴決策者的能力而定，還依賴執行機關能否有效的採取各種方法去執行。（參閱Feasibility Study, Implementability Study）

Implementation Environment
執行環境

執行環境指一項政策被執行時所處的環境狀況或系絡因素狀況。因此，執行環境涉及諸多社會的、經濟的、文化的、及政治的因素，此些因素可能會強化或妨礙政策的有效執行。另外，執行環境同時包含了人類與非人類的各種因素在內。在許多情況下，政策之所以無法有效的執行，可能是環境因素所

造成，例如政策標的人口或利害關係者、所提供貨品或服務的實際成本、利益團體、一般社會大眾、各相關政府機關、社會上盛行的價值觀念、學者專家、及大眾傳播媒體等。（參閱Policy Inputs）

Implementing Organization
執行機關

執行機關泛指負責執行某項政策、計畫、方案的機關組織。在大部分情況下，係由政府機關或機構，包括中央與地方各級機關，負責執行各項政策。但是某些特定政策或方案，基於「民營化」（privatization）的要求，可能會委由私人企業或非營利組織負責執行。就政府執行機關而言，欲有效執行政策，在結構上與運作上，必須所涉及的各項因素均能配合，始克爲功。唯據George C. Edwards, III在《執行公共政策》（*Implementing Public Policy*, 1980）一書中所述，執行機關的兩項特徵會妨害政策的執行：一項爲標準作業程序（standard operating procedures）；另一項爲機關權責分散化（bureaucratic fragmentation）。它們常會阻礙政策的改變、浪費資源、產生不想要的行動、妨礙協調、造成下級人員困擾、導致政策目標模糊、及各

機關對於政策執行推託卸責等情事。（參閱Policy Implementation, Standard Operating Procedures）

Incidence
案件

案件指在某一段特定時間內，某一個特殊地區已經被認定或已經發生的某一特別問題或情況，此一特別問題或情況已引起了社會的重視，或已被政府機關接納並加以處理。例如某一個地區發生一連串的「割喉」傷害事件，引起社會極度的恐慌，人民要求政府治安機關必須對此類案件趕快加以處理，早日將所謂「割喉之狼」繩之以法。（參閱Problem）

Independent Agency
獨立機構

美國的獨立機構與獨立管制委員會（Independent Regulatory Commission）或政府事業機構（Governmental Corporations）意義不同。獨立機構是正式獨立存在於行政部門之外的權力機構，它們通常直接受總統的指揮，有其獨立的預算及人事，地位相當重要，例如美國中央情報局（The Central Intelligence Agency）和聯邦調查局（The

Federal Bureau of Investigation）就是。（參閱Independent Regulatory Commission）

Independent Regulatory Commission
獨立管制委員會

美國的獨立管制委員會指由數位委員所組成的多頭機構（plural-headed agency），目的在處理各種經濟管制方案。在某種程度上，此類委員會可以不受總統的控制。例如美國聯邦儲備理事會（The Federal Reserve Board）就是。基本上，此類組織都是採取「委員會」的組織型態，與獨立機構所採取的「首長制」型態不同。（參閱Independent Agency）

Infrastructure Policy
基礎建設政策

基礎建設政策指有關興建並維持道路、交通運輸系統、住宅、社區發展建設、下水道系統、淨水廠、及其他基本建設，使國家能夠續存於現代複雜社會的政策。基礎建設政策對於國家的發展進步及人民的福祉，影響極為遠大，故各國政府均投下大筆預算，積極從事此方面的建設。基本上來說，基礎建設政策的執行，同時涉及公部門與私部門，例如大眾捷運系統，通常是由政府部門負責興建，相反的，住宅則大都由私人部門興建供應。因此，基礎建設政策欲有效的制定與執行，有賴社會上所有相關的公私部門、各行各業人士共同努力，才能達到預期效果。（參閱Developing Countries）

Integrated Marketing
整合的行銷

任何一項政策行銷工作，必須採取整合的觀點，將所有相關的要素整合起來，充分且有效的運用，始克為功。負責從事政策行銷者，須注意以下事項的整合：1.整合並妥善運用各項行銷資源，包括人、財、事、物、時、空等要素。2.整合機關組織各部門的功能與服務對象的需求。3.整合機關組織內部所有人員的努力，形成強有力的行銷團隊。4.整合機關組織首長的行銷領導與部屬同心協力的行銷作為。（參閱Policy Marketing）

Intergovernmental Governance
府際治理

府際治理強調在府際管理下，創造參與者間協調互動與注重網絡之治理

環境。因此，在府際治理上，政府必須重視網絡參與者的角色與特性，以利政府與其他參與者進行適當的互動與協調，以獲取所需的資源。在府際治理下的參與者是多元化的，包括政府（中央與地方政府）、非營利組織及私人企業，而沒有任何一個參與者能夠完全解決所有的公共事務問題，必須相互協調與互動，才能促成共同治理的完成（參閱Intergovernrnental Partner-ship）。

Intergovernmental Manage-ment
府際管理

府際管理就是對府際關係進行適當有效管理的意思。它主張中央與地方政府間、各平行政府間，應具有通力合作的觀念及思維，將政府作為，依人力資源作妥適的配置，以使府際關係能夠建構完整的「執行網絡」，促進政策過程的適當運作。（參閱Intergovernemntal Relations）

Intergovernmental Partnership
府際協力關係

府際協力（夥伴）關係是指中央與地方政府間及地方政府彼此間，彼此

協商且合作的互動模式。府際間各項政務的推動，以「共生共榮」、「相輔相成」、「互通有無」的精神建構，促成各級政府在「權責分明」、「行政一體」之機制下，各本權責完成目標，進而提昇國家整體競爭力，創造政府最大服務效能。在交通、環保、治安、觀光等各方面，府際協力關係研究都有可以發揮的空間。（參閱Intergovernmental Relations）

Internal Marketing
內部行銷

如以行銷的對象區分，行銷可概分為兩大類：內部行銷與外部行銷（External Marketing），前者指向機關組織內部的員工進行行銷活動；後者則指向機關組織外部的顧客或服務對象所作的行銷活動。簡單的說，內部行銷就是機關組織首長透過各種行銷管道，如會議、文件、網路、內部視訊或廣播系統，向所有員工說明某項產品、服務、計畫、政策等之主要內容、來龍去脈、行銷的目標、如何齊一步伐向顧客或服務對象進行行銷等，內部員工先統一觀念，取得共識，才能同心協力一致對外行銷。故一般言之，內部行銷應優先於外部行銷。（參閱External Marketing）

Job Rotation
工作輪調

工作輪調是一項解決工作重複性過高的辦法，屬於工作設計之一。當現有工作活動不再具有挑戰性成為培養員工具備不同專長時，管理者可以把多位員工互相橫向的調往同層級且技能要求相似的另一項工作，此種調動可以是定期性的，也可以是適時的。工作輪調的優點在於：1.可減低員工持續同種工作的厭倦感；2.因為員工可因此學到更多的工作技能，故組織也能間接受惠。但工作輪調也有缺點：1.訓練成本增加；2.當員工對工作已十分熟悉時，若將其調往他處，可能會使組織績效喪失不少；3.可能造成工作團隊與新員工之間的摩擦；4.員工可能寧願埋首於自己選擇的專業領域中，而不願作任何改變。（參閱Management by Objective）

Joint Ventures
合資經營

隨著環境日益複雜與多元化，政府機關必須採取新的治理模式：一方面強調社會政治體系的管理需求功能，另一方面應重視政府機關本身的治理能力。詳言之，政府機關若能結合民間社會豐沛的力量，維持治理需求與治理能力之間的動態平衡，將可有效處理治理危機的問題。乃因此，在公私部門之間建立夥伴關係、共同合資經營公共事業或公共服務事項的觀點，已日漸被大家所接受，而且被視為一種新的治理模式。（參閱Public-private Partnership）

Labor Policy
勞工政策

就美國情況來說，勞工政策指政府為加強管理有組織的勞工所制定的各種法令規章。經由二十世紀各種勞工政策的制定與執行，美國有組織的勞工運動，已經被認為是一股主要的政治勢力。在美國的各行各業，從手工業到白領階級職業，工會的組織與談判協商已經變成制度化，並且有了相當定型的運作方式。

事實上，自從1790年代以後美國工會就已經存在了，至今所有就業人口中，大約有百分之二十多的人參加了工會組織。在1955年以前，美國的工會分成敵對的兩大陣營：一為美國勞工聯盟（the American Federation of Labor）；另一則為產業組織大會（the Congress of Industrial Organizations）。前者主要是由技術性工人所

組成，後者則主要是由工商業的工人所組成。鑑於會員人數的減少、面臨政治及行政方面對工會的敵視、與反勞工法案的立法，因此兩大聯盟於1955年合併成爲美國勞工聯盟與產業組織大會（the American Federation of Labor and Congress of Industrial Organizations，簡稱AFL-CIO）。

工會從事政治活動的結果，導致政府制定了許多有關他們需要及活動的政策。除了透過集體協商方式，以達成他們的特殊目的外，勞工們還尋求其他目標的達成，諸如社會安全利益；失業補助；就業再訓練方案；最低工資、最高工時、衛生與安全標準的立法；有關特別工會的立法、制定或反對他們認爲有利或有害的勞工法案等。爲達到以上這些目的，有組織的勞工團體在首都華盛頓及全美國各地都維持了相當龐大且有效的遊說人員。（參閱Interest Group, Lobbying, Pressure Group）

Land-use Policy
土地利用政策

土地利用政策乃是指爲規範未來土地發展及利用之正式計畫的一套法令規章。土地利用政策是一種結構性的途徑，目的在確定以何種方式管理土地的所有權，以及中央和地方政府如何有效開發使用土地等。進一步言之，土地利用政策之制定，大多是基於持續使用、自然景觀、衛生與安全之既定目標，而維護土地的堪用狀況與規劃土地的適當使用。因此可以說，土地利用政策是依據作決策官員所設定的指導綱領，確保土地適當被占有、住居、與開發利用的一種工具。最相關的論題包括土地如何交由民間使用問題、公共設施與土地使用問題、山坡地開發和水土保持問題、大眾運輸與垃圾處理使用土地問題等。（參閱Housing Policy）

Layer Cake Federalism
夾心蛋糕式聯邦制度

美國在1930年代以前，聯邦政府與州政府共同分享了大部分的政府權限，兩者間的功能與責任的劃分相當明確，聯邦政府不能剝奪州政府的權限，而州政府也不能踰越聯邦政府的權限，彼此之間的關係是衝突的且互動程度極低。換言之，此一階段府際間的關係是聯邦政府在最上層，州政府夾在中間，地方政府則位於最下層，就像一塊夾心蛋糕一樣，彼此的權力界限不但明確且衝突，因此被形容爲夾心蛋糕式的聯邦制度。（參閱Marble Cake Federalism）

Learning Organization
學習型組織

　　學習型組織基本上是指能夠應用組織學習理論以增進組織績效的一種組織型態。它原稱爲metanoia organization, metanoia爲希臘文，意爲「心靈的轉變」。學習型組織指一個組織的成員能夠持續擴展能力，以創造所欲的結果，並於其中培育嶄新且周延的思考型態，促進集體鬥志的自由伸展，同時持續的學習如何去學習。它強調個人學習的重要，並透過團體合作使組織基礎結構產生變革，強化組織成長及創新能力。Peter M. Senge提出形塑學習型組織的五項修練如下：自我超越（personal mastery）、改善心智模式（mental model）、建立共同願景（building shared vision）、團隊建立（team building）、及系統思考（systems thinking）。另外，D. R. Tobin也提出以下五項學習型組織的建立要件：具備清晰有利的領導、培養成員思考能力、克服功能性近視、建立並維持有效的學習團隊、及促使管理者成爲「賦能者」（enabler）。學習型組織與傳統型組織比較，具有以下六項特性：

1. 領導者用心經營管理。
2. 員工被高度賦能以完成任務。
3. 以由下而上與由外而內的方式產生策略。
4. 組織文化具有合作與融合的社區意識。
5. 溝通管道暢通，各種資訊可以充分分享。
6. 組織結構彈性化，激勵措施多元化。（參閱Bureaucracy）

Legal Imperative
法定的要件

　　法定的要件爲傳統層級節制政策執行模式的一個要素，強調在執行政策時，對於法令規章的尊重、及對明確的法定標準負責的必要性。這是美國學者Martin Rein及Francine F. Rabinovitz在〈執行：理論觀點〉（Implementation: A Theoretical Perspective, 1978）一文中所提出的可能在政策執行過程中會發生衝突的三要件之一，另外兩個要件是「理性官僚的要件」（rational-bureaucratic imperative）與「共識的要件」（consensual imperative）。法定的要件之政策哲學觀，主要是基於以下這項假定：政策執行在複雜的政策運作過程中，必須注意適法性及尊重法規的影響。法定的要件認爲政策制定與政策執行欲取得合法性，應當要受到特定法令規章的約制，一般來說，這些法令

規章是當初在制定政策時，立法機關所提出或授權行政機關制定的。如果不注意法定要件的遵守，政策將無法順利的執行。（參閱Consensual Imperative, Legal Feasibility, Rational-Bureaucratic Imperative）

Liberal Policies
自由派政策

就美國的情形而論，自由派政策指涉及傾向保護消費者及弱勢族群利益的政策，例如制定各種社會福利及醫療衛生政策，與輔助殘障者就業的措施等。自由主義者主張政府應該基於更公平社會的立場，制定並實施可以改變社會現狀的政策；他們認為公共政策必須能夠糾正社會不公正的情形，並改正既有社會秩序的缺失。因此，他們贊成政府應發動必要的經濟管制方案，以保護廣大的消費者及弱勢族群。就美國情形而論，民主黨的政策主張比較屬於自由派政策的性質。（參閱Conservative Policies）

Management by Objective
目標管理

目標管理簡稱為MBO。1954年杜拉克（Peter F. Drucker, 1909~2005）著《管理實務》（The Practice of Management）一書，首先倡用「目標管理與自我管制」（Management by Objectives and Self-Control）一詞，對目標管理理論與實務大力推介。其後經過許多管理專家，例如歐迪旺（George Odiorne）等人，不斷的提倡鼓吹，使目標管理受到世界各國普遍的重視。

基本上，目標管理是一種重視人性、個人參與、授權、團隊建立的管理方式。藉著每個工作人員參與整體目標及個人目標的制定、執行與管制，而獲得激勵、提高士氣、增進工作績效。

目標管理指機關工作人員針對政策、方案、計畫的總目標，由上下級的執行人員共同會商而決定單位的目標，和每個執行人員的目標，然後自行依據計畫的執行，管制工作進度，檢討缺失並立即改進，期終時或在一定時間後，依據所訂的目標考核實際執行成果，並進行獎懲。由此觀之，某一項政策或計畫在付諸執行後，可以按照分工的原則，責成執行的單位及個人，依目標管理的精神及原則，設定個人應完成的目標，透過個人自我管制工作進度的方式，使計畫能夠順利執行完成，達成該計畫原訂的目標。

目標管理在國內外已有五十年左右的實施經驗，發現它對計畫的執行及目標的達成、行政績效的提升、執行人

員士氣的鼓舞、有效溝通的進行、績效
的評估等，具有相當積極及正面的作
用。因此，政府機關在執行某項政策或
計畫時，可以採取目標管理的技術，
使計畫能夠順利推動並達成預定的目
標。（參閱Policy Implementation）

Management Information System
管理資訊系統

　　管理資訊系統簡稱為MIS，指一套
蒐集與分析資訊的系統，通常採取電腦
化的方式，以便能夠適時獲得有關服務
提供及所獲結果的資訊。詳言之，管理
資訊系統指以電子計算機為工具，運用
系統的方法，在最短時間內，經濟有效
的提供機關組織內各階層管理人員，作
日常計畫、執行、管制等各項管理活動
所需資訊的過程和體系。雖然電子計算
機的使用，極有助於管理資訊系統的運
作，但並非是必要的條件。

　　基本上，管理資訊系統強調資訊
的計畫性與整合性，以資訊流程為導向
協助作業階層、中級管理階層、及高階
管理階層從事各項決策工作。而一般認
為，管理資訊系統原則上以協助解決重
複性的相關決策（即結構化的決策）為
重點。系統所蒐集與使用的資料，主要
是針對組織的內部情況，因系統本身缺

乏彈性，對於分析「非結構化」問題的
能力較為薄弱，也就對於某些「非結構
化」型態的決策工作幫助較少。

　　管理資訊系統的主要功能可歸納如
下：

1. 可協助機關中的決策人員或管理人
員，在決策前充分預估決策後的可能
影響，決策後可迅速了解執行狀況及
其後果。
2. 可節省機關決策人員或管理人員為作
決策而蒐集、整理及分析資料所需的
時間、成本及精力。
3. 可使管理人員便於推動例外管理
（management by exception）。
4. 可使機關中原有的資訊系統更為有
效。（參閱Decision Support System,
Ill-structured Problem, Office Auto-
matiom, Well-structured Problem）

Marble Cake Federalism
大理石蛋糕式聯邦制度

　　美國於1930年代至1950年代，由
於州及地方政府無法解決屬於全國性
的問題，例如經濟大蕭條的問題，遂
促成羅斯福總統新政（New Deal）的
誕生。即透過聯邦政府扮演前導的角
色，來減緩大恐慌的經濟蕭條，及回應
第二次世界大戰的國際威脅。此一階段
所強調的是各級政府間的互助合作與相

互支持關係，而府際關係也從簡單的法規及法庭命令，移轉爲全國性規劃的模式，儼然是一塊類似緊密團結的大理石蛋糕。因此這種聯邦制度，被形容爲大理石蛋糕式聯邦制度。（參閱Layer Cake Federalism）

Marketing
行銷

根據美國行銷學會（American Marketing Association）的說法，行銷是一種組織功能，是創造、溝通及提供價值（value）給顧客或服務對象，並管理顧客或服務對象關係的一項過程，以使組織及利害關係人均能獲益。另外，行銷學者Philip Kotler及Gary Armstrong 則認爲，行銷是公司爲顧客或服務對象創造價值並建立顧客關係的過程，藉以從顧客取得回報。由上兩項定義可知，行銷具有以下意涵：1.行銷必須爲顧客或服務對象創造價值，並要建立良好的顧客關係。2.行銷的本質在進行「交換」（exchange），使組織與服務對象同蒙其利。3.行銷是一種哲學概念，也是提供一系列管理活動的過程。（參閱Policy Marketing）

Marketing Strategy
行銷策略

由於顧客或服務對象人數眾多、分布各地、需求及動機不一、性質複雜；而行銷人員可使用之資源有限，無法滿足所有顧客或服務對象的需求，因此必須將市場加以區隔，選擇適當的標的市場（target market），全力進行行銷活動，以求事半功倍。一般言之，以顧客爲導向的行銷策略包括三個步驟：1.市場區隔化（market segmentation）：將異質性極高的廣大市場（服務對象），根據某些區隔的標準，區隔成若干性質較相同的小市場。2.選擇標的市場（target market）：市場區隔化後，行銷人員可依據行銷目的、考慮本身的行銷資源、並評估各區域市場的潛力，而選擇所要服務及行銷的標的市場。3.爲產品或服務定位（positioning）：在選定標的市場後，行銷人員必須爲其產品或服務選擇獨特的競爭性定位。定位指將行銷人員的產品、服務、計畫，置於服務對象心中的特殊位置。（參閱4Ps）

Material Policies
物質性政策

物質性政策指政府機關制定提供具

體的資源或實質的權力給予受惠者的政策，例如透過立法要求雇主對工人支付最低工資；發給老年農民年金。或相反的，對標的人口給予實質不利處分的政策，例如對當事人處以罰金等。它與象徵性政策（symbolic policies）是相對立的概念。（參閱Symbolic Policies）

Medicaid
醫療補助措施

醫療補助措施為美國衛生與社會福利制度中的非現金補助方案（In-Kind programs）中的一項，而且是花費最大的一項。自從詹森總統（President Lyndon B. Johnson）於1965年推動大社會計畫（Great Society）實施該項補助方案以來，每年受補助人數及支出數額擴充得相當快速。此項醫療補助措施是由美國聯邦政府與州政府共同對貧窮者給予醫療方面的補助。目前每年有超過25,000,000人，亦即全美國人口的20%，都在享受此項措施的福利。醫療補助措施乃是將對於貧窮者的醫療補助視為社會福利制度的一個項目。它與「醫療照護措施」（Medicare）的性質不一樣，醫療照護措施基本上是一種保險制度。（參閱Medicare）

Medicare
醫療照護措施

醫療照護措施為美國政府保險制度的一個項目，是由詹森總統（President Lyndon B. Johnson）於1965年依「社會安全法」（Social Security Act）修正案之規定而推動的。醫療照護措施是由聯邦政府直接為預先支付醫院保險費與自願參加醫療保險之低收入老年者，支付醫療費用。換言之，醫療照護措施的對象是所有符合社會安全制度規定的年老者，而不論其收入如何，在參加醫療保險時，也不必先作身體檢查。

醫療照護措施包含兩種情況：一種是年老者參加強迫性的健康保險計畫（包括住院費用在內），保費涵蓋在工作薪資的社會安全稅項下；另外一種是由年老者自願參加補助性的醫療保險方案，對病人僅補助80%的醫師及其他醫療費用，保費由年老者與政府的「一般租稅收入」（general tax revenues）分攤。此兩類年老者均須支付一部分的「自付款」，目的在減少病人不必要的住院或醫療行為。此項醫療照護措施，不為病人支付以處方購買的藥品費用、裝配眼鏡費用、裝配助聽器費用及平常體檢費用等。（參閱Medicaid）

Middle-up-down Management
由中而上而下的管理

野中郁次郎（Nonaka Ikujiro）與竹內弘高（Takeuchi Hirotaka）在《知識創造的公司》（*The Knowledge-Creating Company*, 1995）一書中認為，由中而上而下的管理方式適合組織知識的創造。在由中而上而下的模式中，高層管理創造願景或夢想，中層管理發展第一線人員容易了解與執行的較具體的觀念。中層主管試圖解決高層主管希望創造與現實世界實際存在物之間的衝突。換言之，高層管理的角色是創造鉅觀理論，而中層管理則試圖創造可由第一線人員在組織內實際測試的中層理論。（參閱Hypertext Organization）

Niche Marketing
利基行銷

區隔化市場（segmented market）通常是整個大市場內，被區隔出來的一個包含較大服務對象的市場。而利基市場則是由某一區隔市場分割而成的次區隔市場（subsegmented market），包含較少的服務對象。一般來說，區域市場範圍較大、服務較多，所以可能會吸引較多競爭者；而利基市場因範圍較小、服務對象較少，因此可能只吸引非

常少數的競爭者。對行銷資源有限的行銷人員而言，利基行銷是一項明智的選擇，因爲可將有限的行銷資源，應用於經過特別考慮認爲具高度益本比的利基市場，採取「各個擊破」的行銷策略，將可收事半功倍之效。（參閱Differentiated Marketing）

Oakland Project
奧克蘭專案

就公共政策理論的發展與實務研究而言，政策執行是一個較少受到重視、較少人研究的部分，所以有人以「失落的連結」（missing link）形容之。一直到1973年普里斯曼與魏達夫斯基（J. L. Pressman and Aaron Wildavsky）針對奧克蘭專案進行系統性的研究，出版了「執行：華盛頓的偉大期望如何在奧克蘭破碎」（Implementation: How Great Expectations in Washington Are Dashed in Oakland）一書後，學者才開始認眞考慮及研究政策執行的相關議題。奧克蘭專案是一項得到國會大力支持，於1966年開始執行的公共工程計畫，預算高達二千三百萬美元，希望爲失業率達8.4%的加州奧克蘭市少數族群創造三千個工作機會，可是執行三年後竟然僅動支其中的三百萬美元，大部分的計畫都未順利推動，而

五年後，也只不過創造了三百多個就業機會而已。他們作結論時指出：即使獲得聯邦政府高度肯定與經費支持的偉大計畫，因為受到許多因素的影響，也無法順利的執行而宣告失敗。（參閱Policy Implementation, Wildavsky, Aaron）

One to One Marketing
一對一行銷

一人對一人行銷也稱個人行銷（individual marketing）、一人市場行銷（markets-of-one marketing）、客製化行銷（customized marketing），即針對個別顧客、服務對象、或具決策權者之特殊需要所進行的服務或行銷活動。此種一對一的行銷方式，在企業界最常見於精品店業者對特定消費者的個別行銷；在公部門則可見諸於行政機關首長或行銷人員，就某項服務、計畫或政策的推動，對某些關鍵立法人員或利益團體負責人，進行一對一的行銷，以爭取他們對該項服務、計畫或政策的支持與配合。（參閱Undifferentiated Marketing）

Organizational Commitment
組織承諾

組織承諾的概念早由Whyte（1956）所提出，意指組織成員對組織的忠誠度、投入及貢獻。組織承諾所以會受到管理界特別的重視，主要是奠基於「高度的組織承諾是對組織有利的」假定。Balfour與Wechsler兩人曾提出成員願意對組織表示承諾的三種型式及原因：(1)認同感式的承諾，是基於員工對其在組織工作具有尊榮感的程度，及覺得組織有能力完成重要任務的感覺；(2)關係式的承諾，源自於對組織的歸屬感，及組織成員如家庭般彼此相互關心的感覺；(3)交換式的承諾，是基於組織讚揚與重視其成員努力與成就的信念。（參閱Organizational Culture）

Organizational Culture
組織文化

它指一種基本假定的樣式，係由機關組織成員在學習如何解決外部適應與內部整合問題時，經由創造、或經由發現、或經由研擬而成的一種行為樣式。此種為成員所共享的行為樣式，會傳遞給新進成員。換言之，組織文化是深深內化到組織成員心中的一套行

爲、情緒及心理的架構，這套架構主要是由各級主管所塑造並由組織成員所共享，對機關組織的運作及績效影響甚鉅。（參閱Political Culture）

Organizational Development Model
組織發展模式

組織發展模式爲艾爾莫（Richard F. Elmore）於1978年所提出的「社會方案執行的組織模式」（Organizational Models of Social Program Implementation）四種模式之一。根據研究目標管理（Management by Objectives）學者的看法，只有組織成員共同參與目標設定的過程，目標才會被成員眞正的認同與支持。但實際上執行政策者很少參與政策或計畫內容的規劃，因爲他們被認爲缺乏獨立判斷的能力。於是造成愈接近問題核心者，愈沒有表示意見機會的情況。此種現象會導致組織內部發生基本衝突，即個人的自主權及參與需求，與組織的結構控制和各層級需求之間，產生不和諧的狀況。爲避免發生此種衝突，組織發展模式乃應運而生。此模式認爲，欲使政策有效的執行，必須使執行者對目標建立承諾感及共識。也就是說，應當提供機會，讓執行者能夠參與政策的規劃，運用獨立的判斷

力，建立健全的工作團隊。組織發展模式具有以下四項命題：

1. 組織應當設法滿足成員的社會需要及心理需要。
2. 組織結構應當依據擴大成員參與及承諾感，以及減少層級節制等原則設立。
3. 組織的決策必須依賴有效的工作團隊來設定，其目的在建立共識與發展成員間的良好人際關係。
4. 執行過程在使決策者與執行者間對政策獲得共識及調適。

總結而言，組織發展模式認爲：政策執行和政策創新的過程，應由基層開始，而終於組織的頂層（亦即採取由下而上的執行方式）。是以如何發展組織內部結構的能力，建立決策者與執行者對政策目標的共識，乃是政策執行的重心。（參閱Bureaucratic Process Model, Conflict and Bargaining Model, Systems Management Model）

Organizational Equilibrium
組織平衡

組織平衡的概念主要由巴納德（Chester Barnard）及賽蒙（H. A. Simon）所提出。他們認爲，機關組織的員工，他們願意努力辛勤的工作，是因爲他們在心理上覺得他們對機關組織所

作的貢獻（contributions），包括投入時間、體力、智慧等，與他們從機關組織所獲得的誘因（inducements），包括物質的及精神的報酬，兩者之間是大致相等平衡的。在誘因與貢獻平衡的情況下，員工會留下來努力工作；當員工覺得貢獻大於誘因時，可能會覺得不合理而跳槽離去；當員工覺得誘因遠大於貢獻時，機關組織就必須檢討工作分配與待遇制度是否合理。基本上，組織平衡的概念是屬於員工主觀的、心理層面的感受，而不必然是客觀的、物質的事實。機關組織的管理人員必須隨時瞭解員工的組織平衡認知問題，並加以妥善處，以留住優秀員工。（參閱Organization Development）

Organizational Sclerosis
組織硬化症

　　一般來說，利益團體為尋求特定利益、補助、特權或保障，會結合起來向政府的活動施壓。而這些特定利益的成本，基本上可能分散至所有納稅人的身上，然而這些納稅人卻沒有人願意花費時間、精力或金錢，並透過組織的方式，來反對上述的成本花費。此種情形經年累月後，可能會導致過度的政府管制、計畫與活動，並為組織化的利益團體提供大量的補助、津貼、保護與特殊

待遇，卻不鼓勵他們工作、生產與投資，使機關組織無法為遂現其原訂目標暢順的運作。這種利益團體施壓活動對社會產生的累積效應即為「組織硬化症」。（參閱Interest Group）

Participative Management
參與管理

　　參與管理係指一種團隊角色的扮演、資訊與決策制定影響力的分享、參與事項及行為的合法性、團體成員能力與心力的投入以及責任與心力的共同分擔。實施參與管理的條件有：1.參與的計畫與過程必須是真實的；2.所參與的事項必須具有一定的重要性；3.討論與成員有關聯的事項；4.成員本身必須認為「參與」是合法的。組織欲提升績效必須建立結合組織設計、組織成員及組織文化的參與管理環境，下述建議可供參考：在組織設計方面，必須建立團隊、減少層級結構、提供具選擇性的獎勵項目、制定更彈性的法規以及提供更多的參與機會與溝通管道；在組織成員方面，必須加強成員間的合作關係、改善部屬與主管的信任關係及更開放的主管作風；在組織文化方面，必須形塑較少權威象徵的工作環境、更具創意的積極風氣與組織氣候及更有計畫地改革與學習；最後，在參與實施方

面，必須權力下授、完整的資訊傳遞及從工作執行方式、工作目標設定等項目開始著手。總而言之，參與管理的推行即是一種學習的過程，它使成員學習到開放、坦誠、互信、民主、積極、創新、思考與成長，是一種對人性的尊重與人力資源的肯定與發揮。（參閱 Democratic Administration）

Picket Fence Federalism
柵欄式聯邦制度

美國於1970年代至1980年代，因尼克森（Richard Nixon）政府認為大社會計畫（Great Society）的許多方案往往設定太多的條件，不利於地方政府的有效執行，而且在特定領域裡，應該讓次級政府享有主導政策運作的權力，是以提倡重建地方政府聯邦補助款的自主彈性。此一階段的府際關係，一方面將方案的計劃及參與，透過綜合補助、歲入分成和類別補助的重建，把聯邦補助措施加以整合；另一方面則呈現各種輔助計畫範疇的相互競爭與分離的性質，因此被形容為柵欄式聯邦制度。（參閱Layer Cake Federalism）

Policy Compliance
政策順服

政策順服指當某一項政策付諸執行時，與政策執行有關的人（亦即政策參與者），包括執行者、標的人口、執行機關等，表現出願意正面接受、配合政策的推動、以達到政策目標的態度與行為。在政策運作過程中，政策參與者常因某些因素，表現出不順服政策的行為或態度。一旦政策參與者拒絕順服政策的執行，將造成執行過程的不順利或失敗，因而嚴重影響政府的威信及服務人民的宗旨，所以主其事者，尤其是政策執行者，必須設法了解並掌握標的人口順服及不順服政策的原因，並設法提高標的人口的順服度，才能順利推動政策。一般而言，標的人口願意順服政策的主要原因有以下數項：

1. 因政治社會化的緣故。
2. 因政策經過順利合法化的緣故。
3. 因衡量成本利益之後的緣故。
4. 因經過理性思考的緣故。
5. 因基於私利考量的緣故。
6. 因避免遭受懲罰的緣故。
7. 因情勢已發生變化的緣故。

至於標的人口不願意順服政策的主要原因則有以下數項：

1. 因政策內容與流行的價值觀念互相衝突的緣故。

2.因受同輩團體社會化的緣故。

3.因受大眾傳播媒體影響的緣故。

4.因貪圖一時方便的緣故。

5.因個人選擇性認知的緣故。

6.因政策內涵混淆不清的緣故。（參閱
Compliance）

Policy Diffusion
政策擴散

　　荷蘭鹿特丹（Rotterdam）伊拉斯瑪斯（Erasmus）大學教授奇克特（Walter J. M. Kickert）在1997年所主編的《西歐的公共管理與行政改革》（*Public Management and Administrative Reform in Western Europe*）一書中，認為政府在行政改革的過程中，通常會產生許多公共政策的現象，其中之一為政策擴散。政策擴散是在行政改革成為各國政策風尚的情形下，藉由國際官員所舉辦的各項活動，及由公部門的主管、學術界與政策企業家（policy entrepreneurs）所召開的各種會議而使行政改革的政策能夠讓各國政府及人民重視、推動並落實，此與政策行銷（policy marketing）有異曲同工之妙。（參閱Policy Marketing）

Policy Implementation
政策執行

　　政策執行指政策方案在經過合法化程序，取得合法地位後，由主管部門負責擬訂施行細則，確定執行專責機關，配置必要資源，以適當的管理方法，採取必要的對應行動，使政策方案順利付諸實施，俾達成目標或目的之所有相關活動的動態性過程。析言之，政策執行包含以下數項重點：

1.擬訂執行政策方案的詳細辦法。

2.確定負責推動方案的機關或單位。

3.配置執行政策方案所需要的資源，包括人力、經費、物材、設備、權力、資訊等。

4.必須採取適當的管理方法執行政策方案，包括計畫、組織、指揮、協調、激勵、溝通、管制等方法。

5.採取必要的對應行動，包括實際去執行各項活動與促使執行人員及標的人口順服政策的獎懲措施等。

6.政策執行是一種不斷修正調整的動態性過程。

　　在所有政策執行的相關活動中，以擬訂施行細則及確定專責機關最重要，必須特別注意。就擬訂施行細則而言，主要是將抽象性或原則性的政策或計畫條文，轉換成執行人員與標的人口容易了解及遵循的具體辦法。通常在施

行細則中，會將負責推動方案的專責機關、所需要的人力、經費、設備、時間、權責、工作流程等事項，作詳細明確的規定。就確定專責機關而言，通常會考慮以下的要素而作決定：機關層次高低、職掌範圍、規模大小、能力高低、資源多寡等。（參閱Implementability Study, Policy Implementation Linkages）

Policy Implementation Linkages
政策執行連結

政策執行連結指構成政策運作網絡之政策形成、政策執行與政策評估，其相關的順服及溝通活動，產生相互連結的情形。政策執行連結受到下面因素的影響：組織中政策制定者的層級體系的安排狀況、不同決策層級政治運作的影響、及政策環境的影響等。許許多多在政策執行連結情況下所發生的事情，都是為了處理與達成目標有關之政治性的討價還價及協商事宜。政策執行連結最主要的議題是如何認清誰是最可能控制政策運作過程的人，以及為使政策目標獲得接受所需要說服的本質與程度如何。政策執行連結是政策制定者、執行者、與評估者透過互動方式，對政策方向及目標取得同意的領域。政策制定者以設計政策方案，並經由政策制定過程

被接納的方式，發動了正式的政策運作過程。在這個政策制定階段，政治協商的事項大多圍繞著政策內涵及合法化的問題。而在政策執行階段，則由政策制定者與政策執行者連結起來，共同協調執行事宜。政策評估人員則在此種連結關係的最後一個階段，扮演確定政策目標達成程度的角色。以上所說的就是政策執行連結關係的複雜狀況及運作情形。如果要了解政策執行連結的相關問題，最主要的是要研究政策、政策運作過程的個別參與者、及政策執行環境的因素等問題。（參閱Policy Environment, Policy Implementation）

Policy Implementers
政策執行者

政策執行者指政府機關內部或政府機關外面，經由行政程序各種方法，負責將政策付諸實現的正式參與者。政策執行者在政策執行階段，通常會設法去控制及管理政策的推動，原則上，他們會使用各種特殊策略及技巧，以成功的執行政策。眾所周知，政策執行過程乃是政治性的、技術性的、與行政性的控制，在不確定的執行環境情況下，交會在一起運作的場合。因此，政策執行者為減低政策執行過程的不確定性，會依據機關組織的規章準則，去建構政策方

表二　各家對政策學習所作的定義

學　者	學習類型	學習主體 （誰要學習）	學習客體 （學習內容）	學習效果
P. A. Hall	社會學習論	政策社群	政策理念	政策典範轉移
H. Heclo	政治學習論	政治參與者	政策本身	漸進改革、嘗試錯誤
Lloyd S. Etheredge	政府學習論	行政人員	組織運作過程	組織變革
Richard Rose	吸取教訓論	政策網絡	政策工具	方案的改變
Paul Sabatier	政策取向論	政策網絡	政策理念	價值、信仰的改變

案的執行程序。而此種正式的機關組織結構方式，使得政策執行者能夠對政策方案的許多部分施加控制，也因此使政策執行者能夠藉由討價還價與建立聯盟的方式，以支持政策方案的順利執行。此外，政策執行者執行政策意願的高低，可以說是政策能否順利執行的主要關鍵。（參閱Policy Implementation）

Policy Learning
政策學習

　　政策學習指涉入政策過程的行為個體、團體、或機關組織對所涉及各種相關事項的了解、學習與調適狀況。因此，政策學習牽涉三個重要的問題：即誰要學習（who learns）？學習什麼（what learns）？以及學習所造成的影響（effects of learning）。

　　根據這三個問題，可列舉各家對於政策學習所作的定義如表二所示。（參閱Learning Organization）

Policy Maintenance
政策維持

　　政策維持指政策執行機關或人員採取一套活動，以確保政策方案或計畫按照原先設計的內涵繼續執行。活動的內容包括設法使政策方案或計畫經由決策者手中轉入執行機關時，能維持它的「完整性」（integrity）。政策維持的目的並非在防止方案或計畫作必要的改變，而是在預防方案或計畫作有害的修改。（參閱Policy Implementation）

Policy Marketing
政策行銷

時序已進入二十一世紀，一切事物均在劇烈變遷中。人民對政府所提供的服務，不但要求在服務項目上不斷推陳出新，在服務品質方面也不斷的要求提高。因此，政府如何迅速、充分回應並滿足民眾的需求，以獲得民眾的支持，乃是當務之急。而隨著時代的進步，調整政策行銷（Policy Marketing）的觀念及作法，即是回應與滿足民眾需求的一帖良方。

如果我們將公共政策界定為「政府機關為解決公共問題或滿足公眾需求，決定作為或不作為、以及如何作為的相關活動。」則政策行銷的意涵就幾乎包括了對政府絕大部分的活動進行行銷工作。外交工作如此，內政工作也是如此；中央機關如此，地方機關亦如此。「政策行銷」可以簡單界定為：政府機關及人員採取有效的行銷策略與方法，促使內部執行人員及外部服務對象，對研議中或已形成之公共政策產生共識或表示贊同的動態性過程；其目的在增加政策執行成功的機率、提高國家競爭力、達成為公眾謀福利的目標。由此一定義可知，政策行銷欲收實效，必須採取有效的行銷策略及方法，而策略及方法之有效與否，則須視時空環境變化而定。

在當前時空環境下，政策行銷應當揚棄以往「為政不在多言」、「多作少說」的錯誤觀念。而代之以「多作多說」、「作多少說多少」，以爭取服務對象認同及支持的作法。就「內部行銷」而言，機關首長應採各種方式，讓內部執行人員建立共同「願景」（vision），相信某項政策的確「值得作」、「必須作」、及「只要努力就有希望作成功」。就「外部行銷」而言，機關行銷團隊或人員應採適當行銷工具，透過多元參與、溝通對話、宣導說服等作法，爭取服務對象支持並配合政策的推動。

政策行銷單位及人員在進行行銷活動時，應把握以下政策行銷的原則，才能獲得行銷對象的信服，收到實際的效果：

1. 公開原則：即政策制定過程應適時及適度的公開。
2. 設身處地原則：即應站在行銷對象的立場，以同理心進行行銷，才能夠被對象所接受。
3. 誠信原則：即所有政策內容與相關資訊，必須透明化且據實呈現。
4. 可靠原則：即作任何政策承諾，均應設法兌現。
5. 主動積極原則：即政策行銷單位與人員，應以前瞻及宏觀的眼光，主動積

極的進行必要的行銷活動。

最後，一項成功的政策行銷活動，除應掌握時代脈動及把握行銷原則外，尚須以下條件的配合：

1. 須擬訂卓越的行銷策略與方法。
2. 須具有明確可行的具體行銷活動設計。
3. 行銷活動需機關首長全力的支持。
4. 行銷活動需機關成員全體的參與。
5. 須擁有具備雄辯、協調、溝通、說服、專業等能力的優秀行銷人員。
6. 須具有充分政治、經濟、社會等資源條件的配合。（參閱Policy Argument）

Policy Preemption
政策僭越

指政策執行者不僅要規劃他們本身所想要達成的目標，並且要動員充分的政治支持，以迫使政策制定者去採取他們本身的目標。或者，政策執行者與制定者可以進行交易協商，俾確保達成目標的手段得以鞏固。由於執行者控制了整個政策制定過程，這使得解釋政策失敗的原因又增添了另一項因素：即執行者的權力不受政治力的牽制，而導致所謂政策僭越的現象。（參閱Policy Implementation）

Program Evaluation and Review Technique
計畫評核術

1958年美國海軍部為使其艦隊彈道飛彈計畫中的北極星飛彈（Polaris Missile），能夠建立科學化的管理和管制制度，乃由海軍專案處、海軍顧問公司、洛克希德公司（Lockheed Co.）共同發展出一套採用網狀圖做為計畫管制工具的技術，此項技術就是計畫評核術。

計畫評核術指利用網狀圖將計畫的工作內容，適當的劃分成若干工作單元，排定合理而經濟的順序，計算每一工作單元所需的時間，配屬適當的資源，並且不斷作適應進度的調整與修正使計畫如期準確完成的一種技術，所以它可以做為政策或計畫執行的一項技術。通常計畫評核術和要徑法（critical path）合稱為網路分析技術（network analysis）。

計畫評核術包含三大項工作：規劃（planning），即規劃工作的項目、內容、執行方法、負責單位與人員、工作進度與工作地點等；配當（scheduling），即依據各種狀況，配置適當的資源及時間；跟催或管制（follow-up or controlling），即在計畫執行過程中，隨時追查進度並作必要的修正。其

原理與先總統蔣中正先生在1940年12月所提倡的「行政三聯制」一樣，因為行政三聯制也是同樣要求事前的周密「計畫」、事中的貫徹「執行」、以及事後的確實「考核」，所以二者實具有異曲同工之妙。

　　計畫評核術對於政策或計畫的推動，具有以下的主要功用：

1. 利於設計規劃。
2. 利於執行監督。
3. 利於協調合作。
4. 利於管制考核。（參閱Gantt chart, Policy Implementation）

Project Organization
專案組織

　　專案組織是政策執行人員進行「專案管理」（project management）所採取的一種組織型態，它又稱為「矩陣組織」或「柵欄組織」（matrix organization）。專案組織一般指若干部門之間的團隊組合，以團隊合作的方式，共同達成專案性或特定性的任務、計畫或方案，而在達成使命後，組織成員即告解散歸建的一種組織型態。專案組織肇始於美國航空及太空工業之產品研發策略所形成的彈性組織結構，乃是一種將專業分部化與自給自足兩項原則交互運用的混合體制。專案組織對執行某項特定的政策、計畫或方案極有幫助，因為它具有以下數項特性，如運作暢順，將可有效的執行政策：

1. 它是一種臨時性的動態組織。
2. 它是一種開放性的團體。
3. 成員間的互動相當頻繁。
4. 它為特殊的目的而成立。（參閱Implementing Organization, Project Management）

Project Team
專案團隊

　　野中郁次郎（Nonaka Ikujiro）與竹內弘高（Takeuchi Hirotaka）在《知識創造的公司》（*The Knowledge-Creating Company*, 1995）一書中，提出應將傳統組織轉型為適合知識創造的「超連結組織」（hypertext organization），其最上層是專案團隊層，由多個專案團隊從事新產品開發等知識創造活動。團隊成員來自企業系統各個不同的單位，分派在一起直至專案結束。（參閱Business System, Knowledge Base, Knowledge-creation Project）

Psychological Contract
心理契約

　　心理契約的概念是由雪恩（Edgar Shein）所提出的。在機關組織的工作場合中，可以透過心理契約的分析來探討角色期望的問題。這是員工與雇主之間所存在的一種非書面的、心理上的相互承諾，反映出管理當局對員工的期望，及員工對管理當局的期望。實際上，這種心理契約界定了不同角色的相互期望狀況，例如員工期望管理當局公平對待員工，提供合理的工作環境；管理當局則期望員工表現良好，並對組織表現出忠誠及作出貢獻。然而，當角色期望未符合心理契約時，彼此可能都會採取某些對應行動，例如員工在績效與工作滿足上可能會有所反彈；同樣的，管理當局也可能會對員工施以懲罰。（參閱Organizational Commitment）

Quality Control Circle
品管圈

　　品管圈又稱團結圈、小集團活動、品質改善小組或日新小組。品管圈的概念雖起源於第二次世界大戰之後的美國，但是卻在1960年代及1970年代在日本隨著品質改善運動的推行，而茁壯成長。一般人認為，品管圈是由日本東京大學的石川馨（Kaoru Ishikawa）教授所提倡創用的。

　　品管圈指由十個左右工作性質相似的工作人員所組成的團隊，彼此的工作均具有連帶關係。在圈長的領導下，每周聚會一、二小時，透過全員參與及相互討論的方式，自動自發改善現場工作的一種活動。品管圈係以尊重人性為活動基礎，希望透過此類活動，創造開明及有意義或有價值的工作環境，並由每個成員藉著自我啟發與相互啟發而發揮最大潛力，對各該工作部門的運作及績效改善作最大貢獻，進而促進機關組織的健全發展。由此觀之，在公共政策運作過程中，也可利用品管圈活動，使公共政策或計畫能夠順利的制定、執行與評估。

　　品管圈的特性如下：1.尊重人性。2.團隊活動取向。3.成員具有自主性。4.重視自我啟發與相互啟發。5.簡化品質管制方法。6.經由全員參與方式，保持品管圈活動的活力及永續性。

　　品管圈活動的主要效果如下；
1. 可藉自己設定目標及達成目標過程，加強團隊意識。
2. 可使成員更有效分享個人的角色經驗及更有效協調彼此的工作。
3. 可改善管理者與員工間及員工彼此間的溝通。

4.可提高工作人員的士氣。

5.可使員工習得新觀念、新技術、及新態度。

6.可使員工自行解決基層問題,毋須事事勞煩管理人員。

7.可改善上司與部屬的關係。(參閱 Total Quality Management)

Rational-Bureaucratic Imperative
理性官僚要件

理性官僚要件指依賴次序性的規範、邏輯性的行動、深思熟慮、及道德義務等,做為導引執行公共政策之各項決定的準據。此項概念是由 Martin Rein 與 Francine Rabinowitz 所提出的,他們認為,在執行政策時,必須先設立一套規範與目的,並為行政責任提供結構性的途徑。雖然機關組織在作決策時,組織結構、運作、與行政可行性等要素,是政策合法化之必要條件,不過如果要使政策方案獲得相關人員的同意,則上述要素必須符合機關批准所訂的標準與規範。理性官僚要件重視政策執行的積極面向,同時也強調政策執行時,機關組織應注意規範與原則的功能面。總之,此要件的核心為強調機關組織結構,在執行政策能力方面的「完整性」問題。(參閱 Consensual Imperative, Legal Imperative)

Reengineering
再造工程方法

再造工程方法最近幾年來受到企業界與政府廣泛的注意與應用,許多人認為它是緊隨「全面品質管理」(total quality management)運動之後所產生的一種新管理技藝。由於再造工程方法可應用於政府機關,而政府機關乃是執行公共政策的主體,因此再造工程方法對政策執行而言頗具意義。簡言之,再造工程方法指機關組織基於前瞻性觀點,對運作過程所涉及的要素,如目標、結構、成本、人員、工作流程及方法、品質、服務等,從事根本性的思考與設計,以求大幅提高運作績效,滿足服務對象需求,提升組織的競爭力。引申言之,再造工程方法具有以下數項要點:1.任何公共組織及私人企業均可採行再造工程方法。2.必須對運作過程所涉及的要素作根本性的重新思考與設計,而非僅作小幅度的漸進改變而已。運作過程所涉及的要素大至組織結構與法令規章、組織文化,小至工作流程等均包含在內。3.其目標在大幅提高組織整體運作績效、滿足服務對象需求、與提升組織的競爭力。

再造工程方法的基本要素有以下

五項：1.對組織未來具有大膽的願景（a bold vision）。2.採取系統性的途徑（a systemic approach）。3.建立清晰的意圖與託付（a clear intent and mandate）。4.利用特殊的方法（a specific methodology）。5.有效且具有眼光的領導（effective and visible leadership）。

關於再造工程方法的實施階段，依據Warren Bennis及Michael Mische兩人在《二十一世紀的組織：經由再造工程方法改造》（*The 21st Century Organization: Reinventing Through Reengineering*, 1995）一書中所述，可以採取以下五個階段進行：1.創造願景與設立目標。2.建立基準與界定成功定義。3.創新運作過程。4.轉化組織。5.監測再造後之各項運作過程。

機關組織的再造工程如欲獲得成功，必須具備以下的條件：

1. 謹慎確立再造工程的策略、目標及價值。
2. 高階首長須創造推動再造工程的緊迫感。
3. 高階首長須對再造工程方案全心全力持續的支持。
4. 重視並處理再造工程所涉及的人性面問題。
5. 結合由上而下有效領導與由下而上全員參與的再造作法。

6. 以服務對象的立場改善各項工作項目、方法與流程。
7. 組成跨單位跨層級的「再造工程小組」。
8. 挑戰傳統信條及既有運作方式，創新運作過程。
9. 對整個組織的各項運作過程均檢討改進。
10. 充分運用硬體與軟體科技，暢順運作過程。
11. 以務實觀點推動再造工程方案。（參閱Quality Control Circle, Total Quality Management）

Regulative Policy
管制性政策

管制性政策指政府機關設定某些特殊的原則或規範，以指導或限制政府機關或標的人口，包括團體、企業體、機構、及個人等，從事某些活動，或處理各種不同利益的政策。此類型政策通常是屬於「零和賽局」（zero-sum game）的政策，因為此類政策的制定與執行，常會造成一方之所得，乃是他方之所失的情況。例如，政府機關對資方最低工資的管制，將使資方失去既得利益，而使勞方獲利。不過，在很多情況下，是人民損失而政府獲利，故此類型政策在制定和執行時往往會遭致極大

的抗拒。例如出入境管制、山防和海防管制政策、核發汽車駕駛執照、核發營業登記證、公用事業費率管制、公車票價調整管制等。（參閱Zero-sum Game Policies）

Second Generation Implementation Study
第二代執行研究

依據美國學者郭謹（Malcolm L. Goggin）、包緬（Ann O'M. Bowman）、李斯特（Lames P. Jester）、及歐圖（Laurence L. O'Toole, Jr.）四人在《執行理論與實際：朝向第三代》（*Implementation Theory and Practice: Toward a Third Generation*, 1990）一書中認為，在過去的二十幾年中，學者對於政策執行的研究，可以說是第一代與第二代的研究，而他們所作的乃是第三代的研究。根據他們的說法，第二代執行研究偏重於理論分析架構及模式的建立，亦即發展各種分析架構以指導如何對政策執行的複雜現象進行研究，其研究重點包括以下這些項目：1.政策的形式與內容。2.執行機關及其資源。3.執行人員之才能、動機、意向、及人際關係，包括溝通方式等。美國學者George Edwards III所提出的政策執行力模式、D. S. Van Meter

與Carl E. Van Horn所提出的政策執行力模式、及Thomas B. Smith所提出的政策執行力模式等，均屬於第二代政策執行研究的成果。批評者認為，第二代政策執行研究的主要缺失是每個分析架構都各自提出若干影響政策執行的變項，但是卻無法指出哪些變項較其他變項重要；也沒有注意到執行機關間的執行差異；以及執行研究的分析架構，無法被複製而證實有效等。（參閱 First Generation Implementation Study, Third Generation Implementation Study

Seismic Policy
地震性政策

地震性政策為公共政策的類型之一，其內容為以地震為首的重大天然災害的預防、處理與善後的工作。匹茲堡大學教授康福（L. Comfort）在《共承風險：地震回應中的複雜體系》（*Shared Risk: Complex Systems in Seismic Response*, 1999）一書中指出，當災變發生時，可因應此一混亂的、富壓力情況的，是在短時間內所建構的一種創造性的、自主式的回應體系，而非該地區社群內官僚系統的既有權威與實務模式。此回應體系的所有相關的作為與不作為，即被稱為地震性政策。我國台灣地區於1999年發

生921集集大地震後，此類地震性改革的重要性，對我國具有極大的參考價值。（參閱Nonlinear System, Shared Risk）

Social Loafing
社會性偷懶

在任何一個團體中，成員的集體表現，常常不如個人單獨表現的總和。以拔河運動爲例，當個人單獨拉時，會使出全力，成績非常好，平均每人可拉200公斤，10人一共可拉2000公斤。但是如果10人合起來拔河的話，通常拉不到2000公斤。造成這種情形的原因可能有兩個：第一、集體努力的協調性不佳，即每人使出全力的時間不一致，以致力量分散，達不到最佳的效果；第二、社會性偷懶所造成的結果，有些團體成員會覺得「我即使不必全力的拉，也沒有人知道，這麼多人一起拉，我稍微偷懶一下也沒有關係，反正也不差我一個人」。如果一個團體的成員，普遍存在社會性偷懶現象的話，該團體的競爭力及績效，必然大爲降低，不如理想。公共政策或行政業務的推動，就常因爲受到此種社會性偷懶的影響，而使執行績效不如預期。（參閱Groupthink, Peer Pressure）

Standard Operating Procedures
標準作業程序

標準作業程序簡稱爲SOPs，乃是指涉機關組織在結構與運作程序方面，具有標準化傾向及高同質性。標準作業程序係由強烈的專業、社會規範及所有程序均以書面形式表現的方式而形成。它是組織各單位及人員處理事務的標準規定，可視爲制式化（formalization）的結果。制式化指涉定型的規章、程序及書面規定，如政策手冊、作業手冊、工作說明書等。透過標準作業的採行，可確保組織的一致性、可預測性、穩定性及控制性；但是卻可能因此減少自由裁量權、組織創造力及創新力，並可能會使組織不易產生變革，甚至抗拒必要的變革。而工作人員也可能因爲固守標準作業程序，而產生「目標錯置」（goal displacement）的弊端。（參閱Discretion, Goal Displacement）

Strategic Human Resource Management
策略性人力資源管理

現代人力資源管理是策略性的管理，而非事務性的管理，此方面管理者必須充分運用各種機會及降低威脅，亦即必須具備解決問題與防堵問題的行動

能力。策略性人力資源管理具有六項特徵：1.充分認識外在環境的衝擊影響；2.充分認識勞力市場的競爭與動態的衝擊影響；3.具長遠的眼光；4.注重選擇與決策的問題；5.考量所有人事問題；6.與整體企業策略及功能策略整合。由此六項特徵觀之，策略性人力資源管理乃是一種有關「人的事業」（the business of people），而非僅是「人員的業務」（people business），它涉及策略性規劃與決策，並為所有員工協調所有的人力資源，使人力資源功能成為企業功能的完整部分，而非一種附屬、配合的幕僚功能。總而言之，策略性人力資源管理關心5P問題：人力資源哲學（philosophy）、人力資源政策（policy）、人力資源方案（program）、人力資源實務（practice）及人力資源過程（process）。（參閱Strategic Management）

Strategic Management
策略管理

策略管理係由遭遇「分析無能」（paralysis by analysis）問題的策略規劃所發展而來。策略管理係指管理者有意識的選擇政策、發展能力與詮釋環境，以集中組織的努力達成既定的目標。它具有下列特性：1.未來導向；2.是一種獨特的思考與行為方式；3.持續性與循環性流程；4.指引其他管理活動的重要設定架構；5.不易實現，但有其必要性。策略管理過程有四：1.內外部環境分析；2.策略規劃；3.策略執行；4.策略管制與評估。一般來說，公共組織欲成功採行策略管理應具以下特徵：1.遠離政治領導核心；2.自給自足與自主；3.具有能獨立管理、計畫與作業的較小單位；4.績效結果易測量；5.所得結果大部分直接來自顧客。

進一步言之，策略管理指組織運用適當的分析方法，確定組織目標和任務，形成發展策略，並執行其策略與進行結果評估，以達成組織目標的過程。就策略管理的本質而言，它是一種策略計畫，屬於未來導向的計畫性活動；就策略管理的運作而言，它是策略執行與評鑑，屬於一系列的分析、執行及評鑑策略的活動；就策略管理的功能而言，它是策略的運用績效，在於讓組織營造良好的經營環境與營運系統，以因應變革，創造競爭優勢，實現策略目標。基本上，一套完整的策略管理程序，可以歸納如下：1.界定組織目標、2.進行SWOT分析、3.形成策略、4.執行策略、5.評估成效。（參閱Strategic Planning, SWOT Analysis）

Street-level Bureaucrats
基層行政人員

基層行政人員也稱為第一線行政人員，他們是負責執行政策並與服務對象直接接觸的人員，例如警察人員、教師、社會工作人員、地政人員、戶政人員、鄉鎮區公所服務人員、環保人員、汽車監理人員、違章建築拆除人員等。他們既然是政策的實際執行者，因此執行意願、態度、作法等，嚴重影響執行的績效。欲提高基層行政人員對政策執行的順服度，除了應有良好的獎勵與懲罰機制外，最好在政策制定階段就能提供參與表達意見的機會，而在正式執行前，亦應透過有效的溝通，使彼此能充分了解政策方案的內涵與執行方法等。實際上，基層行政人員的表現如何，就代表政府的表現如何。一般民眾對基層行政人員的評價，幾乎形成他們對政府好壞的印象。因此，上層行政人員對基層行政人員應儘量信任、授權、賦能（empower），以增進政策執行的績效。（參閱Policy Implementation, Policy Implementers）

Symbolic Policies
象徵性政策

象徵性政策指政府機關所制定的政策對於標的人口只涉及抽象的或象徵性的事務訴求，例如要求人民要共同追求和平、自由、愛國、社會正義的目標等，而並未對標的人口造成物質方面的實質影響。例如政府有關機關發動「心靈改革運動」，要求人民自我淨化心靈，共同創造祥和的社會。它與物質性政策（material policies）是相對立的。（參閱Material Policies）

Systems Management Model
系統管理模式

系統管理模式為艾爾莫（Richard F. Elmore）於1978年所提出的「社會方案執行的組織模式」（Organizational Models of Social Program Implementation）四種模式之一。它以X理論的組織觀點為根據，強調組織可以藉著層級節制的控制體系，使組織的運作趨向價值追求的擴大化。也就是說，此模式認為在政策目標設定後，決策者與執行者彼此間對於政策目標必已達成共識，並以組織內部的管理系統做為協調與控制的權威機制，希望能使組織的執行人員朝向政策目標的實現而努力。有人將此模式稱為「由上而下的執行方式」。系統管理模式具有以下四項基本命題（prepositions）：

1.組織的目標在追求理性價值的極大

化，其行爲以目標爲導向。

2. 組織依據層級節制原則設立，有一個最高單位負責任務分配及管制工作進行。

3. 組織所作的決定在使內部各單位間能夠獲得最佳的職責分配，並不斷加以調整。

4. 組織的執行過程隨時因應環境需求而作調整，但執行過程一定以目標取向及價值最大化爲依歸。

此模式認爲政策在進入執行階段時，已具有清晰的政策目標及控制制度。因此如果政策目標未能達成，必定肇因於原訂計畫的不可行，而非受到執行過程因素的影響。基本上此模式的論點是一種規範性的假說，雖然得到若干實證資料的支持，但是它並未能描述政策執行的眞正狀況，所以解釋力較爲薄弱。（參閱Bureaucratic Process Model, Conflict and Bargaining Model, Organizational Development Model, Top-down Policy Implementation）

Tactics
戰術

戰術指一組短期性的具體行動，藉以完成相當明顯而有限的目標。戰術是源自於策略所作的具體性與特殊性的行動，而戰略（strategy）乃是一般性的行動計畫或設計，指涉較寬廣遠大的目標及達成目標的方法。（參閱Strategy）

Tax Policy
賦稅政策

賦稅政策指人民據以向政府繳納稅金的指導綱領與法令規章。我國的賦稅政策係由財政部負責規劃與執行，主其事的財政部的賦稅署掌理下列事務：1.賦稅法規之擬訂、修改及解答。2.國稅稽徵業務之規劃、指揮、監督及考核。3.地方稅稽徵業務之規劃、督導及考核。4.各級稅捐稽徵機關監察業務之指揮、監督及考核。5.重大逃漏稅案件之稽核，及各稅捐稽徵機關稽核業務之監督與考核。6.有關賦稅行政、稅務資訊之規劃、考核及租稅教育與宣傳等之推動。

美國的賦稅體系是由個人所得稅、公司所得稅、社會安全稅、遺產稅與贈與稅、貨物稅與消費稅等項所組成。大體而言，聯邦政府的順暢運作，主要仰賴個人所得稅收，州政府仰賴各式稅收，地方政府則仰賴不動產與遺產稅等稅收。Thomas Dye認爲，美國的賦稅政策是所有公共政策中受到利益團體影響最深的政策，所導致的弊病包括稅制太過複雜、對不同所得階層的

課稅有欠公平、間接鼓勵避稅與地下經濟、高額的累進稅抑制生產與投資。有關賦稅政策的變革建議，第一種方式認為中低收入者的稅負太重，因此須加重高收入者的稅率。第二種方式認為應將個人所得稅率單一化，使各所得階級均享有相同的或相似的稅率。至於應採取哪一種方式，則牽涉到如何定義賦稅公平性的問題。（參閱Economic Policy）

Third Generation Implementation Study
第三代執行研究

美國公共政策學者郭謹（Malcolm L. Goggin）、包緬（Ann O'M. Bowman）、李斯特（James P. Lester）、與歐圖（Laurence J. O'Toole, Jr.）四人在《政策執行理論與實際：朝向第三代》（*Implementation Theory and Practice: Toward a Third Generation*）一書中認為，在過去二十幾年中，有關公共政策執行的研究，可以說是第一代和第二代的研究，他們的研究則是屬於第三代研究。根據他們的說法，第一代執行研究偏重實務（個案研究），第二代執行研究偏重理論（分析架構的建立），第三代執行研究則企圖整合理論與實務。

第三代政策執行研究的主要目的在藉著解釋為何政策執行行為會隨著時間、空間、政策、執行機關之不同而有所差異，因而對政策執行行為將具有新的認識，進而可以預測未來可能出現的政策執行行為類型。郭謹等人建構了「政府間政策執行溝通模式」（The Communication Model of Intergovernmental Policy Implementation）來說明他們的看法。這個模式將焦點置於聯邦及州政府之行政人員、立法人員、利益團體等，在動機與興趣方面的差異，並以此類變項預測及解釋政策執行行為及其影響。他們認為，政策執行行為會因為政策、執行者、執行機關、及執行環境特性的不同而有所差異，亦即採取權變執行理論的觀點。他們為說明其溝通模式的內涵，特別分析了執行實務的狀況，以三個個案為例予以印證：有毒廢棄物管理案、家庭計畫服務案、及廢水處理案。他們強調，主事者應採取整合觀點，透過公私部門參與者的互動、結盟、議價、協商，而形塑政策並暢順政策執行過程。

郭謹等人認為，第三代政策執行研究因為必須結合由上而下途徑及由下而上途徑研究，所以就必須採取多元研究法，結合定性與定量的分析模式，對政策執行從事「比較性」、「縱貫性」、與「系統性」的分析研究，而

重點應置於驗證各種假設而非建立假設。因此，應將發展並應用有效方法以從事系統性實證研究這件事列為第一優先。他們進一步建議，決策者與管理者應具有能力，使用由第三代政策執行研究所產生的知識，設計或重新設計能夠有效運作的公共政策。（參閱Bottom-up Policy Implementation, First Generation Implementation Study, Second Generation Implementation Study, Top-down Policy Implementation）

Top-down Policy Implementation
由上而下的政策執行

Paul Sabatier於1986年指出，政策執行有兩個途徑或模式，一為由上而下的執行；另一為由下而上的執行（bottom-up implementation）。由上而下的政策執行模式主要內涵是：

1. 上級機關對下級機關負起政策執行的指揮與監督責任。
2. 機關首長對部屬採取嚴密的監督與管理態度，以達成預定的目標。

此項模式主要是植基於以下的一些基本命題：

1. 政策制定與政策執行彼此各有界限，可以相互分立。政策制定者決定目標，政策執行者實現目標，兩者形成上令下行的指揮關係。

2. 政策制定與政策執行之所以能夠各有界限、各自分立，是因為下面的理由：
   (1) 兩者的分工相當明顯，一為設定目標，另一則為設法達成目標。
   (2) 政策制定人員能夠明確的陳述目標，並能夠同意不同目標的優先順序。
   (3) 政策執行人員擁有技術能力、服從命令、及意願等特性，因此能夠達成目標。

3. 因為政策制定者與政策執行者彼此同意且樂以接受兩者間的界限，所以政策執行過程是在政策規劃之後，而有先後順序之別。

4. 涉及政策執行的決定，本質上是技術性的，並且是非政治性的，所以執行者的責任就在以中立的、客觀的、及科學的方式去推動政策，達成預期的目標。

大致上來說，由上而下的執行模式較適合需要強調公權力的政策執行，例如管制性政策與重分配性政策等。

美國公共政策學者Richard Elmore將此種由上而下的政策執行模式稱為「向前推進的策略」（forward mapping）。（參閱Bottom-up Policy Implementation, Forward Mapping）

Total Quality Management
全面品質管理

　　全面品質管理是1980年代後期以來，學者專家及公私部門實務人員共同關注的發展趨勢。全面品質管理一詞據說是1985年由美國Naval Air Systems Command的心理學家Nancy Warren所提出的。不過另有一說是由Ohio Highland Heights的Allen Brandley Company所倡用的。但不論如何，它可說是由Armand V. Feigenbaum的「全面品質管制」（Total Quality Control）、歐洲企業界通稱的「整合的產品品質管制」（Integrated Control of Product Quality, ICPQ）、及日本所稱的「全公司品質管制」（Company-Wide Quality Control, WQC）演進而來的。事實上，此項概念的緣起，應該追溯到第二次世界大戰之前。

　　全面品質管理乃是一項由機關組織全體管理人員及員工共同參與，採取計量的及人力資源發展的方法，不斷改善機關組織的運作程序、產品及服務，俾使機關組織的產出，能夠滿足服務對象需求與期望的系統性途徑。因此，它是一種哲學，也是一套概念和工具。日本東京大學教授石川馨（Kaoru Ishikawa）於1989年在「How to Apply Companywide Quality Control in Foreign Countries」（*Quality Progress*, Vol. 22, No. 9）一文中，認為全面品質管理具有以下七種核心價值觀：

1. 以顧客為重（customer focus）。
2. 以員工為重（employee focus）。
3. 重視團隊工作（teamwork）。
4. 重視安全（safety）。
5. 鼓勵坦誠（candor）。
6. 要求全員涉入（total involvement）。
7. 以過程為重（process focus）。

　　綜合專家學者的看法，全面品質管制的主要特性可以歸納如下：1.強調顧客至上。2.鼓勵全員參與投入。3.要求高階主管全力支持。4.強調事先預防重於事後偵視。5.重視團隊合作。6.要求持續進行改善。7.重視員工教育與訓練。

　　全面品質管理基本上可應用於行政機關組織，以推動各項政策或計畫，不過必須克服一些實施上的阻礙因素，例如：1.如何明確界定政府機關的服務對象（顧客）？2.政府所提供的大多為服務而非產品，如何準確衡量服務水準？3.政府比較重視投入及過程，如何促使同時重視產出？4.政府機關的行政文化應如何改進，以適應全面品質管理的推動？（參閱Policy Evaluation, Quality Contrd Circle）

Transportation Policy
交通政策

交通政策指有關有效開發與執行全國交通運輸網的政策。它所涉及的範圍極為廣泛，包括各種車輛船舶、飛機的增加與管理；大眾交通運輸工具的提供與管理；海陸空交通運輸網的建立與管理；重大公共交通設施的興建等。交通政策對國家經濟發展與人民福祉影響巨大，所以它可以說是基礎建設政策（infrastructure policy）的重要一環。（參閱Infrastructure Policy）

Type of Bureaucrats
行政人員類型

行政人員是執行公共政策的主幹，他們個人的信念、動機、態度、價值觀、及目的如何等，嚴重的影響政策執行的成敗。所以研究政策執行者必須了解行政人員的類型，才能知悉政策的執行情況。一般而言，如果按照動機、價值觀、目的的不同，行政人員大致上可分成以下四類：

1. 事業型者（careerists）：此類型的行政人員認同他所服務的機關，並且願意在機關中謀求個人事業的發展。
2. 政客型者（politicians）：此類型的行政人員期望利用其身分去追求機關以外的事業發展機會，例如民選的官位、或政務官位。他們最關心的是如何與機關外的政治資源，維持密切的聯繫。
3. 專業型者（professionals）：此類型的行政人員會堅持專業的理念與道德，因為他們主要是基於被證明具有能力及專長，而獲得其他相同技術或相關領域之專業人員的認同、讚賞而得到最大的滿足感。例如以努力獲得如化學、心理學、社會學、政治學、公共行政學其他同僚的認同及聲望，做為最重要的報償。
4. 傳教士型者（missionaries）：此類型的行政人員，其行為受到激勵的來源是他們對特殊政策或社會運動所表現的忠誠感。他們所關心的是：他們的偏好和主張，能否被操作化；他們在機關內的地位如何；他們在機關外個人的前途發展如何；他們能否獲得專業同僚的認同等。

基本上來說，大部分的機關在大部分情況下，由事業型的行政人員及精神所主導。傳教士型的行政人員通常相當的少，政客型者及專業型者在數目上及重要性方面則起伏不定，並且至少在某一段時間內，會個別的或聯合的掌控機關的政策行為。事業型者取得主控地位乃是極為自然的情況，傳教士型者掌

控的情形基本上是作不到的，雖然偶爾個別的傳教士型者，也可能會有相當的短期影響力。從歷史經驗來看，當機關內的政客型行政人員與專業型的行政人員，結合起來積極運作的時候，可能就是該機關最生動活潑的一段時期。

（參閱Policy Implementers, Type of Policy Analysts）

Undifferentiated Marketing
無差異行銷

無差異行銷也稱爲大量行銷（mass marketing），指行銷人員刻意忽略不同區隔市場所存在的差異性，而將整個市場（整體服務對象）視爲一個同質性的市場，對他們提供單一的產品、服務或行銷活動。它所強調的是服務對象共同的需求，而非差異性的需求。行銷人員透過大量的行銷通路與大量的廣告進行行銷，希望能爭取最大數量服務對象的注意、支持、配合。

（參閱differentiated Marketing）

Welfare Policy
福利政策

福利政策乃是一套公共政策或計畫體系，目的在經由社會安全、公共援助、就業訓練、公共衛生、失業救濟、教育及其他方案的推動而對抗貧窮。福利政策的制定及執行，已經成爲二十世紀後半期及二十一世紀後世界各國關注的焦點。就美國情況來說，聯邦國會特別制定各種法律，以對合乎資格的民眾提供各項服務，諸如社會保險方案、公共援助方案、及反貧窮方案等，這些方案合起來被稱爲「收入維持方案」（income maintenance programs）。美國社會福利政策的主要重點置於解決或和緩貧窮者的貧窮問題，並改善他們的生活條件。

美國福利政策的制定主要是爲了回應以下這些論題的解決：經濟蕭條與通貨膨脹、新的人口結構、不良的循環性經濟情況、與大眾要求掃除社會上普遍存在的貧窮現象。福利政策在世界各國都是一個引人爭議的問題，因爲每個人對「貧窮」的看法不同，對政府究竟應協助貧窮者至何種程度，也有不同的主張。在此方面，美國聯邦政府對福利政策扮演擴張的角色，乃是受到1968年詹森總統（President Lyndon B. Johnson）提倡「向貧窮宣戰」（War on Poverty）的影響。美國負責執行福利政策的主要機關爲：社會安全署（Social Security Administration）、經濟機會局（Office of Economic Opportunity）、衛生與人群服務部（Department of Health and Human Services）、農

業部（Department of Agriculture）、及勞工部（Department of Labor）等。（參閱Great Society）

Whistle Blowers
檢舉弊端者

　　檢舉弊端者指機關中的工作人員在發現機關組織、單位或人員，有違法失職、不當作為、及有違服務倫理道德情事時，向有關機關、單位、人員、或向機關外的大眾傳播媒體、及相關對象，檢舉此些不法情事者。因為檢舉弊端者必須冒被撤職或調職的風險，所以在機關組織中，敢挺身而出檢舉弊端者並不多見。不過，也因為在眾多公務員中，仍有少數人勇於揭發行政弊端，所以才有一些舉世聞名的案件傳遍世界，例如美國尼克森總統（President Richard Nixon）的「水門醜聞事件」（Watergate Scandal），及雷根總統（President Ronald Reagan）的「軍售伊朗案」。

　　究竟在何種情況下，檢舉弊端才合乎公務倫理道德的立場呢？Peter French在《政府倫理》（Ethics in Government, 1983）一書中，提出以下四項必要的條件：

1. 檢舉弊端者在向媒體、利益團體、或其他政府機關單位舉發不法情事，訴說心中不滿，引起大眾注意之前，必須先行用盡其他適當的表達管道。
2. 弊端檢舉者必須確定那些作法違反了政策的、程序的、道德的、或法律的限制。
3. 弊端檢舉者必須要確認檢舉事項，已對國家、社會或大眾造成明顯而立即的有害影響。
4. 弊端檢舉者必須要具有「明確的證據」（unequivocal evidence），以支持他所作的特別指控。（參閱Administrative Ethics）

Work Simplification
工作簡化

　　1930年美國康奈爾大學（Cornell University）莫根仙教授（Allan H. Mogenson）將「動作研究」（motion study）與「時間研究」（time study）的理論與技術應用在實際工作方面，而稱為「工作簡化」。幾十年來，工作簡化一直受到世界各國普遍的重視。公共政策的運作，如果希望順利有效，工作簡化可說是一項先決條件。

　　工作簡化指採取科學方法，對機關組織的業務及現行辦事方法加以分析研究，尋找瓶頸及缺失，應用「剔除」、「合併」、「重組」、「簡化」等作法，以節省動作、減少工時降

低成本、增進工作績效。其主要著眼點在：減省工作程序、改善工作方法、改良工作環境、及改進工作機具等。

具體言之，工作簡化的主要功用可歸納為以下數項：

1. 可增加工作量與提高工作品質。
2. 可符合工作進度的要求。
3. 可節省人力、時間、及經費，減少浪費情事。
4. 可使工作方法更趨合理，減少意外事故發生。
5. 可建立標準的工作方法與程序。
6. 可利用工作簡化技術做為在職訓練的工具。
7. 可利於安排及控制工作計畫。
8. 可激勵工作人員的士氣。（參閱 Policy Implementation, Scientific Management）

World Trade Organization, WTO
世界貿易組織

世界貿易組織之前身為「關稅暨貿易總協定」（GATT）組織，於1993年烏拉圭回合談判通過後，由一百一十七個會員國於1995年1月1日共同正式成立。台灣很早即申請入會，歷經一波三折，終於獲准於2002年1月1日正式入會，成為第144個會員國。其成立目標是在確保貿易自由，並透過多邊諮商建立國際貿易規範，降低各會員間的關稅與非關稅障礙，為各會員提供一個穩定可預測的國際貿易環境，以促進對外投資，創造就業機會，拓展貿易機會及增進世界經濟成長與發展。另外，世界貿易組織擁有裁定國家間貿易糾紛的權力，並可監督與執行貿易協定，是全球治理的一種型式。（參閱 Global Governance）

Zero-Based Budgeting System
零基預算制度

零基預算制度係於1969年由美國德州儀器公司（Texas Instrument Inc.）的副總裁派爾（Peter A. Pyhrr）所發展出來的。此制度之應用於政府部門，首由美國喬治亞州州長卡特（Jimmy Carter），即後來的美國總統，於1973年會計年度宣布採行，結果相當成功。卡特於1977年當選美國總統後，立即宣布在美國聯邦政府全面採行零基預算制度，並責由預算局長會同其他有關機關的主管，積極研擬辦法，分段進行調訓各機關負責預算工作的官員。萬事俱備後，美國聯邦政府正式從1979會計年度實施此項制度。不過，後來雷根（Ronald Reagon）總統於1981年就任以後，廢止了此項制度。

　　零基預算制度要求每一個機關在編制預算時，對機關所有的計畫項目，包括既有的與新增的項目，均從「零」的基礎開始，作有系統的評估與審查，並以成果或績效及成本為依據，檢查各項工作，排列優先順序，妥善有效分配所需的經費。當進行零基預算編製時，應考慮兩個有關程序的基本問題：第一、現行的活動是否有效或有用？第二、現行的活動是否需要廢止或減少，以支援新的比較重要的計畫，或藉以減少現行的預算。

　　零基預算制度較傳統的預算程序需要更多的管理人員及更多的時間，不過它同時包括以下此些工作：目標設定、計畫評價、執行方案決定、及預算編製等，而傳統的預算程序卻將這些工作分開進行。故嚴格言之，編製零基預算所需的人力及時間，並不見得會比傳統預算程序為多。但是基本上，零基預算的編制是採取「理性廣博決策途徑」（rational-comprehensive decision-making approach）進行的，所以受到諸多限制，難以推動。（參閱 Planning Programming Budgeting System, Policy Implementation）

第五篇　政策評估

Policy Evaluation

Accidental Sampling
偶遇抽樣法

　　偶遇抽樣法爲進行社會問題調查工作時，三種非隨機抽樣法之一，另外兩種爲：立意抽樣法（purposive sampling）及定額抽樣法（quota sampling）。偶遇抽樣法指研究人員在研究地區，針對偶然碰到的研究對象做爲樣本，進行訪問的一種方法。例如研究人員在都市街頭，凡是遇到年滿六十五歲以上的老年人，即做爲調查樣本，訪問他們對於政府推動各項老年福利及醫療政策的看法。（參閱Purposive Sampling, Quota Sampling）

Accountability Studies
課責研究

　　課責研究指基於方案或計畫主辦者的立場所進行的研究，藉以決定方案或計畫被正確執行的程度；方案或計畫到達預期標的人口的程度；產生期望結果的程度；及方案或計畫的經費被正確使用的程度。一般而論，課責研究應至少蒐集以下的資訊進行研究：1.影響的課責（impact accountability）。2.效率的課責（efficiency accountability）。3.服務涵蓋面的課責（coverage accountability）。4.服務傳送的課責（service delivery accountability）。5.經費上的課責（fiscal accountability）。6.法律上的課責（legal accountability）。（參閱Policy Evaluation）

Action Research
實作研究

　　實作研究也稱爲行動研究，乃是藉由參與者採取行動、研究行動及其後果，以便採取更進一步、更有效行動，進而促進機關組織有計畫變革的一種過程。實作研究主要是由Kurt Lewin於1940年代所創用的，其目的在爲小團體中的個人建立一種「自我更新」的變革程序。目前此模式已經成爲機關組織從事計畫性變革並維持繼續變革動力的機制，機關組織可藉此模式，鼓勵其成員積極介入政策方案的推動及組織的變革，以達成方案的目標或變革的目標。（參閱Action）

Adequacy
充分性

　　就做爲政策方案的一般性評估標準之一，充分性指衡量某項政策目標達成後，消除該相關問題的程度如何。雖然有時候政策目標的設定，是爲了解決整個問題，但是因爲受到各種因素的限

制，政策執行以後，目標常被迫縮小成一小部分，或是對問題只能作一小部分的解決。在此種情況下，已執行的政策並未能充分的解決該項問題或滿足公眾的需求。因此，以充分性爲評估標準，也可以衡量政策產生期望影響的程度如何。（參閱Adequacy Criterion）

Adequacy Criterion
充分性標準

充分性標準指政策分析人員或決策者在從事政策方案或計畫的評估比較時，採取「充分性」做爲標準。簡言之，充分性指政策方案或計畫執行結果，滿足標的人口之需要（needs）、價值（values）、或機會（opportunities）的程度。充分性標準只是政策評估六項共同標準之一，另外五項爲：效率性、效能性、公正性、回應性、適當性。（參閱Adequacy, Appropriateness, Efficiency, Effectiveness, Equity, Responsiveness）

Administrative Performance
行政績效

行政績效也稱爲行政表現，與行政生產力（administrative productivity）的意思一樣。它包含行政效率

（administrative efficiency）和行政效能（administrative effectiveness）兩種概念在內，亦即行政績效乃是行政效率與行政效能的綜合評量。效率指投入與產出之間的比較情況；而效能則指目標達成的情況。大致言之，效率比較強調「數量」及有形的層面，效能則比較強調「品質」及無形的層面。例如以較少的時間、較少的經費和較少的人力，把事情作完畢，這是有效率的表示。但是事情作好到什麼程度、是否令大家滿意，這就是效能的部分。效率和效能欲同時得兼極爲不易，因爲兩者常會發生衝突和矛盾的現象。例如爲了趕工及節省經費，就可能發生「偷工減料」，品質不佳的結果。但是爲求獲得較佳的品質，必須慢工出細活，因而延誤時間，又會遭到效率不佳的批評。此種情形在政策及一般行政業務處理上更是如此，故考核某機關或某一個人的整體行政表現，必須同時兼顧「效率」與「效能」兩部分的表現，不能以效率代表整體行政績效。（參閱Effectiveness, Efficiency）

Administrator Impact Assessments
行政官員的影響評估

行政官員的影響評估爲評估政策

方案影響所採用之判斷性途徑（judgmental approach）的一種，其他方法還有「行家的影響評估」（connoisseurial impact assessments）及「參與者的影響判斷」（participants impact judgments）。它是指由負責執行政策方案之機關的行政官員，去衡量並判斷方案所產生影響的一種方法。但是因為一般人認為行政官員的主要興趣是設法顯示他們所推動的方案是成功的，因此由他們所作的影響判斷，顯然無法真正公平客觀，可能難以令人信服。（參閱Connoisseurial Impact Assessments, Impact Assessment, Participants Impact Judgments）

Appropriateness
適當性

適當性為政策評估的一般標準之一，指某一項政策方案或計畫所訂目標的價值如何、對整個社會而言是否合適、以及目標所依據的理論或假設，其穩當性（tenability）究竟如何。當其他評估標準都將「目標」視為理所當然而加以接受時，唯有適當性這項評估標準會問：這些目標就整體社會而言，究竟是否恰當？如果政策目標被評估為不恰當，則即使該政策或方案合乎其他所有的評估標準，也將被評估為失敗

的政策或計畫，而不予接受。的確，一項不適當而不應該制定的政策或計畫，如果不幸不但被制定而且很有效率的被執行，則所造成的傷害將是非常巨大的，因此，「適當性」標準應優於其他標準，妥慎的加以評估。換言之，如果政策或計畫通不過適當性標準的檢驗，即予以捨棄而不予採納。在一般情況下，一項政策方案或計畫「適當」與否，常受當時社會上所盛行的價值觀念、倫理道德的影響。（參閱Adequacy, Effectiveness, Efficiency, Equity, Responsiveness）

Assumption
假定

假定是對於某種事實、現象、或變項之間關係所作的一種「不驗自明」、「視為理所當然」的推想性陳述。假定通常涉及主觀性的認知與信念，因此無法以「定量方法」驗證其陳述的真假，只能以「定性方法」加以處理。例如Douglas McGregor在1960年之《企業的人性面》（*The Human Side of Enterprise*）一書中，提出他對人性所作的「假定」（assumption）。他假定人類可分成「X理論」的人，即所謂「人性本惡論者」與「Y理論」的「人性本善論者」。此類假定即屬於不驗自

明且無法以計量方法證明其正確與否的陳述。它與「假設」（hypothesis）是不同的概念。（參閱Hypothesis）

Auditing
審計

審計也稱為稽核，指蒐集政府機關經費使用的相關資料，進行經費稽核，以檢討政府機關是否依照法令規章支用經費。審計制度長期以來，一直是政府機關和民間企業控制及檢核資金流向的一個重要工具。因此，它是管理控制制度的一個組成部分。審計的主要目的有三：1.建立控制系統，減少因偷竊及其他不法行為造成資金損失的可能性。2.確保機關組織的資金依照法令規章的規定使用。3.提供資金會計與使用狀況的準確資料。政府機關的經費稽核大致上有三種類型：即內部稽核（internal auditing）、外部稽核（external auditing）、與作業稽核（operational auditing）。由此觀之，審計可以做為監測政策執行狀況的一項工具，藉以監督資源支用的情況，並作必要的修正。（參閱Policy Monitoring）

Before-and-after Designs
前測後測設計

前測後測設計為前實驗研究設計（pre-experimental design）的一種，指對某政策、方案或計畫在執行前與執行後，作若干次衡量與對照的一種反應性設計（reflexive design），以了解方案執行後，情況是否有明顯的不同，以及是否達到預期的結果。（參閱Policy Evaluation）

Benchmarking Management
標竿管理

1980年代初期，全錄（Xerox）公司以標竿做為改善績效的主要法門，獲致前所未有的績效表現，成為標竿管理的最佳代言人。到了1990年代，標竿管理才被引進政府管理之領域。標竿管理係指尋求並採用一個最好的工作方法，不論此方法是來自於組織內部、其他組織、本地或同一產業或同一國家。換言之，其關鍵概念在於：1.重視流程；2.重視學習；3.講究持續性的改善；4.學習對象必須是最佳的。所以，有效的標竿管理依賴的是正確的規劃、設定目標及持續不斷的投入與承諾。標竿管理的模式甚多，但有數項原則必須確實把握：1.勿好高騖遠；2.確

認績效指標；3.慎選學習對象；4.精確測量績效落差；5.追蹤進度。總之，標竿管理是現代管理者必須重視的管理工具，它可被單獨使用以有效改善組織績效，亦可輔助流程再造內容之決定以及做為全面品質管理執行之工具。（參閱 Performance Management）

Benefits
利益

利益指政策方案或計畫執行之後所產生的淨結果，通常把它轉換成貨幣單位，以利計算。利益包含直接利益和間接利益在內，它是成本利益分析技術（cost-benefit analysis）的主要成分之一。（參閱Cost-Benefit Analysis, Costs）

Classical Time-series Analysis
典型時間數列分析法

典型時間數列分析法是「外推預測法」（extrapolative forecasting）的一種。它認為時間數列具有四項要素：長期趨勢、季節變動、循環變動及不規則變動。茲簡要說明如後：

1. 長期趨勢（secular trend）：指事件在某段較長時間內常呈現出不變、漸增或漸減的傾向。例如台灣由於醫療衛生水準的提高，因此人口死亡率在過去二十年有逐漸下降的趨勢。欲求時間數列之長期趨勢，應在此時間數列中，設法除去其他變動影響因素。

2. 季節變動（seasonal variation）：係一種以一年之內為固定周期的上下變動情況。其變動原因，主要是受季節或風俗習慣的影響，如啤酒、汽水、冷氣機的銷售量，夏季通常較冬季為多。又食品餅乾類的銷售量，在新年、端午節、中秋節等節日前後，必較平常為多。

3. 循環變動（cyclical variation）：係一種以若干年為周期而較不具嚴格規則的連續變動。就經濟及商業而言，此種變動通稱經濟循環或商業循環。其循環周期不一，有長至十年甚至數十年者，如物價、工資、股市狀況等。

4. 不規則變動（irregular variation）：此種不規則變動可能由許多因素所造成，例如政府執政者異動、罷工、天災等。舉例言之，當發生水旱災時，通常會導致蔬菜瓜果價格上揚等。（參閱Extrapolative Forecasting）

Comparative Risk Assessment
比較風險評估

我們人類的生活環境中充滿了各種的風險，例如空氣或水污染、固體與有害廢棄物、毒性物質、核能、農藥等等，都存在著對生命或健康的威脅。基本上要完全去除各種風險是不可能的，而對接近零風險所作的努力，也將會加諸社會極大的成本。因此，以理性途徑思考政策的風險問題者大致上會同意，某種程度的風險總會伴隨著人類的活動而生；而政府應當作的是，比較處理不同類型與不同水準的風險所需的相對成本如何。政策制定者應以共同的基準評估風險，例如挽救每一條生命的成本，再選擇以最小的成本達到減少最多風險的方法，投入社會資源，以達成目標。（參閱Policy Implementation）

Cluster Sampling
群聚抽樣法

群聚抽樣法為實證研究中抽樣設計的一種，也稱為集體抽樣法，適用於以較低廉費用自較大母體進行抽樣的狀況，以及難以將母體中的要素整合在一張清單的情況，其方式是將重要要素以一群一群或一組一組的形式予以聚合，然後以所選定的群組加以抽樣調查。舉例言之，如果要對某一廣大地區從事抽樣調查，首先可利用隨機取樣方式，先選取若干地理單位，例如若干鄉鎮、村里、或鄰等，然後再從這些地理單位中抽取家戶進行研究。（參閱Accidental Sampling, Stratified Sampling, Systematic Sampling）

Comprehensive Evaluation
全面性評估

全面性評估也稱為整體性評估，指評估人員所作的評估是涵蓋整個方案或計畫各個面向的評估，包括該方案或計畫之概念化與設計的分析、執行的分析、監測的分析、及效用評量的分析等。亦即從公共問題發生以至解決，整個過程所涉及的所有相關事項，均在評估分析的範圍之內。（參閱Policy Evaluation）

Conceptual Utilization
概念性應用

概念性應用是「政策知識應用」（policy knowledge use）的一種，指某一項政策或方案在執行以後，經由系統性的評估，其評估結果影響了決策者或政策分析人員，對於相同或類似政策議題的思考方向。在國內外許多對於政

策問題所作的分析研究中，其研究結果有很多只是對決策者或主管機關概念啓發有所助益而已。（參閱Direct Utilization）

Confidence Interval
信賴區間

信賴區間爲實證研究中的一種應用概念，乃是以估計的方式，說明在某種機率水準上，我們容許調查結果可以偏離眞正數值的範圍。例如，我們願意在95%的信賴水準上，接受眞正平均數額各上下五千元的調查結果？還是接受眞正平均數額各上下一千元的調查結果。（參閱Statistical Procedures）

Confidence Level
信賴水準

信賴水準通常也稱爲顯著水準（significance level），爲研究調查中的一項重要概念。它所要回答的問題是：我們所作的估計，發生錯誤的機會有多少？例如，是每一百次有一次錯誤的機會？還是每一百次有五次錯誤的機會？或者是每一百次有十次錯誤的機會？（參閱Confidence Interval）

Confounding Factors
擾亂因素

擾亂因素是研究調查中所考慮的一項變項，指造成模糊或誇大某方案眞正影響（effects）之結果影響（outcomes effects）的外來因素（extraneous factors）。（參閱Impact Assessment）

Congressional Oversight
國會監督

國會通常是指中央政府的立法機關，國會監督指由國會及其委員會針對行政部門執行公共政策的情況，予以考核、調查、及評估的過程。國會監督涉及確定方案執行是否順利？績效如何，執行人員的操守及效率如何？法規被忠實執行到何種程度？國會監督的方法包括委員會召開公聽會、國會進行調查、採撥款作法、同意或不同意總統所提任命案、國會幕僚人員研究行政部門業務等。在美國國會中的「美國國會會計總署」（General Accounting Office）對行政部門的相關評估工作，可以說是一項相當有效的監督作法。（參閱Policy Monitoring）

Connoisseurial Impact Assessments
行家的影響評估

行家的影響評估爲評估影響所採用之判斷性途徑（judgmental approach）的一種，另外的方法還有「行政官員的影響評估」（administrator impact assessments）及「參與者的影響判斷」（participants impact judgments）等。如果採取行家的影響評估法，通常是聘請一位專家或鑑定家，透過訪問政策方案實施地區的方式，檢視該方案所造成的影響狀況。一般來說，該專家是以非正式的方式去蒐集資料並從事影響狀況的判斷，所以此項判斷最好能夠輔以「一般控制」（generic controls）的使用，亦即參考對於標的人口所經驗到的既有影響評量；或是輔以「影子控制」（shadow controls）的使用，亦即對正常應有的進展作較有水準的猜測。不過利用此種方法所獲得的評估資訊，能否得到理想的公信力，仍有爭論。（參閱Administrator Impact Assessments, Participants Impact Judgments）

Connoisseurship Evaluation
鑑識評估

鑑識評估由艾斯納爾（E. W. Eisner）於1985年出版的《教育評估藝術：個人的觀點》（*The Art of Educational Evaluation: A Personal Perspective*）一書所提出，主要應用在教育評估領域中。艾斯納爾認爲在傳統實證科學典範下，並未將教育實務視爲受特定情境所影響的活動形式，而流於制式的、例行的、客觀的量化評鑑。事實上在教育領域，必須透過「鑑識」（connoisseurship）此一視覺性的藝術，才有可能如實地掌握教育實務的複雜性。鑑識評估是主觀的價值判斷，而非數學統計性的測量。（參閱Policy Evaluation）

Constructed Controls
建構性的控制組

建構性的控制組爲實驗研究中的一種設計，指由非隨機方式選擇一組未接受政策方案處理的標的，把他們在某些重要層面與接受方案處理組的標的，進行比較，以了解其差異，做爲進一步推論的根據。（參閱Control Group）

Control Group
控制組

控制組為實驗研究中的一項設計，指在進行政策方案研究或實驗研究時，被利用來與實驗組（Experimental Group）對照，以比較結果的一組未接受方案處理、未受影響、未蒙其利的標的人口。一般而言，控制組的人數最好與實驗組的人數相當，性質應當類似，同時參加兩組的人，應當以隨機取樣的方式予以指派。（參閱Experimental Group）

Controlled Experimentation
控制性實驗

控制性實驗乃是一種從標的人口選擇一批人，並將他們分成接受政策方案實施的實驗組參與者，及未接受政策方案實施的控制組參與者而進行實驗研究的方法。控制性實驗可以使研究人員驗證、觀察、分析某項特別方案的參與者，以檢驗方案對這些參與者的影響情形。某項方案在執行後，有否達到預期的目標或結果，即可以從實驗組與控制組參與者的衡量結果得知。另外一個衡量的方式是當方案已經執行完畢後，研究人員再衡量實驗組與控制組參與者的改變程度，而判斷方案的成敗。對兩組的改變狀況分別進行衡量的目的，是要了解政策方案的影響程度。應用此種實驗法時，應特別注意，隨機的將參與者分派入實驗組和控制組，是確保此項實驗能獲得內在效度的重要要素。控制性實驗固然有許多優點，但是也有它的問題存在，例如，欲採納方案之機關內部對實驗的抗拒問題；如何隨機分派參與者參加實驗組和控制組問題；及控制組參與者所懷偏見問題等。（參閱Control Group, Experimental Group）

Correlation Coefficient
相關係數

相關係數乃是統計調查中的一個概念，指以數目字方式，顯示兩個變項或更多變項間彼此關係之強度，通常是以0至1之間的數值表示之。0表示兩者之間毫不相關；而1則表示兩者完全相關。（參閱Correlational Analysis, Correlation and Causation）

Cost-Benefit Analysis
成本利益分析法

成本利益分析法指研究方案或計畫的成本與結果（outcomes）間的關係，通常以貨幣的名詞加以表示。成本利益分析法是一種協助決策者從若干以

成本利益為基礎的替選方案中作選擇的系統性方法。它強調在一定條件下尋求最低的「投入」或最高的「產出」。就政府事務而言，成本利益分析就是將私人企業的投資理論應用於政府事務的處理，按照投資報酬率的高低，將替選方案排定優先順序，而選擇價值最大的方案。所謂成本是指任何投進某一方案的資源，包括人力、物力、時間、財力等。所謂利益是指任何由方案的運作所產生的可用市場上價格衡量的產品、服務、金錢等。成本利益分析的結果，通常以「益本比」（即利益除以成本）及「益本差」（即利益減去成本）加以表示。

採取成本利益分析法評估比較政策或方案時、可採用以下的步驟：

1. 確定目的（Specification of objectives）。
2. 確認替選方案（Identification of alternatives）。
3. 蒐集、分析與解釋資訊（Collection、analysis and interpretation of information）。
4. 詳列標的人口（Specification of target population）。
5. 確認成本與利益的類別（Identification of types of costs and benefits）。
6. 折算成本與利益（Discounting of costs and benefits）。
7. 預估風險性與不確定性（Estimation of risk and uncertainty）。
8. 說明政策推薦的準則（Specification of criteria for recommendation）。
9. 推薦方案（Recommendation of alternative）。（參閱Cost-Benefit Ratio, Cost-Effectiveness Analysis, Costs）

Cost-Benefit Ratio
本益比

本益比乃是成本利益分析法中的一項計算方式，與益本比（benefit-cost ratio）的意思一樣，即將所有因該方案執行後所獲得的所有利益（利潤）除以某一方案所投入的所有成本，其比率若大於一，表示該方案是賺錢的，因此是可以考慮接受的方案；反之，如果比率小於一，即表示該方案將是虧本的，所以不值得採納。在從事成本與利益比較時，通常是以市場上的貨幣價格來計算的，同時應將所有有形的與無形的、預期的與未預期的成本和利益均計算在內。（參閱Benefit-Cost Ratio, Cost-Benefit Analysis）

Cost-Effectiveness Analysis
成本效能分析

　　成本效能分析也稱為成本效益分析，及成本效果分析。指研究方案的成本與結果間的關係，通常以達成每單位結果所花的成本表示之。成本效能分析的應用，起源於1950年代，主要是由美國蘭德公司（Rand Corporation）所發展及推廣的。最先是應用於評估軍事策略和武器系統的方案。後來，它被應用於評估國防部的預算，1960年代則被美國政府各部門廣泛使用，包括防制犯罪方案，人力訓練、運輸系統及衛生福利方案等方面。

　　成本效能分析和成本利益分析一樣，目的在比較各替選方案的成本與效能之比率，以選擇最佳的方案。兩者相同之處在計算成本部分均以貨幣價值計算，而不同者是前者在計算效能部分係以每單位的財貨、服務或其他有價值之效能列為衡量的基礎。因此，成本效能分析較成本利益分析容易操作。政策分析人員如果採取成本利益分析，所選擇之方案，其「益本比」必須大於一，但是成本效能分析之效能比例則隨個案而有所不同。

　　成本效能分析強調技術性理性，亦即所考量者只是找尋最有效能的方案（非最有效率的方案），其所考量的效能並未全盤涉及全球經濟效能的影響或受整體社會福利的影響。它適合於分析外在的與無形的效能，因為此些效能不容易以共同的貨幣單位來衡量。

　　成本效能分析的步驟與成本利益分析一樣，其成本的折現計算方式亦屬相同。所不同者為選擇方案所使用的標準在：1.在相同的效能比較下，選擇最低成本的方案。2.在限制最高預算額度後，選擇最有效能的方案。（參閱 Cost-Benefit Analysis）

Costs
成本

　　成本是「成本利益分析」與「成本效能分析」的一個主要成分，指執行某一政策方案或計畫所必需直接投入或間接投入的要素，例如經費、人力、物力、時間、資訊等，通常是把這些要素轉換成貨幣單位加以計算。（參閱 Benefits）

Criterion
標準

　　依據《韋氏字典》（Webster's Third New International Dictionary, 1971）的解釋，標準乃是指某項決定或判斷所根據的準則、標尺；而準則則

是由權威機關設立藉以衡量數量、價值、或品質的一種規則。此項解釋顯示，標準的層次較高、範圍較廣；而準則的層次較低、範圍較窄。因此卓爾（Yehezkel Dror）在《公共政策制定再檢視》（*Public Policymaking Reexamined*, 1968）一書中，將標準與準則作以下的區分：標準應用於確定某項過程的實際水準或品質（包括品質的定量與定性特質）；準則則應用於評價已經確定的品質。由此觀之，政策評估標準乃是指政策評估人員爲評估政策的執行結果（包括政策產出與政策影響），依據政策目標或目的而設定可供衡量比較的指標或準則。（參閱Policy Evaluation）

Cross-sectional Study
橫斷面研究

與縱貫式研究相對稱，也稱爲橫斷式研究。指在一特定時間內，就某特定研究對象對某特定研究主題、如政策、計畫、方案、事件活動、行爲或其他事項等之看法、想法、意見等，透過質化與量化的觀察、測量方式，進行調查研究。例如在2013年對台灣居民進行抽樣調查，以了解不同人口變項對「廢除死刑政策」看法如何。橫斷面研究的主要優點爲：1.實施較爲容易，費用較爲節省。2.較易進行資料整理、統計分析及推論。3.可減少不同時間重複測量所帶來的困擾。其主要缺點則爲：1.無法展現研究對象在不同時間產生變化的情況。2.無法顧及斷代間社會環境變遷所造成的研究差異問題。（參閱Longitudinal Study）

Cross-sectional Surveys
橫斷面調查法

橫斷面調查法爲研究調查方法的一種，它被用來蒐集單一標的人口中各群組的資料，或蒐集數個標的人口中各群組的資料。透過橫斷面調查法，此些標的人口中內部各群組或標的人口間的特性，可以得到相當的檢視及比較。（參閱Cross-sectional Studies）

Decision-Theoretic Evaluation
決定理論評估

依William N. Dunn在《公共政策分析導論》（*Public Policy Analysis: An Introduction*, 1994）一書中所述，評估的途徑有三種：一爲虛擬評估（pseudo-evaluation）；二爲正式評估（formal evaluation）；三爲決定理論評估。決定理論評估爲運用描述性方法，製造有關政策結果的可靠與有效資

訊之一種途徑，而此些政策結果是經由利害關係人明白表示具有價值者。決定理論評估途徑與前述另外兩種途徑之差異，在於決定理論評估設法將利害關係人隱而未顯或已經明示的目標及目的予以表面化及明確化。此途徑認為決策者與行政主管所正式宣布的目標與目的，只不過是「價值」（values）的來源之一，其他在政策制定與執行過程中涉及的相關人員，如中低層行政人員、其他機關的工作人員、服務對象等，均涉及政策目標和目的的設定，所以評估政策績效，就應以此些目標和目的為根據。決定理論評估可以克服另外兩種途徑如下的缺陷：1.對評估績效資訊的低度使用或未加使用。2.績效目標的模糊不清。3.具有多元的衝突目標或目的。決定理論評估的應用形式包括：可評估性評估（evaluability assessment）及多歸因效用分析（multi-attribute utility analysis）。（參閱Formal Evaluation, Pseudo-evaluation）

Dependent Variables
依變項

一般研究人員常將各種研究變項分成自變項（independent variables）與依變項兩類，它們都是實驗設計中必須涵蓋的要素。依變項通常被假設可能會隨著自變項的變動，而發生對應的變化。例如，研究人員可能會假設機關組織員工的工作滿足感（依變項），會因為性別（自變項）的不同而有所差異。因此，依變項是研究人員所要預測的項目，而自變項則為用來預測與依變項之關係的項目。（參閱Independent Variables）

Descriptive Statistics
描述性統計

簡言之，描述性統計乃是研究人員透過蒐集、彙整、分析、計算、繪製調查資料，以更容易了解它們的意義的一種統計技術。一般而言，描述性統計係對某項事務的特質作客觀性的敘述，與推理性統計（inferential statistics）不一樣。（參閱Inferential Statistics）

Descriptively Performance Indicator
描述性績效指標

描述性績效指標為評量績效高低的指標之一。此類績效指標如同開罐器（Tin-opener）一般，它無法經由直接的測量得知績效的好壞，只能藉由描述事實以反應績效狀況。此種指標在公部門最常使用，如員工缺席率的提出

代表組織內部管理狀況，機關公文處理數量與服務民眾數量代表機關業務的沉重與否。因此，描述性績效指標具有「質化」的特徵。（參閱Perspective Performance Indicator, Proscriptive Performance Indicator）

Developmental Evaluation
發展性評估

發展性評估指評估方案執行者為了每天運作需要所設計的各項活動，它是「正式評估」（formal evaluation）途徑的一種類型，涉及某種程度的對政策活動加以控制，已經被公私部門廣泛的應用於各種情況。例如，私人企業常運用發展性評估去配送、驗證、及召回新產品。在公共部門，發展性評估曾被應用於驗證公立學校的新式教學法與新式教材方面。例如，著名的電視教學節目「芝麻街」（Sesame Street）與「電力公司」（Electric Company）就是。發展性評估由於同時是形成性評估（formative evaluation）的性質，而且涉及直接控制政策活動，所以在應用時，可立即適應經由系統性操縱投入變項與過程變項而得到的新經驗。（參閱Formal Evaluation, Formative Evaluation）

Direct Costs
直接成本

直接成本指執行某一項政策方案或計畫所必須投入的資源，包括借貸、一次投入的資金、業務費用、維修費用、人工費用、物材設備費用等。（參閱Costs, Indirect Costs）

Direct Impact
直接影響

直接影響指某一政策方案或計畫執行後，依據原定目標或目的所產生的影響，例如，政府機關推動美化社區方案後，經過評量發現，社區的環境的確比未推動前乾淨清潔很多，而這種情形就是該方案的目的之一。（參閱Indirect Impact）

Direct Utilization
直接應用

直接應用為「政策知識應用」（policy knowledge utilization）的一種類型，指決策者及其他利害關係者，對於某一項政策方案或計畫的評估結果所產生的特殊觀念、發現、建議等，直接而明確的加以應用，這是從事評估者最樂意看到的事情。（參閱

Conceptual Utilization）

Disproportionate Sampling
不按比例抽樣法

　　不按比例抽樣法為調查研究之抽樣設計的一種，當研究人員為確保次級母體有足夠的樣本被列為調查對象時，就可以採用此種方法。為了使某一特定的次級母體階層能有最基本數目的樣本接受調查，研究人員可從該特定次級母體層抽取較大百分比的樣本。（參閱 Cluster Sampling, Stratified Sampling, Systematic Sampling）

Economic Efficiency
經濟效率

　　經濟效率指對資源進行適當的配置，使其最能符合消費者與生產者的偏好。就做為政策評估的一項標準來說，經濟效率指在利用一定數量資源的情況下，使利益獲得最大化。在目前政治生態環境下，政治效率固然是評量替選方案一項不可或缺的重要標準，但是在某些情況下，其他標準如政治可行性及社會公平正義等，往往會優先於經濟理性的考慮。（參閱 Economic Rationality）

Effectiveness
效能性

　　效能性為一般性政策評估標準之一，指某項政策或計畫執行後，達成預期目標、結果或影響的程度，亦即將實際達成的情況與原定的預期水準相互比較，以了解政策或計畫已否產生所期望的結果或影響。效能性通常比較強調品質和無形的影響方面，例如方案執行後，人民的滿意程度如何，所以它和強調省錢、省人、省時的效率性，在概念上是不一樣的。簡言之，效能性所指涉的意涵並非是否政策或計畫已按原計畫執行完畢，而是著重政策或計畫執行後，是否對標的人口或事務，產生期望的結果或影響。答案如果是肯定的，則該政策或計畫的效能性就高，否則效能性即低。

　　做為政策評估的一般標準之一，效能性雖然主要是在衡量目標的達成程度，但是一項比較完整的評估工作應將所有除了目標取向影響之外的影響，也加以考慮和評估，因為目標取向的影響只是該政策或方案所有影響的一部分而已。換言之，必須同時考慮其次級的、未期望的、外在的、反生產性的、與期望的、目標取向的影響，方不致有所偏頗。（參閱 Adequacy, Appropriateness, Efficiency, Equity, Responsiveness）

Efficiency
效率性

　　效率性是政策評估的一般標準之一，指研究某項政策或計畫執行後，其產出與所使用的成本之間的關係，亦即強調投入與產出的比較關係，例如是否以較少的時間、較少的經費、較少的人力，將政策執行完畢。通常是以每單位成本所產生的價值是否最大化或每單位產出所需成本是否最小化做為評估的基礎。效率性因探究是否以較佳的方法執行政策，所以著重「數量」層面，而效能性因探究是否以有效的途徑達成正確的目標，所以著重「品質」層面。二者的關係極為密切，有時二者是互相矛盾的，例如為了追求效率，可能就會發生「偷工減料」的情事；而為了追求效能，可能會導致「慢工出細活」拖延工程完工時間的情況。因此在評估政策或計畫的績效時，應同時考慮效率性與效能性。而在進行評估時，何者應占較大權重，須視各種狀況而定。（參閱Adequacy, Appropriateness, Effectiveness, Equity, Responsiveness）

Entrepreneurial Budgeting
企業型預算

　　D. Osborne及T. Gaebler於1992年《新政府運動》（*Reinventing Government*）一書中強調，企業精神的政府必須對過去官僚體系作根本的改變，亦即需具備顧客導向的行動。由此邏輯思考便發展出相互呼應的預算制度：企業型預算。《新政府運動》一書中不斷強調企業型預算的重要性，並舉出許多實例佐證其優越性。整體而言，企業型預算具有以下數項特徵：彈性、結果導向、績效掛帥。企業型預算主張對強調「指揮與控制」之傳統預算作根本、激進的改變，亦即主張合併預算科目，以增加預算留用彈性；允許行政機關保留節省之公帑移做下一年度經費或員工績效獎金；重視機關產出，以工作績效做為課責的基礎。簡而言之，企業型預算即是從傳統的「防弊」設計轉換為「興利」為主的預算制度，其主要精神為彈性、目標與績效。（參閱Entrepreneurial Government）

Environmental Impact Assessment
環境影響評估

　　環境影響評估簡稱EIA，指在擬定

經濟開發建設政策或計畫時，或在政策或計畫執行前，由主管官署本身或委託學者專家、專業社團機構對該開發政策或計畫對於環境（包括空氣水體、土地、動植物等自然環境乃至自然景觀，甚至文化遺產等社會、文化環境）可能造成的影響（包括污染及破壞等），就其程度及範圍，事前利用科學上之客觀的、綜合的調查、預測、估計，進而提出公開說明，並付諸審議，研究該項開發政策或計畫的功能如何、及該政策或計畫的整體環境品質如何，做為決策的依據之一。

綜言之，環境影響評估涉及兩大層面的問題：一為自然生態保育問題；另一為公害（空氣污染、水污染、固體廢棄物污染、噪音污染）防治問題。環境影響評估的積極目的在預防環境遭受破壞或污染，消弭各種經濟活動可能造成的公害現象，從而保全優適的生活環境，維護國民身心的健康，及文化生活的健全。美國在1969年通過「國家環境政策法」（National Environmental Policy Act）；台灣則在1995年通過「環境影響評估法」，做為審核政府機關與私人企業相關投資開發計畫的法源依據。

負責從事環境影響評估者，除須進行事先的調查、預測及評估環境的影響外，尤其應當藉各種程序的進行，逐步整合、分析，並斟酌有關地區、居民、主管機關及環境保護機關等關係主體，在各階段所提出的資訊及意見，並於最後階段完成公正及具有實效的「環境影響評估報告書或說明書」，供決策機關做為核准計畫與否的參考。（參閱Environmental Feasibility, Environmental Impact Statements）

Environmental Impact Statements
環境影響說明書

環境影響說明書指美國聯邦政府各機關在從事重大活動時，必須依照美國1969年國家環境政策法（The National Environment Act of 1969）的規定，提出該等活動的「環境意涵分析」（analysis of the environmental implications），此項分析是由各該機關事先分析並準備者。基本上，任何計畫或方案在進行環境影響評估後，均需發布環境影響說明書。（參閱Environmental Impact Assessment）

Equity
公正性

公正性為政策評估的一般標準之一，也有人把它稱為「公平性」，不過

似乎以稱爲公正性較爲恰當。它是指當政策或計畫執行後，導致與該政策有關的社會上資源、利益、及成本公正分配的程度如何，例如是否會使社會上貧富不均的現象更爲嚴重。一項公正的政策或計畫，必須能使它所產生的結果或影響，作比例性的公正分配。涉及公正性的政策包括：所得的重分配、教育機會的提供、醫療衛生及其他公共服務的提供等。某項政策即使符合效率性、效能性、充分性、回應性的評估標準，但是因爲它造成不公正的利益或成本的分配，所以不是一項成功的政策。此種情形在下面的情況最容易發生：例如，最需要服務者，所受到服務的次數未達應有的比例；又如那些最沒有能力繳稅者，不成比例的繳付稅款；再如那些獲益最多者並未作任何支出等。因此，公正性標準與「社會理性」（social rationality）密切相關。

　　「分配正義」（distributive justice）的問題自古希臘以來就被廣泛討論著，但是因爲每個人或團體都有不同的需求，所以任何一項政策都很難完全滿足大家的期望，只能設法謀求社會的福利最大化而已。凡是政策或計畫能夠達到以下四種情形之一，即算符合公正性的評估標準：

1. 使個人福利最大化（maximize individual welfare）：使所有的人所獲的福利都最大化。

2. 保障最少量的福利（protect minimum welfare）：增加某些人的福利，但使情況最壞者能夠獲得基本數量福利的保障。

3. 使淨福利最大化（maximize net welfare）：增加社會的淨福利，但假定所獲的利益可用來補償遭受損失者。

4. 使重分配的福利最大化（maximize redistributive welfare）：使社會中某些特定的團體，例如受種族歧視者、殘障者、低收入戶、病患等，他們所獲重分配性的利益，能夠最大化。（參閱Adequacy, Appropriateness, Effectiveness, Efficiency, Responsiveness）

Evaluability Assessment
可評估性評估

　　可評估性評估乃是一套規劃評估的程序，該程序將利害關係者的利益充分考慮在內，以求評估的效用能夠最大化。詳細的說，可評估性評估指政策在執行一段相當時間後，即對其執行現況及初步結果加以評估，以探究執行狀況是否符合政策的原先設計與運作程序。其評估結果除做爲修正政策執行的參考外，並且可以建立未來全面性評估

的基礎。它涉及的問題包括一項政策是否可以被評估？值不值得被評估？評估的結果有否參考價值？從事可評估性評估可以了解某一個方案是否值得作全面性的評估，並有利於評估計畫的設計。可評估性評估至少應包含以下這些項目：1.準備一份政策方案說明。2.訪問與方案有關的人員。3.前往現場了解方案的執行狀況。4.設計一個評估方案的模式。5.確認評估結果的使用者。6.對評估計畫的實施達成協議。（參閱Pre-Evaluation）

Evaluation
評估

評估是一個相當彈性的字眼，廣義的說，它泛指某人以某種明示或隱示的標準，檢視、衡量並權衡某一種事實或現象，如人、事務或觀念的過程。它和衡量（measurement）、評量（assessment）、評鑑（appraisal）的概念是相通的。如從公共政策的角度來說，評估是指運用研究技術衡量某一特定方案的過去績效，尤其是該方案對欲解決的問題或欲改善情境的影響狀況，目的在改進方案的執行技術、程序、及其他運作事項，以達成政策目標。（參閱Evaluation Research, Measurement）

Evaluation Community
評估社群

評估社群指閱讀方案評估報告結果並提供改進意見的其他評估人員，例如與評估報告領域有關的學者專家，常被政策評估機關邀請參加評估報告的期中或期末報告座談會，提供相關的意見，供評估人員及執行機關參考改進。（參閱Evaluators）

Evaluation Research
評估研究

依Peter H. Rossi 和Howard E. Freeman兩人在《評估：系統的途徑》（*Evaluation: A Systematic Approach*, 1993）一書中的說法，評估研究指有系統的應用社會研究程序，評量社會干預方案之概念化與設計、並評量其執行及效用狀況。他們並將評估研究與評估視為同義詞。明確的說，評估研究是一項界定研究問題、發展研究設計、執行研究設計、及準備研究結果報告，目的在確定方案效能性如何的過程。評估研究的核心在採取比較方案原訂目標與實際達成程度的方式，而評量方案或組織的績效。評估研究的研究發現，可以做為決策的參考。它所提出的問題包括：哪些方案應當以什麼方式加以改

變？哪些方案應當被淘汰或被刪減規模？（參閱Evaluation）

Evaluation Sponsors
評估主辦者

評估主辦者指發動政策方案或計畫的評估工作，並提供經費去從事整個評估工作的機關或單位，在某些情況下，評估主辦者可能和方案主辦者（program sponsors）相同。而方案主辦者是指實際負責推動方案的機關或單位。（參閱Evaluators）

Evaluative Policy Analysis
評估性政策分析

評估性政策分析為描述性政策分析的一個次級類別，其主要目的在尋求回答如下的問題：政策方案所揭櫫的目標或目的，到底達成了多少？（參閱Descriptive Policy Analysis）

Evaluators
評估者

評估者指負責設計評估計畫，並實際從事評估工作的個人、團體或機關。如果由個人擔任評估者，此個人可能是機關組織內部的人員，也有可能由

機關外面的人員來擔任，例如，學術教育機構的學者專家、研究機構的研究人員、或顧問公司的顧問等。至於由機關組織進行評估的情況，該機關組織可能是整個方案的主辦者、或是負責執行政策方案者，也可能是專門負責評估工作的機關，例如研究發展考核機關等。至於應由誰擔任政策評估者，須視各種狀況而定。通常可依據以下數因素作綜合考量：1.行政首長對評估者的信任度（administrative confidence）。2.客觀性（objectivity）。3.評估者對方案的了解狀況（understanding of the program）。4.評估結果的潛在實用性（potential for utilization）。5.評估者自主性（autonomy）。（參閱Policy Analyst）

Experimental Design
實驗設計

廣泛的說，實驗設計是一種以實證研究方式，研究某一方案或計畫可能達到預期目的或效果的狀況，做為是否採行或擴大實施該方案的參考。其作法是將某方案或計畫的實施對象，列為實驗組（experimental group），而非實施對象則列為控制組（control group）。基本上，這兩個組的個別成員在性質上應該相似，否則會影響研究成果的準確

性。在實驗組成員應用某政策方案或計畫之前，就先對實驗組與控制組兩組的成員進行前測，而在應用方案或計畫後，再對兩組的成員進行後測。測驗結果如果發現實驗組成員有所改變，而控制組成員則否，假定沒有其他的因素可以解釋此種改變，則可推論此項改變乃是因為實施方案或計畫的結果。（參閱Control Group, Experimental Group）

Experimental Group
實驗組

實驗組為實驗研究中被研究人員操控做為研究的對象，指一組接受政策方案或計畫服務的標的，其評估結果與控制組（control group）的評估結果進行比較，控制組的成員指未接受方案或計畫服務者。如果兩組的評估結果有所差異，即可進行分析及推論，以決定政策方案或計畫的採行與否。（參閱Control Group, Experimental Design）

Ex-post Analysis
事後分析

事後分析指在政策方案或計畫開始執行以後，由政策分析人員依序所作的分析工作，分析的結果可以做為方案或計畫持續、調整、終止或重組政策問

題的參考。事後分析是一種「回溯」分析的概念，所以它與事前分析是相對立的。（參閱Ex-ante Analysis）

Ex-post Efficiency Analysis
事後效率分析

事後效率分析指在政策方案或計畫執行後，為了解其淨結果或影響，依政策評估程序所作的效率方面的分析，也就是政策方案執行後的結果分析（強調效率而非效能層面）。因為它採取回溯性的分析方式，所以與事前效率分析是相對立的概念。（參閱Ex-ante Efficiency Analysis）

External Evaluator
外部評估者

「外部評估者」指由政府機關以外的人員主動或被聘請擔任政策評估的工作，包含由大學及研究機構、傳播媒體、壓力團體、公益組織及顧問公司的專業人員，負責評估工作。聘用外部評估者的優點為：1.可以提高政策方案改變的機會；2.外部評估者擁有內部評估人員所缺乏的專業技能及客觀性。但其缺點為：1.外部評估者可能執著於某種意識形態，以致他們所進行的分析常有偏見產生；2.評估研究的使用者常抱怨

外部評估者的研究，既不合時宜且與決策無關，難以實際的應用；3.使用者常抱怨他們無法了解評估者所使用的評估方法，而產生學術界與實務界的鴻溝現象。（參閱Internal Evaluator）

Ex-post Policy Evaluation
事後政策評估

事後政策評估指對於以下事項，進行定量和定性的分析：政策目標是否已經達成、政策是否需要繼續執行、或是需要修正、或是需要終止等。基本上，它與「事後分析」（ex-post analysis）的意義一樣。（參閱Ex-ante Policy Analysis, Ex-post Analysis, Policy Evaluation）

External Validity
外在效度

簡言之，效度（validity）指某項測驗或其他測量工具確實能夠測出其所要測量的特質或功能之程度而言。外在效度為實證研究中一個重要的概念，指實驗研究所得到的結果或研究發現，可使研究人員類推適用至其他類似情況的程度。如果可類推性程度高，就表示該項研究的外在效度高。一項實驗、測驗或測量如果缺乏效度，則無論它具有其

他任何要件，均無法發揮它的真正功能。（參閱Internal Validity）

First Generation Evaluation
第一代評估

美國學者Egon G. Guba及Y. S. Lincoln在《第四代評估》（*Fourth Generation Evaluation*, 1989）一書中，將公共政策評估研究的演進，按照研究所在場所（locus）、研究主要論題（focus）、及研究途徑與方法（modus）之不同所形成的不同典範（paradigm），分成四代予以說明。他們所說的第一代評估研究是指二十世紀初至第一次世界大戰結束時學者們所進行的評估研究，這一代的政策評估人員扮演「技術人員」（technician）的角色，他們的理論基礎是實證論典範（positivism paradigm）。政策評估人員主要的任務是對政策執行結果進行測量（measurement），因此他們的評估活動屬於工具導向，也就是運用適當的測量工具，有系統的蒐集個別資料進行評估，例如，學校對學生所作的考試及智力測驗的結果等。（參閱 Fourth Generation Evaluation, Second Generation Evaluation, Third Generation Evaluation）

Formal Evaluation
正式評估

　　美國公共政策學者William N. Dunn在《公共政策分析導論》（*Public Ploicy Analysis: An Introduction*, 1994）一書中指出，評估的途徑有以下三種：一為虛擬評估（Pseudo-Evaluation）；二為正式評估（Formal Evaluation）；三為決定理論評估（Decision-Theoretic Evaluation）。正式評估指利用描述性方式，製造有關政策結果之可靠與有效資訊的一種途徑，而所評估的結果乃是以已由決策者和負責方案的主管正式宣布的政策目標和目的為基礎。正式評估的主要假定是：正式宣布的目標和目的，乃是衡量政策和方案價值的適當指標。正式評估所使用的方法是經由檢視法案與政策方案相關文件，及訪問決策者和方案負責人，以確認、界定、並詳查正式的目標與目的。正式評估對正式宣布的目標與目的之「適當性」（appropriateness）不加懷疑，它所使用的評估標準主要是「效能性」（effectiveness）與「效率性」（efficiency）。正式評估的主要類型之一是總結性評估（summative evaluation），它涉及在政策執行一段時間後，監測其目標與目的的達成情況。另外一個類型是形成性評估（formative evaluation），它涉及持續的監測政策目標與目的的達成情況。正式評估的應用形式包括發展性評估（developmental evaluation）、實驗評估（experimental evaluation）、回溯性過程評估（retrospective process evaluation）及回溯性結果評估（retrospective outcome evaluation）。（參閱Decision-Theoretic Evaluation, Pseudo-evaluation）

Formative Evaluation
形成性評估

　　形成性評估指以改善政策方案執行情況為目的所進行的評估，它與「總結性評估」（summative evaluation）是相對的。進一步言之，形成性評估乃是一種應用於方案發展階段的評估類型，評估人員藉著它可以提出建議，對方案規劃者與執行者提供必要的資訊，幫助他們確定方案的組成要素。簡言之，形成性評估的主要目的在回饋重要的資料，以協助規劃人員及執行人員在方案執行階段之前或執行中，作必要的決定，以增進方案的執行績效。（參閱Summative Evaluation）

Formative Research
形成性研究

簡言之,形成性研究指設計與發展某種驗證方法,以使某一項新的方案或計畫之成功能夠最大化。(參閱 Formative Evaluation)

Fourth Generation Evaluation
第四代評估

美國學者Egon G. Guba及Y. S. Lincoln在《第四代評估》(*Fourth Generation Evaluation*, 1989)一書中,將公共政策評估研究的演進情形,按照研究所在場所(locus)、研究主要論題(focus)、及研究途徑與方法(modus)之不同所形成的不同典範(paradigm),而分成四代加以說明。他們認為1980年代以後一直到目前的政策評估研究是屬於第四代的研究,這一代的政策評估人員所扮演的角色是:技術人員、描述者、判斷者、調停者、協力者、變革推動者。而評估人員所從事的主要活動是協商(negotiation),他們所根據的是自然論典範(naturalism paradigm)。評估人員的主要活動內容包括:評估時會考慮到人類整體福祉,並綜合考量政治的、社會的、文化的、及前因後果相關之所有

因素;強調結合評估人員與利害關係者,在彼此互動、協商中進行評估;重視評估過程及結果的公平性與公正性。(參閱First Generation Evaluation, Second Generation Evaluation, Third Generation Evaluation)

General Accounting Office
美國國會會計總署

美國國會會計總署(簡稱GAO),目前已改名為「政府課責總署」(Government Accountability Office),是美國最主要的兩個政策評估機構之一,另一個是管理及預算局(Office of Management and Budget,簡稱OMB)。此二個機構都是依據1921年美國之「預算與會計法」(the Budget and Accounting Act of 1921)而設立的,其中GAO為國會的評估機構,而OMB則為政府行政機關的中央評估機構。

國會會計總署雖然隸屬於國會,但卻是超越黨派的獨立機構。會計總署的主計長由總統提名,經國會同意後任命之,任期長達十五年。該署在1945年以前,其功能僅限於會計監察的業務,亦即只從事會計項目的審核,調查政府經費的收受、出納及使用狀況。但是在1945年制定了「政府企業控制

法」與1946年制定了「國會重組法」後，國會會計總署的工作範圍便擴大到計畫與管理的層面，並隨即針對大型社會政策中的各項計畫之擴大與需要進行評估。該署政策評估功能的首次發揮是在1969年向國會提出了經濟機會計畫的查核評估報告。

國會會計總署的工作以解決問題為導向，經常對某一特定政策問題進行深入研究，提出改進建議後，將研究報告提供給社會大眾免費索閱，頗符合民主國家資訊公開流通的要求。該署除總部設於首都外，並在美國全國十五個地區及國外三個地方設有分支機構以蒐集必需的資料。該署在引用資料時非常慎重，並非全部依賴行政機關所提供的資料或數據，在認為所蒐集到的資料之效度與信度有問題時，通常會棄而不用，由評估單位自行蒐集、驗證與分析。

國會會計總署特別設置了一個專門負責評估工作的單位，稱為「政策與特別研究室」（Office of Policy and Special Studies），負責調查研究各行政機關所提報的執行新計畫預算之結果。該署於1974年設立兩個下屬單位，一為計畫及預算分析室，另一為國會資訊服務小組（Congressional Information Service Group），計畫評估的工作主要是由後者負責，兩個單位後來進一步

合併為計畫分析局。國會會計總署於1980年增設副主計長，負責政策評估的相關業務，並在副主計長之下設置計畫分析局與政策評估院。（參閱Office of Management and Budget）

Generalizability
可類推性

可類推性指研究人員從事調查研究後所得到的某一項研究發現，可以被推論適用於類似方案的程度，或從被驗證的方案推論至已經被執行之方案的程度。某項研究、實驗、測驗、測量，如果「外在效度」高的話，其結論或研究發現的可類推性就高。（參閱External Validity）

Goal-Free Evaluation
目標中立的評估

目標中立評估的概念是由Michael Scriven於1972年在《目標中立評估的贊成者與反對者》（*Pros and Cons About Goal-Free Evaluation*）一書中所提出的。目標中立的評估指評估人員直接對政策方案的影響及效能進行資料的蒐集，而無須受制於狹窄的預設目標。由於目標中立的評估相當依賴政策方案的描述及直接的經驗，所以可以採

取定性的評估方法（Qualitative Evaluation Methods）。進一步言之，目標中立的評估要求評估人員對政策方案所欲達成者為何停止判斷，而代之以將焦點置於發現政策方案實際上發生些什麼，及其結果如何。

從事目標中立評估的理由有四：1.為避免因只是狹窄的研究方案的既定目的，而遺漏重要的未預期的結果。2.為免除對未預期結果的發現給予負面的涵意。3.為消除由預定目標導入評估工作所產生的認知性偏見。4.為使評估人員在目標中立情況下維持客觀性及獨立性。（參閱Policy Evaluation）

Goals-Achievement Matrix
目標達成矩陣法

目標達成矩陣法為政策評估方法的一種，係以政策原訂的「目標」（goal）與「目的」（objective）為基準，確認各方案的成本與效益，最後予以評分的過程。評估者必須先對目標作出嚴謹的定義規範，再轉化為具體的目的，並建立可測量的基準，透過矩陣的方式呈現。為充分考量成本與效益問題，運用時必須考量相關利益團體的立場，透過各利益團體對政策目標的評價，賦予各目標適當的權重，以表明不同團體對相同目標的不同評價，進

而建立加權矩陣，其具體步驟為：1.訂定目標。2.將目標具體化，並建構一套評估基準。3.確認標的團體或相關利益團體。4.上述團體或一般公民就評估基準分別給予不同權重，包括「團體權重」與「目標的整體權重」。5.計算加權指標值。（參閱Policy Evaluation）

Government Performance and Results Act
政府績效與成果法

一般簡稱為GPRA。美國政府為落實新績效預算的精神，於1993年8月3日由柯林頓（Bill Clinton）總統正式簽署執行一項行政革新史上非常重要的法案，即政府績效與成果法。該法案最初係由共和黨參議員William Roth起草，經國會通過。它最重要的概念就是要求聯邦政府各機關必須採行策略管理，將企業界實施多年的這項管理理念首度全面性引進政府的管理運作過程。該法主體是規定各機關如何提出環環相扣的策略計畫書、績效計畫書、計畫績效報告書、及提供擴大管理彈性空間的法源，最後則是授權進行試行專案。綜合而言，這項法案強調的是政府管理必須就什麼是應有的成果建立共識，以推動成果導向的管理。（參閱Performance Management）

Gross Outcome Effects
粗結果影響

粗結果影響指經由某一項評估衡量所得出的整體結果，其中只有一部分可能是因為所實施的政策方案或計畫所引起的，另外的部分可能是其他因素所造成的。因此評估人員必須再深入分析研究，才能了解方案或計畫所造成的真正影響為何。（參閱Impact Studies）

Hypothesis
假設

假設是對二個或二個以上變項（variables）之間關係所作的臆測性陳述，它是一種假定的前提、情況或通則，並且可以透過「定量研究法」而驗證該項陳述的成立與否。它可用來陳述整個研究架構中所有待驗證的變項關係，也可以僅陳述其中一部分變項的彼此關係。一般在實證研究過程中，研究人員必須透過理論提出等待驗證的假設，當假設獲得驗證後，即可成為定律，然後再以此定律去驗證或修正理論。（參閱Assumption）

Impact Assessment
影響評量

影響評量指評估某一政策方案或計畫造成標的人口朝向期望方向改變的程度。例如，政府機關實施改善低收入戶生活水準方案後，由政策評估人員採取科學方法，評量這一批接受方案協助的低收入戶，究竟生活水準提高了多少。（參閱Impact Studies）

Impact Issues
影響論題

影響論題乃是為決定政策結果而進行評估研究所關心的領域。影響論題通常從假定如果方案實際上未執行，則情況將會變得如何著手。為進行此類問題的研究，可以為未實施政策的環境，建構一個模式，並與實際執行政策的環境進行比較。計量經濟製模法（econometric modeling）及田野網路評估法（field network evaluation methods）就是從事這類研究的兩個途徑。（參閱Impact Model, Impact Studies）

Impact Model
影響模式

影響模式指某一方案或計畫的規

劃、執行與評估所根據的一套指導性的假設，此套假設及其變項彼此間的關係，可利用圖形的方式加以表示。（參閱Impact Studies）

Impact Studies
影響研究

　　影響研究乃是就公共政策對特殊標的人口或一般社會大眾，長期所造成影響的一項分析工作。不過一般來說，影響研究通常會同時處理政策執行後的立即性與長期性的結果問題。應特別注意的是，政策影響不應與政策產出（policy output）混淆，政策產出基本上是政府機關所從事的活動，例如社會工作人員一年探訪貧病老人幾次、完成多少人次的就業訓練等。而政策影響所要探討的是：這批貧病老人的生活是否因此得到較妥善的照顧？接受就業訓練者是否找到理想的工作？在進行影響研究時，為使研究工作順利，可藉助於建構影響模式的方式。（參閱Impact Assessment, Impact Model）

Independent Variables
自變項

　　一般科學研究者通常將他們所使用的概念或屬性稱為變項（variable），

例如教育程度是一個變項，因為它代表一群人所受教育專業訓練在質方面的差異。為了研究上的需要，研究人員常將變項分為自變項與依變項（dependent variables）兩種，自變項也稱為獨立變項。自變項與依變項這兩個名詞來自於數學，在數學方程式中，這個方程式的x是自變項，而y則為依變項，即y的情況會隨著x的情況變化而跟著發生變動。在實證研究中，依變項是指被預測的變項，而自變項則指用來預測的變項。研究人員常假定自變項為依變項發生的原因，而依變項則被假設為自變項的可能結果。在實驗研究中，自變項是研究人員主動操縱控制的變項，而依變項則是研究人員試圖驗證操控自變項後，可能會受到影響而跟著發生變動的變項。（參閱Dependent Variables）

Indirect Costs
間接成本

　　間接成本指與某一項政策方案或計畫之影響或結果相關的成本，例如，某一棟商業大樓被市政府收購，改為社區活動中心，而造成租稅收入的損失，此種損失就是間接成本。又如，政府在市中心興建大型停車場的結果，會造成市區交通堵塞及人潮洶湧的不良後果，此種不良後果也是間接成本。在從事成本

利益分析時，必須將間接成本一併計
入。（參閱Direct Costs）

Indirect Impact
間接影響

間接影響指某一項政策方案或計畫
執行後，所產生的與其既定目標或目的
不相干的影響。評估人員在進行「影
響評估」時，必須同時將間接影響計
入。（參閱Direct Impact）

Inferential Statistics
推論性統計

推論性統計乃是被應用來就樣本資
料調查所獲得的結論或研究發現，而對
其母體從事「類推」（generalize）的
一種統計技術。它與「描述性統計」
（descriptive statistics）的概念及目的
不一樣。推論性統計方法是依據隨機
理論（probability theory）而發展出來
的，政策分析人員可以藉著它，將他在
某一有限環境所得到的研究結果，推廣
至較廣大的政策環境。（參閱Descrip-
tive Statistics）

Input Evaluation
投入評估

投入評估相對於產出評估（output
evaluation）而言，它可以應用在政策
規劃及政策評估兩方面。如果應用在政
策規劃方面，投入評估指在設計替選方
案時，預測政策方案欲有效的執行，必
須投入多少直接與間接的、有形與無形
的人力、物力、經費、物材、設備、
時間等資源；如果應用在政策評估方
面，則評估政策執行後，究竟投入多少
的前述資源？此些投入的資源是否合乎
原定的計畫？還是超出原定的計畫？
應否作何種的修正？（參閱Outcomes,
Outcomes Evaluation, Outputs）

Inside-Outside Evaluation
內部與外部評估

內部與外部評估指政策方案或計畫
的評估，究竟是由執行機關內部的工作
人員負責執行，還是由與政策方案或計
畫無關的外面學者專家、顧問人員，或
其他機關的人員負責執行。由機關內部
的人評估和由機關外的人進行評估，均
各有利弊，例如內部的人比較熟悉方案
的內容及運作狀況，而外部評估人員則
比較客觀且較具專業性。

政策評估工作應由誰負責比較恰

當？一般來說，應權衡以下因素，依個案性質作適當的選擇：

1. 行政的信任性（administrative confidence）：行政首長必須對評估人員的專業技能具有信心，而機關內部的評估人員常被認為只懂得實務而學術訓練不夠，難堪大任；反之，機關外的評估人員又常被認為評估結果不切實際，過於抽象，建議難以採行。

2. 客觀性（objectivity）：機關外面的評估者通常被認為較具客觀性，而機關內部的評估人員則被認為較具主觀性與偏見。

3. 對方案的了解程度（understanding of the program）：通常的情況是，機關內部的評估人員要比外面的評估人員了解方案的內涵及執行狀況。

4. 應用的潛在性（potential for utilization）：通常機關內部的評估人員，比較願意基於評估結果提供改進建議，並且在機關的相關會議上出面辯護主張，因此被認為他們的評估結果比較具有實用性。不過機關外的評估人員有時也可以他們的專業知識及聲望，增強評估報告的實用性。

5. 自主性（autonomy）：一般人認為，機關外的評估人員在從事評估工作時，自主性較強，視野較寬廣，較不會被機關組織的各種因素所限制，較可能突破現狀，提供前瞻性的

建議。（參閱Evaluators）

Intangible Benefits
無形利益

無形利益係相對於有形利益（tangible benefits）而言，指政策方案或計畫可能產生的、無法以公認的貨幣單位或度量衡單位予以測量其價值的利益，例如就個人來說，增進權力、尊嚴、舒適、方便、快樂、驕傲等；就政府機關來說，增進國際良好形象、及人民的向心力等。在進行「成本效能分析」（cost-effectiveness analysis）及「影響評估」時，應將無形利益計算在內。（參閱Tangible Benefits）

Intangible Costs
無形成本

無形成本係相對於有形成本（tangible costs）而言，指政策方案或計畫在執行過程中所必須付出的、無法以公認的貨幣單位或度量衡單位加以測量其價值的成本，例如就政府機關來說，造成國際形象的低落，及人民對政府缺乏信心等；就個人層面來說，無形成本如痛苦、災難、失去信心、缺乏安全感、憤怒等。在進行「成本效能分析」及「影響評估」時，必須將無形成

本計入。（參閱Tangible Costs）

Internal Evaluator
內部評估者

「內部評估者」指由政府機關內部人員進行政策評估的工作，包含由國會監督者，如美國國會「會計總署」；提供國會研究的支持者，如「國會研究中心」；以及其他的政府機關，如許多輔助的幕僚單位來進行政策規劃和評估，包括調查局、委員會、專門小組等。就我國來說，各級政府機關大多設有研究發展考核的單位或人員，他們就是內部評估者。內部評估的優點是，傳遞政策方案的內部人員擁有完整的知識，對方案較為熟悉，對評估結果的應用性較能貫徹。而其缺點則為：1.內部評估人員較不具備特定的技能從事評估工作；2.僅在一個組織中檢視其活動的結果，無法獲得完整的評估發現；3.內部評估人員較不願意根據評估所作的政策建議而作大幅度的改變；4.內部評估人員可能受到組織各種因素的影響，難以從事客觀性及自主的評估工作。因完全聘用外部或內部評估人員，均有其缺陷，所以機關組織通常會同時就二者聘用若干人，組成評估團隊進行評估。（參閱External Evaluator）

Internal Validity
內在效度

內在效度為實證研究中一個非常重要的概念，它指實驗研究所獲得的結果或研究發現，的確歸因於實驗本身的程度。例如，某個中學的高一學生採行新式實驗教學法，在實驗半年後，測驗學生的學習效果，發現其平均分數比未接受新式實驗教學法的學生高五分，如果內在效度高，即表示成績進步的確是因為接受新式實驗教學法的結果。如果內在效度低，表示成績進步是受到其他因素的影響。（參閱External Validity）

Longitudinal Study
縱貫式研究

與橫斷式研究相對稱，也稱為縱斷面研究。指在不同時間對同樣研究對象及研究主題進行多次的測量、調查研究。亦即在不同時間，針對同一群體就其在某一特定政策議題、活動、行為或事項的看法、意見等，進行多次的觀察、測量、調查研究，以了解該群體在不同時間的看法是否有所不同。例如每三年對台灣地區的婦女，進行有關「提高生育率議題」看法之調查研究即是。縱貫式研究的主要優點為：1.可以獲得發展趨勢的資料，了解研究主題的

變化情形。2.可了解研究對象在不同時期的變化及原因，缺點包括：1.較耗費時間及費用。2.研究結果易受社會環境變化的干擾，而影響研究推論。（參閱Cross-sectional Study）

Matching
匹配

匹配為研究人員從事實驗研究時，必須特別注意的一項工作，指研究人員針對研究目的，找尋與實驗組成員在相關方面具有相同特質的標的，而組成控制組的過程。（參閱Control Group, Experimental Group）

Measurement
衡量

衡量也稱為測量，是任何科學性研究調查的核心，科學性的研究如未採用適當的衡量工具，則其研究結果可說沒有什麼意義，政策方案或計畫的評估也是這樣。簡單的說，衡量就是決定某一種事實或現象之範圍、程度、價值、面向、特質的過程。一般來說，衡量與評量（assessment）、評鑑（appraisal）、評估（evaluation）等概念差不多。研究人員進行衡量時，必須從事以下的工作：設計研究方式、選擇衡量工具、檢視衡量單位、對衡量項目加以比較、分類、歸類，及計算衡量結果等。應特別注意的是，有效及具有效度的衡量工具，乃是從事令人相信之研究或評估的關鍵所在。（參閱Evaluation）

Meta-analysis
後設分析

後設分析概念應用於政策分析時，乃是指研究人員對某方案或若干方案相關團體進行一系列影響評估，從事系統化的對照（collation）及分析，以便對「淨影響」（net effects）能夠提供堅定而可以類推的評量。簡單的說，後設分析指在進行分析之前，先分析究竟有沒有從事分析的必要？分析的目的何在？分析所涉及的因素能否克服等。就政策評估的後設分析而言，乃是將為數眾多的政策評估研究報告加以綜合分析、研究，以了解其共同趨勢、特性、及重點等，作為個案評估研究的參考。（參閱Policy Analysis）

Monitoring
監測

監測指基於持續性或定期性的原則，對政策方案或計畫的執行狀況，評

估與原訂標準是否相符的一種活動。除了對工作進度進行監測外，政策評估單位或人員尚可對政策執行時所涉及的人力運用狀況、經費使用情形、物材設備耗用情形等事項，進行必要的監測。（參閱Policy Monitoring）

Multiattribute Utility Analysis
多歸因效用分析法

多歸因效用分析法指希冀自多元利害關係者對於政策結果的產生及其價值作主觀判斷，而進行政策評估的一套程序。它屬於「決定理論的評估」（decision-theoretic evaluation）之一種形式，其優點為可展現多元利害關係者的價值判斷；承認政策評估存在著多元的衝突目的；可產生評估資訊使用者認為更有用的績效資訊。

多歸因效用分析法的實施步驟如下：

1. 利害關係者確認（stakeholder identification）。
2. 相關決定論題明細化（specification of relevant decision issues）。
3. 政策結果明細化（specification of policy outcomes）。
4. 結果歸因的確認（identification of attributes of outcomes）。
5. 歸因重要性的列等（attribute rank-

ing）。
6. 賦予各歸因尺標（attribute scaling）。
7. 將尺標予以標準化（scale standardization）。
8. 結果衡量（outcome measurement）。
9. 效用計算（utility calculation）。
10. 政策結果評估與展現（evaluation and presentation）。（參閱Policy Evaluation）

Net Effects
淨影響

淨影響指在評估某一項政策方案或計畫時，將干擾影響排除之後，所得到的結果。它也就是方案或計畫執行後，所真正獲得的影響。（參閱Gross Outcome Effects）

Null Hypothesis
虛無假設

此為統計學、實驗研究與實證調查研究方面所使用的術語。為了研究兩個變項之間是否存在著顯著的關係，研究人員通常會先建立虛無假設，然後才蒐集、分析與推論資料，以驗證假設是否成立。虛無假設乃是假設兩個變項間沒

有顯著關係存在的一種陳述，例如假設
「公務員待遇調整與行政績效高低無顯
著相關」。與虛無假設相反的是「研究
假設」，或稱「對立假設」，即假設兩
個變項間具有顯著的相關性。（參閱
Hypothesis）

Objective Tree
目標樹

　　指在從事政策評估時，將政策所
包含的各項政策目標、目的、及方案之
間的關係，加以全部羅列出來，利用
「目標樹」的形式進行描述。目標樹
利用圖像的方式，呈現出整體目標、
目的結構與各種目的之間的關係，各
目標、目的及方案間亦構成一種層級
關係，即某些目的的實現，是達成其
他目的的必要條件。愈上層的目的及
目標，較具一般性、普遍性；愈往下
層，則目的將愈明確、具體。一般而
言，目的樹上半部意指較廣泛的意
圖，如總目標及分目標，下半部則是主
要目的及次要目的。（參閱Goal, Ob-
jectives）

Office of Management and Budget
管理預算局

　　美國管理預算局是美國兩大最主要
的政策評估機構之一，另一個機構為美
國國會會計總署（General Accounting
Office）。管理預算局是隸屬於美國總
統的一個行政機關，它具有編制預算的
權力。一般言之，中央政府及各部會在
評估各單位功能的時候，通常會受到以
下因素的影響，如機關層級位置、預算
分配水準、影響政策修正管道、及評估
人員在議程設定過程的權限與參與層級
等，而這些因素可以說都在管理預算局
的管轄範圍內，所以管理預算局對於中
央各部會的政策形成、執行與評估等政
策運作過程所涉及的事項具有相當大的
影響力。

　　管理預算局之下的「評估與方案
執行處」（Evaluation and Program
Implementation Division）專門負責各
部會整體政策之開發與評估標準之設
定，並且針對特別政策進行評估，就評
估發現進一步干預及提出改進建議。
（參閱General Accounting Office）

Outcomes
結果

結果指一項決定作成後可能獲致的後果、或一項政策方案或計畫執行後，所獲得的後果。此處所言的結果含義較廣，包括有形、無形、直接、間接的產出（outputs）與影響（impact）在內。（參閱Input Evaluation, Outcomes Evaluation, Outputs）

Outcomes Evaluation
結果評估

結果評估指由政策評估人員對政策方案的執行結果進行評估之意，它包括兩方面的評估：一為產出評估（outputs evaluation）；另一為影響評估（impacts evaluation）。前者著重於評估執行機關對標的人口從事了多少次的服務、給予多少數額的金錢補助、生產多少數量的產品、興建多少棟國民住宅等，偏重於「數量」的計算，可比擬俗稱的「苦勞」。而後者則指當政策執行以後，評估它對標的人口究竟產生何種有形的或無形的、預期的或非預期的影響；政策方案是否造成標的人口或標的事物向期望的方向改變？如果有改變，其程度如何？它偏重於「品質」的衡量，可比擬俗稱的「功勞」。一般來說，影響評估比產出評估重要。對某一個政策方案的執行結果進行評估，必須同時考慮「產出評估」與「影響評估」的狀況，而作綜合的判斷。（參閱Input Evaluation, Outcomes, Outputs）

Outputs
產出

產出或輸出的概念可從系統理論的架構加以了解，即當政府機關將各種「投入要素」加以處理轉換後，乃得到了某種的結果，此即為產出或稱輸出。因此，就公共政策運作而言，產出指政策問題經由政府機關人員予以接納並加以處理後，所產生的某種狀況，例如政府決定不採取任何行動（不作為），或決定採取某種行動，如立法、提供服務、給予金錢補助等（作為）。而當政策付諸執行後，其所造成的各種情況，也就是該政策的產出。（參閱Input Evaluation, Outcomes, Outcomes Evaluation）

Panel Study
同組研究

同組研究指在不同時期，對於同一個樣本進行追蹤比較研究的作法，它也被稱為「小組重訪研究」。例如美國

的密西根大學調查研究中心（the University of Michigan Survey Research Center）在1968年時，曾對五千個家庭進行有關貧窮方面的調查研究，並且在以後的二十年之間，對同一個樣本作數次的追蹤調查。此種縱貫性的研究方式，在社會福利及衛生醫療政策方面的研究，較為常用。（參閱Longitudinal Data Collection）

Participants Impact Judgments
參與者的影響判斷

參與者的影響判斷為評估政策方案影響所使用之判斷性途徑（judgmental approach）的一種方法，另外的方法還有「行家的影響評估」（connoisseurial impact assessments）及「行政官員的影響評估」（administrator impact assessments）。此種方法指在評估政策方案執行績效時，由方案參與者（亦即方案實施的標的人口）參加評估作業的過程，並由他們判斷方案所造成的影響程度及成敗。此種判斷方法具有某種程度的效度，尤其是當增進方案參與者的滿意度，被當做一項目標時，常可採用此種方法。不過，它通常也不易進行，因為一般言之，方案的參與者大都缺乏足夠的知識，去判斷到底方案產生了多少的「淨影響」（net impacts）。

雖然此種判斷性途徑有其限制，但是在若干情況下，也不得不使用它，例如，當評估人員受到經費限制時、當方案執行前未曾作過測量，以致無法作實施前與實施後的比較時、或當每個人都是方案的標的人口，且方案在地區及時間上均無任何差異，以致無法隨機取樣及作結構性控制時，均只好採取判斷性途徑去評估方案的影響情況。（參閱Administrator Impact Assessments, Connoisseurial Impact Assessments）

Performance Evaluation
績效評估

績效評估係指對組織績效作效率（成本利益分析）與效能（成本效能分析）的測量，它與企業型政府運動的「任務導向」、「成果導向」的方向是一致的。對於行政改革而言，績效評估具有兩層意義：1.做為一種誘因機制；2.做為一項管理工具。績效評估的類型依評估標的可區分為：組織績效評估、計畫（政策）績效評估及個人績效評估；依評估方式可區分為：縱向及橫向評估。績效測量的指標包含4E：經濟（Economy）、效率（Efficiency）、效能（Effectiveness）以及公平（Equity）。一般言之，公部門推行績

效評估時必須注意數項重要工作：1.針對機關業務性質設計客觀且實用的績效指標；2.以組織績效評估爲主，個人考績爲輔，逐步推行；3.獎懲制度需事前規劃周詳完整；4.以易於衡量績效及與民眾直接接觸的業務單位爲優先試行單位以累積經驗；5.機關高層主管的支持與鼓勵員工積極參與。總而言之，績效評估的建立對於行政革新與提升機關績效極有助益。（參閱Outcomes Evaluation）

Performance Indicators
績效指標

新公共管理（new public management）所形塑的政府再造工程中，最重要的配套誘因機制是建立「績效導向」的管理工具，而績效指標即爲此種機制的「操作化」工具。N. Carter、R. Klien & P. Day（1995）等人認爲，影響績效指標設計的變項如下：所有權、交易狀態、競爭程度、政治責任、異質化程度、複雜化程度、不確定程度、管理的結構及自主性程度。在設計績效指標時應符合：1.界定清楚且具一致性；2.由組織所有者使用；3.需與組織目標及需求有關；4.被評估單位或個人勿影響績效指標的運作；5.必須具有廣博性（涵蓋管理決策行爲的所有面向）及一定範圍（集中於有限數量的績效指標）；6.建立績效指標的資訊必須正確與廣泛；7.需爲組織內所有人員接受及符合組織文化。（參閱Performance Evaluation）

Performance Management
績效管理

1990年代的新公共管理及企業化政府的觀念孕育了績效管理的蓬勃發展。依據美國國家績效評估（National Performance Review）中的績效衡量研究小組的定義，績效管理指利用績效資訊協助設定同意的績效目標以進行資源配置與優先順序的排列，俾告知管理者維持或改變既定計畫目標，並報告成功符合目標的管理過程。換言之，績效管理係對公共服務或計畫目標進行設定與實現，並對實現結果進行系統性的評估過程，此過程包含數項不同的功能性活動：1.績效評估；2.績效衡量；3.績效追蹤。依據美國會計總署（GAO）的調查，績效管理的成功要件有：1.對績效資料需有清晰的理解；2.對績效資料的蒐集與應用需有足夠誘因；3.需有熟練的技巧；4.需有公正的權威性；5.需有最高決策者的認同與支持；6.需有互信與自主的組織文化。（參閱Performance Evaluation, Benchmarking

Management）

Perspective Performance Indicator
指示性績效指標

　　指示性的績效指標為評量績效高低的指標之一。此類型績效指標有如一個刻度計（dials）一般，在測量前，已有一項明確的標準可循，只要經過實際計算並與所建立的標準加以對照比較後，即可得知績效好壞，此類指標以企業界較為常見，如顧客數或銷售數量在一定數目以上即為好，反之則否。不過公部門服務如可採量化方式評量績效者，亦可應用此類指示性績效指標。（參閱Descriptively Performance Indicator, Proscriptive Performance Indicator）

Persuasive Utilization
說服性應用

　　說服性應用指某一項政策或計畫在執行前或執行後，經由系統性的評估，被決策者或政策分析人員，應用來支持或駁斥某種政治立場或主張，例如做為攻擊或防衛現狀的藉口。（參閱Persuasion, Policy Knowledge Utilization）

Policy Adjustment
政策調整

　　就政策評估的角度而言，政策調整是指某一政策的執行狀況經過政策評估人員的監測與評估後，發現執行遭遇到困難、或環境已發生變化、或執行的資源，如人力、物力、經費等，呈現不足現象，因此必須調整政策方案的內容、執行的方法、技術、程序、資源等，使該政策方案能夠繼續執行，達到既定的目標或目的。政策調整是某項政策方案經過評估後，可能的四項處理方式之一，其他三項為政策持續、政策終止、及政策重組（重新界定政策問題）。（參閱Policy Continuation, Policy Evaluation）

Policy Assessment
政策評量

　　政策評量涉及對政策、計畫結果所具有的價值進行判斷，通常會以某些價值標準對政策結果進行分析。具體而言，政策評量乃是一種分析過程，可以產生有關期望與實際政策績效之間的政策相關資訊，此種資訊可以對政策制定者有所助益。政策評量不僅可以回答問題獲得多少解決？同時，也可以對各種分歧的政策價值，進行澄清與批判，藉

以協助政策的調整或重新建構，以及為問題重新認定與調整提供一項可信的基礎。（參閱Policy Evaluation）

Policy Backing
政策立論依據

政策立論依據為William Dunn所提出「政策論證」六項要素之一。它指藉以證實「政策立論理由」本身的假定或論證內容而言。這些假定或論證內容常常以根據科學的法則、訴諸專家學者的權威、強調倫理道德原則等方式，做為支持政策立論理由的基礎，以加強這些立論理由的主張，具有強化、證實與支持政策論證的作用。（參閱Policy Argument）

Policy Change
政策變遷

政策變遷指某項服務、方案、計畫或政策付諸執行後，經過政策評估的程序，基於各種理由，不再以原有的樣貌繼續執行而作某種程度的改變：1.漸進修正繼續實施，例如台灣的全民健康保險政策，即在不斷修正保險費率、納保方式、保費收取方式的情況下，繼續執行。2.以新的政策取代原來的政策，例如台灣制定並實施「政黨法」，以取代

原來禁止組織政黨的政策；又例如台灣社會、文化、科技、交通方面的建設政策，也常因不同執政者而使用不同的政策名稱，但其實政策內容大同小異，甚至可說是「新瓶裝舊酒」。3.政策因窒礙難行或其他原因而宣告終結，不再實施，例如台灣在威權政府時代所制訂的「動員戡亂時期臨時條款」，因政治環境改變而宣告終止實施。（參閱Policy Evaluation）

Policy Claim
政策主張

政策主張是William Dunn所提出政策論證（policy argument）的六項要素之一，其他五項要素為：政策相關資訊、立論理由、立論依據、駁斥理由、可信度。政策主張是政策論證的重心，是論證者透過政策相關資訊邏輯推理的結果。由於各人所持的政策立場不同，因此政策主張也就不同。例如我國究竟要不要廢除核能發電的政策議題，社會上就存在著正反兩方的不同政策主張。（參閱Policy Argument）

Policy Continuation
政策持續

就政策評估的角度而言，政策持續

是指某一政策的執行狀況，在經過政策評估人員加以監測及評估後，發現大致上執行頗為順利，並經推測已經初步滿足了標的人口的需求、偏好、價值、及機會等，因此可以繼續的執行下去，無須修改政策方案的內容、執行技術與程序，也不必投入額外的資源。這是政策主辦者與執行者所樂於見到的評估結果。（參閱Policy Adjustment, Policy Evaluation）

Policy Credibility
政策信賴度

此為G. Majone使用的專有名詞。他指出當代政策研究對「理念」與「制度」的日益重視原因，與「政策信賴度」議題受重視的程度有關。關於政策信賴度，學者認為最重要的議題在於：固定的法規（fixed rules）較為可欲，因為它們具有較高的政策信賴度；相形之下，授權（委託）通常將導致「時間的不一致性」（time inconsistency）──時點t_0的最適政策，對時點t_n而言卻不見得為最佳選擇。但是，授權卻使得政策過程變得較具彈性，較可因應未來不確定的環境變化，因為行動者的誘因也具有「時間的不一致性」──政策制定者於時點t_0的誘因，不同於時點t_n的誘因。

效率與信賴度之間具有某種有趣的連結：相較於無效率的政策，有效率的政策較為穩定，並且具有較高的信賴度──無效率政策的背後，隨時有其他替選方案準備取而代之。此種情形尤其容易出現於重分配性政策，因為每個團體對重分配模式均具有不同主張；論者即指出純然的重分配賽局並不具有核心理念。除此之外，「強制力」（coercion）或許是確保政策效率與信賴度的最後堡壘，但是其社會代價卻相當高。信賴度與效率其實互為因果，信賴度高的政策通常效率也較高。至於如何獲得更高的政策信賴度？有人以為，答案在於適當的制度設計──授權。（參閱Efficiency）

Policy Cycle
政策循環

政策循環是指公共政策的運作過程，由政策問題認定、政策方案規劃、政策方案合法化、政策方案執行、至政策方案評估，基本上乃是一個周而復始、連續不斷的運作過程，形成政策循環不已運作的現象。例如，當政策付諸執行並經過評估後，可能會發現雖然一切按照政策內容及方法在執行，但是並未解決原先的問題，主要理由是當初在認定政策問題時，並未釐清

問題的眞正癥結，亦即對問題作了錯誤的認定，而犯了「以正確方法解決錯誤問題」的謬誤。因此必須重新建構問題，回到政策問題認定的階段，於是造成「政策循環」的狀況。由政策循環的本質可以發現，大致而言，政策問題是很難經由一次的政策運作過程，就可以獲得解決的。必須經由不斷的累積改進，才能獲得解決。（參閱Policy Evaluation, Policy Process）

Policy Evaluation
政策評估

美國學者魏斯（Carol H. Weiss）女士（曾於1989年6月來台灣參加由行政院研究發展考核委員會主辦的「政策規劃國際研討會」）在1998年的《評估研究》（*Evaluation Research*）一書中認爲，評估是一個相當彈性的字眼，任何一種判斷作爲都屬於評估的範圍，即某人以某種明示的或隱示的標準，檢視並權衡某一種現象，包括人員、事務或觀念等。

政策評估指政策評估人員利用科學方法與技術，系統的蒐集相關資訊，評估政策方案之內容及可行性、規劃與執行過程、及執行結果的一系列活動。其目的在提供決策者或主管機關選擇、修正、持續、終止政策方案或重新界定政策問題所需的資訊。由此一定義可知，政策評估活動並非僅指政策執行績效的評估，也包含政策執行前與執行中的評估。此外，一般來說，評估與評鑑（appraisal）、評量（assessment）、衡量（measurement）、檢討（review）等字的意義相似。（參閱 Outcomes Evaluation, Pre-Evaluation, Process Evaluation）

Policy Evaluation Criteria
政策評估標準

在公共政策研究方面，標準（criterion）與準則（standard）二字常被互用。不過，根據《韋氏字典》（*Webster's Third New International Dictionary*, 1971）的解釋，所謂標準指某項決定或判斷所根據的準則、標尺；而準則指由權威當局設立藉以衡量數量、重量、程度、價值或品質的一種規則。此項解釋蘊含標準的層次較高、範圍較廣；而準則的層次較低、範圍較狹。所以以色列希伯來大學教授卓爾（Yehelzkel Dror）（曾於1980年12月前來台灣訪問，並在政大公共行政研究所舉行一天的政策研討會）在1968年的《公共政策制定再檢視》（*Public Policymaking Reexamined*）一書中將二者加以區分：標準應用於確定某項過

程的實際水準或品質（同時包括品質的計量和定性特質）；準則應用於評價已經確定的品質。簡言之，政策評估標準指政策評估人員為從事「預評估」、「過程評估」及「結果評估」，預先設定可供比較的指標或準則。各類評估所需要的標準並不一樣，可視政策性質及實際狀況而設定。不過一般來說，各種政策都可適用的共同評估標準為：充分性（adequacy）、適當性（appropriateness）、效能性（effectiveness）、效率性（efficiency）、充分性、公正性（equity）、回應性（responsiveness）。除了一般標準外，各類型的政策尚須選取特殊性的標準，做為評估比較的依據。（參閱Criterion）

Policy Evolution
政策演化

政策演化乃「政策變遷」概念下的次概念。有論者從社會建構論的角度，將政策變遷視為是一種「建構─解構─再建構」的過程。不過，若解構和重構均未出現，則現行的政策只是依適應的邏輯變遷，即可視之為政策演化。換言之，政策演化乃在於原來的政策思維，並未遭受質疑，原本的政策工具亦猶有一定之效能，但因標的團體的增加，資訊結構的轉變，更有效的執行

策略之發現，乃在政策上作了對應性的調整，推動一些政策的學習。（參閱Policy Change）

Policy Growth
政策成長

政策成長是「政策變遷」概念下的次概念。有論者從社會建構論的角度，將政策變遷視為是一項「建構─解構─再建構」的過程。不過，當政策變遷過程中，沒有解構的出現，而是在現有政策秩序保存的前提上，另行建構一套嶄新的政策規則，而與原本的政策共同發揮作用時，此種變遷形式即稱之為政策成長。舉例而言，政策成長可以增補及增額中央民代的決策來說明。在我國第一屆資深中央民代任期屆滿時，由於受制於政治情勢與法令而改選，民代本身更受制於自然的循環現象，不斷地凋謝，為了增強代表性乃有增額民代的決策出現，既不挑戰原來結構的正當性，而以建構新的增補規範以因應情境之所需，避免過大的政治震盪。（參閱Policy Change）

Policy Impact
政策影響

政策結果（policy outcomes）包括

政策產出（policy output）與政策影響兩類。政策影響指政策的產出對於標的人口或標的事象在行爲、態度、情況等方面，所造成的改變狀況。例如接受政府機關救濟的貧戶，其實質生活究竟改善了多少？又如改善社會風氣方案實施之後，社會風氣究竟比實施前改善了多少？好到什麼樣的程度等。Thomas Dye在2002年所著的《了解公共政策》（*Understanding Public Policy*）一書中認爲，政策影響包括以下幾項：

1. 政策對標的情勢或標的團體（標的人口）的影響。
2. 政策對標的以外的情勢或團體的影響（連帶影響）。
3. 政策對未來與目前狀況的影響。
4. 對投入該政策的直接成本的影響。
5. 對間接成本包括失去採行其他政策機會的影響。（參閱Outcomes Evaluation, Policy Outcomes, Policy Outputs）

Policy Implication Paper
政策意涵報告

　　就美國情況而言，有相當大比例的政府機關，其計畫的評估工作是委託外部機構進行的。但是以該機關決策者的立場來說，此些評估研究的結果，通常只能做爲政策決定的基礎資料，不容易直接納進政策制定的考慮中。因此，各部會負責評估工作的人員，必須依據此些評估研究報告的內容，擇其具有決策參考價值的資訊或建議，撰成簡明扼要的報告書，以供決策者制定政策的參考。此種報告書，就是政策意涵報告。（參閱Policy Evaluation）

Policy Indicators
政策指標

　　美國北卡羅萊納大學公共政策學者Duncan MacRae在1985年於其著作《政策指標》（*Policy Indicators*）中，極力倡導建立政策指標的重要性，並勾勒出衡量政策效果的系統架構。他認爲，政策指標係指可將公共統計數值運用於公共政策議題的衡量工具，主要目的在利用公部門的統計以協助政策利害關係人制定妥適的政策。政策指標通常包含三種類型的目的價值：純經濟效益（net economic benefit）、主觀性福祉（subjective well-being）及分配公平性（distributional equity）。政策指標除包含多層面的目的價值外，其與社會指標最大的差異有：1.社會指標反應整體社會變遷趨勢，因此有些社會指標不具政策意涵；而政策指標直接與政策相關，並可提供決策者所關心之訊息以做爲政策建議或政策抉擇的參考依據。

2.社會指標強調統計數字是客觀且科學地反映社會變遷的實際情況；而政策指標則需經常納入倫理性和規範性的價值，才有可能衡量某一政策的合理性及可行性。3.社會指標並非目標取向，而是集中於社會變遷的測量上；政策指標則不僅是政策目標取向，也是問題解決取向，同時亦隱含著政策干預或政治施政重點之優先順序。歸納而言，社會指標注重以科學方法觀察整體社會變遷事實；而政策指標則強調以綜合客觀數據與倫理價值衡量個別政策議題的成效與結果。總而言之，政策指標的建立可客觀評估施政績效並進而提升政策品質，但是一套具有周延性和公信力的政策指標系統，應是由專家社群及政治社群（包含民意機關及社區民眾）透過互動與對話所建立的優良機制。（參閱 Policy Evaluation）

Policy Knowledge Utilization
政策知識應用

公共政策是一門整合性及科際性的學科，所涉及的理論及知識相當廣泛，政策議題也就非常的複雜，通常必須經由受過專業訓練的政策分析人員，進行科學性的研究、分析，才較能釐清政策議題的來龍去脈、提出處理方法的建議，以供決策者參採。政策分析人員對政策相關理論與議題進行分析研究後所得到的結果，就稱為政策知識。就實務上來說，此類知識最好能夠實際應用於政策議題的解決上。不過，在大多數情況下，政策分析人員的研究成果及政策建議，只有極少部分會被決策者全部採用，多數情形是只有一部分的建議被採納，等而下之的是研究成果只供決策者在概念上進行思考及轉換而已，最差的情況是全部研究成果被束諸高閣、棄而不用。（參閱 Conceptual Utilization）

Policy Monitoring
政策監測

政策監測指政策分析人員製造公共政策因果關係資訊的政策分析過程。詳細的說，政策監測可讓政策分析人員描述政策方案或計畫實施狀況與其結果間的關係，因此政策監測屬於政策執行和評估方面的概念。就某種意義而言，政策監測也就是描述及解釋公共政策執行情況的代名詞。政策監測具有以下四項功能：

1.順服功能（compliance）：透過政策監測可以獲知在政策執行過程中，相關的行政官員、執行人員、專責機關、標的人口等，是否遵守由立法機關、管制機關等所訂定的標準、程序

及規定。

2. 審計功能（auditing）：透過政策監測可以獲知政策所提供的資源與服務，是否眞正到達被服務者手中。例如醫療衛生服務、社會福利服務等計畫在實施後，需要接受服務者是否得到了應有的服務。

3. 會計功能（accounting）：透過政策監測可以獲知在某一段時間內，是否由於某項公共政策或計畫的執行，而在政治上、社會上、經濟上及文化上產生了何種的改變，以及改變的程度如何等。例如對於生活素質的改變情況，可以使用下面的社會指標來監測：一般人的教育狀況、低收入戶占全部人口的百分比、休閒活動的主要內容等。

4. 解釋功能（explanation）：透過政策監測可以解釋爲什麼解決某一公共問題的不同方案在執行後，會產生不同的結果。例如對於如何改善台北市交通問題所採取的不同解決對策，其執行結果會有所不同，在經過政策監測後，就可以知道哪一個方案最好，如何運作，以及何以最好等。（參閱 Monitoring, Policy Evaluation）

Policy Outcomes
政策結果

政策結果是指政策方案經過實際執行以後，所產生的各種相關狀況。它包括正面結果與負面結果、預期結果與非預期結果等。另外，欲衡量政策結果，必須同時考慮「政策產出」與「政策影響」兩方面的情況，才能下結論，因爲政策結果包含政策產出和政策影響兩種概念在內。（參閱 Outcomes Evaluation, Policy Impact, Policy Outputs）

Policy Outputs
政策產出

政策產出指某一項政策方案或計畫付諸執行後，所產生出來的某種結果，也稱爲政策輸出。一般認爲，政策產出只是政策結果（policy outcomes）的一部分，另一部分是政策影響（policy impact）。政策產出通常重視的是「數量」層面的考慮，例如制定幾項法律？服務幾個人次？發放多少數額的救助金？興建多少棟的國民住宅？取締多少件的違規事件？至於這些產出對標的人口或標的事務的正面或負面影響如何，則是屬於政策影響研究的範圍。因此嚴格言之，良好的政策產出與良好的

政策影響不能劃上等號，應當分開考慮與衡量。例如在大力推動拆除違章建築政策下，可能拆除很多的違章建築，但是因為採取威權強迫的方式，導致標的人口強力抗爭，而發生衝突流血事件，引起社會動盪不安，也使各界人士普遍感到不滿，而對政府的向心力為之降低。（參閱Outcomes Evaluation, Policy Impact）

Policy Punctuations
政策斷續

　　基本上，政策斷續等同於「政策變遷」的概念，且相對於所謂的「政策均衡」（policy equilibrium）概念。有學者在累積相當時間的政策制定個案後，分析發現：1.政策制定的變遷與穩定與大眾議程上的議題起落有關；2.美國政治制度加深政策的斷續與均衡跡象；3.政策形象（policy images）影響了議題本身是否能夠超脫政策壟斷（policy monopolies）。渠等並表示，單從「制度結構」而言，美國分權與制衡的制度設計，儘管原初意在防止巨靈再現，無意間卻也創造出議題導向的「次級系統政治」，與國會和總統的「宏觀政治」（macropolitics）間一既有穩定亦有促進變遷的互動系統。J. L. True等人進而指出，次級系統政治就

是一種均衡的政治（politics of equilibrium），指涉的是政策壟斷的政治、漸進主義、大眾青睞的政策形象，以及負向回饋；而宏觀政治則為一斷續的政治（politics of punctuation），指涉的是一大幅變遷的政治、衝突的政策形象、政治操縱，以及正向回饋。換言之，政策次級系統與宏觀政治系統的互動，因而導致諸多政策領域出現斷續與均衡之跡象。（參閱Policy Change）

Policy Qualifier
政策可信度

　　政策可信度為William Dunn所提出「政策論證」六項要素之一，指政策分析人員藉以評斷從政策相關資訊推導出政策主張可信程度的標準或指標，也稱為可靠度。在政策分析過程中，可信度通常以或然率的型態出現，即以1至0的或然率表示之。但如果政策分析人員完全確定政策主張沒問題時，就毋須再以適當的或然率去衡量政策主張的可信度。（參閱Policy Argument）

Policy Rebuttal
政策駁斥理由

　　政策駁斥理由為William Dunn所提出「政策論證」六項要素之一，它指利

用來拒絕或接受某種政策主張或立論理由的原因、假定或論證。本質上，政策駁斥理由排斥了政策主張或其立論理由適用的條件或範圍。政策分析人員在提出政策主張時，如果能夠考慮政策駁斥理由所根據的辯論資訊，將有助他們預想到某些不同的想法、意見。同時，也可藉此衡量政策主張可能被接受的程度。（參閱Policy Argument）

Policy-relevant Information
政策相關資訊

政策相關資訊為William Dunn所提出之「政策論證」的六項構成要素之一。在進行政策論證之前，政策分析人員及決策者必須利用各種資料蒐集方法，例如文獻及檔案檢視法、晤談法、問卷調查法、及親自觀察法等，儘量周延的蒐集政策方案的相關資訊，以做為提出政策主張的依據，包括：政策問題、政策替選方案、政策行動、政策結果、政策績效的相關資訊。政策相關資訊越充分、正確，政策主張就越強而有力，越具說服力及支持力。（參閱Policy Argument）

Policy Significance
政策意義性

政策意義性指某一項評估工作所得到的研究發現，對於某一項政策方案或計畫的產生，具有何種意義，是否可做為方案設計的重要參考依據，還是並不具任何影響性。（參閱Policy Implication Paper）

Policy Space
政策空間

政策空間指落在決策者於某一個時間點上可以接受範圍之內的一套政策替選方案。當時間改變後，政策空間範圍也隨之改變，決策者可能就決定不考慮該套替選方案。（參閱Policy Alternative）

Policy Stasis
政策停滯

政策停滯為相對於「政策變遷」的概念。在漸進主義的觀點下，大部分的政策乃保有一種均衡狀態。儘管大部分的政治過程，係受到穩定與漸進主義的邏輯所主導，不過偶爾也會產生大幅度的變遷。舉例而言，某些決策結構係由政治次級系統的專家社群包辦，因非

屬大眾矚目的高度議程的政治（high-agenda politics），因此政策變遷幅度較小。不過，此等決策有時卻會為宏觀政治制度的決策結構所取代，此際議題不僅在界定有所轉變，也勢將引起媒體與大眾的關注。由於宏觀政治力量的干預，政策遂傾向於大幅變遷。（參閱Policy Change）

Policy Succession
政策賡續

政策賡續指某項政策或計畫在執行一段相當時間後，由於時間與空間情況改變及各種環境因素的影響，該項政策已不可能以原來面貌繼續執行下去，但是也不會真正的被終止，而是以各種方式賡續去達成政策的目的。比較常見的政策賡續方式有以下幾種：1.線性賡續（linear succession）：即終止現行的政策或計畫，另制定一項新政策或計畫，以實現原政策或計畫的目的。2.政策整併（policy consolidation）：即將兩個或兩個以上的政策或計畫，予以全部或部分終止後，另制定一項新政策，以實現原政策所追求而現在已被取代的類似目的。3.政策分割（policy splitting）：即將一個現行的政策、計畫或機關，分割成兩個或兩個以上的政策、計畫或機關。4.部分政策終止

（partial termination）：即具體的縮減某項政策或計畫的規模、資源承諾，使該政策或計畫得以繼續存在下去。

在影響政策過程的外在政治經濟環境、政策參與者與利害關係人等發生變遷的過程中，新政策取代原來政策來解決同樣的問題，所要服務的也是相同的對象，稱之為政策賡續，例如我國的外交政策，由漢賊不兩立轉為務實外交、政經分離或雙重承認即是。（參閱Policy Termination）

Policy Termination
政策終結

政策終結指機關組織的終止、基本政策的轉向、計畫的失敗、或財政的緊縮，而導致政策被全部或部分的終結。主張政策終結者可以分為三種類型：

1. 反對主義者（oppositionists）：他們認為既有的政策或計畫嚴重挑戰其價值與政經利益，故視之為錯誤的政策而積極反對抗議，必去之而後快。

2. 經濟主義者（economizers）：將政策終結視為減少經費開支的良好手段，因而基於經濟理由而支持終結既有的政策或計畫。

3. 改革主義者（reformers）：將政策終結視為形成一個新政策或計畫的良

好手段，因而支持終結舊政策，創立新政策或計畫。

另外，政策終結的途徑有兩種：

1. 爆發型（big bang）：指以單一的權威性決策或在某一特定時間內所作的突然終止的決定；這種決定由於太過突然，反對勢力根本來不及反應與集結，它通常是長期政治鬥爭的結果。

2. 長泣型（long whimper）：指設法讓某項政策的資源長期逐漸每況愈下，終遭到結束的命運。它通常就是政策制定者有意淘汰某項政策而採取的終止行動，特別是以年年刪減預算的方式來降低某項政策或組織的功能，此種途徑的終結容易造成既得利益者的反對。（參閱Policy Change, Policy Succession）

Policy Warrant
政策立論理由

政策立論理由為William Dunn所提「政策論證」的六項要素之一。在進行政策論證過程中，政策分析人員及決策者常會找尋一項主要的立論理由，以便將政策相關資訊轉變為具體的政策主張。政策分析人員必須考量利害關係人的需求，採取權威的、直覺的、分析的、因果的、統計的、分類的、實用

的、倫理道德的論證方式，建立各種假定，尋找各種政策立論的理由，以說服利害關係人。例如基於「民眾需要有安全衛生的食品」之「直覺性理由」，便支持政府食品衛生機關應投入更多的人力、經費，加強食品安全衛生稽查的政策主張。（參閱Policy Argument）

Pre-Evaluation
預評估

預評估指評估者對政策方案在規劃階段或在執行一段時間後，進行某些方面的評估。例如在規劃階段可以從事可行性評估、優缺點評估、優先順序評估等。如果在此階段能夠設法了解該政策方案的「預期影響」及「預期效益」，則在方案執行之前，便可以適當修正該方案的內容，使資源能作最適的分配；或者在政策方案執行一段時間後，作探測性的評估，以做為未來全面評估該項政策執行之影響及效益的基礎。大致言之，預評估又包含以下三項評估工作：

1. 規劃評估（planning evaluation）：規劃評估指行政機關或人員為解決某項公共問題或滿足某項公眾需求，在規劃解決政策方案或計畫時，對各替選方案之可行性、成本、利益、影響等進行評估。其目的在減少各方案

政策目標與實際情境可能存在的差距，而作必要的修正；另外，透過此項評估，也可以排出各方案的優先順序，供決策者做為決策的參考。

2. 可評估性評估（evaluability assessment）：可評估性評估指政策在執行一段時間後，即由政策評估人員對其執行狀況及初步結果加以評估，以探究執行狀況是否符合政策的原先設計與運作程序。評估的結果除可提供執行人員修正執行方法、技術、程序的參考外，還可以做為將來要不要進行全面評估的依據。可評估性評估涉及一項政策是否可以被評估？是否應該被評估？值不值得被評估？評估結果有否參考的價值？

3. 修正方案評估（modified policy evaluation）：政策執行人員為增加某一項政策執行時所產生的效率及效能，如增加服務的對象及範圍，減少經費的支出等，必須適時修改該政策方案的相關部分，此項被修改的方案就稱為修正方案。而此項修正方案是否完美無缺？是否產生明顯的效果？其價值如何？是否有再加以評估的必要？凡此均可再作評估，此即稱為修正方案評估。（參閱Outcomes Evaluation, Process Evaluation）

Pre-Experimental Designs
前實驗設計

　　根據D. T. Campbell與J. C. Stanley的看法，一般實證研究所採用的實驗設計可以分成三種：一為前實驗設計。二為真實驗設計（true-experimental designs）。三為準實驗設計（quasi-experimental designs）。由於前實驗設計中的自變項與依變項之間的因果關係推論是沒有根據的，而對於內在效度與外在效度的威脅也無法控制，所以此種設計的價值常受到挑戰，因此，政策評估宜儘量避免使用。典型的前實驗設計包括：單組後測設計（one shot group design）、單組前測後測設計（one group pretest-posttest design）、靜態組設計（static-group design）。（參閱Quasi-Experimental Designs, True Experimental Designs）

Process Evaluation
過程評估

　　過程評估指政策評估人員對於政策問題認定的整個過程、政策方案的規劃過程、與政策方案的執行過程進行評估的意思。過程評估的主要目的在了解是否已經真正找到問題的癥結所在；是否正確的界定了問題，以免落入「以正確

方法解決錯誤問題」的陷阱；對於規劃過程的評估，目的則在了解是否相關的單位及人員均參與了政策規劃工作？是否主要的相關要素均已列入了考慮？是否相關的資料均已大致蒐集齊全？是否決策的方式及過程相當妥當等；對於執行過程的評估，目的在了解執行機關、人員、經費、程序、方法、技術等各層面，是否妥當？是否合作無間？是否需要作某種修正等。（參閱 Outcomes Evaluation, Pre-Evaluation）

Program Evaluation
方案評估

方案評估通常被利用來判定方案績效是否滿足案主的需求。重點包括：1.滿意度調查。2.服務措施檢討。3.成效評估。4.調整改善。方案評估的目的，在了解方案是否可行？是否有效？及找尋解釋其效益或無效之因素。因此，方案評估大至可區分形成評估（formative evaluatiom）與總結評估（summative evaluation）兩大類。前者也稱預評估或事前評估，涉及方案的設計與執行過程，評估內容包括：評量需求、投入的人力、物力、服務和資源。方案的預評估，主要是針對特定的政策或計畫書之可能產生績效進行評估，以檢視計畫書之政策所造成的成本

及效益為何？政策或是計畫書行動的結果是否達到預期目標？政策或計畫書是否對標的人口產生影響？政策或計畫書需要運用科學方法，提供具有信度及效度的政策績效資訊，作為決策者以後修正或改善政策方向的依據。（參閱 Program Management）

Program Management
方案管理

方案管理包含方案的分析、規劃、執行、評估，透過追蹤考核，以決定是否需要修正原先方案的整個過程：1.方案分析：指方案設計者運用一些方法來界定問題，並了解規劃的需求。其步驟包括：(1)問題分析；(2)確定標的人口；(3)了解需求；(4)SWOT分析（優弱機威分析）；(5)標竿分析（Benchmark Analysis）。2.方案規劃：指方案設計者運用方法以設計發展可行之方案。其步驟包括：(1)發展方案的目標與目的，安排優先順序；(2)設定績效標準；(3)發展策略；(4)安排各項資源；(5)工作時程的安排（Scheduling）；(6)甄選、訓練工作人員；(7)建置管理機制；(8)完成計畫書。3.方案執行：指為確保方案能達成其目標的過程。執行重點包括：(1)服務輸送；(2)危機處理；(3)成本控制；

(4)激勵團隊；(5)錯誤修正。4.方案評估：指判定方案績效是否滿足案主的需求。重點包括：(1)滿意度調查；(2)服務措施檢討；(3)成效評估；(4)調整改善。（參閱Program Designt）

Program Utility Assessment
方案效用評量

方案效用評量指研究某一方案或計畫執行以後，其效能（即影響）及效率（即成本對利益的比率）的情況如何。（參閱Policy Evaluation）

Proscriptive Performance Indicator
警示性績效指標

警示性績效指標是評量績效高低的指標之一。此類績效指標如同警鈴（Alarm-bells）一般，是一種反向的績效指標，藉由指出組織「不應如何」而發揮指標的作用，例如透過核電廠跳機次數、交通事故死亡率等的資訊，警告政府如何防範災變。（參閱Descriptively Performance Indicator, Perspective Performance Indicator）

Prospective Process Evaluation
前瞻性過程評估

對於政策方案的評估，一般可分成三大類：即預評估（Pre-evaluation）、過程評估（Process Evaluation）及結果評估（Outcome Evaluation）。過程評估涉及對政策問題認定的過程、政策方案規劃的過程、政策方案合法化的過程、及政策方案的執行過程等面向，進行評估的工作。過程評估可以在政策方案正式執行之前為之，也可以在方案執行之後為之。前瞻性過程評估指在政策方案執行以前，為了解該方案未來在運作過程的各階段能否順利的運作、可能面臨那些問題、如何事先設法解決該等問題等等，進行深入的預測、分析、評估，期能有效且順利的推動該政策方案，達成政策目標。（參閱Retrospective Process Evaluation）

Pseudo-evaluation
虛擬評估

根據William N. Dunn在《公共政策分析導論》（*Public Policy Analysis: An Introduction*, 1994）一書中的說法，評估的途徑包含三種：即決定理論評估（decision-theoretic evaluation）、正式評估（formal evaluation）、與虛擬評估。虛擬評估也稱為假性評估，是一種運用描述性方法，製造有關政策結果的可靠與有效資訊之途徑，而評估時並不去懷疑此些目標和目的對個人、團體、或社會整體的價值究竟如何。它的主要假定是，關於價值的衡量標準是不驗自明的，或者是沒有爭議的。政策分析人員進行虛擬評估所使用的方法包括：準實驗設計、問卷法、隨機抽樣法、統計技術等，並利用此些方法依政策投入與運作過程變項，去解釋政策結果與變化情形。此外，此途徑將任何一項結果理所當然的視為是適當的目的，例如參加就業訓練的人數、接受醫療服務的人次等結果。虛擬評估的主要應用形式包括：社會實驗法（social experimentation）、社會系統會計法（social systems accounting）、社會審計法（social auditing）、及研究與實務綜合法（research and practice synthesis）。（參閱 Decision-Theoretic Evaluation, Formal Evaluation）

Purposive Sampling
立意抽樣法

立意抽樣法為社會問題調查工作所使用的三種非隨機抽樣法之一，另外兩種方法為：偶遇抽樣法（Accidental Sampling）及定額抽樣法（Quota Sampling）。立意抽樣法指政策分析人員依據研究需要，以主觀見解與判斷，抽取最具代表性的樣本做為調查對象，進行訪問。例如政策分析人員可以前往科學工業園區，挑選最具代表性的六百位勞工，訪問他們對於政府推動輔助勞工購建自有住宅政策的看法。（參閱 Accidental Sampling, Quota Sampling）

Quasi-Experiment Designs
準實驗設計

根據 D. T. Campbell 與 J. C. Stanley 的看法，研究人員可以透過實驗研究的方式，了解某項方案或計畫執行的結果，進而推論其成敗。實驗設計可分成三種：一為前實驗設計（pre-experimental designs）。二為真實驗設計（true experimental designs）。三為準實驗設計。基本上，準實驗設計的實驗組與控制組係以非隨機方式所組成。亦即因為受到倫理、道德、實際困難等因素的影響，以致無法將受試者隨機的分配於實驗組和控制組中。準實驗設計的主要特徵是對於內在及外在的變項不加以控制。雖然準實驗設計的效度與信度比不上真實驗設計，但是在從事政策評估時，如能妥慎應用，仍然具有良好的效果。最常使用的準實驗設計包括：時

間數列設計（time-series design）、多
重時間數列設計（multiple time-series
design）、不相等實驗組與控制組設計
（nonequivalent design）等。（參閱
Pre-Experimental Designs, True Experi-
mental Designs）

Quota Sampling
定額抽樣法

　　定額抽樣法為社會問題調查工作
所使用的三種非隨機抽樣法之一，另外
兩種方法為：立意抽樣法（purposive
sampling）與偶遇抽樣法（accidental
sampling）。定額抽樣法的程序是，
研究人員根據某些簡單易行的標準，
例如機關、單位、籍貫、性別、教育
程度、年齡等，將調查的母體加以分
組，然後再使用立意抽樣法或偶遇抽樣
法由每組中選取若干樣本，一直到完成
所需要的樣本總數為止。例如，研究人
員可以將外籍勞工的國籍分成三組，然
後到各個工廠或工地，依照外籍勞工人
數多寡，抽出一定數目的樣本，調查他
們對我國有關外籍勞工政策的看法。
　　（參閱Accidental Sampling, Purposive
Sampling, Random Sampling）

Randomization
隨機化

　　隨機化指研究人員在進行實驗研
究時，對於潛在的研究對象，以隨機方
式選擇他們並將他們分派為實驗組和控
制組，以確保潛在研究對象能有同等機
會被選為研究對象，使實驗結果及其推
論不致有所偏失。（參閱Random Sam-
pling）

Random Sampling
隨機抽樣法

　　隨機抽樣法指在母體（popula-
tion）中，以隨機的方式，抽取若干個
體作為調查的樣本。在抽取樣本的過程
中，不受研究人員或取樣者任何人為的
影響，純粹按照隨機方式取樣，使母體
中的每一個個體都有同等被抽出的機
會。不過，所謂隨機並非指任意的想取
哪一個就取哪一個，而是指按照均勻原
則，任其自然出現，不作人為安排。依
隨機抽樣法所抽出的樣本，被認為較為
客觀且較具代表性。隨機抽樣法尚可分
成以下幾種方法：
1. 簡單隨機抽樣法（simple random
　 sampling）。
2. 等距抽樣法（interval sampling）。
3. 亂數表抽樣法（random-number-

table sampling）。

4. 分層抽樣法（stratified sampling）。

5. 集體抽樣法（group sampling）。

6. 分段抽樣法（multiple-stage sampling）。（參閱Accidental Sampling, Purposive Sampling, Randomization）

Reflexive Controls
反應性控制

反應性控制指對政策方案或計畫的實施對象，在執行方案前進行衡量，其所得結果做為控制性觀察的依據（即做為事後比較的根據）。（參閱Pre-Experimental Designs）

Reliability
信度

信度為實證調查之研究設計的一個概念，指某項測量所獲得的分數，如果重複採取同樣的實施方式，在假設所有相關的測量條件都相同的情況下，可以產生同樣結果的程度。它是任何一項實證研究均必須慎重處理的兩項要素之一，另一項要素是效度（Validity）。簡單的說，信度就是可靠性（trustworthiness），指實驗或測驗結果的一致性（consistency）或穩定性（stability）

而言。一般而論，求取某項研究結果或測驗之信度的方法有以下數種：1.再測信度（test-retest reliability）。2.複本信度（alternate-form reliability）。3.折半信度（split-half reliability）。4.庫李信度（Kuder-Richarson reliability）。5.評分者信度（scorer reliability）。（參閱Validity）

Reproducibility
複製性

複製性指某一項實驗研究所得到的研究發現，可以被其他人以重複實施方式，而再次產生同樣或類似研究發現的程度。它是信度的一種表示方式。（參閱Reliability）

Reputability Assessment
聲譽評量

聲譽評量為政策評估中的一種方法，指針對服務對象對於政策方案或計畫的執行過程及服務狀況，所表示出來的意見，進行評估的意思。亦即評估政策方案或計畫的執行，在服務對象中所獲得的評價。（參閱Impact Assessment）

Research Design
研究設計

　　研究設計為一種蒐集、衡量、分析、解釋資料的結構性方法，目的在決定如何才能夠最佳的處理研究當中的問題。研究設計為研究人員提供一套結構性的途徑，使他能夠檢視並評估與所研究問題有關的各種資料。一般來說，研究設計主要是包括兩類：一為傳統的控制實驗設計；另一為較非正式化的「準實驗設計」（quasi-experimental designs）。（參閱Pre-Experimental Designs, Quasi-Experimental Designs, True Experimental Designs）

Responsiveness
回應性

　　回應性為政策評估的一般標準之一，指某項政策方案或計畫的執行結果滿足標的人口需求、偏好或期望價值的程度。此項評估標準非常重要，因為某項政策或計畫也許符合其他評估標準，如充分性、公正性、效率性、效能性等，但是因為沒有能夠迅速且充分的回應受此政策或計畫影響之標的人口的需求，所以最後仍然被評估為失敗的政策或計畫。例如政府機關所推動的某項全民娛樂政策，雖然可以作到將各種娛樂設施作公正的、公平的使用分配，但是因為無法充分回應老年人（標的人口之一）的需求，所以最後仍然被評估為一項失敗的政策。（參閱Adequacy, Appropriateness, Effectiveness, Efficiency, Equity）

Retrospective Outcome Evaluation
回溯性結果評估

　　基本上，政策評估可粗分為規劃評估、執行評估與結果評估，而結果評估又可分為產出評估與影響評估。回溯性結果評估指政策評估人員在政策執行完畢後，採取回溯的觀點，對政策的產出情況及所造成的影響加以評估，包括原因、深度、廣度、強度等面向的探究。（參閱Outcome Evaluation）

Retrospective Policy Analysis
回溯性政策分析

　　回溯性政策分析為描述性政策分析（descriptive policy analysis）的一個次級類別，主要的作用在尋求回答下面這個問題：在政策運作過程中，究竟發生了什麼事？因此，回溯性政策分析包括兩項重要的工作，一項是「回溯性過程分析」（retrospective process analysis）：政策制定並執行後，政策分析人員倒回去研究、分析、評估政策方案的規劃過程、合法化過程、執行過程等，是否恰當？是否有所缺失？是否可以立即加以改正或是做爲以後改正的參考？另一項是「回溯性結果分析」（retrospective outcome analysis）：政策在執行以後，由政策分析人員倒回去檢視政策究竟產生什麼樣的結果，包括有形的、無形的、預期的、非預期的產出及影響。（參閱Ex-post Policy Evaluation）

Retrospective Process Evaluation
回溯性過程評估

　　通常政策方案的評估，可粗分爲三大類：即預評估、過程評估及結果評估。過程評估涉及對政策問題認定的過程、政策方案規劃的過程、政策方案合法化的過程、及政策方案的執行過程等面向，進行評估的工作。過程評估可以在政策方案正式執行之前爲之，也可以在方案執行之後爲之。回溯性過程評估即是指在政策方案執行以後，爲瞭解該方案在運作過程各階段的優缺點、衍生的問題、解決之道等，進行深入的檢討分析，評估結果可供未來推動類似政策方案的參考。（參閱Prospective Pro-

cess Evaluation）

Saturation Sampling
地毯式抽樣法

　　在政策分析過程中，分析人員常需採取訪問方法或問卷調查法去蒐集相關的資訊，而在眾多的「母體」（population）中，如何抽取受訪或受測的樣本（samples），就涉及採用何種抽樣方法的問題。分析人員通常可根據研究目的、母體大小及性質、成本及時間考量等因素，選擇不同的抽樣方法，例如地毯式抽樣法、隨機抽樣法、立意抽樣法、分層抽樣法等。地毯式抽樣法也稱爲全體抽樣法，也就是對母體的所有樣本進行調查，而非只抽取一部分樣本進行調查而已。此種抽樣方法最大的優點是對母體具有充分的推論性。不過，因爲必須對所有的樣本進行調查，且須考慮成本，所以一般適用於母體較小的情況。（參閱Random Sampling）

Second Generation Evaluation
第二代評估

　　美國學者Egon G. Guba及Y. S. Lincoln在《第四代評估》（*Fourth Generation Evaluation*, 1989）一書中，將公共政策評估研究的演進情

形，按照研究所在場所（locus）、研究主要論題（focus）、及研究途徑與方法（modus）之不同所形成的不同典範（paradigm），而分成四代加以說明。他們認爲從第一次世界大戰以後一直到1957年是屬於第二代的評估研究，這一代的評估人員所扮演的是描述者（describer）的角色，他們的理論基礎是實證論典範（positivism paradigm）。評估人員的主要任務是對政策執行結果進行描述，他們採取目的導向，對已經執行的政策方案，依據預期的特定目的，描述其結果的優劣。（參閱First Generation Evaluation, Fourth Generation Evaluation, Third Generation Evaluation）

Social Auditing
社會審計途徑

社會審計途徑爲美國公共政策學者William N. Dunn在《公共政策分析導論》（*Public Policy Analysis: An Intro-duction*, 1994）一書中，所提出的四種政策監測途徑之一。它指政策分析人員藉著監測投入、轉換過程、產出影響等變項之間的關係，而了解政策結果是否爲不夠充足的政策投入所造成的，或者是在對標的人口提供資源及服務過程中有所偏差的結果。此種途徑偏重於政策轉換過程的研究，換言之，此種途徑可以提供系統理論中有關「黑箱」（black box）內部運作狀況的重要資訊。（參閱Social Experimentation, Social Research and Practice Synthesis, Social Systems Accounting）

Social Costs
社會成本

社會成本指某一項政策、計畫或行動所需要社會負擔的所有成本。當有外部性（externalities）問題涉入時，社會成本與私人成本在某些情況下，是有所不同的。例如，某一個工廠的企業主應當投入資金購置防止污染的設備，此爲私人成本部分；但是如果企業主並不投資防污設備，而偷偷排放廢水及廢氣，造成其他人及社會的負擔與損失，它就變成社會成本。（參閱Costs, Externalities）

Social Equity
社會公正性

社會公正性乃是以公正性而非效率性，做爲判斷一項政策好壞的主要準則之一種規範性標準。依照社會公正性標準的作法，政策分析人員必須要權衡政策方案對個人的影響狀況，重點在促

進服務的公正分配、消除方案可能造成的不良後果、並確認各種服務的不公平，主要是爲了強化弱勢族群的權力與福利。（參閱Equity）

Social Experiment
社會實驗法

美國學者Richard Nathan等人曾在1980年代中期使用「田野網路評估法」（field network evaluation methods）去評估雷根政府（President Ronald Reagan）若干國內政策方案對州及地方政府的影響情形。此法有五項要素：

1. 在每一管轄區，由一位田野研究人員負責分析聯邦政策的影響狀況。其準備工作是先行訪問政府及非政府機構人員，並檢視包括方案、財務資料及統計資料在內的已出版或未出版的記錄、報告等。

2. 由負責總協調的研究員，與各區研究員諮商，爲所有研究人員撰寫研究發現，發展出一套共同的分析及報告格式。

3. 基於縱貫研究性質，在若干年中每年數次的蒐集相關資料，以分析聯邦政策變遷所造成的影響。

4. 分析的焦點應置於聯邦補助方案在每一區實際變遷本質、影響及受補助機關的反應等。

5. 由總協調研究員負責協調整個研究工作，準備研究報告摘要，並作跨州性及縱貫性的「類推」（generalizations）。（參閱Social Experimentation）

Social Experimentation
社會實驗途徑

社會實驗途徑爲美國公共政策學者William N. Dunn在《公共政策分析導論》（*Public Policy Analysis: An Introduction*, 1994）一書中，所提出的政策監測四種途徑之一。它是一種系統性操縱政策行動，以求儘量精確回答政策後果所根據的原因爲何的程序。透過此種途徑，政策分析人員可以藉著觀察小規模的政策行動監測情況，而考慮是否要採取更大規模的政策行動。此種途徑所採用的方法，與自然科學所使用者相同，也就是採取實驗組與控制組的方式，從事政策執行的實驗。在第二次世界大戰後的一、二十年，此種途徑曾經被廣泛的應用於下面這些領域：公共衛生、補習教育、社會福利、犯罪、管制藥物酒精濫用、人口控制、營養、公路安全及住宅問題等。（參閱Social Auditing, Social Research and Practice Synthesis, Social Systems Accounting）

Social Indicator
社會指標

　　社會指標指與社會狀況有關的一種統計變項。進一步的說，它指設計來長時期追蹤某一社會問題之發展狀況的定期性衡量指標，例如每隔一段時間，衡量每一萬人擁有幾部汽車；每一千人有幾張病床等；犯罪率上升或下降；文盲率降低多少等。社會指標的應用就如同經濟指標（如失業率多少）一樣。另外，依據Kenneth C. Land於〈理論、模式、與社會變遷指標〉（Theories, Models, and Indicators of Social Change, 1975）一文對社會指標所下的定義是：社會指標指衡量各部分人口之社會狀況與長期變遷趨勢的統計數字。社會狀況包括特定社會中人類生存的外在社會性與物質性環境，及內在主觀性與知覺性環境。目前世界各國大都訂有社會指標，以衡量社會變遷的情況。我國行政院主計處為了解我國社會變遷情況，也編製社會指標，並將衡量結果對外定期發表。

　　社會指標具有以下特點：1.它是一種分析描述主客觀情況變遷的技術。2.它是一種時間數列性的資料，可進行長期性的比較分析。3.它具有評估政策執行結果的作用。由於社會指標所表現出來的是較為客觀的統計數字，因此藉著社會指標的應用，可以使決策者及政策分析人員在政策運作過程中，獲得相關的、精確的、有效的、可信的資訊。社會指標是政策監測所使用「社會系統會計途徑」（social systems accounting）的主要工具。（參閱Criterion, Social Systems Accounting）

Social Research and Practice Synthesis
社會研究與實務綜合途徑

　　社會研究與實務綜合途徑是美國公共政策學者William N. Dunn在《公共政策分析導論》（*Public Policy Analysis: An Introduction*, 1994）一書中，所提出的四種政策監測途徑之一。它是一種對過去在執行公共政策時的努力結果，加以系統化整理、比較與評價的途徑。它被應用於綜合某些政策論題的資訊，從社會福利、農業、教育以至市區服務及科技政策等方面。它所使用的資訊來源主要有二：一為有關政策規劃與政策執行的個案研究；另一為描述政策行動與結果關係的研究報告。（參閱Social Auditing, Social Experimentation, Social Systems Accounting）

Social Systems Accounting
社會系統會計途徑

社會系統會計途徑乃是美國公共政策學者William N. Dunn在《公共政策分析導論》（*Public Policy Analysis: An Introduction*, 1994）一書中，所提出四種政策監測途徑之一。它是政策分析人員藉以監測在某一段時間內，客觀的與主觀的社會情況改變的一種途徑或一套方法。此種途徑的主要分析要素是社會指標，也就是利用社會指標去衡量社會因為實施某項政策而造成改變的情況，例如利用社會指標衡量空氣污染改善狀況、衛生醫療改善狀況、及工作生活品質如何等。此途徑在1960年代及1970年代最為盛行。

社會系統會計途徑一詞源自美國「全國科技、自動化與經濟進步委員會」（National Commission on Technology, Automation, and Economic Progress）於1966年所出版的一篇報告。該委員會成立於1964年，主要在檢討查核科技發展與經濟進步對社會所產生的影響。該委員會向聯邦政府建議建立「社會會計系統」（system of social account），做為國家從事經濟會計工作的參考。（參閱Social Auditing, Social Experimentation, Social Research and Practice Synthesis）

Solomon Four-group Design
所羅門四組比較實驗設計

所羅門四組比較實驗設計為真實驗設計（true-experimental designs）的一種。此種實驗設計具有兩個實驗組和兩個控制組，其中一對實施前測與後測，另一對則只實施後測；而四組的受測對象均採隨機抽樣方式予以指派，因此是一種最理想的研究設計。應用此種實驗設計可以消除所有內在與外在效度的威脅，等於作了四次實驗。透過此種設計可以比較有前測與無前測之間是否有顯著差異，也可以比較實驗組與控制組間的差異，使研究人員能夠較具信心的下結論與推論。不過，此種設計的最主要缺點是費時、費錢、以及不容易獲得足夠的受測對象等。（參閱True Experimental Designs）

Spillovers
連帶影響

連帶影響也稱為外溢作用，指當某一項政策方案或計畫執行後，可能對某些機關、行政人員或民眾產生未預料到的正面或負面的影響，因而形成未預期的受益者及受害者。評估人員在進行評估工作時，必須將此類連帶影響計算在內。（參閱Impact Assessment）

Standardized Test
標準化測驗

標準化測驗乃是一種測量取向的評估，係以一套標準化的模式與指標來進行評估，其特徵有四：

1. 具客觀性：即標準化測驗較少受到施測者個人信念或偏見的影響。

2. 施測條件力求一致：即如施測時是否允許以臆測方式作答、是否可重複說明與回答疑問的方式等，都有明確的規定。經此一致施測條件而獲得的研究成果可供他人複製。

3. 根據百分等級編製成常模：即通常編製標準化測驗者均會審慎選擇樣本，並就個別受試者所得的分數與團體表現的關係編製成測驗常模表，將原始分數與百分等級對照使用。

4. 兼具信度與效度：信度即指一項測量工具，無論在何時測量，所得結果前後均能達到一致的程度。而效度則指一項測量技術是否能真正測量出它所要測量的問題。（參閱Policy Evaluation）

Statistical Causal Analysis
統計因果分析

統計因果分析指針對過去所發生的各種情況，累積統計資料，以對政策執行結果進行「類推」（generalizations）的一種方法。利用統計因果分析方法蒐集資料的目的，是要了解因果性因素如何影響政策結果，以及彼此如何互相影響。在使用統計因果分析時，研究人員試圖找出引起制定政策需要之問題的因素為何。此種分析方法可使研究人員根據相關變項的因果連結關係，而對政策進行判斷。在從事政策分析時，政策分析人員總是想知道，當某一項政策執行後，與其他政策相比，它造成某目標達成的程度如何，而統計因果分析方法因為把重點放在「因果律」（causation）的尋找與分析，對政策分析人員的工作極有幫助。（參閱 Correlational Analysis）

Statistical Controls
統計上的控制

統計上的控制指在進行某一項實證研究的過程中，研究人員設法使實驗組與控制組之間的差異，保持常態的一種統計技術。（參閱True Experimental Design）

Statistical Procedures
統計程序

統計程序指研究人員蒐集並應用量

化的資料，以從事「類推」（general-izations），並根據此些類推而作決策的一種程序。統計程序涉及對各變項進行觀察，以確定：1.統計上的關係是否發生。2.各變項間彼此的關係如何。3.兩個變項間是否發生因果關係，還是其關係是由第三個變項所引起的。利用統計的程序去從事政策評估及研究，可使研究人員有能力去驗證各研究變項的顯著度。因此，政策分析人員、研究人員、及評估人員常應用統計程序去蒐集、組織、摘要、呈現、與分析各種資料。總之，統計程序對於政策預測與擬定最適化的政策方案極為有用。（參閱Inferential Statistics）

Stochastic Effects
機遇影響

機遇影響指在評估或測量某項政策或計畫執行情形時，發現某一項衡量結果之變動（fluctuations），係歸因於機會（chance）的因素所造成者，而非真正由政策或計畫本身所造成者。（參閱Impact Assessment）

Stratified Sampling
分層抽樣法

分層抽樣法為調查研究所使用之抽樣設計的一種，基本上，它又可分成兩種方式。一種是不以比例為抽樣依據，稱為簡單分層抽樣法（simple stratified sampling），即母體中包括彼此間不同的階層，但是每一個階層之內成員的同質性很高。例如某一個城市的居民，可以按照收入狀況劃分成高、中、低三個社會階層，然後再從各階層抽取樣本進行調查。另一種是採用相同的比例進行抽樣，稱為比例分層抽樣法（proportional stratified sampling），即首先將母體按照某些標準，如性別、年齡、機關等，進行分組，然後在每組中按照相同的比例，以簡單隨機或系統隨機抽樣方法選取所需的受測樣本。（參閱Random Sampling, Systematic Sampling）

Summative Evaluation
總結性評估

總結性評估指對方案是否有效及是否應賡續實施作基本決定所進行的評估，它與形成性評估（formative evaluation）是相對的。詳細言之，總結性評估乃是在對政策方案或計畫執行結束後作總結時所進行的一種研究或分析。它與標準的「方案結束評估」（end-of-program）類似，方案結束評估的目的在提供一項政策方案或計畫之

成功、失敗、影響、或品質的資料。總
結性評估的重點置於檢視政策方案或計
畫的組成要素、檢討從開始到結束所採
取各種活動的運作狀況。雖然總結性評
估具有多重目的，不過主要還是為了評
量政策達成預定目標的程度，以決定是
否繼續執行或停止該政策。總結性評
估通常是向較高層次的政策制定者或
民眾提出的。（參閱Formative Evalua-
tion）

Systematic Sampling
系統抽樣法

系統抽樣法又稱為間隔抽樣法，
大致言之，此種抽樣法與簡單隨機抽樣
法（simple random sampling）相似。
採用此種方法時，首先將全部抽樣架
構內的樣本予以排列，然後依據研究
目的，選擇間隔值，按抽樣比例分成
間隔，依序抽取所需的樣本。舉例而
言，如果母體為10,000人，欲抽取的樣
本為1,000人，則間隔值可定為10。接
著我們可以從隨機亂數表中選擇第一
個隨機起始點，然後每間隔10個人就
抽取一個樣本，直到達到總數1,000個
樣本為止。（參閱Random Sampling,
Stratified Sampling）

Tangible Benefits
有形利益

有形利益係相對於無形利益（in-
tangible benefits）而言，指政策方
案或計畫在執行以後，預計可以產生
的、可使用公認的貨幣單位或度量衡單
位測量其價值的利益，例如就政府機關
來說，政策執行後，每年可增加多少稅
收、每年可減少多少人命及財產的損
失、每年可創造多少工作機會等；就
個人層面來說，個人每年可增加多少
收入、可減少多少不必要的支出等。
（參閱Intangible Benefits）

Tangible Costs
有形成本

有形成本係相對於無形成本（in-
tangible costs）而言，指某一項政策方
案或計畫在執行過程中，預計必須投入
的或是已經投入的、可利用公認的貨幣
單位或度量衡單位予以測量其價值的成
本，例如就政府機關來說，對政策或所
必須投入的人力、物力、經費、時間
等；就個人層面來說，所投進去的金錢
及時間等。（參閱 Intangible Costs）

Technology Assessment
科技評鑑

科技評鑑指透過知識方面及行動方面的努力，建立「預警系統」（early-warning system），以控制、指導、與必要時限制科技的發展，俾獲得最大幅度的「公共福利」（public good），並減少最大的「公共風險」（public risk）。基本上，在美國科技評鑑是屬於政策評估的一環。因此，美國國會特別在1972年10月13日成立了「科技評鑑處」（Office of Technology Assessment），做為國會的輔助機構，以提供應用各種科技後對於自然、社會、經濟、政治所產生影響的充分且客觀的資訊。由此，國會在考慮聯邦政府所提出各項政策或計畫時，便能夠根據它的專家意見及相關的資訊，作成公正的評鑑，而在科技政策的制定和修正方面，扮演了積極性的參與角色。（參閱Policy Evaluation）

Third Generation Evaluation
第三代評估

美國學者Egon G. Guba及Y. S. Lincoln在《第四代評估》（*Fourth Generation Evaluation*, 1989）一書中，將公共政策評估研究的演進，依據研究所在場所（locus）、研究主要論題（focus）、及研究途徑與方法（modus）之不同而形成的不同典範（paradigm），分成四代加以說明。他們認為從1957年蘇聯搶先發射人造衛星至1980年代以前，對於公共政策評估的研究，可以說是屬於第三代的研究。這一代的政策評估人員所扮演的是判斷者（judge）角色，他們的理論基礎是實證論典範（positivism paradigm）。評估人員的主要任務是對政策執行結果進行判斷，其評估活動的內涵是居於「暫時性的決策導向」，依據被評估者的內在本質、外在前因後果兩項價值來判斷被評估者的好壞，並且強調判斷乃是政策評估不可或缺的一部分。（參閱First Generation Evaluation, Fourth Generation Evaluation, Second Generation Evaluation）

Time Monitoring
時間監測

時間監測指政策方案執行後，經由各種監測途徑與方法的應用，檢核方案是否依照原訂的時間排程在實施中，如果發現進度落後，應即找出落後的原因，並加以改進，以使方案能夠按時限完成。一般言之，對於方案的時間監測，通常是由管制考核機關或評估機

關負責進行的。不過在某些情況下，民
意代表、標的人口學者專家、和大眾傳
播媒體，為了特殊目的，也可能扮演時
間監測的角色。（參閱Policy Monitor-
ing）

Time Optimization Models
時間最適化模式

　　時間最適化模式乃是藉由研究延
擱及時間對替選方案的影響，而選擇最
適化政策的一種方法。它可協助研究人
員或政策分析人員了解時間對政策的
影響如何，以及時間和政策議題的因
果關係如何。時間最適化模式的應用
方法甚多，包括等候線理論（queueing
theory），預測改變工作積壓與延擱所
造成的影響；最適排序法（optimum
sequencing），分析並解決等候時間與
延擱所造成的問題；要徑法（critical
path method），找出可能造成工作延
擱的流程及重要事項予以解決。藉由了
解延擱與時間差的領域及結果，政策分
析人員將可以更有效的預測並管理政
策方案可能發生的時間差及延擱的樣
式。

　　時間最適化模式的焦點置於如何
解決不必要的延擱問題，以制定最佳和
最實際的政策方案。時間最適化乃是政
策最適化的一個主要目標，而政府機關

以推動各種方案為服務對象提供服務
時，「延擱」是一個很重要的問題，因
為它常引起服務對象的嚴重不滿，所
以政策分析人員非常重視此模式的應
用。時間最適化模式既可應用於政策替
選方案的設計階段，也可應用於政策
方案的執行階段。（參閱Management
Science）

Times-series Analysis
時間數列分析法

　　長期以來，時間數列分析法一
直是政策方案預測與評估常用的一種
統計方法，它包含四項要素：一為長
期趨勢；二為季節變動因素；三為循
環變動因素；四為不規則變動因素。
一般認為，它是準實驗設計（quasi-
experimental designs）的一種方法，特
別適用於縱貫式研究的設計。應用此方
法時，預測者或評估者必須對「實驗
組」進行週期性的一系列測量，例如
每小時、每天、每月、每季、每年測
量一次，藉著週期性觀察到、測量到
的紀錄，判斷實驗處理是否產生預期
的變化或結果，例如人口出生率、經
濟成長率、平均國民所得增加率的預
測等。此方法的主要缺點是難以控制
「歷史因素」及「前測的反作用」所造
成的威脅。（參閱Quasi-experimental

Designs）

True Experimental Designs
真實驗設計

依據D. T. Campbell與J. C. Stan-ley的看法，一般實驗設計可以分成三種：一為前實驗設計（pre-experimental designs）。二為真實驗設計。三為準實驗設計（quasi-experimental designs）。其中以真實驗設計最具有解釋力，也最能夠達到研究的目的，但卻也是最昂貴及最難實施的設計方式。真實驗設計的特點在於應用隨機分配法、利用配對法，並具有可操控的實驗組與控制組。典型的真實驗設計包括：實驗組控制組前測後測設計（pretest/posttest control group design）、實驗組控制組後測設計（posttest only control group design）、所羅門四組設計（Solomon four groups design）。（參閱Pre-Experimental Designs, Quasi-Experimental Designs）

Two Communities Theory
雙社群理論

一般認為，政策知識之未被政策制定者所重視，主要是由於「理論界」與「實務界」兩個社群具有不同的價值系統、報償系統、及相互間使用不同之專有語言，因此難以相互溝通。理論界所生產之研究結果常強調理論上的價值及合於學術標準的要求，而實務界所期望的「有用知識」則是強調具有實用性，能夠解決實際問題。同時理論界對於知識的評價，以及報償（無論是精神或物質）均是以其學術貢獻為評量基準。然而實務界中的政策制定者，其報償乃是根據制定出來的政策，能解決問題之能力。由於雙方的觀念、要求、標準均有所差異，遂造成「知識」與「政策制定」實務難以配合的情況。（參閱Policy Knowledge Utilization）

User-Survey Analysis
使用者調查分析

「使用者調查分析」是一組運用社會科學調查方法的分析程序，旨在探知使用者對於某項公共政策的態度與看法，用以蒐集有關政策或計畫的評估性資訊；至於該分析的資訊來源，則是資訊使用者及其他利益相關人。對可評估性評量法及其他形式的決策理論評估而言，使用者調查分析扮演著非常重要的角色。蒐集資訊的主要方法是：運用一系列開放式問卷，藉以進行訪談。在進行問卷回答時，必須依循可評估性評量法的步驟加以進行。（參閱Evaluability Assessment）

Validity
效度

　　簡單的說，效度指某項研究結果或測驗的「正確性」，亦即某項研究或測驗確實能夠測出其所要測量的特質或功能的程度。一項測驗的效度越高就表示該項測驗的結果越能夠顯現它所要測量對象的眞正特徵。效度是科學測量工具最重要的必備條件，缺乏可接受效度的研究或測驗，該項研究或測驗可謂前功盡棄。在各種有關效度的討論中，以內在效度（internal validity）與外在效度（external validity）最受重視。一般言之，影響效度高低的因素可歸納爲五大方面：1.測驗組成要素方面。2.測驗實施方面。3.受試反應方面。4.效標方面。5.樣本方面。（參閱External Validity, Internal Validity）

Variables
變項

　　變項也稱爲變數，是實證調查中的一個概念，它指會影響理論或假設中之關係的可衡量特性、態度或行爲。亦即它是一些可以解釋、影響一個主題、論題、問題、或目標的可衡量指標。變項乃是研究人員從政策方案中所顯現的若干影響方案目標或影響其他變項的眾多特性，找出具有因果關係的指標。研究人員的主要興趣在了解究竟哪些變項影響一個問題的發生，或是影響某一種關係的形成。變項包括自變項（independent variables）、依變項（dependent variables）、及干預變項（intervening variables）等。（參閱Dependent Variables, Independent Variables）

參考書目
Selected Bibliography

一、中文部分

王文科，教育研究法。台北：五南圖書
　　出版公司，七版，2002年。

丘昌泰，美國環境保護政策：環境年代
　　發展經驗的評估。台北：財團法人
　　台灣產業服務基金會，1993年。

丘昌泰，公共政策：當代政策科學理論
　　之研究。台北：巨流圖書公司，
　　1995年。

丘昌泰，公共管理—理論與實務手
　　冊。台北：元照出版社，2000
　　年。

丘昌泰、余致力、羅清俊、張四明、李
　　允傑，政策分析。台北縣：國立空
　　中大學，2001年。

丘昌泰、李允傑，政策執行與評估。台
　　北：元照出版社，2003年。

丘昌泰，公共政策：基礎篇。台北：巨
　　流圖書公司，二版，2004年。

行政院研究發展考核委員會，政策科學
　　與研考工作理論、方法與實務論文
　　集。台北：行政院研考會，1978
　　年。

行政院研究發展考核委員會，政策規劃
　　與評估：研究發展考核論文集。台
　　北：行政院研考會，1984年。

行政院研究發展考核委員會，政策評估
　　的理論與實務。台北：行政院研考

會，1985年。

行政院研究發展考核委員會，政策評
　　估專論選輯。台北：行政院研考
　　會，1986年。

行政院研究發展考核委員會，政策規劃
　　實務研討會論文集。台北：行政院
　　研考會，1992年。

朱志宏，公共政策。台北：三民書
　　局，1999年。

朱志宏，立法論。台北：三民書局，
　　1995年。

朱志宏、丘昌泰，政策規劃。台北
　　縣：國立空中大學，1995年。

朱鎮明，制度、官僚與政策過程：分析
　　政府運作的概念性架構。台北：洪
　　業文化事業公司，1996年。

伍啓元，公共政策（上）（下）。台
　　北：台灣商務印書館，1985年。

江明修，公共行政學：理論與社會實
　　踐。台北：五南圖書公司，1997
　　年。

江岷欽、林鍾沂，公共組織理論。台北
　　縣：國立空中大學，1995年。

吳　定，公共政策。台北縣：國立空中
　　大學，2004年。

吳　定，公共行政論叢。台北：天一圖
　　書公司，1999年。

吳　定（主編），公共政策個案集。
台北：國立政治大學公企中心，
1989年。

吳　定（主編），行政與政策論文
集。台北：國立政治大學公企中
心，1995年。

吳　定，公務管理。台北：華視文化事
業公司，1996年。

吳　定、張潤書、陳德禹，行政學
（上）（下）。台北縣：國立空中
大學，1989年。

吳　定、張潤書、陳德禹、賴維堯，行
政學（一）（二）。台北縣：國立
空中大學，修訂四版，2001年。

吳　定，政策管理。台北：聯經出版
社，2003年。

吳堯峰，現代管理淺釋。台北：瑞成書
局，1980年。

吳濟華、屠世亮譯，L. Ortolano著，環
境規劃與決策。台北：金名出版
社，1992年。

吳瓊恩，行政學的範圍與方法。台
北：五南圖書公司，二版，2005
年。

吳瓊恩，行政學。台北：三民書局，二
版，2001年。

吳瓊恩，「知識經濟與組織的知識創
造理論」，政大公企公教中心簡
訊，第20期，版1，2000年。

吳瓊恩、李允傑、陳銘薰，公共管

理。台北：智勝文化公司，2001
年。

李欽湧，社會政策分析。台北：巨流圖
書公司，1994年。

李允傑，財務行政與政策過程。台
北：商鼎文化出版社，1997年。

李青芬、李雅婷、趙慕芬合譯，Ste-
phen P. Robbins著，組織行為學。
台北：華泰書局，二版，2002
年。

沈承剛，政策學。北京：北京經濟學院
出版社，1996年。

邢祖援，整體規劃探微。台北：五南圖
書公司，1989年。

杜善良，經建計畫的評估與考核。台
北：六國出版社，1985年。

宋鎮照，發展政治經濟學。台北：五南
圖書公司，1995年。

呂育誠、陳恆鈞、陳菁雯、劉淑惠合
譯，David H. Rosenbloom著，公
共行政學：管理・政治・法律觀
點。台北：學富文化事業公司，
2000年。

余致力、郭昱瑩、陳敦源，公共政策分
析的理論與實務。台北：韋伯出版
社，2001年。

林水波，政策分析評論。台北：五南圖
書公司，1984年。

林水波，公共政策論衡。台北：永望文
化事業公司，1990年。

林水波，追求理性政治：政策與體制批判。台北：華成電腦公司，1995年。

林水波、張世賢，公共政策。台北：五南圖書公司，三版，1991年。

林嘉誠，政治系統的工程師─伊士頓。台北：允晨文化實業公司，1982年。

林嘉誠、朱浤源，政治學辭典。台北：五南圖書公司，1990年。

林鍾沂，公共政策評估理論的重建。台北：國立政治大學政治研究所博士論文，1987年。

林鍾沂，公共事務的設計與執行。台北：幼獅文化事業公司，1991年。

林鍾沂，公共政策與批判理論。台北：遠流出版事業公司，1991年。

林鍾沂，政策分析的理論與實踐。台北：瑞興圖書公司，1994年。

林鍾沂、林文斌合譯，Owen E. Hughes著，公共管理新論。台北：韋伯出版社，1999年。

林鍾沂，行政學。台北：三民書局，2002年。

邱鎮台，計畫、管制與考核。台北：五南圖書公司，1987年。

柯三吉，環境保護政策執行之研究：墾丁國家公園的個案分析。台北：五南圖書公司，1986年。

柯三吉，政策執行：理論與台灣經驗。台北：時英出版社，1990年。

柯三吉，公共政策與政治經濟論叢。台北：時英出版社，1993年。

翁興利、官有垣、施能傑、鄭麗嬌，公共政策。台北縣：國立空中大學，1998年。

孫本初，公共管理。台北：智勝文化公司，四版，2005年。

孫本初、江岷欽、Golembiewski，公共管理論文精選（Ⅰ）。台北：元照出版社，1999年。

孫本初，行政機關考成指標之研究。台北：國科會委託研究，2000年。

胡象明，行政決策分析。武昌：武漢大學出版社，1991年。

胡瑋珊譯，Thomas H. Davenport and Laurence Prusak著，知識管理：企業組織如何有效運用知識。台北：中國生產力中心出版，1999年。

桑玉成、劉百鳴，公共政策學導論。上海：復旦大學出版社，1991年。

徐斯勤，「新制度主義與當代中國政治研究：理論與應用之間對話的初步觀察」，發表於中國政治學會90年年會暨學術研討會（1.6），台北，2001年。

陳有禮、唐鳳標、趙從釗、栗抗生，現代決策科學與技術教程。武漢：武漢大學出版社，1993年。

陳慶雲，公共政策分析。北京：中國經濟出版社，1996年。

陳恆鈞譯，James P. Lester and Joseph Stewart, Jr.著，公共政策演進研究途徑。台北：學富文化事業公司，2001年。

陳恆鈞，治理互賴與政策執行。台北：商鼎文化出版社，2002年。

郭承天，「新制度論與政治經濟學」，發表於中國政治學會年會論文，台北，2000年。

郭昱瑩，公共政策─決策輔助模型個案分。台北：智勝文化公司，2002年。

張世賢，政策分析的導師──林布隆。台北：允晨文化實業公司，1982年。

張世賢，公共政策析論。台北：五南圖書公司，1986年。

張世賢、陳恆均，公共政策：政府與市場的觀點。台北：商鼎文化出版社，1997年。

張世賢，公共政策分析。台北：五南圖書公司，2005年。

張金鑑，動態政治學。台北：七友出版公司，1977年。

張金鑑，行政學新論。台北：三民書局，1982年。

張金鑑，行政學典範。台北：中國行政學會，1983年。

張家洋，公共行政的知識議題與新趨勢（上）（下）。台北：作者自印，1995年。

張維迎，賽局理論與信息經濟學。台北：茂昌出版社，2000年。

張潤書，行政學。台北：三民書局，三版，2004年。

許南雄，行政學概論。台北：商鼎文化出版社，四版，2000年。

曹俊漢，公共政策。台北：三民書局，1990年。

華力進，政治學。台北：五南圖書公司，四版，1997年。

黃榮護，公共管理。台北：商鼎文化出版社，二版，1999年。

舒永平，實用策劃學。北京：中國商業出版社。1996年。

傅肅良，行政管理學。台北：三民書局，1983年。

湯絢章，行政管理學。台北：國立編譯館。1984年。

湯絢章，公共政策。台北：華泰書局，1993年。

賈　湛、彭劍鋒，行政管理學大辭典。北京：中國社會科學出版社，1989年。

詹中原，民營化政策：公共行政與理論

之分析。台北：五南圖書公司，
　　1993年。

詹中原主編，新公共管理：政府再造的
　　理論與實務。台北：五南圖書出版
　　公司，1999年。

詹中原，「地震性政策與共受風
　　險」，台北：《人事月刊》，卷
　　29，期6，1999年。

詹中原，新公共政策－史‧哲學‧全球
　　化。台北：華泰書局，2003年。

楊國樞、文崇一、吳聰賢、李亦園，
　　社會及行為科學研究法（上）
　　（下）。台北：東華書局，1983
　　年。

銓敘部，行政管理論文選輯（一）至
　　（十一）輯。台北：考試院銓敘
　　部，1987年至1997年。

鄭武國譯，Giddens, Anthony著，《第
　　三條路：民主社會的更新》。台
　　北：聯經出版事業公司，1999
　　年。

鄭興弟，政策規劃：理論與方法。台
　　北：商鼎文化出版社，2003年。

劉瑞華譯，Douglas North著，制度、
　　制度變遷與經濟成就。台北：時報
　　出版公司，1994年。

賴維堯、夏學理、施能傑、林鍾沂，行
　　政學入門。台北縣：國立空中大
　　學，修訂再版，1999年。

顏良恭，典範概念與公共行政理論─科
　　學哲學的應用與反省。台北：時英
　　出版社，1994年。

魏　鏞、朱志宏、詹中原、黃德福，
　　公共政策。台北縣：國立空中大
　　學，1991年。

顧忠華、石元康、錢永祥，市民社會
　　與民主的反思。台北：桂冠出版
　　社，1998年。

蕭全政，政治與經濟的組合。台北：桂
　　冠圖書公司，1994年。

羅清俊、陳志瑋合譯，Thomas R. Dye
　　著，公共政策新論。台北：韋伯出
　　版社，1999年。

二、英文部分

Allison, Graham T. and Zelikow, Philip

    1999   The Essence of Decision: explaining the Cuban Missile Crisis. New York : Longman, 2nd ed.

Amin, S.Farazmand, Ali

    1999   "Globalization and Public Administration, " Public Administration Review, Vol. 59, No. 6.

Anderson, James E.

    2000   Public Policymaking: An Introduction. Boston, Mass.: Houghton Mifflin, 4th ed.

Bardach, Eugene

    1977   The Implementation Game. Cambridge, Mass.: MIT Press.

Bardach, Eugene

    1996   The Eight-Step Path of Policy Analysis (A Handbook for Practice). Berkeley, CA: Berkeley Academic Press.

Beeson,Mark

    2001   "Globalization, Governance, and the Political-Economy of Public Policy Reform in East Asia," Governance,14(4): 481-502.

Birkland, Thomas A.

    2001   An Introduction to the Policy Process. Amonk, N.Y.: M. E. Sharpe.

Bobrow, Davis, and John Dryzek

    1987   Policy Analysis by Design. Pittsburgh: University of Pittsburgh Press.

Brewer, Garry, and Peter DeLeon

    1983   The Foundations of Policy Analysis. Homewood,IL: The Dorsey Press.

Brigham, John (ed.)

    1977   Making Public Policy: Studies in American Politics. Lexington, Mass.: D. C. Heath and Company.

Cardullo, Mario W.

    1996   Introduction to Managing Technology. Taunton, Somerset, England: Research Studies Press Ltd.

Chandler, Ralph C., and Jack C. Plano

    1988   The Public Administration

Dictionary. Santa Barbara, CA: ABC-CLIO, Inc.

Cobb, R. W., and C. D. Elder

1995　Participation in American Politics: The Dynamics of Agenda Building. Ann Arbor, Mich.: UMI, A Bell & Howell Co..

Coleman, J.S.

1990　Foundations of Social Theory. Cambridge, MA: Harvard University Press.

Comfort, Louise K.

1999　Shared Risk: Complex Systems in Seismic Response. New York: Pergamon.

DeLeon, Peter

1988　Advice and Consent: The Development of the Policy Sciences. New York: Russel Sage Foundation.

DeLeon,Linda & Robert B. Denhardt

2000　"The political theory of reinvention." Public Administration Review,60 (2): 89-97.

Denhardt, R. B.

1995　Public Administration: An Action Orientation. Boston: Wadsworth Publishing Company.

Domhoff, G. William

1990　The Power Elite and the State: How Policy is Made in America. Hawthorne, N.Y.: Aldine de Gruyter.

Dery, D.

1984　Problem Definition in Policy Analysis. Lawrence: University of Kansa Press.

Downs, G. W.

1976　Bureaucracy, Innovation, and Public Policy. Lexington, Mass.: Heath.

Dror, Yehezkel

1968　Public Policy-making Reexamined. San Francisco: Chandler Publishing Co.

Dror, Yehezkel

1971　Design for Policy Sciences. New York: American Elsevier.

Dror, Yehezkel

1986　Policymaking Under Adversity. New Brunswick, NJ: Transaction, Inc.

Dubnick, Melvin J., and Barbara A. Bardes

1983　Thinking About Public Policy: A Problem-Solving

Approach. New York: John Wiley & Sons, Inc.

Dunn, William N.
2004 Public Policy Analysis: An Introduction. Upper Saddle River, N.J.: Pearson Prentice Hall, 3rd ed.

Dye, Thomas
2002 Understanding Public Policy. Upper Saddle River, N.J.: Prentice Hall, 10th ed.

Dyke, Vernon Van
1995 Ideology and Political Choice: The Search for Freedom, Justice, and Virtue. Chatham, N.J.: Chatham House Publishers, Inc.

Edwards, G. C.
1980 Implementing Public Policy. Washington, D.C.: Congressional Quarterly Press.

Edwards, G. C., and Ira Sharkansky
1978 The Policy Predicament: Making and Implementing Public Policy. San Francisco, CA: W. H. Freeman.

Fesler, James W., and Donald F. Kettl
1991 The Politics of the Administrative Process. Chatham, NJ: Chatham House Pub-

lishers, Inc.

Forester, J.
1989 Planning in the Face of Power. Berkeley, CA: University of California.

Forrester, Jay. W.
1987 "Nonlinearity in High-order Models of Social Systems, " European Journal of Operational Research, 30.

Giddens, Anthony
1996 "Globalization: A Keynote Address, " UNRISD News, Vol. 15.

Goggin, Malcom L.
1987 Policy Design and the Politics of Implementation. Knoxville: University of Tennessee Press.

Goggin, Malcolm L., Ann O'M Bowman, James P. Lester, and Laurence Golub, Andrew Lang
1997 Decision Analysis: An Integrated Approach. New York: John Wiley & Sons, Inc.

Goodin, Robert E., and Hans-Dieter Klingemann (eds.)
1996 A New Handbook of Political Science. Oxford Univer-

sity Press.

Guess, George M., and Paul G. Farnham

2000　Cases in Public Policy Analysis. Washington, D.C.: Georgetown University Press, 2nd ed.

Hall,Peter and R.C.Taylor

1996,　"Political Science and the Three Institutionalism," Political Studies,44:936-957.

Hall, Peter and Taylor, R. C.

1996　"Political Science and the Three Institutionalism, " Political Studies, 44. http://www.dm.ncit.edu.tw/newpage110.htm.

Ham, Christopher, and Michael Hill

1993　The Policy Process in the Modern Capitalist State. New York: Harvester, 2nd ed.

Heidenheimer, Arnold J., Hugh Heclo, and Carolyn Teich Adams

1983　Comparative Public Policy: The Politics of Social Choice in Europe and America. New York: St. Martin's Press.

Heineman, Robert, William Bluhm, Steven Peterson, and Edward Kearny

1990　The World of the Policy Analysts. Chatham, NJ: Chatham House Publishers.

House, Peter William

1982　The Art of Public Policy Analysis. Beverly Hills, CA: Sage Publications.

Immergut, Ellen M.

1998　"The Theoretical Core of the New Institutionalism, " Politics and Society, 26(1).

Jones, Charles O.

1984　An Introduction to the Study of Public Policy. Monterey, CA: Books Cole, 3rd ed.

Kerlinger, Fred N.

2000　Foundations of Behavioral Research. Fort Worth : Harcourt College Publishers, 4th ed.

Kickert, Walter J.

1997　Public Management and Administration Reform in Western Europe. Knoxville: University of Tennessee Press.

Kingdon, John W.

1995　Agendas, Alternatives, and

Politics. New York: Harper Collins College Publishers.

Koenig, Louis W.

1986　An Introduction to Public Policy. Englewood Cliffs, NJ: Prentice-Hall, Inc.

Kruschke, Earl R., and Byron M. Jackson

1987　The Public Policy Dictionary. Santa Barbara, CA.: ABC- CLIO, Inc.

Lane, Jan-Erik

2000　The Public Sector: Concepts, Models and Approaches. London; Thousand Oaks, Calif.: SAGE, 3rd ed.

Lasswell, Harold

1971　A Pre-View of Policy Sciences. New York: American Elsevier.

Leichter, Howaed M.

1979　A Comparative Approach to Policy Analysis. Cambridge: Cambridge University Press.

Lerner, Daniel, and Harold Lasswell (eds.)

1951　The Policy Sciences. Stanford, CA: Stanford University Press.

Lindblom, Charles E., and Edward J. Woodhouse

1993　The Policy-Making Process. Englewood Cliffs, NJ:Prentice- Hall, Inc.

Lynn, Laurence E., Jr.

1987　Managing Public Policy. Boston: Little, Brown and Company.

Lynn, Laurence E. Jr.

1996　Public Management as Art, Science and Profession. Chatham, NJ: Chatham House Publishers, Inc.

MacRae, Duncan Jr.

1985　Policy Indicators. Chapel Hill: The University of North Carolina Press.

MacRae, Duncan Jr., and Dale Whitting

1997　Expert Advice for Policy Choice: Analysis and Discourse. Washington, D.C.: Georgetown University Press.

MacRae, Duncan Jr., and James A. Wilde

1985　Policy Analysis for Public Decisions. Lanham, MD: University Press of America.

Majone, Giandomenico

1989 Evidence, Argument, and Persuasion in the Policy Process. Yale University Press.

Mayer, Robert R.

1985 Policy and Program Planning: A Developmental Perspective. Englewood Cliffs, NJ: Prentice-Hall, Inc.

Mazmanian, Daniel, and Paul Sabatier

1983 Implementation and Public Policy. Glenview, Ill.: Scott, Foresman.

McCool, Daniel C.

1995 Public Policy Theories, Models, and Concepts: An Anthology. Englewood Cliffs, NJ: Prentice-Hall, Inc.

McLean, Lain.

1987 Public Choice: An Introduction. New York: Basil Blackwell Inc.

Meltsner, Arnold J.

1976 Policy Analysts in the Bureaucracy. Berkeley, University of California Press.

Milward, H. Brinton & Keith G. Provan

2000 "Governing the Hollow State," Journal of Public Administration Research and Theory, 10 (2): 359-379.

Moore, Mark H.

1995 Creating Public Value: Strategic Management in Government. Cambridge, Mass.: Harvard University Press.

Nagal, Stuart S.

1984 Contemporary Public Policy Analysis. The University of Alabama Press.

Nagel, Stuart S.

1988 Policy Studies: Integration and Evaluation. New York: Praeger Publishers.

Nagel, Stuart S. (ed.)

1990 Policy Theory and Policy Evaluation. New York: Greenwood Press.

Nagel, Stuart S. (ed.)

1994 Encyclopedia of Policy Studies. New York: Marcel Dekker, 2nd ed.

Nakamura, Robert T., and Frank Smallwood

1980 The Politics of Policy Implementation. New York: St. Martin's Press.

Nonaka, Ikujiro and Takeuchi Hirotaka
1995 The Knowledge-Creating Company. New York:Oxford University Press.

O'Dell, C. S. and C. J. Grayson Jr.
1998 If only we knew what we know:the tranfer of internal knowledge and best practice. New York:Free Press. Palumbo, Dennis
1988 Public Policy in America. New York: Harcourt Brace Jovanovich.

O'Toole, J. Jr.
1990 Implementation Theory and Practice: Toward a Third Generation. Scott, Foresman and Company.

Patton, Carl V., and David S. Sawicki
1993 Basic Methods of Policy Analysis and Planning. Englewood Cliffs, NJ: Prentice-Hall, Inc.

Patton, Michael Quinn
1987 How to Use Qualitative Methods in Evaluation. Newbury Park, CA: SAGE Publications, Inc.

Peters, B. Guy
1993 American Public Policy: Promise and Performance. New Jersey: Chatham House Publishers, Inc.

Portis, Edward, and Michael Levy (eds.)
1988 Handbook of Political Theory and Policy Science. New York: Greenwood Press.

Pressman, Jeffrey L., and Aaron Wildavsky
1984 Implementation. University of California Press.

Putnam,Robert D.
1993 Making Democracy Work: Civic Traditions in Modern Italy. Princeton NJ: Princeton University Press.

Putt, Aleen D., and J. Fred Springer
1989 Policy Research: Concepts, Methods and Application. Englewood Cliffs, NJ: Prentice-Hall, Inc.

Quade, E. S. (Revised by Grace Carter)
1989 Analysis for Public Decisions. New York: North Holland.

Ranney, Austin (ed.)
1968 Political Science and Public Policy. Chicago, IL: Markham.

Rhodes, R. A. W. and David Marsh (eds.)

1992 Policy Network in British Government. Oxford: Clarendon Press.

Ripley, Randall B.

1985 Policy Analysis in Political Science. Chicago, IL: Nelson Hall Publishers.

Ripley, Randall B., and Greece A. Franklin

1986 Policy Implementation and Bureaucracy. Chicago, IL: The Dorsey Press.

Ripley, Randall B., and Greece A. Franklin

1991 Congress, the Bureaucracy, and Public Policy. Pacific Grove, Calif.: Brooks/Cole Pub., 2nd ed.

Roberts, Nancy C., and Paula J. King

1996 Transforming Public Policy: Dynamics of Policy Entrepreneurship and Innovation. San Francisco, CA: Jossey-Bass Publishers.

Roe, Emery

1994 Narrative Policy Analysis: Theory and Practice. Duke University Press.

Rogers, James

1988 The Impact of Policy Analysis. Pittsburgh: The University of Pittsburgh Press.

Rosenblom, D. H.

1998 Public Administration: Understanding Management, Politics, and Law in the Public Sector. New York: McGraw-Hill Companies, 4th ed.

Rossi, Peter H., and Howard E. Freeman

1999 Evaluation: A Systematic Approach. Thousand Oaks, Calif.: Sage Publications, 6th ed.

Rourke, Francis

1976 Bureaucracy, Politics and Public Policy. Boston, MA: Little, Brown & Company, 2nd ed.

Sabatier, P. A., and H. C. Jenkins-Smith (eds.)

1993 Policy Change and Learning: An Advocacy Coalition Approach. Boulder, Colo.: Westview Press.

Salisbury, Robert H.

1973 Governing America: Public

Choice and Political Action. New York: Appleton-Century-Crofts.

Simon, Herbert A.
  1997 Administrative Behavior: A Study of Decision-Making Processes in Administrative Organizations . New York: The Free Press, 4th ed.

Shepsle, Kenneth A.
  1989 "Studying Institutions: Some Lessons from the Rational Choice Approach," Journal of Theoretical Politics,1(2): 131-147.

Starling, Grover
  1979 The Politics and Economics of Public Policy: An Introductory Analysis with Cases. Chicago, IL: The Dorsey Press.

Starling, Grover
  1988 Strategies for Policy Making. Chicago, IL: The Dorsey Press.

Stone, Deborah A.
  1988 Policy Paradox and Political Reason. Harper Collins Publishers.

Thelen, Kathleen and Sven Steinmo

  1992 "Historical Institutionalism in Comparative Politics," in Seven Steinmo Kathleen Thelen,and Frank Longstreth, (eds.), Structuring Politics: Historical Institutionalism in Comparative Analysis, pp.1-32, Cambridge: Cam-bridge University Press.

Tong, Rosemarie
  1986 Ethics in Policy Analysis. Englewood Cliffs, NJ: Prentice-Hall, Inc.

Van Horn, Carl E., Donald C.Baumer, and William T. Gormley, Jr.
  1992 Politics and Public Policy. Congressional Quarterly Inc.

Weimer, David L., and Aidan R. Vining
  1999 Policy Analysis: Concepts and Practice. Upper Saddle River, N.J. : Prentice Hall, 3rd ed.

Weiss, Carol H.
  1972 Evaluation Research: Methods for Assessing Program Effectiveness. Englewood Cliffs, NJ: Prentice-Hall, Inc.

Weiss, Carol H.

   1980   Social Science Research and Decision-making. New York: Columbia University Press.

Weiss, Carol H.. (ed.)

   1992   Organizations for Policy Analysis: Helping Government Think. Newbury, CA: SAGE Publications, Inc.

Weiss, Carol

   1998   Evaluation: Methods for Studying Programs and Policy. Prentice-Hall, Inc.

Wildavsky, Aaron

   1996   Speaking Truth to Power: The Art and Craft of Policy Analysis. New Brunswick, N.J.: Transaction Publishers.

World Bank

   1991   Managing Development: The Governance Dimension. Washington, DC: The World Bank.

索 引

Index

一、英中對照

A

C

二、中英對照

8劃

12劃

16劃

三、新插入詞條

國家圖書館出版品預行編目資料

公共政策辭典／吳定著. — 四版. — 臺北
市：五南, 2013.10
　　面；　　公分.
ISBN 978-957-11-7370-2（平裝）

1.公共政策　2.詞典

570.9041　　　　　　　　　102020203

1P40

公共政策辭典

作　　者 — 吳　定(58)

發 行 人 — 楊榮川

編 編 輯 — 王翠華

主　　編 — 劉靜芬

責任編輯 — 蔡惠芝

封面設計 — P.Design視覺企劃

出 版 者 — 五南圖書出版股份有限公司

地　　址：106台北市大安區和平東路二段339號4樓

電　　話：(02)2705-5066　　傳　真：(02)2706-6100

網　　址：http://www.wunan.com.tw

電子郵件：wunan@wunan.com.tw

劃撥帳號：01068953

戶　　名：五南圖書出版股份有限公司

台中市駐區辦公室/台中市中區中山路6號

電　　話：(04)2223-0891　　傳　真：(04)2223-3549

高雄市駐區辦公室/高雄市新興區中山一路290號

電　　話：(07)2358-702　　傳　真：(07)2350-236

法律顧問　林勝安律師事務所　林勝安律師

出版日期　1997年11月初版一刷
　　　　　2003年3月二版一刷
　　　　　2005年10月三版一刷
　　　　　2013年10月四版一刷

定　　價　新臺幣580元